THE PRESIDENTS CLUB

隐秘权力

［美］南希·吉布斯　　［美］迈克尔·达菲 / 著
（Nancy Gibbs）　　（Michael Duffy）

贾大海　　吴颖 / 译

中信出版集团｜北京

图书在版编目（CIP）数据

隐秘权力 /（美）南希·吉布斯，（美）迈克尔·达菲著；贾大海，吴颖译 . -- 北京：中信出版社，2020.1

书名原文：THE PRESIDENTS CLUB

ISBN 978-7-5217-0552-2

Ⅰ . ①隐… Ⅱ . ①南… ②迈… ③贾… ④吴… Ⅲ . ①美国—现代史 Ⅳ . ① K712.5

中国版本图书馆 CIP 数据核字 (2019) 第 092182 号

THE PRESIDENTS CLUB: Inside the World's Most Exclusive Fraternity by Nancy Gibbs and Michael Duffy

Original English Language edition Copyright © 2012 by Nancy Gibbs and Michael Duffy

Published by arrangement with the original publisher, Simon & Schuster, Inc.

Simplified Chinese translation copyright © 2020 by CITIC Press Corporation

ALL RIGHTS RESERVED

本书仅限中国大陆地区发行销售

隐秘权力

著　者：[美]南希·吉布斯　[美]迈克尔·达菲
译　者：贾大海　吴颖
出版发行：中信出版集团股份有限公司
　　　　（北京市朝阳区惠新东街甲 4 号富盛大厦 2 座　邮编　100029）
承 印 者：北京楠萍印刷有限公司

开　本：880mm×1230mm　1/32　　印　张：18.25　　字　数：432 千字
版　次：2020 年 1 月第 1 版　　印　次：2020 年 1 月第 1 次印刷
京权图字：01-2019-5497　　　　广告经营许可证：京朝工商广字第 8087 号
书　号：ISBN 978-7-5217-0552-2
定　价：98.00 元

目　录

目录

引　言

总统俱乐部的隐秘权力

"你们来谈我的前任吗？"在哈勒姆区办公室，比尔·克林顿向我们打招呼。他面容瘦削，声音沙哑，在忙完一天后，语气中透着欢迎。

天色已晚，外面下着大雨。窗外的街道上，灯光蒙眬，喧嚣依旧。而在屋内，电子门禁由两名特工把守着，过道有收藏夹的拱形垭口，墙裙是暖色的木板，地上铺着深色的地毯。西面墙上是一幅画像，画像中的丘吉尔正看过来。架子上搁着科米蛙布偶，书桌后面放着一款老式投票机，投票机上还保留着当年候选人的姓名和投票时用的操控杆。

克林顿指着书架说："这里就是我的总统图书馆，从华盛顿到布什总统的书都有。"书架上摆满了回忆录和人物传记。在接下来的谈话中，他不仅讲到了亚伯拉罕·林肯和西奥多·罗斯福，还谈到了富兰克林·皮尔斯和拉瑟福德·伯查德·海斯。

他停留在他思念的一位总统——理查德·尼克松，以及他爱戴的一位总统——乔治·赫伯特·沃克·布什身上。"尼克松总统去世前一个月，给我写了封信，阐述了俄罗斯问题，内容清晰易懂，写得很好……我每年都会读一读。正是读了他的信以及乔治·布什后来给我写的一封信，我才学会，将来轮到我时，我要如何给我的继任者也写一封信。"

尼克松在信上说："当你读到这封信时，你将就任我们的总统……

我坚决支持你。"

窗台上放着许多照片，其中一张是林登·约翰逊总统的签名照。这是张 40 年前的老照片，当年克林顿在得克萨斯州为约翰逊助选，获得了这幅照片作为助选奖品。克林顿端详着照片，预测说："多年以后，历史对他的评价会更加公正。"

同样，总统们也会善待彼此。"那些曾经在白宫椭圆形总统办公室坐过的人，会相互同情。前几天，奥巴马总统和我一起打高尔夫球，我们没有谈多少政治问题。有时候，你只需要有那么一个人，他能让你开怀一笑，或者是鼓舞你不要被坏人打倒。"克林顿回忆说，他那天实际上已经很累，但"当我的总统召我前去时，我就去了，陪他打高尔夫，哪怕是在暴风雪中陪他打球我都乐意"。

他称奥巴马为"我的总统"，这表示，尽管两人在 2008 年美国大选上竞争过，但大选后，两人的关系拉近了很多。本书想追踪的就是这种历程：前任总统和继任总统之间既紧张又亲密的关系，有时候剑拔弩张，但更多时候是亲密无间。不管在通往白宫的路上经历过多少斗争，都不会有多大影响；一旦谁当上了总统，他们就会因各自的经历、职责、抱负和创伤而紧紧联系在一起。他们是总统俱乐部的会员，可能天各一方，但却被电话、邮件和时不时的会面联系在一起。比如，2008 年总统大选后，5 位前总统相聚白宫，用吉米·卡特总统的话说，"他们在那里热心辅导了当选总统奥巴马，而不是对其进行说教"。

在总统俱乐部的历史上，它的会员从来就没超过 6 位。此刻，不仅仅在华盛顿和纽约，在亚特兰大、达拉斯，以及位于缅因州肯纳邦克波特镇的布什家族宅邸里，都有总统俱乐部的分支机构。当你爬上嘎吱作响的楼梯时，你会看到，楼梯边上挂满了相框，相框里的照片异常珍贵，有些照片甚至在布什的总统博物馆中都看不到。就是在这里，老布什曾带着克林顿一起打高尔夫球、过夜和冲浪，尽管克林顿在总统大选中击败了他。从 2005 年他们走到一起时算起，两人就没怎么谈过政治、国际问题或战略战术，他们之间更多的是友情。老布什总统在一封电子邮件中曾说："你是正确的，我们不谈这些。你也不必麻烦。我理解，总统必须承担自己的沉重决策，而这就是政治。我尊重他的选择。"

总统俱乐部有自己的规则，包括服从在位总统、在大多数情况下保持沉默、不公开成员如何和睦相处及为彼此提供的服务内容等。1948 年，当时的总统是哈里·杜鲁门，他私下里表示，如果德怀特·艾森豪威尔决定在当年竞选总统，他愿意当他的副总统；1980 年和 1981 年，尼克松曾秘密写信给罗纳德·里根，这些密信几乎为里根建立自己的白宫班底描绘了蓝图；2010 年，卡特为奥巴马完成了任务，他也承诺不对记者公开任务内容。克林顿说："当雄心壮志渐渐退去后，对你来讲，更重要的是看到好事发生在你的国家，而不是去赢得一场场论战。有时候，当你看到太阳在早上升起，你就会很高兴。你起床后只希望好事降临……我不认为这是因为我们都变成圣人了。"

和其他众多俱乐部一样，总统俱乐部也源于乔治·华盛顿。这得感谢他一生中做的第二个好决定。他最好的决定是同意担任总统，但之后他选择了离任，在两届总统任期结束后于 1797 年退休。这意味着，与其终生做美国总统，他宁可成为第一位前总统。

华盛顿做的一切都为后来者树立了典范：领一份他并不需要的薪水，因此后来的总统不需要都很富有；用"总统先生"这个称谓而不是"阁下"，这样继任的总统能保持亲民；最重要的是和平让位，即便他当时仍受到无比拥戴。在那个时候，民主原则尚未经过考验，和平退位就是对民主原则的极度推崇。

华盛顿决定离任，总统俱乐部也随之而生。约翰·亚当斯就任总统后，这个总统俱乐部就是他们两人的俱乐部。面对来自法国战争的威胁，亚当斯提名华盛顿为军队总司令，直至他在第二年去世。不管私下里亚当斯有多嫉妒华盛顿，他仍是第一个发现前总统能起巨大作用的人。

他不是最后一个持此观点的总统。

在之后的 200 年里，俱乐部成员的数量时有变化。亚伯拉罕·林肯时期，成员达到了 6 位。当然，部分原因是在世的前任总统中，没有哪一位成功赢得连任。此后，直到克林顿 1993 年就任总统后，俱乐部才再次出现了这种盛况。那时候，尼克松、福特、卡特、里根和布什都乐于辅佐克林顿。和华盛顿一样，1972 年，理查德·尼克松连任总统后，他身边就没有前总统了。哈里·杜鲁门在那年圣诞节后就去世了，一个月后，林登·约翰逊也去世了。在美国历史上的那个危险时期，俱乐部销声匿迹了。

总统俱乐部为什么显得那么重要呢？

首先，因为总统之间的关系很重要，而且作为公众人物，他们之间的私交尤其重要。对总统们来说，俱乐部对总统卸任后的生活很重要，有时候甚至能给他们带来意想不到的好处。前总统们移交了权力，但影响力还在，于是，他们的影响力成了现任总统权力的一部分。团结一致要比单干作用更大，所有人都认识到了这一点。因此，他们团结在一起，互相咨询、抱怨、安慰、施压、保护和救赎。

作为选民，我们会观察在任的总统，评判他们的表现，为他们的成功欢呼，在他们失败时赶他们下台，这是民主的责任。但是，评判和理解不一样。尽管总统的所作所为是最重要的，但他那么做完全是出于历史要求。在某种程度上，我们观察他们和前任相处的方式，从而了解他们的忠诚、竞争、相互同情和合作。

俱乐部给我们打开了一扇了解总统的新窗户。

其次，因为总统这个职位很重要，俱乐部的存在是为了保护总统。他们都当过总统，都知道这个职位的权力。他们相信，不管政府其他部门多么笨手笨脚，在其他所有人都失败时，总统也必须能服务人民、保卫国家。在总统选战中，他们可以支持自己喜欢的候选人；而一旦新的总统当选，大家往往就默不作声了。约翰逊曾给艾森豪威尔送了一副金袖扣，袖扣上刻着总统印章标志。约翰逊说："只有你和哈里·杜鲁门才有资格佩戴这副袖扣。如果你仔细瞧这副袖扣，就会发现，这上面并没有民主党和共和党的标志。"

这些关系不仅揭示了总统职位的本质，还反映了各种力量，这些力量形成了过去半个多世纪来的政治局面。在风平浪静的 20 世纪 50 年代，艾森豪威尔巩固了富兰克林·罗斯福的遗产：这位共和党人当政 8 年，但并未取消民主党的"罗斯福新政"，而是有效支持了"新政"。到 1968 年时，美国内部很不团结，民主党内部林登·约翰逊和他的副总统休伯特·汉弗莱竞争激烈，与共和党理查德·尼克松发起的竞争相比，其激烈程度毫不逊色。里根和尼克松之间漫长、复杂而冲突的关系，或者后来里根和福特之间的关系，决定了接下来两代共和党人之间的意识形态斗争。同样，比尔·克林顿和巴拉克·奥巴马之间的关系也很复杂，反映了民主党内部的世代斗争，在吸引中间派和右派选民方式上，很难说他们的争斗哪个更有效。

最后，俱乐部很重要，因为它成了总统权力的工具。它并没有被写入宪法，并没有在任何书籍或法规中出现过，但它并不是不重要。它是前任总统们希望建立的同盟，现任总统则希望利用这个同盟，共同抬高自身并推进自己的议程。

世界上没有哪个俱乐部能有这般作用，这不仅仅是因为俱乐部入会门槛有多高，也不仅仅是因为俱乐部成员有多少特权。尽管这个俱乐部的宗旨和本能是服务自身，但当它发挥最佳作用时，它能为总统服务，帮助总统解决问题，解决国家的问题，甚至挽救生命。

现代总统俱乐部

1953 年 1 月 20 日，德怀特·艾森豪威尔举行就职典礼。台上，杜鲁门和赫伯特·胡佛打招呼，胡佛提议："我想我们应该组建个前总统俱乐部。"

杜鲁门一拍即合："好啊，你来当俱乐部的主席，我来当秘书。"

那个时候，总统俱乐部只是个概念，而不是实体机构。一些在位总统会咨询他们的前任，但是除了分享各自事迹外，前总统能做的实在很有限，除非他们申请一份新的工作，比如像约翰·昆西·亚当斯那样成为国会议员，或者像威廉·霍华德·塔夫脱那样成为最高法院法官。1933 年，卡尔文·柯立芝在去世前不久曾说："人们似乎认为，总统这台机器就应该运转不停，即便它已卸去了动力装置。"

但是在战后年代，总统们比过去要活得更长、影响更大，甚至在卸下权力后，他们的影响仍然存在。杜鲁门和胡佛终生是政敌，但是杜鲁门也知道，只有胡佛才有经验和资格改革行政机构，从而应对核时代的挑战。通过他们的合作，杜鲁门批准国会成立胡佛委员会，并由胡佛担任主席。正是借助这个委员会，总统职位实现了史上最大的变革：权力集中，最终成立了中央情报局、国家安全委员会、白宫经济顾问委员会、总务管理局和统一的国防部，还有更多其他机构。

后来的每一位总统都应因此感谢他们。1957 年，艾森豪威尔通过了一项国会法案，赋予总统俱乐部正式的特权：俱乐部成员可以领取津贴，拥有办公场所、通信权和退休金。约翰·肯尼迪作为百年来最年轻的民选总统，他非常清楚俱乐部的政治作用，利用一切机会邀请他的3位前总统回白宫拍照合影。林登·约翰逊则发现了俱乐部对个人的作用，在肯尼迪遇刺而他上台后，他从总统俱乐部寻求建议和慰藉。

肯尼迪遇刺的那个晚上，约翰逊对他的老对手艾森豪威尔说："此刻，我比以往更需要你。"艾森豪威尔立即驱车赶到华盛顿，来到总统办公室，在纸上写下了他认为约翰逊在国会紧急联席会议上要讲的话。约翰逊加强了对所有前总统的安保力度，提供直升机，甚至给他们安排电影放映师。因此，如果他们在沃尔特·里德医疗中心接受治疗，就能观看白宫图书馆提供的电影。

1964年，约翰逊在总统大选中赢得压倒性胜利，杜鲁门打电话祝贺他。约翰逊像兄弟一样予以回应："我只是想让你知道，只要我在白宫当值一天，你就也是白宫的一员。你能和我共享这里的一切。你的卧室仍然为你保留着，你的飞机也会随时恭候你。"一年后，艾森豪威尔为约翰逊提供了处理越战的私人建议，这个建议相当重要，以至于约翰逊对他说："你是我拥有的最好的参谋长。"

尼克松，这个希望自己能永远起作用的人，甚至成立了一家私人俱乐部会所，地址就设在白宫大街对面的一座赤褐色建筑里。这座建筑于1969年被政府收购，专门为前总统们服务，目前也还在使用。尼克松和他的妻子帕特组织了首次俱乐部聚会，查访了所有"第一家庭"在世的成员，邀请他们到白宫做客，包括卡尔文·柯立芝的儿子、格罗弗·克利夫兰的孙辈、罗斯福家族成员，以及亚当斯家族的几十位成员。在尼克松的首届任期中，他有个特别的理由要打击约翰逊：他们多年的关系既有友情，又有阴谋和勒索。本书将论证的是，在很大程度上，尼克松之所以垮台，是因为他需要保护一些秘密，而这些秘密仅限于这两位俱乐部成员知晓。

在所有俱乐部成员中，在野的尼克松为自己赎罪的路最长。因此，在 1980 年里根当选总统后，尼克松要确保一件事，那就是要让新总统理解前总统可能会带来的巨大价值。他对里根说："1968 年总统大选后，我去沃尔特·里德医院看望艾森豪威尔总统。当时他曾对我说，'我听候你的差遣'。现在我也要对你说同样的话。"

乔治·赫伯特·沃克·布什创立了俱乐部成员间的通信方式：在通信信封上盖上"绝密"印章，寄给他的前任总统们，并且为他们每人都准备了一部保密电话，电话可直通白宫总统办公室。

在克林顿上任时，他有 5 位前总统在世。他也渐渐明白，如何利用卡特和尼克松，让他们成为自己外交政策的左膀右臂，如何让福特加入总统弹劾法律辩护团队。正如他的顾问约翰·波德斯塔所说，克林顿知道"前总统是资产，是现任总统可以利用的资产"。

本书按照年份展开，但主线有时会发生变化，因为总统俱乐部也有自己的生命周期；每一位总统都在自己的总统任期里发现了它的价值，并用自己的方式加以利用。同时，也有必要追溯历史，来了解他们之间的关系是如何形成的。只有当你了解艾森豪威尔在还是军人时和杜鲁门的合作，你才能理解他们在 20 世纪 50 年代的仇恨。里根和尼克松的关系不是在 1980 年里根当选时开始的，而是在 1947 年就开始了。当时尼克松刚成为共和党国会议员，在调查好莱坞中的共产主义问题时，他和里根的关系就开始了；他们的信件来往持续了半个世纪之久。当然，布什家族的故事在很久以前就已开始，那时老布什还没有成为美国总统。

谁会在哪一天加入他们的俱乐部？对于这个问题，总统们自然有强烈的兴趣。这尤其是因为他们控制不了让谁加入。他们就好比伯乐和保镖，通过验证众人的誓言，来看谁有条件成为他们中的一员。总统俱乐部历史悠久，但未来的总统在其演变中也起着作用，因此有时候也需要讲一下那些故事。

维系的纽带

约翰·肯尼迪在上任两年后承认："没有人能为出任总统做好充分准备。"因为没有任何建议、任何手册可以拿来参考，而且每一位总统当选后都决心翻开新的一页。肯尼迪迫不及待地想摆脱艾森豪威尔的军事管理风格，用一种更灵活和积极的方式取而代之。正如肯尼迪的顾问克拉克·克利福德所说："他们都那么做，就好像历史应该从他们重新开始一样。"福特采取了激进的方式，他明确表明尼克松的黑暗时期已经结束，用他妻子的话说，就好比是做了乳房切除手术一样。克林顿想要证明自己不是第二个吉米·卡特，乔治·沃克·布什则不想成为克林顿，巴拉克·奥巴马更是不想成为他们中的任何一个。在总统俱乐部起作用前，他们所有人都得学会他们必须学会的东西。但是最终，他们都发现自己需要帮助。老布什认为："当你第一次收到每日情报简报时，那种联系就开始了。当我们决定竞选总统时，我们都了解这份工作的重要性。至少我们认为我们知道。但是在你收到第一份简报之前，你不可能充分理解总统的责任。"

据一名曾服务过3位总统的高级顾问回忆，当这些既有才华又自信的人意识到自己的处境时，他们就会立即获得启示。他说："当你上任后，你会发现一切都和你预期的、曾经信仰的或有人告诉你的不一样，事情要复杂得多。你的第一反应是，我被人坑了；第二反应是，我得换种方式思考；第三反应是，或许他们是对的。不久总统们就会问，这一切我能说给谁听呢？"

艾森豪威尔曾说，总统面对的问题是"折磨灵魂的……当战士独自出现在战争的硝烟、呐喊和恐惧中时，赤裸裸的战场有时就好比总统的孤独处境。一个人必须认真地、慎重地、虔诚地思考每一个论点、每一条建议、每一种预测、每一个可替代的方法、每一个可能由他的行为导致的后果，然后——完全孤独地——做出自己的决定"。

完全孤独——因为当一位新总统需要盟友时，他的信任圈子就会缩小。没有人会像他的家人那样对待他，没有人会像他的前任总统们那样了解事情是什么样的。杜鲁门成为总统时，众议院议长萨姆·雷伯恩曾警告他："为了见你一面，溜须拍马的人可能会愿意在雨中等上一个星期，会像对待国王一样对待你。他们会走到你身边，对你说你是世上最伟大的人，但是你我都知道，你不是。"

总统说的每句话，即使是对他的内部圈子说的话，都会被分析、解读、执行；即使是问题，都会被当作决定。因此他得自我训练：不做空头评论，不自言自语，变得越来越谨慎；他担心人们只汇报他们认为他想听的。用肯尼迪的话说，"总统这个职位，不是结交新朋友的好职位"。他和他的兄弟鲍比时常想，也许他们在将来可能会写一本书，书名就叫《总统职位的毒药》(The Poison of the Presidency)。

但是，他们不能讨论这个毒药；你怎能抱怨你费尽千辛万苦获得的负担呢？托马斯·杰斐逊把当总统比作一种"华丽的痛苦"。他们面对的只是艰难抉择和高风险：总统办公桌上绝不会有容易的决定。当人们嘲笑艾森豪威尔花了太多时间打高尔夫时，那时还没成为艾森豪威尔的朋友的杜鲁门曾为他辩护道："我确信，即便在高尔夫球场上，总统面临的问题也伴随着他……伴随到他可能去的任何地方。"但是，自从他们都开始打高尔夫，并在更衣室里团结起来时，就显得"非常勇敢"了，他们并没有一直当旁观者。

如果有俱乐部宣言的话，宣言就会是西奥多·罗斯福的指责，抨击那些纸上谈兵的将军和自以为是的权威。他说："重要的不是批评家，不是那些指出强者犯了什么错误的人。荣誉只属于那些竞技场内的人，他们的脸上满是汗水、尘土和鲜血。他们英勇地战斗，他们一次次犯错和失败……如果他们取胜，就会知道自己的成就有多伟大；即使他们失败，至少他们也勇敢地进行了尝试。"

这也解释了总统俱乐部的一般规则。他们拒绝批评他们的继任者，因为总统是根据情报来行动，根据情报来承担责任的，而外人并不完全了解情况。1962 年初，肯尼迪对历史学家大卫·赫伯特·唐纳德说："对还没坐到椅子上就开始研究桌上的邮件和信息并做决定的总统而言，没有人有权利给他们打分，即便是对可怜的詹姆斯·布坎南总统也一样。"在参加完肯尼迪的葬礼后，杜鲁门和艾森豪威尔一起喝了咖啡。关于为什么没有人能够真正理解总统们为何做出那些决定，杜鲁门认为："因为只有我们知道我们做过什么。"

"是的。"艾森豪威尔回答。

于是，出乎所有人的意料，他们开始了交流。在美国宣布封锁古巴的那个早上，肯尼迪曾打电话给艾森豪威尔，封锁古巴曾为核战争提供了合理理由。那种感觉是怎样的，世上只有另一个活着的人知道。艾森豪威尔对他说："不论你觉得你必须做什么，我肯定……尽我的全力支持你。"两年后，约翰逊上任时，他邀请艾森豪威尔去白宫，但又不能让外界知道。于是他让艾森豪威尔说谎，从而掩饰他去华盛顿的真正目的，这样他就能到白宫，并给予约翰逊一些非常必要的指导，甚至是一起过周末。而克林顿则会给尼克松打电话，让对方了解他的每日安排，包括他什么时候起床、什么时候锻炼、工作多长时间等，通过这样做来验证这对总统来说是否正常。尼克松去世后，克林顿说，那种感觉就像是失去了自己的母亲："就在今天，我碰到一个问题，我对我的下属说，'我真希望我能拿起电话打给理查德·尼克松，问问他有什么想法'。"

当他们不能交谈时，他们互相研究彼此。每一位总统在当选时，都会许诺为美国带来新面貌、新举措和新境界。但是，他们也继承了前任的成功和失败。卡特说："福特总统在任时做的每一个决定都影响着我的每一天。甚至，30 年前，哈里·杜鲁门总统做的决定也在影响着我的每一天。"尼克松甚至对他的诸多前任总统的各种细枝末节了如指掌，比如谁服用安眠药、谁有痔疮。奥巴马曾问里根的团队，他如何才能集中精力应付重点问题，而不受琐事牵绊，以及当他沮丧时如何不让公众看出来。这些人曾经在同样的办公桌上工作过，在同样的床上休息过，在同一面镜子前剃过胡须，在同样的后院抚养过孩子。当他们回访白宫时，他们会看看新主人做了什么新装修。但是他们都知道，事实上，这个人并没有改变总统职位，只是用了另一种方式生活。

2004 年，乔治·沃克·布什在成功连任几周后，坐在白宫椭圆形总统办公室里的圣诞树旁，一脸镇定。这位总统刚刚赢得了连任，尽管选战很不受欢迎，经济堪忧，公众对很多事情尤其是对他的态度充满矛盾。他被问道，在他做了几年总统后，他对他的前任总统的评价是更高还是更低。

"你是说我的那些前任总统吗？真有趣。"然后，他毫不犹豫地说，"我对他们所有人的评价更高了。"

为什么？因为"我更理解他们经历了什么"。

他对克林顿的评价也更高了。他和克林顿一起构成了下一个俱乐部同盟。杜鲁门就曾说："没有什么谈话能比曾经的政敌间的谈话更亲密了。"一位曾经为克林顿和布什都工作过的官员说，正是战争和丑闻带来的创伤让这对天敌成了朋友。这两个人"都经历过令人难以想象的事情，而且他们都因此受到了创伤，所以他们都要问自己，如何才能在生命中找到平静。我已经经历过痛苦，或许和一位曾有相似经历的人的友谊能带我到另一个境界去；它让我超脱往事，去到新的地方。这只是寻求平静的一种方式。但是我不能在一般人中找到这份平静，因为很少有人和我有相似经历"。

或者正如吉米·卡特所说："我们总是有悲伤。"

另一种秘密服务

总统俱乐部也有自己的行动职能，它的作用依赖于总统的需求和前任总统的技巧。1946 年，杜鲁门派胡佛在 57 天内到 22 个国家预防战后人道主义危机。当里根到苏联访问时，他和尼克松一起评估米哈伊尔·戈尔巴乔夫的真实意图。第 41 任总统布什邀请福特和卡特一起监察 1989 年巴拿马大选。奥巴马派克林顿去朝鲜解救两位被逮捕的美国记者。

这些任务的风险可能很高。老布什总统的顾问布伦特·斯考克罗夫特评论前任总统们时说："他们拥有某种权力，因为他们的身份与众不同。但是，利用他们是很危险的，因为他们可能自以为知道的要比我们多，这一点既合情又合理。"事实证明，总统俱乐部的一些成员既很有作用，又很令人气愤。比如，1994 年，卡特受克林顿之托去朝鲜执行任务。他的任务很明确：送信，并带回关于金正日核计划的情报。然而，他却以中间人的身份达成了一项协议，阻止了危机。他甚至在CNN（美国有线电视新闻网）上公开了这个危机。白宫官员聚集在白宫西翼的电视前，不想再控制他们的愤怒；一位内阁成员甚至直言不讳，称卡特为"叛徒"。

卡特想重温权力梦，认为自己的身份不一般，能够提供帮助，这并不足为奇。很多人离任后的议程要比他们在任时的议程复杂得多。这可以从他们写的书中看出来，从他们领导的基金会中看出来，也能从他们提供的建议中看出来。就是在这样的严酷考验中，总统俱乐部完成了它最出色以及最糟糕的工作。在位的总统给他们光环、信件和飞机；他们既为国家服务，又为自己服务。尼克松在下台多年后曾说："在那些曾经拥有能力和权力来影响事件进程的总统中，没有哪位会满足于不参与其中。"

因此，不管在位总统是否邀请他们，他们都会让自己置身其中。1976年，尼克松向福特许诺他将在福特眼前消失，但他却在那年的新罕布什尔州总统初选中期访问了中国。卡特和福特向乔治·布什提交了提高税收的提案，而就在几周前赢得大选时，布什还承诺不提高税收。卡特秘密游说联合国安理会反对海湾战争，布什对此也并不欣赏。有时候，前任总统最好销声匿迹。

这是总统俱乐部永恒的张力：修复坏名声是它的一项关键任务。如果前总统，如尼克松和卡特，以牺牲在任总统的利益为代价来修复自身名誉，那么冲突就会发生。但是总统俱乐部成员更多是齐心协力的，而不是互相冲撞的。他们会在总统图书馆成立的致辞中为彼此唱赞歌。他们在悼念中也极尽颂扬之辞。他们团结在一起，粉饰他们记录上的污点。

在比尔·克林顿时期，"美国经历了历史上最长的和平时期和最突出的经济繁荣"。他因为和"白宫女实习生的轻率之举"而陷入麻烦之中，但"他能因自己的行为向全国人民道歉，并且凭借自己在总统任期中的表现继续享有史无前例的支持率"。乔治·沃克·布什"为每位纳税人减税……建立现代化的医疗保险制度……增强美国的军队……建立同盟推翻威胁美国的阿富汗和伊拉克暴力政权；将 5 000 万人从暴政中解救出来"。

你可以把修复名誉看成纯粹的自私自利行为，因为他们都在力争赢得历史的垂青。他们或许还会捍卫彼此，但不是出于同情或爱，而是因为总统俱乐部的作用就是保护总统职位本身。这个作用让他们的建议更敏锐，大部分时候让他们确保沉默，因为在未来某天，他们可能也需要得到宽恕。这就像是影子特工，为一个职位的权力保驾护航，这个职位的成员都一致认为，今天的美国比以往更需要这样做。有时候，继承光荣遗产能支撑机构的运行，于是像杜鲁门这样在位时饱受诟病的总统，在往事回顾中却能得到无比尊敬，这对所有人都有好处。总统俱乐部成员不想让总统看起来很糟糕，不管谁当总统都是如此。

但是，总统俱乐部最秘密的协作并不在于干预谁有资格成为总统，而在于捍卫总统职位本身。1960 年，史上结果最接近的一次总统大选后，胡佛和艾森豪威尔都悄悄告诉尼克松不要对结果有争议，尽管当时谣言四起，称芝加哥周围地区的投票机器从 43 位选民那里登记了121 张选票。这不是因为他们想看到肯尼迪入主白宫，而是为了保护总统职位免受合法性危机的伤害。胡佛对尼克松说："我想，我们今天在世界上面临的麻烦已经够多了。我们需要国家看起来很团结，这非常关键。"当肯尼迪和约翰逊因外交决策而受到攻击时，艾森豪威尔瞪着他的共和党人说，在危机时刻，"善良的美国人民只有一件事可做，那就是支持他们的总统". 福特原谅了尼克松, 不是为了拯救尼克松本人, 而是为了恢复白宫工作并让国家继续前进; 虽然福特在后来一次大选中失败, 但是他永远捍卫他的选择。27年后, 肯尼迪家族授予福特"勇气奖", 对这位曾原谅他前任的总统, 肯尼迪总统的家人也象征性地原谅了他。2008年总统大选后, 乔治·沃克·布什对巴拉克·奥巴马说: "我们希望你成功。我们所有曾在这间办公室任职的人都明白, 总统一职超越个人利益。"

当政治文化分裂的时候, 总统个人服务于全体人民。你会看到, 在激烈选战后, 多位总统会一起坐到白宫总统办公室聊天, 或者一起上路为飓风赈灾, 看到他们站在彼此身旁, 旧敌和解休战, 而政治也在此刻停止, 公共利益超越了个人骄傲或抱负。当比尔·克林顿和乔治·沃克·布什开始为赈灾合作筹款时, 他们知道他们的交情完全超越了时代, 所以他们才乐此不疲。克林顿说: "美国人喜欢政治, 他们喜欢我们发表不同观点, 因为他们知道, 我们必须通过坦率的辩论来找到好的答案。但是, 他们也会认为, 辩论本身也有局限性。"他认为, 太长时间以来, 政客们不仅仅不同意对手的观点, 他们还鄙视和妖魔化对手的观点, 整个国家也因此而遭受损失。"这对我们解决问题和做事造成了阻碍。因此, 我认为, 当人民看到乔治和我在一起的时候, 他们会说: '这才是我们国家应有的运作方式。'"

那么, 在21世纪初期, 总统俱乐部到底有多重要呢? 在每一个时代, 三大要素决定它的表现: 在任总统的需要和选择、前任总统的需要和能力, 以及一种对他们的合作或欢迎或谴责的氛围。并不奇怪的是, 总统俱乐部的创立者们都承认这三大要素。胡佛和杜鲁门证明了他们能做到多好, 而方式就是建立一种出奇高效的同盟。1945年, 这个国家和全世界的大多数地区都四分五裂。因此, 对于这两个坚决承诺挽救这种局面的人，不管是国会和政党，还是公众，都不会反对他们。

　　这种情况在其形成阶段也是不寻常的。在艾森豪威尔时期，总统俱乐部失去了它大部分的影响力。那时，总统基本上感觉不到对它有需要。后来的总统可能感觉到了那种需要，但缺少资源；尼克松不能给杰拉尔德·福特多少帮助，除了尽可能保持沉默。但是，长时间以来，总统俱乐部本身就已经成为一种势力，能够通过其成员最好和最差的特点来改变历史的进程。

　　回到最初，当总统俱乐部成立时，尽管它后来展现出了自己的能量，但创立总统俱乐部的主意仍显得如此稀奇古怪，即便那两位创立了它的总统都不曾想到它的作用。

杜鲁门和胡佛：

放逐者的回归

现代的总统俱乐部由两位总统建立，而这两位总统有充分的理由不喜欢对方。

哈里·杜鲁门原本是密苏里州的杂货商。他于 1945 年春仓促上台后，邀请赫伯特·胡佛共商国是。而胡佛，身为一位失败的共和党总统，早在 13 年前离开华盛顿时，就被当成是美国最受人憎恨的人，路人甚至向他的车队砸烂水果。杜鲁门和胡佛是政敌，在性格上也相反。从脾气上来说，杜鲁门真诚而和蔼可亲，而胡佛则显得冷淡、毫无幽默感，从不怀疑自己事业的正义性。然而，他们却分享了一段经历，更为重要的是，分担了一些公共任务。他们的世界观不一样，胡佛的信念在于个人的主观能动性，而杜鲁门的信念则在于建立美好政府的承诺。他们分别来自美国中部的艾奥瓦州和密苏里州，分别是美国史上第一和第二位出生于密西西比河以西地区的总统。他们两人都不信任东部精英，都时刻谨守威尔逊总统的理想主义。这两人对他们党派的忠诚胜过他们的党派对他们的忠诚。

在富兰克林·罗斯福总统去世的第二天，杜鲁门对他在参议院的一位朋友说："我还不能胜任，我还不能胜任总统这份工作。"其实并不完全如此，至少他没让自己的骄傲影响他的需要。在战后的关键岁月里，杜鲁门的需要和胡佛的专长可谓绝配。在被战争摧残得体无完肤的欧洲，1 亿欧洲人民面临着可能会饿死的危机。杜鲁门决定帮助他们，而胡佛知道如何帮助他们，基于简单的道理，他们自然结成了同盟。通过合作，他们拯救了无数生命，与 20 世纪舞台上任何另外两人相比，他们合作拯救的生命要多得多。

胡佛为杜鲁门提供了如此完美的服务，杜鲁门接下来自然要请胡佛"推销"他的理念，让持怀疑态度的共和党国会支持他，帮助美国在世界上树立全新形象，并将欧洲复兴作为对抗苏联影响力的筹码。如果这还不够，胡佛后来还领导了一场改革，对总统职位进行了彻底改革，加强了总统权力，以应对现代社会的要求。对这两个几乎不可能成为合作伙伴的人来说，总统职位的改革是留给所有后来者的礼物。

杜鲁门给予了胡佛一样东西，这样东西对任何一位失败的总统来说都是梦寐以求的：一次倒回去重新来过的机会，重获曾被讽刺湮没的同情，通过拯救总统职位来消除自己作为倒霉总统的形象。杜鲁门认为胡佛可"比肩路易十四"，但这并不重要，他诚实而可敬，而且他们从来不讨论政治，因为他们有更为重要的共同点。杜鲁门说："我们谈的是，做总统应该是什么样的。"

而胡佛，作为最不会掩饰自己感情的总统，有一天写信给杜鲁门说："你对我的友谊深入我的心扉，比你知道的还要深。"杜鲁门收到这封信后非常感动，他将信裱了起来，这样它就能一直保留着。

01

我还不能胜任总统这份工作

哈里·杜鲁门对他与赫伯特·胡佛的首次白宫会晤有着美好的回忆。

时值 1945 年 5 月。那时，杜鲁门刚就任总统不到两个月。然而，在德国 5 月 7 日宣布投降的一个星期后，报纸就预警了下一场灾难。在描述欧洲 1 亿平民面临的巨大的饥荒问题时，《纽约时报》报道："这将是史上最严重的粮食问题。"德国城外，难民成群结队，很多人甚至虚弱到走不了路；在荷兰的城市里，人们煮汤充饥，靠着去除了有毒部位的郁金香球茎勉强果腹；三分之一的比利时儿童得了结核病，四分之一的贝尔格莱德儿童在周岁前就夭折了。

很多年后，杜鲁门回忆道："我知道我当时得做些什么，我也知道我需要谁的帮助。"尽管胡佛以采矿工程师的身份发家，但他的声望却是在第一次世界大战中担任伍德罗·威尔逊的食品管理局局长时获得的，他在饥荒中拯救了数以百万计的性命。因此，杜鲁门邀请前总统来白宫椭圆形办公室会晤。

杜鲁门说："总统先生，目前世界上饥民遍地，如果真有谁了解饥民的情况，那么这个人一定是你。现在有充足的食物，但它们却没有出现在需要的地方。我现在想请你……"

当杜鲁门对口述历史学家默尔·米勒讲述这个故事的时候，他说在那个时刻，胡佛开始控制不住自己的情绪。

"他就坐在那儿，就好像我们这样近，我看到大滴的泪珠从他的脸颊上滑落。"杜鲁门说，他确信他知道是何原因。他告诉米勒："这是13年中首次，首次有人关注他。"

这是一则很动人的故事，见证了现任总统的大度和前总统对于再次获得为国效命机会时的感恩。

然而，这个故事却粉饰了当时真实发生的事情。

做总统需要迅速学会如何编造神话，很多这样的友谊都需要一种高贵品质，而在现实中往往缺失这种高贵品质。回忆能起到这样的作用，杜鲁门在写回忆录以及和米勒的谈话时，他和胡佛甚至已难以置信地成了兄弟。但是，回到1945年，当年他俩之间的关系绝非如此温暖。

不管这两人有多想见面，他们的首次会见差点儿就没戏了，因为他们都在怀疑彼此的动机。而且，在两人会见结束离开时，他们也没打消对对方的疑虑。尽管胡佛很高兴再次回到了权力的殿堂，但他还是认为这次会晤"纯粹是政治性的"，是精心设计的，是用来展现杜鲁门无党派偏见的；杜鲁门绝不会给共和党人在民主党政府中任何任职的机会。

"本次会晤不会有任何其他意义。"他在会议备忘录里下结论道。

然而，事实证明他的结论错了。

最被看不起的总统

杜鲁门不喜欢装腔作势：他怀疑财富、特权以及俱乐部特有的安逸。他在密苏里州的童年生活曾经很幸福，但被他的父亲在小麦期货上的豪赌而葬送；从 18 岁起，杜鲁门几乎就没有一天不担心钱的问题。在通往白宫的道路上，他一开始只是《堪萨斯城星报》的邮件收发员，后来历经铁路计时员、银行职员、农民、士兵、杂货商，直至成为堪萨斯市掌控政党活动的政客，而在那里他还曾因为拒绝损公肥私而出名。当他在 1940 年参加总统竞选时，他甚至穷得都买不起邮票来写信向他的老朋友借钱。他知道不得不睡在车里的滋味；对他而言，曾经所到之处，就没有像家的地方。

那么，他是如何和胡佛这样一个富有、遥远而真实的人，一个因不想在白宫被监听而经常和妻子用汉语交谈的人建立关系的呢？在1945 年杜鲁门入主白宫时，胡佛住在曼哈顿华尔道夫塔楼酒店的套间里，每年光房费就高达 32 000 美元，周边的邻居是像温莎公爵和公爵夫人、科尔·波特和伊朗国王这般的人物，他们都有厨师随侍左右，而这些厨师仅仅对鸡的烹调方法就多达 71 种。胡佛的成功完全靠自己，他的居住条件如此优越，以至于大多数人都不知道，其实他在孩童时期就已经从真实经历中体会过贫穷的滋味了。

然而，杜鲁门开始欣赏起胡佛的优点——那些被众人忽视的优点。杜鲁门在他的一份回忆录里写道，胡佛不是那种"口衔金汤匙出生的富家子弟，他父亲是艾奥瓦州西布兰奇市的铁匠，双亲在他 9 岁前就去世，他和他的兄妹们被分别送给亲戚抚养"。

凭借自己的独立、聪明和决心，胡佛成功进入斯坦福大学学习地理学，毕业后从事矿业工作，作为工程师走遍全世界。第一次世界大战期间，凭借超凡的组织能力和贵格会教徒的博爱，他得以在伍德罗·威尔逊政府中担任公职。威尔逊让他负责粮食短缺问题；直到那时，战区多达三分之一的人口死于饥饿的问题还很普遍。杜鲁门说：

"胡佛拥有拯救数以百万计即将饿死的人的能力和人文情怀。"比利时的街道将以他的名字命名。在芬兰，他的名字成了动词，意为"帮助"。美国两党在 1920 年都希望他成为总统候选人。那时候，一位名叫富兰克林·罗斯福的小伙子曾说："他绝对是个奇迹，我希望我们能让他成为总统。不可能有比他更好的人选了。"哈佛大学教职工的投票结果显示，胡佛和另一位总统候选人的得票比是 2∶1。

1928 年，胡佛赢得了 444 张选举团票，真的成了总统。他的荣誉中还多了一条，因为他在 1927 年密西西比大洪水中拯救了灾民。这让很多人都相信，凭借他的专业知识和组织能力，地球上没有什么他解决不了的问题。他宣称，美国"史无前例地接近于最终战胜贫困。救济院正在消失"。甚至在 8 个月后，当市场崩溃时，人们还在颂扬他对危机的处理。《纽约时报》断言："处在他那个位置，没人还能比他做得更多，他的前任们很少有人能做这么多。"

4 年后，富兰克林·罗斯福在总统竞选中大胜，除了 6 个州外全部获胜。历史称胡佛为"次品总统"，"跛脚鸭国会"考虑弹劾他，还有杀手试图刺杀他。人们指控"伟大的人道主义家"赫伯特·胡佛无视子民的痛苦，麻木冷漠，在白宫玫瑰花园用嫩牛排喂狗，却让有尊严的人靠在街角以卖水果为生。华盛顿的游行抗议者喊道："我们将把赫伯特·胡佛吊死在烂苹果树上。"

变化怎么会如此之大？有很多理论解释，但是对我们而言，杜鲁门的观点最有道理。"我认为，他和他的政府因为别人的错误而遭到了指责。"他当时稳坐总统之位，也不必在他的竞选演讲中唤起人们对"胡佛大萧条"的回忆。杜鲁门认为，胡佛轻而易举入主白宫，这让他有先天不足。胡佛唯一担任过的政府职位是商务部长，他从未竞选过国会议员，甚至从未竞选过州长。他在 1928 年对他的顾问们说："我不会去讨好任何人的。"杜鲁门认为，他缺少对草根族的关爱，"根本不能真正理解……美国人民的需求"。

或者说，他给别人留下的印象至少是那样的，而罗斯福则竭尽所能加深人们对他的这一印象。从总统大选日结束到罗斯福3月份就职期间，国家银行在风雨中飘摇。胡佛试图说服他的继任者和他一起行动，尽管行动方式可能会影响罗斯福自己的议程。罗斯福拒绝了提案。

杜鲁门总结说："我想，这也是因为他的自负才阻止了他（罗斯福）听取别人的建议。总统竞选非常艰难，很多人把大萧条怪罪在胡佛头上，就好像萧条完全是由他引起的。他们将贫民窟称为'胡佛村'，将空空如也的衣袋称为'胡佛旗'……罗斯福认为他在任何方面都比胡佛聪明，当他建议关闭银行时，胡佛都不知道他在说什么。但是，关闭银行是必不可少的。"

罗斯福的拒绝确保了他将在彻底绝望的气氛中就职，也将胡佛锁定为史上最为人们憎恨的总统。有谣言称，他在试图搭乘金融家安德鲁·梅隆的船逃往国外时被逮捕，潜逃时携带着价值2亿美元的黄金。当股票市场回升时，戏剧家们甚至戏问："胡佛死了没？"罗斯福没出过一分力去转移人们对他的前任总统的责备，事实上，他还努力诋毁其名誉，从而为自己的成功铺路。罗斯福上任的第一个春天，内政部长哈罗德·伊克斯下令将加利福尼亚州和内华达州边界的大坝改名。这座大坝在胡佛担任商务部长时就开工了，在政府的众多财政预算案中被称为"胡佛大坝"，后改名为"巨石水坝"；1935年该大坝竣工时，甚至连竣工典礼都没有邀请胡佛参加。胡佛的纳税申报单被审计；胡佛生日时，白宫总统办公室也从来不给他致生日问候。

胡佛的政党也假装胡佛不存在；1940年选战中，康涅狄格州共和党人不准胡佛出现在自己的州，因为他的露面将成为"毒药"。杜鲁门曾说："为什么人们会在那么长一段时间内忽略赫伯特·胡佛的存在，我永远无法理解这一点。他理应获得自己政党更好的对待。"

珍珠港事件后，胡佛讲话声援罗斯福的决定，并主动提出尽一切可能提供帮助。比利时、挪威、波兰、荷兰和芬兰都想获得胡佛的帮助，国会也向他咨询建议。国务卿科德尔·赫尔也几度尝试，想让罗斯福打电话给胡佛。但是罗斯福和英国首相温斯顿·丘吉尔拒绝了胡佛为被占领国筹备粮食的好意，认为这将会帮希特勒的忙，因为这会让希特勒不必承担供养他的占领国的义务。胡佛有时会被人嘲笑成一位亲德国的孤立主义者。杜鲁门对朋友说："罗斯福忍受不了胡佛，胡佛也恨罗斯福。"对民主党而言，如果让胡佛参与人道主义任务，就将意味着民主党赦免了他们曾拥有的最有用的替罪羊。金融家伯纳德·巴鲁克曾向罗斯福建议请求胡佛的帮助，罗斯福听到后说："我不是耶稣，我才不会让他死而复生。"

罗斯福能接受的最大限度是允许胡佛和多位内阁成员近距离开会，会后由内阁成员向其汇报会议情况。《新闻周刊》怀疑所有白宫提案的真实性，理由是"美国历史上很少有哪届政府会如此这般丑化胡佛这位总统"。

1944年民主党大会上，时任参议员的杜鲁门星途飙升，成为罗斯福的竞选伙伴，胡佛仍然是他们的敌人。一位"新政"拥护者说道，总统候选人"认为赫伯特·胡佛是他们最理想的竞选对手。我们应该永远感谢赫伯特·胡佛，他已经连续12年成为我们获胜的法宝了"。

但是1945年，罗斯福去世后，杜鲁门突然发现，他自己成了胡佛之前的那个办公室的主人，他对待他的共和党前任总统的方式非常不一样。尽管杜鲁门骨子里还是民主党人，但他不想把任何决定都看成政治算盘。不管是杜鲁门还是胡佛，他们都没有罗斯福那样的天赋，把政治变为伟大的作秀，没有罗斯福人性中的敏感神经，也没有罗斯福的勇气，让自己成为总统形象的象征，而不是只当总统而已。胡佛是当时世上仅存的曾在危机中坐过那把交椅的人，也将永远被人们拿来和"圣人"罗斯福进行比较。因此，当杜鲁门发现自己面临着欧洲食物危机的时候，他并不反感在 1945 年春天邀请胡佛回到白宫的想法。

杜鲁门对那次会晤过程的回忆很生动，也具有选择性，这正如他对胡佛在此次会晤上表现出的风度。他回忆，那天早上，他在报纸上读到胡佛回到了华盛顿住在肖汉姆酒店的消息。于是，他拿起白宫总统办公室的电话并让他的接线员帮他接通了酒店的电话。接线员被总统亲自打电话这个做法震惊了，但电话那头的另一个人更为震惊。

"你好吗，总统先生？"杜鲁门问道。

"你是哪位？"

"我是哈里·杜鲁门，"他说，"我听说你在城里，总统先生。我打电话是想问问你是否愿意到白宫来一趟看看你的老家。"

直至此刻，自 1933 年罗斯福上任以来，胡佛还从没迈进过白宫一步。

杜鲁门回忆说："胡佛大吃一惊。"

"总统先生，我不知道该说些什么。"

杜鲁门对胡佛说他想和他谈一下，甚至想亲自到酒店看望他。

"我可不能让你跑一趟，总统先生。还是我去你那里吧。"

"我猜你就会这么说，"杜鲁门回答，"我派了辆车去接你，已经在路上了。"

这又是个有关思想碰撞的美好故事，但历史记录再一次说了另外一个版本的故事。总统之间的会晤从未那样容易发生，尤其是这种会晤自罗斯福时代就已成为过去，而且多数白宫官员也反对这么做。胡佛就算是要到白宫总统办公室附近走一遭，也得通过多位中间人斡旋及细致准备才能成行，他知道他在周边还有敌人。如果杜鲁门只是突发奇想地拿起电话并邀请他去白宫，《纽约时报》又怎么能赶在第二天一早的报纸上就对此次会晤做了报道？

事情的真实经过实际上要复杂得多。胡佛在战争行将结束之际迫切地想让自己派上用场。他只是有几个条件，因为他知道，他轻易就会被罗斯福的卫队阻止，而他本身也有些积怨。他整个春天都在努力让别人听到自己的声音。他帮助领导了一次全国性的行动，筹集了重达 1.5 亿磅① 的衣服。他抨击一年前成立的联合国善后救济总署无能；如果这个机构不能给濒临饿死的孩子们带去食物，那就让陆军部接管。他一次又一次警告大家："饥荒危机的时钟现在已指向 11 点 59 分了。"除了纯粹的人道主义担心外，美国军队的安全和对秩序的需求都要求给越来越绝望的人们搞到食物。

1945 年 4 月 12 日罗斯福去世的那天，胡佛给杜鲁门发了封电报。电报说："所有美国人都希望你有力量战胜巨大考验，你有权获得一切服务来帮助国家。"

当然，这也包括他能提供的服务。杜鲁门敷衍似的感谢了这份良好祝愿，但回信的纸条上字迹潦草："我向你保证，我将随时请求你的帮助。非常感谢你的好意。"

这就是胡佛一直在等的开端。他对一位朋友说："既然华盛顿的态度有所改变，我可能需要经常动动身了。"他的希望被释放出来。他沉思着，如果杜鲁门任命他为陆军部长，取代年老的亨利·史汀生，那么这个职位能让他完美地把救助物资送到那些需要的地方。

① 1 磅约为 0.45 公斤。——编者注

共和党国会女议员克莱尔·布思·卢斯访问了欧洲，她被当地的惨象惊呆了，要求任命"超级胡佛"那样的人来协调救济。有这种想法的不止她一个。5月上旬，史汀生就在扮演斡旋的角色。作为一名共和党人，史汀生担任过胡佛政府的国务卿，还担任过塔夫脱政府、罗斯福政府和杜鲁门政府的陆军部长，他在华盛顿可谓绝对的大人物，也是完美的总统"后门"。他悄悄地敦促杜鲁门，是时候打电话给胡佛了。在他的日记里，他写道，总统很"诚恳地默许了"这个想法，并且让它听起来像是他期望胡佛从今以后能随时过来似的。

但是没有任何官方的邀请。朋友们催促胡佛再次主动提供帮助。午饭后，伯纳德·巴鲁克也敦促他再次致电杜鲁门。胡佛回忆："已经是第四次了，我必须说明我不会去华盛顿，除非受到总统的直接邀请。"朋友们一直对他说，如果他出现在白宫，将会受到热情的接待，并被派遣"去欧洲执行重大任务"。但是胡佛相信，他们是在耍手段，不让官方主动提出邀请，从而不冒犯"左翼人士"。

前总统总结道，如果杜鲁门需要他的建议，他可以提出来，"由于华盛顿小团体的卑鄙和恶毒……我想对他们说，让他们都见鬼去吧"。

于是在5月13日，史汀生邀请胡佛于星期日到他长岛的家中共进午餐。胡佛的密友埃德加·理卡德在他的日记里写道，这件事"很机密"。胡佛没有隐藏他的骄傲和怨恨。这些年来，民主党一直在压迫他。如果杜鲁门想修复关系，他得行之得当。但是他的态度在软化。胡佛对杜鲁门的执政风格印象深刻，他告诉理卡德，他认为杜鲁门将成为一位好总统，"尽管他是民主党人"。

但是，在那周晚些时候，当史汀生提议让胡佛到华盛顿去拜访他和一些助手，从而探讨欧洲局势的时候，胡佛犹豫了。老朋友间非正式的午餐是一回事，但这个会议听起来太官方，而且胡佛不想让自己看起来像是削尖了脑袋想挤进那个圈子。史汀生说，他在"小题大做"。但是，胡佛一直听总统身边的人说，杜鲁门不想和胡佛扯上一点儿关系。据报道，罗斯福的拥护者、白宫发言人史蒂夫·厄尔利曾说："如果胡佛想要得到任何东西，他得跪下来乞求。"

这将成为俱乐部的难题：你如何操纵那些总想着把总统们分开的顾问？胡佛知道如何打通白宫门路，知道当一位总统想向他的助手们寻求建议时会发生什么。他能获得真正的内部意见的唯一方法就是杜鲁门自己这么要求。

正是在 5 月 24 日，杜鲁门亲自在白宫的信纸上写了一封信：

亲爱的总统先生：

如果你在华盛顿，我将很高兴和你谈谈欧洲食物危机。

我也将很高兴结交你。

你最诚挚的，

哈里·杜鲁门

那种姿态将要求杜鲁门做一些拦截防守的工作。杜鲁门说，罗斯福的拥护者"已经失去了他们的领导，他们现在垂头丧气"。他们在仔细瞧着，刷新着杜鲁门对罗斯福规则的违反纪录，觉得为胡佛恢复名誉是罪大恶极的事。杜鲁门等着他的幕僚第二天早上爆出这条新闻。正如其助手埃本·艾尔斯回忆的，"总统说，他想告诉我们昨天晚上他做的事情——而我们听了后都想向他丢砖头"。

胡佛立刻回了信，会面定在 5 月 28 日；他的朋友理卡德注意到，胡佛对受到邀请感到"兴高采烈"。在当天早上的社论中，《纽约时报》庆祝了当代总统俱乐部的成立：一次峰会"让这两个人互相协作，将比美国的任何两个人能更有效地减轻 1 亿人的苦难……胡佛先生的建议一直在那里，但在很长时间内无人问津"。

胡佛到早了一些，再次看到和感受到了那许久未见的大厅。他向那些在他任上就在那儿工作的员工问好，然后他在椭圆形总统办公室问候了杜鲁门。他对会面的记忆不像杜鲁门后来的回忆那样丰富。

胡佛处理问题的方式就像拆卸钟表，他向总统谈了他对食品危机的感受以及解决的方法。接下来至丰收的 3 个月是关键：要避免灾难，每个月需要 100 万吨小麦。他提醒杜鲁门，当威尔逊让他负责第一次世界大战后的救济工作时，他有权力减少繁文缛节，也能让"四巨头"在巴黎和谈，从而扫清他遇到的一切障碍。"在接下来的 90 天里……除了军队，没有任何机构能免除官样文章这个难题。"

他强调了战略上以及人道主义上的迫切性。他对杜鲁门说："最低限度生活费意味着饥饿，而饥饿意味着会滋生暴动。"

胡佛在家里时说过，杜鲁门应该成立一个与战争理事会平等的经济机构来战胜官僚主义，制定政策并减轻杜鲁门身上的担子。而且农业部长需要更大的权力来决定如何种植和分配食物。

他们谈论了日本问题，以及如何获得和平；他们讨论了与苏联开战的风险。杜鲁门问胡佛能否将他的想法写成一份备忘录给他。

会面持续了近一个小时，这点值得注意，要知道杜鲁门是很吝惜他的时间的。他缩短了内阁会议一半的时间，并且将大部分的访客时间限制在 15 分钟内。当他们谈完后，杜鲁门回忆，他邀请胡佛，如果胡佛愿意，他可以在白宫过夜；胡佛对他表示感谢，但说自己更想住在酒店里。杜鲁门后来写道："如果我处在他那个位置，我也会给出相同的答案。"但是他又补充说，他确保，不管胡佛什么时候来华盛顿，他都将受到最好的接待。

记者们急于向胡佛打听发生的一切。他站在那里，再次站在摄像机前，媒体都想知道他想对再次回到行动中心说些什么。胡佛等这个时刻已经等了很久。但是，这位前总统用一种奠定总统俱乐部首条原则的姿态没有发言，而是让他的继任者来传达信息。"美利坚合众国总统有权宣布他可能对访客说过的任何事或访客对他说的任何事。"

杜鲁门确实获得了政治利益。《时代》周刊报道："既聪明又大方。胡佛的访问，通过关键一击，让他赢得了共和党人的一片掌声，而且很明显地提醒了全国，现在迫切需要为欧洲提供食物。"胡佛怀疑，这次努力作秀多于务实。他在自己的记录里总结说，杜鲁门"只是想给全国留下一种充满善意的印象"。

回到华尔道夫酒店后，胡佛开始写他答应杜鲁门的会议备忘录。担心侯门难入，他通过杜鲁门的新任白宫发言人查理·罗斯将备忘录交给杜鲁门。另外他还写了份便笺："我现在给你送去这份备忘录，但我不知道在现有的体制下，这些东西要经过几手才能到达你的手中。"罗斯确保杜鲁门收到了备忘录，然后总统将备忘录传递给了他的内阁，并且让国务院分析关于日本的和平提案。他授予军方很大的权力处理救济工作，为他和胡佛在接下来的一年要做的工作打下了基础。在访问过去一周后，胡佛公开感谢总统做了一份"令人钦佩"的工作。

但是，正是杜鲁门从会面中采纳的建议满足了总统职位的不寻常需求。3 天前，他在日记里记录了此次会面，他没有对食物救济、日本问题或其他事情多说什么，只说了句讨论很"愉快和有建设性"。

让他感受深刻的是，"美国这两位总统对面临的困难"的共同理解。

杜鲁门曾对他的母亲说，在华盛顿这个舞台上，每寸土地上的歌唱家的数量比全国所有歌剧公司加起来的歌唱家总数还要多。胡佛对此也有所了解。

"我们讨论了我们的主要问题，并且想知道其根源。我的一些朋友来访，却受虚荣和特权所累。一个人与总统关系密切就遭了。他一定会弄出事来。"甚至对杜鲁门的老参议员朋友们也是如此。他们可能会过来聊天喝酒，然后回去就对记者们夸夸其谈自己是怎样帮助哈里拯救了世界。"那种扬名情节很糟糕，没有几人能逃脱。所以当那些没有什么缺点的人过来时，我努力抓住他。"

那天晚上，总统脑子里在想着什么？当整个世界都压在他身上时，作为这个星球上的头号公众人物，他感受到了那种特有的孤独。那天早上，他步行穿过大街到圣约翰教堂，并钻进最后一排座位。他认为教堂里能认出他的人不超过 6 位。他在日记里写道："当家人离开时，我总是感到很孤独，没有人再关心我戴什么领带，梳什么发型，穿什么鞋和衣服。"

在致胡佛的感谢信中，杜鲁门加了句附言："我很感谢你能来看我。这让我备受鼓舞。"

拯救世界的委员会

两个月后，杜鲁门亲自视察战区，去了解事情到底有多糟糕。1945 年 8 月，去柏林城外参加波茨坦会议时，他乘车穿越整个城市，城里遍地是病人，四肢不全，充满绝望。正如历史学家大卫·麦卡洛所说，所有战时总统中，不管是林肯、威尔逊还是罗斯福，他们都不曾看到杜鲁门看到的情形。用总统自己的话来说，柏林成了"十足的废墟"。人们脸上那木然的表情萦绕在他心头。

接下来的几周，事情变得更糟了；太多的欧洲农民被征入伍，太多的肥料被改制成炸药，太多的农机厂被改造成弹药生产厂。到 9 月时，农作物收成不好已成定局，饥饿的威胁越来越大。尽管签署了国际协议，但苏联对待协议条款似乎很随意，它已经在一个接一个地吞噬那些被削弱的国家。

同时，美国工人也不安宁，房屋短缺问题明显，杜鲁门的内阁有点儿难以驾驭。杜鲁门发表了一份 16 000 字的咨文，描述了他在医疗保险、住房、教育、失业和最低工资方面的目标。这些目标让共和党人和南方民主党人感到愤怒。国会中很多人震惊地发现：哈里·杜鲁门竟是位自由派人士。

胡佛和杜鲁门继续联系着，前总统密切关注着各方的利益博弈。他对一位朋友说："杜鲁门没有他前任的那种熟练的政治手腕和收买政要的能力。"胡佛会同情别人；在其总统任期内，他成功地游离在共和党国会的支持之外，甚至他自己的一位专栏作家好友都称他为"世界上最左翼的总统"。

杜鲁门并不是很愉快。圣诞节时，他和贝丝回到密苏里州的家里，但是这个节过得并不好。过了几天，回到白宫后，他给贝丝写了封古怪的信，写好后并没有寄出去，而是很明智地把信锁进了抽屉。信上说："我现在身陷白宫这个巨大的白色坟墓中，这里充斥着抱负和荣誉。"贝丝近来一直很不支持他。他的信听起来有点儿沮丧："没有谁像我现在这样需要帮助和支持。如果我能利用我们国家最好的人才，再加上我家人的帮助，我将能完成任务。"

对于解决他迫在眉睫的问题，最好的人才恰恰就是赫伯特·胡佛。几天后，1946 年 1 月 4 日，新任英国工党首相克莱门特·艾德礼发电报警告杜鲁门：食品危机恐慌蔓延，重建工作举步维艰。欧洲的小麦和亚洲的水稻供应量低于预期；在荷兰水坝被毁的区域，大部分已被洪水淹没。德国汉堡爆发了食物抢购骚乱，意大利西西里岛发生了抢劫事件，罗马尼亚和匈牙利人不得不靠吃橡树叶子度日。旱灾和蝗灾让非洲和印度粮食大幅减产，甚至加拿大的小麦产量也下降了25%。杜鲁门说，艾德礼"请求我采取积极行动"。

农业部长克林顿·安德森在接下来的几个月中扮演着重要的中间人角色。他在内阁会议中宣称，不管美国的农民能生产多少小麦，都不足以兑现美国对海外国家的承诺。他打电话给胡佛，胡佛既了解问题的严重性，也知道杜鲁门处理问题能力的局限性：在1946年冬天，让美国人减少自己的粮食消费来增加食品出口，这个时机很不适宜。随着战争的结束，人们感觉自我牺牲不再是为国家服务，而更像是遭受痛苦。人们排队购买糖、长袜和洗衣机。由于战时物价控制逐渐变松，工人要求更高的工资，通货膨胀的风险在提升。

但是胡佛不相信定量配给和政府管制。他宣扬自愿主义：很多人还记得他在第一次世界大战时表现出来的领导力，"胡佛式政府公关"，1917年胡佛在担任威尔逊政府的粮食总署署长时组织过"周三不吃小麦，周一不吃肉"的活动，以此节约粮食出口国外。胡佛向安德森建议，请他劝服总统发起这项节约资源的计划，杜鲁门立即这么做了。2月6日，杜鲁门列出了9点紧急粮食计划，包括减少美国威士忌和其他以粮食为原料的酒的产量，限制使用粮食喂养牲畜，从小麦中提取更多面粉，并让面包就不那么白了。

杜鲁门的广播讲话犹如雷鸣。大多数美国人开始意识到，养活全世界的任务现在落到他们的肩上了，但是大多数人还认为他们正在做的是一份漂亮的工作。现在，没有明显地削减粮食消费来增加出口量，欧洲正面临着灾难。1亿欧洲人民度日如年，每天的食物量不足一般美国人的一半。杜鲁门说："现在与任何战争岁月相比，由于缺乏食物，更多的人面临挨饿甚至饿死的危险，这一人数或许要超过所有战争时期的总和。"

胡佛立即做出了贡献。他从华尔道夫酒店的房间里发出一份声明，警告人们眼前面临的"严峻的工作"，敦促美国人支持他们的总统。但杜鲁门需要的不仅仅是鼓励。2月，当安德森追踪到胡佛的时候，胡佛正在佛罗里达州钓鱼。胡佛是否愿意立即前往华盛顿主持紧急市民委员会，来增强人们的意识和促进粮食节约行动呢？他们愿意派架专机，不管是陆用还是水陆两栖的，去请他回来。

其中有些奉承话：据安德森说，胡佛在上年夏天就给了他最好的建议，而且他警告过的所有事情都已经成为事实。为了不让胡佛怀疑这是个陷阱，安德森提前向他保证，这"不是炒作的政治安排"。

胡佛回了封电报，说他愿意提供帮助，而不是浪费他的时间。他认为市民委员会能力有限：他在上年5月就跟杜鲁门说过，所有的粮食管制应该由农业部长负责。胡佛向安德森抱怨说："有人告诉我华盛顿并没有这么做。现在应该这么做了。"然后他指导安德森实施下面的方案，包括：需要对粮食需求量和富余粮食量进行全球评估，需要执行全国节约计划，需要协调整个食品行业。安德森仔细聆听，杜鲁门遵照建议逐条实施。

第二天，即1946年2月27日，杜鲁门给国内最有影响力的几位先生和女士发了电报，包括：《时代》周刊和《生活》杂志创始人亨利·卢斯、《华盛顿邮报》出版商尤金·迈耶、民意测验专家乔治·盖洛普、美国通用食品公司董事长、美国商会会长和妇女投票者联盟主席。

杜鲁门写道："我现在请您和其他几位具有公益精神的市民于3月1日周五下午3点到白宫东翼开会。"电报上还加了点儿甜头："前总统胡佛已经接受了我的邀请并将出席会议。我希望获得您的支持。"杜鲁门不在乎有人反对他会晤"那个可鄙人物"。用他自己的话说，这次会议是"自我就任总统以来，我认为在白宫举行的最重要的会议"。

在整个委员会成员聚齐前，胡佛就提前到达了白宫。他先跟杜鲁门私下进行了交流。他们谈论了安德森评估的粮食供需之间的差距。胡佛认为评估的数据"显示粮食的缺口大得可怕，因为如果数据是正确的，世界将面临巨大的灾难"。他们的最大希望是最大限度减少人口死亡。杜鲁门对胡佛说："我有份工作需要交给你，除了你，本国没有谁能够完成。"他们需要将粮食从拥有粮食的人手中转移到需要粮食的人手中，并且要生产出额外的1 100万吨谷物弥合供需差距。"如何供养国家和人民，你是世界上最有经验的人，"杜鲁门说，"请搭我的飞机，挑选工作人员，不管你需要多少时间，请调查一下我们能做些什么。"

胡佛后来回忆这个请求时说："我勉强答应了请求，因为我已经71岁了，我的时间本来是用在打理家乡的几个教育、科学和慈善机构上的。"尽管胡佛经常胆怯，但他却很少谦虚，他不认为还有其他人能承担此重任。一些有身份的人需要和最高领导会见，面对面会见，并且与当地民众和媒体交流。还有谁能比一位曾经战胜饥荒的前总统更合适呢？

那天晚些时候，当委员会全体人员和杜鲁门、胡佛，以及主要的内阁成员开会时，会议要求削减25%的小麦消费，降低超额消费，直至欧洲获得粮食丰收。休会时胡佛说："文明的命运将依赖于未来4个月美国人民是否愿意做出牺牲，是否愿意将世界从纷乱中拯救出来。"他再次强调需要设立中央粮食总署，消除瓶颈，并终止将宝贵的粮食喂养牲畜，而不是供应给饥民。但是，他再一次尊重杜鲁门的总统特权。当记者问他怎样才得以将自己那设置粮食总署的想法灌输给杜鲁门时，他拒绝回答，并说："不公布我对总统的说话内容，这已是我的惯例。"所有人听到此话后都笑了。

胡佛和杜鲁门在白宫会见 4 天后，杜鲁门和温斯顿·丘吉尔回到了他的老家密苏里州。丘吉尔在密苏里州富尔顿县的演讲动摇了战后和平的基石。他也警告了欧洲的局势："没有人能想象出那种'无边无际的人类痛苦'。"但是，饥饿并不是唯一的威胁。丘吉尔警告说："从波罗的海的什切青市到亚得里亚海的里雅斯特市，一张铁幕已经从欧洲大陆落下。"可以肯定的是，民众很绝望，秩序已完全破裂，为了不让苏联的影响力因此而增强，这种决心才是胡佛使命的基础。

供养他们很重要，赢得他们的忠诚更重要。第二天，《纽约时报》发表了一篇尖锐的社论，将二者联系在一起。"自欧洲胜利日和对日战争胜利日以来，美国在海外受欢迎的程度已经有所降低。想到我们能通过友好的行为恢复这种欢迎度，这让人很愉快。"胡佛的旅途能实现很多有用的目的。《纽约时报》说："如果美国方式能明显解除饥饿危机，它将比其他方式更有优势。胡佛先生重操旧业，这是美国主义的完美论据。"

赫伯特·胡佛已成为杜鲁门在"冷战"中的第一武器。

5 000 英里 ① 使命

在出发之前，胡佛发表了一次全国广播讲话，呼吁美国人在道德上帮助应对这种处境。5 亿人处于危险之中，现有的富余粮食只能解决一半的问题；创造性和节约将解决另一半问题。胡佛说："如果你的邻居正在挨饿，你将给他们提供粮食，对于那些无助的妇女和儿童，你是否能把其中一位想象成你餐桌上的一位看不见的客人呢？"

---

① 1 英里约为 1.6 千米。——编者注

经过一个星期的磋商，3 月 17 日星期日，胡佛和他的团队从拉瓜迪亚机场搭乘绰号为"忠实的牛"的军用 C-54 飞机出发了。那架飞机之所以有这个绰号，是因为它在起飞和降落时会发出"哞哞"的牛叫声似的噪声。他将在 57 天内访问 22 个国家。在接下来几周中见到的景象让他多年难以忘怀。在华沙，10 间房子有 9 间被摧毁，他注意到"城市中充满复仇的恐惧"。他参观了贫民窟、施粥场和孤儿院；他听到一位妇女对他说"我们厌倦了死亡"。当这个团队去罗马号召人们提供帮助时，其中一名成员注意到，即使是最奢侈的酒店菜单也"只够一只金丝雀享用"。

收集数据，然后将其整合，再用来提高能获得的粮食的供应量，并将其分配到最需要的地方，这是最大的难题。在挪威，胡佛得知有 20 万吨富余的鱼，但如果有更多的盐来保存这些鱼，这个数量还可以翻番，于是他安排美国在德国的官员去找需要的食盐。

财政部长约翰·斯奈德在回忆胡佛的行动时说："他找到了大量储存的粮食和黑市上的粮食源。如果没有他对社区的知识和背景的了解与熟悉，那么我们很可能对其一无所知。他的经验和身份对我们很有用，因为我们知道了市民和政府过去玩的把戏。"

杜鲁门渐渐意识到，胡佛不仅仅是有用的海外替身。如果使用得当，胡佛能在国内给他帮上更大的忙。当胡佛在 4 月中旬前往开罗时，杜鲁门和安德森还有饥荒紧急委员会主席切斯特·戴维斯共进午餐，他们决定召胡佛回国发表演讲，强化人们的意识。总统在第二天发了封电报，"紧急需要你回国一趟，告知公众你在访问中发现的情况，以此促进赈灾工作"。

胡佛坚决反对。一方面，如果他推迟行程，印度、中国和日本人民将很失望，这也会影响美国的友好形象。他提议做更激进和史无前例的事：总统俱乐部首次广播。广播中，面临众多国内压力的现任总统要求前总统成为他的合作伙伴，并加强自己的影响力。于是，他们准备了一份联合宣言，并于 4 月 19 日晚在四大广播电台由白宫的杜鲁门和埃及的胡佛先后公布。

杜鲁门先开口。他说，胡佛从前线发回的报告"一次次地让人更加理解那边人民面临的绝境……如果我们不少吃点，数百万人肯定将死去"。他请求美国人一周两天为欧洲人"苦行"节食。他默认自愿式节约行动不足以解决问题，于是加强了行动力度。那个晚上，安德森宣布减少面包店的小麦用量，政府大量采购燕麦供出口，并对 5 月 25 日前出口的每蒲式耳①小麦多提供 30 美分的奖励。

接下来是胡佛发言。相比杜鲁门的务实，胡佛的讲话更有说教味道，充满那种能打动人心的话语。尽管多年来他一直在敲警钟，但胡佛第一次感觉到，这一次人们将真的用心听他讲话。几千万人收听了广播，这也是自离开白宫后，迄今为止胡佛首次拥有这么多听众。他强调了战略上的势在必行和个人应尽的责任。他说："拯救这些人的生命不仅仅是世界复苏的必要条件，也是世界道德和精神重建的一部分。"

至此，胡佛的角色就不仅仅是杜鲁门的大使和代理人了，他也是杜鲁门的海外情报员和国内的公共关系管理人。几天后，他警告杜鲁门，多个欧洲国家可能会"非常积极地渲染"指责美国没能完成供粮任务。他引用了英国《笨拙》（*Punch*）杂志上的一幅指责美国贪婪和自私的漫画。杜鲁门回了封绝密电报，感谢胡佛的足智多谋，以及他的所有努力，让美国获得了信誉。杜鲁门写道："在这次非常危险的旅程中，我深深理解你做出的个人牺牲和承担的风险，你取得的优秀成

---

① 1 蒲式耳等于 27.216 公斤。——编者注

果将对本国具有不可估量的价值。"

宣扬奉献精神

当两位总统再次见面，也是年内的第四次见面时，他们考虑的就不只是饥饿问题了，他们谈话的大部分内容是关于苏联的问题。杜鲁门抱怨和苏联人打交道很困难。胡佛在他的笔记里记录说："我对他说，只有一个方法可以对待现在这群苏联人，那就是要有种好斗的精神。"那是他们能听懂的唯一语言。胡佛甚至还为杜鲁门起草了一封电报发给苏联领导人约瑟夫·斯大林，敦促其增加对芬兰、波兰、捷克斯洛伐克和南斯拉夫的粮食援助，帮助他们度过危机。

然后，胡佛回到广播前发表了一次激情演讲，这次演讲和他做总统时不一样。《启示录》里的四骑士中，那个叫作战争的骑士已经消失了——至少是会消失一阵子，但是饥荒、瘟疫和死亡仍然在冲击着世界。饥饿就像是一个无声的访客，如影子一般出现。它一日三次坐在焦虑的母亲身旁。它不仅仅带来痛苦和悲伤，还带来担心和恐惧。它让政府混乱而无力，甚至导致其垮台。它比军队还要有破坏性，不仅破坏人类的生命，还破坏人类的道德。在它的侵略下，生存的价值会消逝，文明的成果会破碎。"

还有一次机会转危为安，但是那需要让拉丁美洲，尤其是阿根廷扩大粮食出口。那不仅仅需要和阿根廷新任总统胡安·庇隆进行微妙的外交，杜鲁门、胡佛和美国国务院间也需要斡旋。

关于派胡佛出使拉丁美洲的想法，安德森警告杜鲁门，"国务院将抗议"。职业外交家们都不怎么欢迎业余外交家，哪怕他们担任过总统。杜鲁门对此回应道："我们不会给他们这个机会。我会立即宣布这个决定。"美国曾想尽办法阻止庇隆上任，结果把美国和阿根廷的关系搞得很僵。胡佛在他的日记里写道，那种努力可能完全是在浪费时间。但是赌注真的很高，再加上 100 万吨粮食，这赌注不容我们不尝试一次。

这就是胡佛答应杜鲁门的第二个使命，时间是 1946 年 6 月。这次旅程并不愉快，他要在 25 天内访问 11 个国家。在委内瑞拉，他栽倒在浴缸里，还摔断了几根肋骨。在阿根廷，他出席了一场国宴，在 219 名客人中席位设在第 196 位。但是，"我下定决心，如果我能弄到那 160 万吨粮食……哪怕是吃阿根廷的泥土也罢"。

当胡佛抵达布宜诺斯艾利斯时，庇隆已经连续办公 48 个小时。在阿根廷总统大选中，有人掀起了反对庇隆的"全面战争"，而美国大使馆当时在某种程度上扮演着反对派总部的角色。美国大使使出浑身解数拖延胡佛与庇隆见面。但是，墨西哥大使做出了贡献，教皇也事先做了工作。胡佛和庇隆开了两次会，庇隆"非常诚恳"，他甚至将自己在大选中取得的胜利归功于美国的反对。他对胡佛说，这让他得以号召国民"与北方巨人战斗"。胡佛说，庇隆的夫人伊娃具有埃莉诺·罗斯福夫人的智慧与海蒂·拉玛的容貌。

庇隆抱怨说，即使战争已经结束 10 个月了，美国还没有停止对阿根廷的战时贸易限制，这让阿根廷失业率上升。此外，阿根廷的黄金储备仍然冻结在纽约的联邦储备银行里。胡佛对此是否能做些什么?

庇隆补充说，他的战争不是针对欧洲人民，他也发布了行政命令，要在几周内释放更多的粮食储备。胡佛也兑现了自己的诺言：他一回到华盛顿就和杜鲁门碰了面，告诉他阿根廷黄金冻结和贸易限制这些事。正如胡佛的回忆，杜鲁门说他不敢相信这是真的，抓起了电话就打给国务院。

胡佛回忆："我只听到对话一方的话，但那就够了。"总统命令撤销贸易壁垒和释放阿根廷黄金。胡佛问杜鲁门是否可以让庇隆知道这件事，"这可以让美国和阿根廷的关系不那么紧张。杜鲁门先生同意了，于是我给庇隆总统发去了一封电报"。

在几乎一年中，杜鲁门和胡佛从完全的陌生人和政敌变成了好伙伴，在处理国内外事务上相互信任，在公开场合和私下里都成了好朋友。他们一起冲破了繁文缛节，击垮了官僚作风，讨好了独裁者，搬开了一两座大山。杜鲁门总统任期的第一年赌注很高，是胡佛确保了他的胜利。到那个月的月底，杜鲁门可以宣布，美国已经提供了 550 万吨粮食，兑现了美国做出的承诺，并避免了人道主义灾难。

胡佛对他的朋友说："我身体里的每一个细胞都在因疲倦而向我抗议，我要离开去休息一会儿了。"

那年即将结束时，杜鲁门私下里写信给胡佛说："你真正服务了全人类。"现在，这两位总统已经与共同的敌人进行了足够多的战斗，为他们的友谊播下了种子。"我知道，在将来任何时候，当我需要你的帮助时，我都可以指望上你。"杜鲁门如此写道。

02

我们的独家工会

杜鲁门和胡佛合力阻止了一场人道主义灾难。现在要阻止另一场战争。

很显然，在未来欧洲走向以及实力均衡问题上，苏联人和美国人的看法不一致。美国人最想做的是撤军、复苏和重建，他们反对欧洲大陆事务，因为那会让美国卷入苦战。在这个时期，杜鲁门明白已经没有回头路。现在是美国的世纪，美国必须领导世界。

然而，让美国人民接受这个观点，让共和党国会接受这个观点，那需要能量、创新、运气以及那种只有总统俱乐部能提供的超级说客。

杜鲁门想做的事情野心太大，一个人根本无法完成，即使当时并非处于政治困难时期。战争结束时，杜鲁门的支持率高达 80%；到 1946 年底，支持率跌至 32%。有人批评他愚蠢、庸俗、参加内阁会议总是迟到，而且经常言语不当。1946 年中期选举中，民主党候选人不要他出力帮忙；有些候选人在集会上播放已故总统罗斯福的演讲。他的政党惨败，国会首次在 16 年内落入共和党人手中。

德国问题

1947 年初，杜鲁门面临的首要挑战是如何处理德国问题，这是自战争结束后的焦点问题。我们是否要让它保持羸弱，让它成为一个美好的、永远不会再成为威胁的国家？或者，德国是否注定要成为欧洲经济的引擎，是否让它更快地站起来，对大家才更好？杜鲁门和胡佛认同后一种观点，而现在的问题就是要说服共和党国会批准一项大规模的援助德国计划。

杜鲁门需要找一位使者，这位使者必须具有胡佛的国际地位和国内政治影响力，而不是某个无名小卒或外交家。他有自己的理由。总统的政治动机即便在那时也是透明的。第二天报纸的头条是这样说的："总统希望调查者的调查结果能让国会共和党人印象深刻。"杜鲁门希望获得 3 亿美元；如果胡佛回来后确定美国的方法行之有效，那么他就有更大把握获得那笔钱。当然，如果胡佛在第三次海外出使回国后反对总统的优先事项，那么杜鲁门将面临更大的问题。不管杜鲁门对胡佛有多信任，都能在这次任务中获得检验，而杜鲁门自己也甘愿冒险。

现在，政府里有些人在积极密谋，企图削弱总统俱乐部的影响力。正如《纽约时报》指出的，派胡佛回欧洲当超级大使惹恼了陆军部的人，"让职业外交家们感到严重担忧"。国务卿乔治·马歇尔即将上任，德国经济统一的任务应该优先排在他的议程之中。马歇尔很快要去参加莫斯科外长会议，商讨德国和奥地利的最终和平条款。有消息称，让胡佛插一脚"使我们感到迷惑不解，因为我们知道问题在此刻是多么微妙"。德国正遭受严冬，柏林的气温降到了零度，人们因严寒而冻死，食物、燃料和生活必需品太少。胡佛的观点是，德国需要开始依靠自己。但是国务院认为，如果要让德国成为西方的堡垒，这将要求改写波茨坦会议制定的规则，而规则要求让德国工业疲软到在未来不能发起任何战争。

胡佛回忆："当我回电华盛顿答应前去和总统谈话时，我很平静。"他最终还是去了。他确保在去白宫之前和国会的共和党领导人见了面；一些领导人后来承认，尽管他们想支持杜鲁门的外交政策，就像老传统那样，但他们希望有某种政治掩护。正如《时代》周刊报道的，"如果胡佛报告中的观点碰巧和总统的观点一致"，共和党议员"将不会因为批准了政府的计划而承担任何责任"。

当胡佛抵达白宫时，正如他说的，杜鲁门对报纸上的报道"非常愤怒"。胡佛坐到杜鲁门办公桌旁，写下了他对此次任务的看法，这样就不会有误会了。他同意对德国复苏进行"充分研究"，保证完全的自由，尽管杜鲁门提醒他注意"国务院的一些重要人物"。

2月2日，胡佛开始了他为期三周的征途，这绝不是去游览。他已是72岁高龄了。由于当地的政府大楼没有暖气，他还得裹着大衣和毛毯每天工作14个小时。他几次患上了重感冒，还在纽芬兰的一次DC-4飞机急降中伤了自己的耳膜，听力也因此遭到永久性破坏。粮食再次变得极为稀有；他的一项方案是利用军队富余的配给在德国全国范围内建立食堂和施粥场，从而让350万小学生能在中午吃上一顿热餐。

胡佛一回来就向杜鲁门汇报了德国面临的苦难。第二天，他花了一天时间和内阁官员谈话，包括和国务卿马歇尔开了两个小时的会议。此外，他还在众议院外交事务委员会陈词，并和25位议员共进了午餐。

回到纽约后，胡佛写了一份关于奥地利的报告，并安排和杜鲁门再次碰面。总统一读到报告就坐下来写了封感谢信。杜鲁门写道："对你愿意为陆军部和我做这两份调查，我想再次向你表达我的最高谢意。你对德国和奥地利局势做出了重要的贡献。我确定，这将对莫斯科会议产生影响。"他确实需要表示感谢，因为他刚邀请重要议员召开了一次秘密的白宫会议，目的是让他们知道，英国因为面临经济问题，已担不起拯救希腊和土耳其的责任了。那副担子不是落到美国身上，就是落在苏联身上。后来所谓的"杜鲁门主义"决定了到底是哪一方。美国再也不能偏安于大洋一边，而让欧洲自己解决自己的事务了。

3月12日，星期三，杜鲁门和胡佛在早上见了面；胡佛拒绝监督美国的救济工作，但他再次强调了控制援助资金使用方式的重要性。后来，杜鲁门前往国会。在那里，他提出了一项全新的使用美国援助和权力的框架。他要求为希腊和土耳其提供4亿美元援助，认为极权国家对自由人民的高压和恐吓损害了世界和平。他宣称："我认为，我们要支持自由人民，他们在抵制少数派武装或外部压力，这一点必须成为美国的方针。"

记者注意到，议员们很震惊，看起来显得"有些困惑"，因为他们"在21分钟内看到他们国家的外交方针发生了急剧变化"。有证据表明"一场大规模的国会暴风雨正在形成"。尤其是共和党人，要想让他们支持民主党总统，并给他开一张巨额支票，让他按照美国的形象重塑世界，他们显然很不乐意这么做。

因此，在这次改革中，脚踏实地的胡佛是杜鲁门极其重要的盟友。他整个春天都在强调美国援助的重要性——尤其是强调，如果能有效管理，避免错用援助，援助将最终带来回报。

胡佛安排和10位共和党议员共进了早餐，但是他告诉他的朋友理卡德，尽管杜鲁门邀请他住到白宫斜对面供外国元首下榻的布莱尔国宾馆，他没有接受，"因为这不能让他享有他希望的独立性，这暗示了布莱尔国宾馆可能会被白宫连线"。胡佛在双方之间斡旋，他认为这符合国家利益：他不相信杜鲁门会浪费，也不信奉共和党人的孤立主义。

当议案最终成形时，其中包括胡佛提出的许多关于成本控制的建议。于是，在他和杜鲁门共同奠定的基础上，美国的政治大厦冉冉升起，那就是"马歇尔计划"。杜鲁门再一次有充分的理由感谢他那令人惊异的——尤其有影响力的盟友。

1947年，杜鲁门给他那骄傲的伙伴抛出了一系列橄榄枝。4月，他签署了一项国会决议，恢复了"胡佛大坝"名称：在签署决议时，他用了4支笔，并要求将笔都送给胡佛。

一个月后，在华盛顿政治精英的烧烤晚宴上，胡佛现身。这也是他自1932年以来首次出现在这样的活动上。这种史无前例的合作关系终于公开了。由于杜鲁门连任选举临近，胡佛说，他想避免"暗示，说我想让他加入我独家的前总统俱乐部"。他很同情杜鲁门，因为杜鲁门将面对反对派国会的严峻考验。他说："这里，我再一次比任何其他活着的人都要更同情杜鲁门先生。"接着他赞扬了杜鲁门的优点和原则："尽管我们面临着成千上万个海外危机，但他依然在美国的国土上巍然而立。他给白宫带来了亲民的新动力。"

胡佛说完后，杜鲁门接过话，并写下一句话："非常尊敬和感谢这位伟大人物。"12月，杜鲁门邀请胡佛参加白宫的招待会；后来一个月，杜鲁门邀请胡佛使用位于西屿的总统度假胜地。当杜鲁门一家在白宫挂了一幅胡佛夫人的画像时，胡佛尤其感动。

杜鲁门在白宫任职的时间越长，他就越感受到他的前任能给予他的帮助，那种帮助或许可以说是独一无二的。他也不会因自负而羞于启齿。胡佛也找到了还礼的方式；在杜鲁门政府的最后一年，国会开始对公职人员工资征税，包括总统的工资。这对像胡佛和罗斯福这样的富人来说根本无所谓，他们到1944年就已经将自己一半的工资纳了税。但对杜鲁门等总是那么困窘的人来说，征税的影响就很大。白宫职员和用人的工资由政府支付，但政府不负担他们的餐费。如果只是家庭饮食，那么杜鲁门吃的往往是剩饭剩菜。杜鲁门跟他的朋友说，他每周带回家的工资基本上是 80 美元左右。

胡佛帮助并领导了给总统涨工资的行动。胡佛认为，如果杜鲁门每月能余些烟钱（杜鲁门并不抽烟），他将很幸运。1949 年初，国会最终投票批准将他的工资提高到 10 万美元，涨了三分之一，并且给他的报销额度增加了 5 万美元免税资金，供其自由使用。

总统俱乐部的礼物

国会给总统更多的钱是一回事，给他更大的权力是另一回事。

杜鲁门再一次有求于胡佛，希望获得更大的权力。

自 1798 年以来，美国行政机构全面的改革中，起码有过 6 次这样的尝试。各种各样的委员会都曾被寄予厚望，但最终却没见到任何成效。

大多数行政机构改革试图限制总统权力，但是，当代总统管辖的乱糟糟的机构并不能很好地为总统服务。1945 年 5 月，杜鲁门发表了第一次国会咨文，当时他就请求当局重组行政机构。胡佛在那时支持了他；他给俄亥俄州国会议员乔治·本德写信（同时确保杜鲁门也看到了这封信的副本）。他说："35 年来，连续 6 位总统建议实行重组。这 35 年中，行政机构间政策上的重复、浪费和冲突就像丑闻一般。"杜鲁门感谢他的支持，他在信中写道："这场战斗已拖延很长时间了，但始终没有成果。得知你原则上赞同这项议案，这很鼓舞人心。"而在这场战斗中，胡佛的知识也随之派上用场。

但是，在杜鲁门首届任期中，国会成功阻击了他的重组努力。尤其是在 1946 年共和党接管国会之后，他们的目标主要是建立更小的政府，而不是更有效的政府。胡佛的政府每年耗费 40 亿美元；在战后岁月，杜鲁门政府的耗费要超出 10 倍。之前的 60.4 万名雇员现在已上升至 200 万人。政府拥有美国大陆四分之一的土地，有超过 5 000 多栋大楼，100 万辆轿车和卡车，油漆厂和锯木厂，在维尔京群岛上还有一座酿酒厂，在田纳西州拥有年产值 2 000 万美元的化肥厂。哪怕是哥伦比亚河里的一条鲑鱼，只要它游到上游产卵，就会受到 12 个不同的联邦机构管辖。

于是，1947 年 7 月，国会成立了政府行政机构组织委员会。与过去的机构相比，这个委员会有更多自主权。委员会目标很明确，就是要在公有行业中"促进经济、提高效率和改善服务"；它要在 1948 年 11 月提交报告，确保能为新任共和党总统清理门户提供蓝图。议长乔·马丁任命胡佛参加专家小组，而胡佛和往常一样，如果不请他担任专家组主席，他就拒绝参加。

作为唯一活着的前总统、一位令人尊敬的并且和共和党国会关系亲密的老政治家，胡佛自然成为首选：对于那些决心废除罗斯福政策的人来说，他们乐意委托胡佛给那些"自称为自由派人士的叛国者"以致命一击，并且为公共领域引进健康的管理制度。

虽然这个时候杜鲁门对胡佛的能力深信不疑，但是胡佛的共和党支持者们对此还不清楚。那就是几乎所有前任总统都拥有的强大推动力：你会保护总统职位，而不管此刻是谁担任总统。胡佛的委员会助手唐·普赖斯说："胡佛先生绝不会攻击总统职位。"胡佛在国家危机时担任此职，他还因为未能多出力解放总统职位而承担过错；如果他成功转变总统职位，他就能保护他的继任者们免遭相似的命运。

一些民主党人认为，杜鲁门非正式地签署了可能破坏他整个议程的法案，这显得很幼稚。但是杜鲁门现在感觉到，胡佛并不反对加强总统职位并让这个职位更富于组织性这个想法，他同意罗斯福选择的使用方式。杜鲁门要求委员会发回"你们最中肯的调查结果，不要管别人高不高兴"。当众议院议长萨姆·雷伯恩抗议时，杜鲁门将其顶了回去。他说，胡佛是"我知道的最佳人选，他将为我完成这份工作……政客不要干涉他，我们是会在政府中找到组织性的。萨姆，现在这件事，请你也帮忙"。

胡佛把这件事称为他的"最后一次公共服务"。委员会有权检查2 500 个部门和机构，期望削减 400 亿美元的预算。比如说，大约一半的政府采购订单将用在采购那些成本低于 10 美元的东西上，而实际上，处理这些订单的文书工作的成本却达到了 11.20 美元。胡佛预测，如果成立中央采购机构来精简政府手续，每年将节约 2.5 亿美元。

胡佛成立了 24 支突击队，他们秘密见面；他雇用了研究人员，招募了专家，包括两位前内阁成员、13 位副部长、3 位前参议员和 5 位州长，以及 10 位大学校长。许多人都有节约和支持商业的好习惯，他们帮忙稳住了委员会的方向，这个小组从不因党派私见而分裂。杜鲁门的代表努力拖延对"新政"机构的攻击，但是人数不够。詹姆斯·罗律师就是委员会的一员，他是新政支持者，从罗斯福到约翰逊时期一直担当总统顾问。据他回忆："胡佛确信，他将利用这个委员会，从实质上肃清新政的官僚主义。我认为他是位非常热心、非常真诚的人。他是个工作狂，现在已经 75 岁了。我记得我们过去常常一直工作到星期六早上才分开，分开时他还会说'我在下周一早上会带回三份报告的草案'。他乘火车离开，周六和周日都会花在工作上；而在坐火车回来的路上，他的报告就已经写好了。报告写得可能不是很好，风格糟糕，但他会一直修改。"

他们是想帮助政府"以更小代价做更多事情"，但是对保守派而言，这实际上是"以更小代价做更少事情"。在一份他从未发表的关于委员会的回忆录里，胡佛把杜鲁门的代表描述成"马屁精……他们都相信共和党将赢得大选，他们很少恭维杜鲁门先生。有时候，我看起来是唯一一个替他说好话的人"。

还有一个领域是胡佛拒绝让别人代理的，那就是总统的待遇。他说："我想我自己会接受那待遇，还有谁能更了解这点呢？"

他向杜鲁门的预算主管詹姆斯·韦布求助，告诉他，他将亲自调查总统职位的需求。韦布对杜鲁门说，这"是可喜的进展"。韦布注意到各种不同的观点，"让那些未担任过总统或从未和总统有过特别亲密关系的人来衡量那些提案，将很困难。从我和胡佛的几次谈话中，我相信他知道其中的难度，他知道处理整个问题将很困难"。

与此同时，另一场选战……

胡佛不想给杜鲁门带来更多麻烦，而杜鲁门总统在 1948 年总统大选中的竞争对手将很可能是纽约州州长托马斯·杜威。同时，胡佛也不想让自己那宝贵的委员会成为党派争来争去的橄榄球。胡佛和杜鲁门的白宫发言人查理·罗斯共进午餐，罗斯告诉他，共和党大会想邀请他发表主旨演讲，他拒绝了——从这一点你可以看出他在挽回名誉上取得了多大进步。他向罗斯保证他只扮演一个小角色，避免任何对总统的攻击。这种姿态并未在白宫赢得广泛的欢迎。据白宫助理新闻发言人艾尔斯说，在白宫内部会议上，"克拉克·克利福德和其他人笑着表示，他们非常遗憾胡佛未担任共和党主旨发言人，因为他们觉得这反倒会帮助民主党人"。

胡佛在共和党大会上发了言。《时代》周刊报道："在民主党执政期间，有些共和党人被猛烈攻击，但胡佛的演讲抛开了党派之争，而谈论了国家在世界上的地位。"他强调了加强西欧和捍卫自由的重要性。杜鲁门写信给胡佛，赞扬了他那"政治家的说话方式"："有些人认为，政治只不过是场游戏，是为赢得个人利益的游戏，如果你听从了他们的劝告，那你就是在浪费时间。"

有人可能会指望总统大选将不会成为两名对手的嗜血斗争。杜鲁门声称他信仰那种绅士般的选战。杜鲁门曾说："如果你必须攻击那些曾经帮助你而且是你朋友的人才能赢得大选，那你就不值得赢。"但是，当竞选进入白热化阶段时，他的这种信仰就被放弃了。

或许是习惯早已根深蒂固——所有活着的民主党人都知道怎么和共和党人赫伯特·胡佛竞争。杜鲁门称，这场选战是拥有狭隘价值观的普通人和希望在每个回合都进行欺骗的共和党"权力说客"之间的斗争。在一篇演讲中，他16次提到胡佛，没有一次是表扬他的。杜鲁门说，要是阿尔·史密斯在1928年击败胡佛就好了，"我们和整个世界将少遭受难以言表的痛苦与苦难"。竞选中，杜威的竞选火车意外倒开进伊利诺伊州的人群中，杜威称他的火车司机是"疯子"，杜鲁门也以此类推：他开始把胡佛比作火车司机，"把火车倒开进了休息室，让我们恐慌、萧条和绝望"。

对杜鲁门而言，这或许是完全可以接受的政治竞争，但"胡佛先生被完全震惊了"。据詹姆斯·罗回忆："他想不通，一个对他那么友好的人竟会说出这样的话。但是，我说：'胡佛先生，这是政治，他不得不这么做。'"

"嗯，我想他也会那么做的。"胡佛说。这可能只是自我安慰，但杜鲁门的话并不是他的本意，他对他的办公厅主任约翰·斯蒂尔曼坦白："胡佛对大萧条的责任并不比你我更多。"

而整个过程中，胡佛都没有亮出自己的武器。透过21世纪的政治斗争的镜头，很难想象的是，一位拥有致命武器的政党领袖竟为顾全大局而放弃使用它。詹姆斯·赖斯顿写道，如果他的委员会在总统大选中与共和党人共享材料，一旦选战结束，这将成为"相当易燃的东西。然而，胡佛先生和他的成员们很谨慎地对低效、无组织性、重复和浪费的事实守口如瓶，直至大选结束"。胡佛似乎是铁了心了，他认为对总统职位的成功改革比个人的大选更重要——即便那意味着民主党人将在白宫多待 4 年。

杜鲁门先生的推销员

杜鲁门赢得了他历史性的连任竞选，而胡佛则继续保持他高贵的沉默。有谣言称，胡佛将退出委员会；民主党人也赢回了对国会的控制，这意味着，由未来的国务卿迪安·艾奇逊领导的自由派人士现在能确保他们的权力了。艾奇逊敦促杜鲁门放弃整个努力。

到此时为止，胡佛已经花了 14 个月和无数小时的工作完成了 19 份报告，约 200 万字。这些报告注定会被媒体和国会严厉批评。而胡佛最大的希望是，委员会合理的提案将超越特权或党派私见的争论。

胡佛请杜鲁门的助手韦布一起吃午餐，向他发泄心中的沮丧：他们是如此卖力地工作，他也相信将有共和党的总统来实施他的建议，但现在，一切都烟消云散了。

韦布回忆："我能做的只是让他尽量发泄。我说，'这不是一位前总统应有的说话方式。如果你的工作在过去是好的，那么在明天也会是好的。如果你真的认为它确实好，那么我将竭力提醒杜鲁门，哪怕我们不能继续合作'。嗯，他的脸上绽放出了微笑。在他看来，就像被罗斯福总统撵走一样，他将再次被抛弃。"

两个人边聊边走回到韦布的办公室，然后韦布给杜鲁门打了电话，杜鲁门那时正在西屿岛享受他大选胜利的喜悦。韦布相信，如果杜鲁门和胡佛联手，杜鲁门还将受益更多。他在大选 3 天后给总统的备忘录里写下了他的论点。

韦布认为，共和党人通常对强大的总统权力持怀疑态度。但是，"基于我和胡佛先生的关系……我相信，现在有可能让上届共和党总统敦促你接受……新的总统行政职责，而共和党在历史上则一直反对这么做"。

韦布向杜鲁门建议："如果这能实现，至少将表现出两党间的协商一致，你也将毫无疑问能够获得新的更高的总统领导权……我们历史上从未有过的权力。"

胡佛似乎确信问题就是政府过大或政府组织性较乱。他在大选后对记者说："我们的工作就是让现有的每项政府职能都能高效运转。我们的作用不是判定这些政府职能是否应该存在。"事实上，恰好在这个时候，杜鲁门在第二天站了出来，他再次公开表达了他对胡佛团队所做调查的支持。杜鲁门向胡佛保证，行政机构"给高效而经济的管理造成了很多困难，现在必须进行更新。这个任务，正如你和我从我们的经验中得知的，就是要将这种大的概念落实到具体而明智的行动提案中去"。

几周后，两位总统私下里承诺联手。杜鲁门几乎进行了一次秘密的总统俱乐部的内部合作。杜鲁门写道："一旦我从祝贺信和相似文件中有所发现，我将很想和你谈谈整个话题。我相信，我们真的能获得一些好的结果，因为你和我完全理解让政府更高效运行需要什么。"

然而，胡佛仍然怀疑杜鲁门在委员会中的代表。理卡德在拜访完胡佛后在他的日记里写道："他们一直配合到 11 月总统大选，然后就开始制造麻烦。毫无疑问，对所有真正恶毒的新政拥护者来说，他们都不想揭露过去 15 年中的不当之处。"胡佛开始怀疑新政拥护者在重组中违背了杜鲁门自己的利益，扩大编制。他继续将所有事务加入委员会的工作之中，即使他怀疑在民主党重新掌控权力之后是否还能产生好结果。

在接下来的几个月里，首份委员会报告对公众公开了。胡佛面对的是一次复杂的政治算计，而这根本不是他的强项。他必须决定是否要求他想要的，或者要求他认为他能获得的东西。他是会削弱他的调查结果的影响力，从而对民主党人让步，还是会不计后果呢？

1949 年 1 月 7 日，杜鲁门和胡佛见面讨论细节：需要清除或精简多少机构，如何让内阁成员支持委员会的建议？现在有两位来自不同政党的总统同心协力，一起扩大他们都担任过的总统一职的权力。

一周后，胡佛敦促国会授予杜鲁门重组行政机构的权力，而不用事先获得立法机构的许可。第一份报告提交的时间是 2 月 7 日。报告说，"世界事务的关键时刻"要求，总统能够起决定性作用，对人民和国会负责。胡佛提供了 27 条具体的建议，包括将大约 65 个直接向总统汇报的机构削减三分之二。通过获得多数人投票支持，国会仍将有权在 60 天内否决重组安排。

过去，国会为了使自己的权力和影响力不受损害，一直反对授予总统这样的一揽子权力。当罗斯福试图进行一些细微的改革时，有人指控他梦想成为"行政独裁者"。但是，以前的所有调查研究都达不到胡佛所做工作的那种规模或详细程度，改革的需要和时机也从未这么合适……最终，专栏作家阿瑟·克罗克写道："没有人在国会前有这么强大的……来自两位总统的联合支持，其中一位刚获得一场伟大的连任胜利，另一位前总统则被认为是尚在人世的最伟大的权威人物，因为他最了解美国政府的运行方式。"换句话说，现任总统和前任总统联合起来捍卫白宫议程，反对华盛顿其他人的狭隘利益，这亘古未有。事实上这是对总统俱乐部潜力的第一次真正的检验。

1949 年 2 月 7 日，胡佛提交第一份报告的那天，众议院通过了重组法案。《时代》周刊称其为"多年来国会进行的最重要的投票之一。现在的方案挑战惰性、蔑视传统，让总统有权撤销……一些国会本身最喜欢做的工作。而且，它几乎是史无前例地以356票同意对9票反对通过的"。

在接下来的几周，委员会提交了关于重组国务院的更深入的报告，将国家安全和国防装备统一在一起，提高了农业计划的逻辑性，集中采购权，减少过多库存和浪费。在委员会建议的基础上，杜鲁门又给国会发了一个接一个的重组计划，而胡佛在与杜鲁门沟通的同时，他整个夏天也一直在游说。7月，在参议院致辞时，胡佛驳回了对总统计划的质疑，他责备路易斯安那州民主党参议员拉塞尔·朗说："参议员，请不要试图在总统和我之间找差异，因为总统在这个工作中一直都很配合。"

总统重生

虽然建议的范围太广，全部完成需耗费数年。但是，胡佛委员会的提案最终有70%完全生效，让总统加强了权力，减少了立法的干涉，简化了行政的流程。据保守估计，这帮助节约了数十亿美元。甚至到1961年，历史学家理查德·诺顿·史密斯、肯尼迪的国防部长罗伯特·麦克纳马拉还感谢胡佛帮助五角大楼节约了数十亿美元预算。

就这样，一次不太可能的合作带来了一个新的总统职位。这个安排对他们两人都有好处：截至1951年，杜鲁门和胡佛在盖洛普"最受钦佩人物"榜单上分别排在第三位和第五位。两位总统一起推动了美国历史上最伟大的对总统职位的变革。

一个为扼杀"新政"而成立的委员会，却通过它所建立的更高效的机构拯救了"新政"。事实上，1953年杜鲁门在白宫的最后一个晚上，据说他自豪地宣称自己彻底改造了白宫，从而不让未来的总统犯错误。

杜鲁门在离任时确信，前任总统们在卸任后仍很有价值。他在多年后写道："一个有过当总统经验的人，或者一位副总统，或者是众议院议长，他们有机会成为比任何人都熟悉我们政府的人，我们必须向这些人寻求帮助和意见。所以，我们不能漠视那些有这些特殊经验的人，不能对他们置若罔闻。至少，对我们的前任总统们要如此。"

当然，当杜鲁门写下这些的时候，他自己也成为前总统了。他那时看着他的老友和伙伴登上了总统之位，暗示他们要留心他的建议。到德怀特·艾森豪威尔 1952 年胜选总统时，总统俱乐部就有两位成员，而这个时候他们已然是真正的朋友了。这种友谊在后来 10 年不断深化，部分原因是他们都对那位当选总统的将军有种令人惊讶的敌意。杜鲁门的预算主管弗兰克·佩斯说，杜鲁门"真正给予了胡佛作为一位前任总统应得的全部尊重和关注……我知道胡佛先生对此非常感激。尽管他们是非常不同的人，但我知道杜鲁门先生给他的待遇对他的影响有多深"。

从合作伙伴到朋友

离任后，胡佛和杜鲁门抛开了政治斗争，继续保持互动。他们一起在纽约、密苏里州独立市和佛罗里达州基拉戈市访问，为商业俱乐部提供咨询。由于他们的名字和威望经常被同时用于多种场合，为避免他们冒不值得的风险，胡佛写信给杜鲁门提议："我认为我们需要达成一份协议，在未经我们事先磋商前，不允许邀请方诱使我们联合行动。"

1957 年 7 月，杜鲁门邀请赫伯特·胡佛到他的总统图书馆献辞。形成自己的遗产是他们共同的使命——即使当他们发现自己这么做时会损害另一方的利益。在当代总统之中，萃取遗产的地方就是他们的图书馆，首批这么做的总统对彼此的努力都有很大的兴趣。

胡佛重新安排了他的旅行计划，答应前往，"除非天灾人祸破坏"，因为"我们独家工会的一大重要工作就是保存总统图书馆"。

杜鲁门回信说："你的来信是我收到的最美好的信件之一，正如我们在密苏里州说的，我对此非常重视。"

1962 年，轮到杜鲁门为胡佛的总统图书馆献辞时，他说："我感觉我是他最亲密的朋友之一，他也是我最亲密的朋友之一。"两人交换了各自的著作。当胡佛收到杜鲁门的最新作品时，他回了封信，这是他们写过的最真挚和最亲密的一封信。他说，这本书"是最珍贵的文件之一"。他接着赞美那违背了他的政治本能和贵格会教徒操守的民主党朋友：

这里，我想多说一些，因为你对我的友谊比你知道的还深入我的心扉。

我在 1914 年放弃了一份成功的职业，投身公共服务。我的服务生涯贯穿第一次世界大战前后 18 年之久。

当珍珠港事件发生时，我第一时间支持总统，并乐意尽我所能提供帮助。凭借我在第一次世界大战时的丰富经验，我当时认为我的服务将再一次有用。然而，我没收到任何回应。第二次世界大战期间，我的活动仅限于不断在国会委员会中请求再请求。

当你入主白宫后，你在一个月内就向我打开了大门，让我从事我知道的唯一的一份工作——公共服务；你没有重复那些曾经在之前的岁月里出现的不光彩的行为。

我对此及与你的友谊深表感谢。

如果胡佛和杜鲁门都能形成这样一种关系，就更不用说两位真正有共同之处的总统携手能做什么事情了。

艾森豪威尔和杜鲁门：

追捧，
痛苦分手

有些总统，比如林肯和罗斯福，他们在任时赢得了最崇高的地位，但却没能活着在卸任后利用这种地位。而在 20 世纪的人物中，或者说除了开国总统华盛顿的任何人物中，德怀特·艾森豪威尔在就任总统前，就获得了比总统还要大的影响力。在第二次世界大战中担任盟军最高统帅时，他面对的压力堪比国家元首。事实上，他比许多总统的负担更重。因此，谈及向前任总统们寻求安慰或指导，艾森豪威尔的需求微乎其微。而对于其总统遗产而言，他在就任总统和卸任总统时受到的欢迎要胜过任何在世的人，这很罕见。

这让他成为总统俱乐部中特别有权力的成员，而他从未真正想加入这个俱乐部。

艾森豪威尔和杜鲁门在 1945 年历史的关键节点见面，时间仅在杜鲁门就任总统和艾森豪威尔击败纳粹德军的几周之后。他们一起为建立美国世纪、复兴欧洲、改革军队、建立北大西洋公约组织、成立国家安全机构应对冷战挑战打下了基础。艾森豪威尔称他们间的友谊是"无价的"，一直到这种友谊在 1952 年激烈的大选竞争中土崩瓦解。那时，艾森豪威尔将军脱下了军装，成为政客，并且很快发现，他最大的敌人中有一位是他的老朋友哈里·杜鲁门。他们之间的战斗从来不是真正关于政策或者政治的斗争；他们间的敌意很深，而且纯粹是个人之间的。杜鲁门认为，虽然艾森豪威尔是一名伟大的战士，但他也是道德上的懦夫，不能面对自己党派的最糟糕部分。艾森豪威尔对杜鲁门也同样蔑视。然而，这种蔑视混杂着内疚，因为至少在某个时刻杜鲁门是正确的。

1953 年总统就职那天，他们几乎没说话。10 年间，他们从互相无视转至互相侮辱。一直等到他们两人都卸任，当他们突然发现自己并排走在那个继任他们职位的人的送葬队伍中时，总统俱乐部才又和睦起来。

03

新闻记者们正试图让我们不和

正如胡佛那样的前总统可能会为"菜鸟"总统派上很大用场一样，一位未来总统的明星作用经证明也同样很有价值。

1945 年，杜鲁门向胡佛求助后一个月，他认识了西方文明的英雄德怀特·戴维·艾森豪威尔将军，他受人们爱戴的程度就好比胡佛当年受到的辱骂一样深。杜鲁门从这两个人中找到了帮他塑造战后世界的盟友。

1945 年 4 月，当听到哈里·杜鲁门因罗斯福突然去世而成为总统的消息时，艾森豪威尔承认，他和数千万国民一样"在沮丧和伤心中入睡"。

这种反应绝非针对个人。艾森豪威尔与副总统素未谋面，而他也从来就不是罗斯福的近臣。但是，对他和其他将军来说，"……这个时期太关键了，不应被迫改变我们的国家领袖"。他比大多数人都更清楚地知道杜鲁门肩上的担子将会有多重。新的威胁像强敌一样正在逼近。

几周后，艾森豪威尔在法国东北部的一个小型红砖校舍内接受了德国投降，正如温斯顿·丘吉尔所说，这是"人类历史上最大的胜利喜悦"。1945 年 6 月 18 日，杜鲁门下令全体政府工作人员休假一下午，欢庆胜利，欢迎赢得了战争史上最伟大胜利的最高统帅凯旋。

100万人走上了闷热而遍插彩旗的华盛顿街道，为了观看军队游行，庆祝战争胜利，有些人趴在窗户上，有些人爬到了树上。艾森豪威尔乘坐四引擎飞机抵达华盛顿国家机场，他的夫人早已等候在那里，迎接她那在过去3年中只见过一次面的丈夫。他走下了舷梯，将她抱在怀中并亲吻她。鼓乐齐奏，战机和轰炸机在头顶飞过，护卫游行队伍一路到首都。据《纽约时报》描述，当时"狂喜之情"充盈整座城市。乔治·马歇尔将军建议艾森豪威尔："站起来，让大家都能看到您！"于是，当他的吉普车驶入宾夕法尼亚大道时，艾森豪威尔站了起来。他抬起自己的手臂，高兴而又有点儿尴尬，笑容几乎比他的脸都要大。

"他真是太帅了！"

"他朝我挥手啦。"

"他太了不起了。"

人们欢呼道。

艾森豪威尔抵达国会，并在国会、内阁、大使和最高法院法官联席会议上发言，就好像他在发表自己的第一次国情咨文一样，只是台下的听众要比任何一个政党的总统见过的听众都更虔诚。在每一次挥手致意和鞠躬中，他都一次次强调自己只是他指挥的300万美国士兵之一。"他们值得你们的颂扬，应该在这里享受你们的掌声"，但是"我也很自豪和荣幸能向他们转达你们的赞美"。整个房间雀跃欢腾。

《时代》周刊欣喜地说："美国喜欢它见到的这样的一个人，一个和蔼的有阅历的人，一个还记得他只是普通公民的人，一个中西部家庭的儿子，未被战争击垮，未为荣誉所累。"

那个下午，这位高大的时代英雄将第一次见到那位"小杂货商"。这一天对于新任总统而言并不好过。杜鲁门在前一天晚上的日记中写道:"我得决定对日战略,那是我迄今最艰难的决定。"他和他的战时内阁开会讨论了攻击日本本土的代价。如果这么做,超过 25 万美军士兵和更多的日本平民将因此丧生。除非命运转变。"我们即将进行原子弹爆炸试验。有人告诉我,30 天内,这件事就将发生。"

至少另一场战争已经结束了。而杜鲁门几乎只是个看热闹的旁观者。但他不得不亲自感谢艾森豪威尔。在白宫草坪举行的仪式上,杜鲁门授予艾森豪威尔将军卓越服役勋章和另一枚橡树叶勋章,称赞他"谦虚、公正和具有良好的判断力……以及他作为一名战士和外交家的卓越能力"。

但是,他私下里的话更有说服力。杜鲁门曾因视力问题落选西点军校,不得不强记视力表才得以加入密苏里州国民警卫队,33 岁时在第一次世界大战期间离开自己的农场和家人到法国指挥炮兵,并在战争中目睹了一些最激烈的战斗。他将艾森豪威尔拉到一边,低声对这位伟大的将军说:"要是能在总统职位和这枚勋章中二选一的话,我宁愿获得这枚勋章。"

杜鲁门邀请艾森豪威尔参加那天晚上的白宫晚宴。艾森豪威尔的助手哈里·布彻说:"晚宴就好像密苏里州的社区晚餐一样简单和随意。"和艾森豪威尔同坐一桌的有陆军部长史汀生、众议院议长萨姆·雷伯恩、首席法官哈伦·斯通、马歇尔和杜鲁门。"这是艾森豪威尔将军第一次拜访新总统,尽管他在那天下午短暂见过他,他都很喜欢。"

杜鲁门的感受也是如此。杜鲁门在写给夫人贝丝的信中说:"他是个不错的家伙,是个好人。"他称那次晚宴"很成功"。"他做了份很伟大的工作。"他继续写道,信中的政治含义已很明显,"他们想让他竞选总统,这对我没什么影响。如果可以,我现在就愿意把工作交接给他"。

就这样,还有以后的许多次,杜鲁门都在想象让位于一个人们已经称为"我们的下任总统"的人。艾森豪威尔认为这种呼声甚至都不用回应。用他的话说："要否认我高兴，这一点儿用都没有，因为即使我想，我也做不了。政治上也是如此。"

如果那种决心未经考验，杜鲁门和艾森豪威尔之间的故事可能就有另外一种不同的结局了。

战　友

胡佛和杜鲁门差异明显，而杜鲁门和艾森豪威尔却有很多共同点。两人出生在仅相隔 150 英里的两个家庭，在孩童时期都险些因病丧命，还都曾目睹各自的父亲在生意场上输掉一切。杜鲁门和艾森豪威尔的哥哥阿瑟甚至在 1905 年还是堪萨斯城寄宿处的室友。他们都娶了比自己有更高社会地位的女性为妻，开始时从事了自己没多少兴趣的职业（杜鲁门从事了更多的职业）。他们都很喜欢读历史，虽然说杜鲁门最喜欢的放松方式是弹钢琴，而艾森豪威尔则更喜欢作画。他们俩都属于大器晚成，都得益于富兰克林·罗斯福而获得了自己最高的荣耀，但两人都不属于罗斯福的内部圈子，而且都瞧不起罗斯福的狡诈。两人都是爱国者，一直本能地将国家安危置于个人安逸之前；两人还都是热心的国际主义者，在面对突然间变得更危险的核时代时，他们对美国的热爱并未阻止他们欢迎一个年轻的超级大国的到来。

然而，当他们相见时，他们都已是公众人物，而且他们之间身份差异巨大。尽管杜鲁门在 1945 年很受欢迎，但他却从未受到人们对艾森豪威尔那样的尊敬，而且批评者们很快就认为他是平庸且无关紧要的。自由派专栏作家马克斯·勒纳写道，杜鲁门是历史的"意外事故"之一，"他最大的弱点是他不能理解他占据的职位的本质和重要性"。专栏作家伊西多·范斯坦·斯通批评说，杜鲁门的身边都是"敲诈者"和"大腹便便的、温厚的会讲很多下流笑话的人"。专栏作家约瑟夫·艾尔索普说，杜鲁门的白宫，远非伟大民主的所在，更像"密苏里独立市狮子俱乐部"，充满"10 美分雪茄"的味道。

而艾森豪威尔此时已不仅赢得了士兵们的崇拜，还赢得了国王、女王和国家元首们的尊敬，他们争抢着给他授予荣誉：法国荣誉勋章、十字勋章、英国功绩勋章（之前从未授予过他国人）、希腊皇家救世主勋章、丹麦大象勋章，甚至还有苏联的镶嵌着钻石和红宝石的胜利勋章。

正如艾森豪威尔后来讲的，1945 年夏天，当杜鲁门和他在波茨坦见面时，杜鲁门首次提出要做艾森豪威尔的政治靠山。当时他们坐在奥马尔·布拉德利将军的车中，讨论着战争领导人在和平时期将做些什么。艾森豪威尔坚定地说，除了回到安静的家中，他什么都不想。就在那时，杜鲁门说："将军，不管你想要什么，我都会帮助你。这当然也包括在 1948 年帮助你竞选总统。"

"我恐怕，我们国家的任何士兵在听到总统这样真诚而令人惊骇的话时，都会感到像被突袭了要害一样。"艾森豪威尔回忆道。他对此一笑而过。

他回答杜鲁门说："总统先生，我不知道谁将成为你总统大选上的对手，但肯定不是我。"如果杜鲁门这位忠实的民主党人认真聆听，就会听出艾森豪威尔话中提及的"你的对手"这几个字应该至少澄清了他自己属于哪个党派。在之后的 7 年中，艾森豪威尔从没有公开声称自己效忠于哪个党派。

两人在德国分手，而对彼此的钦佩也都加深了，尽管艾森豪威尔的尊重既是对总统一职的尊重，也是对总统本人的尊重，但并未超出一定程度的讨好。他认为杜鲁门是"真诚、热心而打起交道来又很愉快"的一个人。一回到华盛顿，杜鲁门就很惊喜地发现有份礼物在等着他：一个巨大的地球仪。他在艾森豪威尔总部看到这只地球仪时就说自己很喜欢。地球仪上面刻着字："德怀特·艾森豪威尔将军赠哈里·杜鲁门总统。将军曾在 1942—1945 年的战争中使用过这个地球仪。"

多年以后，世事变迁，当白宫椭圆形办公室中的艾森豪威尔总统对杜鲁门十分厌恶之时，杜鲁门也以诅咒相还。他一再否认曾给予艾森豪威尔任何政治支持。杜鲁门说："我告诉他，美国人对他做的工作是多么感激，我们也谈论了很多战时英雄步入政坛的这个事实。而他却说，他在任何时候、任何情况下都不会从政。就是这样。"布拉德利确认了艾森豪威尔确有此话，正如杜鲁门自己在采访他的记者面前说的一样。

杜鲁门曾经不止一次诱使这位有超凡魅力的将军从事新的行业——当然，前提是艾森豪威尔要表明自己是一名忠实的民主党人。这部分反映了杜鲁门的谦逊。在共同应对战后时代的一些最大的挑战时，他对这位将军的尊重也变得更深：欧洲重建、犹太人定居、战犯审判、苏联野心。当乔治·马歇尔于 1946 年卸任陆军总参谋长时，杜鲁门请艾森豪威尔担任这一职位。艾森豪威尔回忆说："我对他讲，我还不如退休呢。但是他说，他在那时特别需要我。"

让战争机器在和平时期起作用绝非易事。那时，妇女们给国会办公室送去印着"把孩子父亲送回国"的童鞋，海外的士兵要求派船接他们归国。艾森豪威尔欣赏杜鲁门的遣送退伍军人回国的承诺以及他对住房、医疗和《退伍军人权利法案》的推动；而对退伍军人的服务一度消耗了 20% 的联邦预算。军队重组对两人来说都是大事：虽然陆军希望统一，而国会中的海军和空军总体上持反对态度。如果没有艾森豪威尔的帮助，杜鲁门很难让重组方案通过国会批准。但这项任务要求妥协，会让人沮丧，要远比领导战时部队让人不愉快。1946年末的一天，艾森豪威尔给杜鲁门送了一瓶苏格兰威士忌，杜鲁门写下这些话表达谢意："我想我会猛喝了它，而不是让那些在这里晃荡的'恶棍'们喝了我的威士忌……或许你和我能想出一个可以让我们分享这瓶酒的时机。"

两人一起合作得挺好，虽然他们的来往大部分还很官方。第二年，当哥伦比亚大学管理委员会邀请艾森豪威尔当校长时，他接受了，杜鲁门也对他表示了良好祝愿。1947年7月，杜鲁门在和艾森豪威尔将军进行过一次长谈后在日记中写道："他在那儿能做什么工作？"杜鲁门回忆，他们讨论了另一位将军的野心：才华横溢但也很难相处的亚洲最高统帅——道格拉斯·麦克阿瑟。他们认为，麦克阿瑟将在1948年共和党代表大会时以胜利者的姿态回到美国。

"我对艾森豪威尔说，如果他那么做的话，他（艾森豪威尔）就应该宣布成为民主党的总统候选人，而我将愿意排在他后面，或者成为副总统，艾森豪威尔和我若能够胜选，我的家人和我自己将很高兴能离开这个巨大的叫作白宫的白色牢笼。"杜鲁门写道。

对话结束时达成了一致意见：艾森豪威尔不会转述杜鲁门的话。杜鲁门发誓，"我也不会引用他的话"。艾森豪威尔在他自己的日记里称这次谈话"让人震惊……我不知道5年后杜鲁门是否愿意（或者想要）记起他那令人吃惊的建议！"

你得知道杜鲁门是否能预见到政治野心会让朋友分道扬镳。1948年1月1日，艾森豪威尔打电话给杜鲁门送去新年祝愿。他在日记里记下了杜鲁门对他说的话，"艾森豪威尔，不管你做什么，或者不管你有何计划，请确信，任何事都不会影响我们的友情"。

罗斯福派的反叛

当艾森豪威尔将军说他不感兴趣时，杜鲁门是为数不多的相信这话的人之一。艾森豪威尔说："所有记者都知道，政途很崎岖。然而，每个人都认为，任何有机会踏上政途的人，他们都想试一下，任何否认这种野心的人都是骗子。"但不仅仅记者是这样。1947年的一次民意测验显示，大多数人甚至都不知道艾森豪威尔属于哪个政党——他似乎对此也不关心。

从那年秋天开始到1948年总统大选年，民意测验显示，尽管杜鲁门将勉强击败共和党总统候选人，但不管是纽约州州长托马斯·杜威还是俄亥俄州参议员罗伯特·塔夫脱，艾森豪威尔都将轻易击败他们。"选举艾森豪威尔"的支持派发表誓言，不管他愿不愿意，他们都会将他的名字放到新罕布什尔州和宾夕法尼亚州的总统初选中去。

"让我的名字置于政治旋风中，这正变得让人尴尬。"1948年1月艾森豪威尔在日记中写道。但是扭捏作态只是游戏的一部分，记者们坚持认为将军喜欢这出戏。在本杰明·富兰克林的墓前献花时，艾森豪威尔被一名在西服翻领上佩戴着"选举艾森豪威尔"字样纽扣的人拦住了。艾森豪威尔对他说："把那东西拿下，扔掉吧。"但是，据一位记者说："当他说这话时，笑容满面。"一个星期后，他写了封信给煽动"选举艾森豪威尔"活动的新罕布什尔州的媒体，正式而断然地退出了他从未真正想参与的竞选。理由包括：不愿意和他的总司令竞选，他知道后者将与之激烈竞争；不喜欢党派政治；相信"将军从政不利于国家和军队"。他首先肯定政治是高贵的职业，然后补充说："我让自己完全退出政治舞台的决定是明确而绝对的。"

同一天，他也辞去了陆军首长职务，准备去大学做校长。在他写给杜鲁门的一封信中，他说："你的鼓励、理解和最重要的友谊，对我来说弥足珍贵。"

这或许是艾森豪威尔政治生涯的终结。共和党人确信他们将最终从越来越不受欢迎的杜鲁门手中赢回白宫，政党领袖不想和一位广受欢迎的战争英雄打交道，更何况他们不了解其观点，也不能控制其行动。他们对杜威成为他们的总统候选人感到很高兴。是民主党人触发了杜鲁门和艾森豪威尔之间的政治斗争——这点违背了他们两人的心愿。

当民主党人即将召开 1948 年民主党全国大会时，很多人进行了总结，借用一位纽约州代表的话说："我们亲爱的杜鲁门总统，这个我们都喜爱的人，可能不会获得连任。"政党党魁和大城市市长以及在任参议员都要他退位。自由派向杜鲁门开炮了。罗斯福的忠实顾问哈罗德·伊克斯写信给杜鲁门说："你可以选择自愿而有尊严地退休，或者被觉醒后愤愤不平的国民赶下台。"社论作家更是直言不讳。《芝加哥论坛报》保守主义者称他"无能"，而《洛杉矶时报》则称他是"这个国家很长时间以来在最高职位上见过的最愚蠢的人"。

现在，罗斯福尚存的亲信们对杜鲁门群起而攻之。历史学家大卫·麦卡洛写道："记忆中没有任何总统，即便是胡佛在他最黑暗的日子里，都没受到他自己政党如此公开的鄙视。"在民主党全国代表大会召开前 10 天，罗斯福的儿子富兰克林和詹姆斯，以及罗斯福的夫人埃莉诺都支持新近开展的"美国人支持民主党行动"，要求开展"抛弃杜鲁门"运动，并且请艾森豪威尔领导他们。

就这样，前总统的家人向前总统亲自挑选的继任者开炮了。他们给每一位民主党代表都发了电报，用艾森豪威尔的名字换掉杜鲁门，希望赢得足够多的代表在首轮投票中阻击杜鲁门，不管艾森豪威尔本人对成为新总统是否感兴趣。总统顾问克拉克·克利福德回忆说："一边是杜鲁门总统，他已经通过了那段时期中存在的所有自由派的考验；另一边是职业的自由派组织，他们展示了真我。他们对一位自由派候选人不感兴趣，而对他们认为的能够赢得大选的人感兴趣。"

于是，艾森豪威尔再一次被迫露面并断然宣布："我此刻不会将自己打上任何一个政党的标签，也不能接受任何政府事务的提名，或参与党派的政治竞争。"对杜鲁门而言，他喜欢总统这份工作，他希望"和那些不喜欢民权立场的南方民主党人公平战斗，和那些感觉到被杜鲁门抛弃的新政拥护者斗争，和那些担心因他惨败而导致自己被丢弃的市长们斗争"。

杜鲁门后来说："当白宫里的现任总统决定再次竞选总统时，没有人能阻挡他。"

杜鲁门一赢得总统大选的胜利，艾森豪威尔就给他以热烈的祝贺，尽管他选举期间并未投票选他。艾森豪威尔写道："在我们的政治史中，没有人曾取得更大的成就，这种成绩可以清楚地追溯到个人十足的勇气和战斗的心。"艾森豪威尔再次向杜鲁门表示了他的忠心，并愿意在任何时候为其效力。

他有理由对杜鲁门表示特别感谢：正是因为杜鲁门的亲自干预，美国国税局认定艾森豪威尔只是业余作家，因此对他的战争回忆录《远征欧陆》（*Crusade in Europe*）的所得税按照 25% 征收，而不是75%，这不仅仅意味着玛米·艾森豪威尔终于能得到她的第一件貂皮大衣。艾森豪威尔给杜鲁门送了一本他的签名书，这也是除了他的家庭成员外，他送出去的第一本书。

再次开战

没过多长时间，艾森豪威尔在哥伦比亚大学就耐不住寂寞了。6

个月后，他在给国防部长詹姆斯·福里斯特尔的信中说："你能在任何时间拜访我，谈论任何事。"1949年2月，当杜鲁门请他担任军事顾问时，他欣然答应。

杜鲁门招募艾森豪威尔从事一种新的战争：官僚战争。他需要某位具有艾森豪威尔这种身份的人，以及能在利益和自私自利间调停的人，来抚慰那些复仇心重的海军上将，增强将军凝聚力，并劝说他们提供多种服务和劝服他们的国会盟友让美国的国防建设听从统一指挥，而他们那时候还在为制服的颜色这等小事争论不休。

艾森豪威尔回忆说，在和杜鲁门开了一次很长时间的会议后，"有件烦心事，那就是总统和福里斯特尔将军明显认为我有某种神奇的力量，能让战争重归和平"。

然后，真正的考验来了：1950年6月25日，朝鲜战争爆发，冷战转为"热战"。杜鲁门的女儿玛格丽特回忆道："我父亲听到这则消息时，明确表示，他害怕这将是第三次世界大战的开端。"

对这次挑战，如果回应激烈，可能会在亚洲引起范围更广泛的战争；但是如果不采取行动，那就将表明美国无意卷入战斗。当朝鲜的苏制坦克开进汉城（今韩国首都首尔），很多人害怕这次行动是受苏联克里姆林宫的指挥，以此将美国的力量和注意力从西欧转移，从而让西欧更容易被苏联征服（当时西欧12个师对抗苏联驻扎在东欧的175个师）。一位西方官员在被问及苏联人要想征服西方需要什么条件时，他回答："有鞋就够了。"

艾森豪威尔紧紧站在杜鲁门这一边；他第一时间支持杜鲁门召集联合国军防卫韩国，并让美国士兵参战，谴责"粗暴的行动"，称杜鲁门的回应"不可避免"。

第二天，他和马歇尔与杜鲁门在白宫共进了午餐，两人都认为力度和速度是关键。

艾森豪威尔回忆："我们的想法都很好，但我不确定我们是否达成了完全一致的意见。"

接下来的几个月是杜鲁门总统任期中最受折磨的一段时间。截止到 10 月初，由于麦克阿瑟大胆进攻仁川，美韩军队重新夺回了三八线。但是，用武力毁灭朝鲜军队并统一这个国家的决定立即吸引了 26 万中国军队投入战斗。杜鲁门乘飞机赶了 15 000 英里路到威克岛和麦克阿瑟见面；麦克阿瑟将军只花了两个小时向他汇报情况，甚至忙得连饭都顾不上吃。艾森豪威尔个人对杜鲁门的军事力量的怀疑不断加深。他总结说："可怜的哈里，他是个好人，但他现在却处于下着暴风雨的湖中央，而且他不会游泳。然而，很多即将被淹死的人还指望他搭救呢。如果他的智慧能比得上他的好意就好了。"

现在，麦克阿瑟让士兵们"回家过圣诞"的承诺泡汤了。他想对中国实行海军封锁，允许轰炸中国东北和大陆城市，实行全面反击，包括使用核武器。约瑟夫·麦卡锡要求国务卿迪安·艾奇逊和马歇尔辞职，号召弹劾杜鲁门。与此同时，杜鲁门和他的参谋长联席会议主席奥马尔·布拉德利都很担心，后者警告国会，扩大朝鲜战争将让美国"在错误的时间、错误的地点，和错误的敌人，卷入错误的战争"。

盟军最高统帅回营

中国投入战争后的第二天，杜鲁门找到艾森豪威尔，后者正在去俄亥俄州的火车上。杜鲁门让他回华盛顿见面。总统现在不仅需要艾森豪威尔的友谊和建议，还想要他穿回战袍，再次到海外领导西方国家，但首先要在国内劝服不情愿的国会和公众，让他们接受美国一直抵制的纠缠不清的联盟。

西方国家早在一年多前就签署成立了北大西洋公约组织，为应对苏联威胁实施共同防御。但这只是个想法，而不是一支真正的军队，除非韩国要求认真考虑集体安全，并让一支真正的军队接受统一指挥。组织成员现在承诺共同防御，而杜鲁门认为，艾森豪威尔是担任北约最高盟军统帅的不二人选。艾森豪威尔也已准备好重回历史舞台中心。他对儿子约翰说："我认为这是世界上最重要的军事任务。"当一位朋友对他说杜鲁门可能只是在利用他时，艾森豪威尔反驳说："我愿意将这个任务看成是挽救西方文明的最后机会。"

杜鲁门知道，艾森豪威尔是能让 12 个国家拧成一股绳的唯一人选；他能劝服他们重新加强军事力量，而不是指望躲在美国的核保护伞下；他能解决重新武装德国的政治难题。杜鲁门还知道，他需要艾森豪威尔的明星力量，来让人们相信，这种对海外的承诺对国家安全至关重要。

在和杜鲁门讨论过任命一事后，艾奇逊对国务院的同事说："你知道，那个家伙真的很了不起。我想他是清楚事实的，或许这个决定将让他成为未来的美国总统，一位共和党总统。"但是，艾奇逊又说："他眼睛都没有眨一下。他说'如果那是我们需要的，我们就要那样做'。"

只有在这个时候，我们才能尽情享受现总统部署未来总统和前任总统开战的乐趣。而胡佛已 76 岁高龄，经过长时间的销声匿迹，再次成为共和党的老政治家后，他有点儿急躁了。他和杜鲁门在重组政府方面的合作并不意味着他们在所有事务上都达成了一致意见——尤其是在美国的外交政策方面。他们在欧洲人道主义救助一事上合作很成功。但是，胡佛总是担心欧洲想在美国的庇护下免费搭车驶向复苏。

在 1950 年 12 月 20 日的全国广播讲话中，胡佛从保守的立场批评了杜鲁门的扩张政策。他认为，美国不应该在海外派遣军队和耗费国力，而应该依靠自身的空军和海军力量，在国内创造一个"西方文明的直布罗陀海峡"。美国不应向欧洲派一个兵或为它花一分钱，除非欧洲国家愿意捍卫自身。

因此，考验来了。杜鲁门、艾森豪威尔和国际主义者站在一方，胡佛、塔夫脱和孤立主义者则站在另一方。

艾森豪威尔一直很尊敬胡佛，两人在夏天还在波希米亚小丛林的精英俱乐部一起度过了一段时间。在那里，胡佛向艾森豪威尔引荐了一位名叫理查德·尼克松的正在冉冉升起的明星。但是，艾森豪威尔被胡佛的远见震惊。尽管他是我"一直非常钦佩的人……但我不得不认为他正在老朽"。他也担心美国承诺捍卫那些不能为自己战斗的国家。他对杜鲁门说，首要任务是评估欧洲的想法：1951 年 1 月初，他在国家机场和杜鲁门、艾奇逊、马歇尔握手告别，并和夫人玛米吻别后，就在杜鲁门的命令下踏上了 13 000 英里的征程，要在 18 天内访问 12 个国家。《时代》周刊报道："他必须要劝服那个厌倦了战争并且很不自信的西欧，让他们做出牺牲，准备再次战斗。他不得不这么做，而他自己国家的委员会对他此行的任务还存在分歧。"

迎接他的"让美国人回家"的海报并非吉兆，这次旅程对他来说很难。他在令人目眩的暴风雪中抵达挪威首都奥斯陆，而在伦敦，天花病则让他不得不注射疫苗，这让他的胳膊又疼又肿了好多天。当艾森豪威尔将军穿越欧洲大陆时，杜鲁门在国内受到围攻。他再次发现自己被鄙视为来自密苏里州的没上过大学的小人物，被各种他不能应对的力量吞噬。朝鲜是个灾难：中国人已经打退了麦克阿瑟的军队，而统帅仍在要求进行全面进攻。同时，国会中的共和党人指控杜鲁门没有宪法授予的权力，不能在和平时期将军队派到欧洲去。

在他的国情咨文演讲中，杜鲁门将艾森豪威尔当成了救生圈，称他为"我们最伟大的军事统帅之一"。杜鲁门坚持认为艾森豪威尔的欧洲使命"对我们的安全很重要。我们都应该支持他,并且给予他我们所有的帮助"。

当艾森豪威尔归国后,他在西点军校的塞耶酒店悬崖边的房间里待了 4 天,整理自己的思绪。他后来承认:"一些演讲给我带来了很多麻烦。"因为他需要抓住欧洲的弱点和要害,以及它想重建的精神意志。他知道他的评估将会有多大的分量。

此外,他还知道,他计划回到华盛顿召开的一次秘密会议将是最重要的一件事。

他在冰雹中飞回了华盛顿,迎接他的是瑟瑟发抖的将军委员会成员、内阁成员、大使和杜鲁门总统。杜鲁门挽着他的手,带他坐进了自己的专车,还赶走了摄影记者们,警告说"我们不能让他得肺炎"。他们私下在白宫用了午餐,这样杜鲁门就能听到艾森豪威尔将在第 82 届国会以及国家电视台上要传达的信息。结论是这样的:美国不能承担让世界其他国家落入共产主义者手中的代价。只要美国愿意,西方的防卫既必要,也有可能实现。

在全国演讲中,艾森豪威尔说:"我们每个人都必须贡献自己的力量。当我们怀疑性地检查我们的邻居们所做的牺牲时,我们不能延误时间,含糊其词地逃避我们应尽的责任。"他很迫切、坚定和乐观地认为,尽管挑战很大,但美国应对挑战的能力更大。他承诺:"如果我们美国人带头,我们将能保护自己的历史,也值得被历史称赞。"

凭借这种表现,《生活》杂志宣称,艾森豪威尔"再一次证明自己是美国政策和宗旨中所有正直、优秀和强大事物的最重要的代表"。在此过程中,《时代》周刊说:"他为哈里·杜鲁门总统做了总统自己完成不了的事。艾森豪威尔已经击败了那些灾难提醒者和极端谨慎者——胡佛、肯尼迪……塔夫脱。到那个周末为止，国会对美国政府主要军事计划的反对意见被完全压制。国会和国民开始支持艾森豪威尔的第二次十字军战争。"

但是，当你仔细回顾这场大辩论时，你会逐渐发现，一次致命的遭遇很突出——这个遭遇在那时很少为人所知。即使是在他接下了他的北约任务时，艾森豪威尔面对的政治压力仍然很大。其实，如果他不担心共和党强硬派孤立主义者在他缺席时会再次盛行起来，他本可以很高兴地一劳永逸地终止投机。

于是，为了一箭双雕，他安排了一次和俄亥俄州参议员罗伯特·塔夫脱的秘密会议，后者的父亲曾是总统，自己也是1952年共和党总统候选人的主要竞争者。艾森豪威尔想从塔夫脱那里要的只是一个保证，保证他让欧洲集体安全成为两党制美国政策的中心。如果塔夫脱同意，艾森豪威尔将致力于实现这一点，并且同意永久退出1952年竞选。他用铅笔写下了一份声明，折起来，放进了自己的口袋："我应召回来执行军事任务，我想宣布我的名字不会被任何人用来作为总统候选人——如果他们真这么做，我将表示拒绝。"

然后，他乘车到五角大楼私下会见塔夫脱。艾森豪威尔将军和塔夫脱参议员交谈了很长时间。艾森豪威尔总结说："我想，他可能是怀疑我的动机。"这也很自然，因为让艾森豪威尔成为总统候选人呼声很高，即便对一个斜视的政治人物而言，也是清晰可见的。

艾森豪威尔回忆："我费尽了口舌，但塔夫脱参议员拒绝给我承诺。"他甚至不想做出派遣多少军队的承诺；只是泛泛而谈，表示支持欧洲集体安全，认为这是欧洲的最好防御，支持美国在这个联盟中的关键作用。但即便是这些，对塔夫脱而言也是太过了，他害怕更加激怒苏联人，并将美国拖回到欧洲的古代战争中去。塔夫脱离开后，艾森豪威尔叫他的助手走进房间，并当着助手们的面撕毁了他之前写好的声明。

"最终我认为，让我的未来计划带上一层神秘的光环，或许会更有效。"

影子选战

大约 6 个月后，1951 年 8 月的炎热的一天，当时新闻传播的速度还很慢，《纽约时报》记者威廉·劳伦斯决定验证杜鲁门在 1948 年向艾森豪威尔做的承诺。杜鲁门曾说，如果艾森豪威尔竞选总统，自己将支持他。那个承诺在 1952 年还有效吗？要知道，在 1952 年，杜鲁门仍然有资格再次竞选总统。

"当然有效，"杜鲁门说，"我依然喜欢艾森豪威尔将军。我认为，他是第二次世界大战造就的伟大人物之一。我想我已经通过给予他与其能力相匹配的最重要的工作证明了这一点。"

"天哪！"劳伦斯喘着气坐回他的椅子里，并在他的记事本里做了记录。《纽约时报》的头条写道："杜鲁门支持艾森豪威尔竞选总统。"后来，NBC（美国全国广播公司）的一名记者又问："那是否意味着，如果艾森豪威尔想当总统，您愿意帮他登上总统之位？"

杜鲁门回答，那不是他想表达的意思。他说："我认为他不是民主党总统候选人，而且，我不能帮助他成为共和党候选人，因为我不认为那对他有任何好处。"这句话有所保留。1951 年的那个夏天，在朝鲜战争的僵局中，随着人们对杜鲁门的批评越来越激烈，随着麦卡锡和他的追随者不断进行攻击，杜鲁门的支持率降到历史最低点，只有 24%。

埃夫里尔·哈里曼大使路经巴黎时，在北约总部拜访了艾森豪威尔，暗示杜鲁门想在华盛顿见他。艾森豪威尔感觉到这将是一次秘密会议，在他看起来是欠考虑的；这次会议肯定会泄密，国会正在讨论军事援助法案，而他不想卷入其中。

他发电报给乔治·马歇尔，让马歇尔传达绝密信息给总统，建议另选日期见面。杜鲁门亲笔回信向他保证："我从未期望和你召开秘密会议。"他刚听到报道说艾森豪威尔"没有从其他部门获得适当的支持和配合，想帮他让工作变得容易些"。他也不想让艾森豪威尔"受到国会委员会的干扰。我一个人已经够他们批评了——而我对此已习以为常"。

几个月后两人才再次见面。那个时候，关于艾森豪威尔竞选总统的猜测甚器尘上。杜鲁门在1951年9月末写信给艾森豪威尔说："我想和你谈很多事情。我肯定你和我互相理解。你正在做一份了不起的工作。"

当艾森豪威尔在下一周从欧洲飞回美国和杜鲁门就北约问题交换意见的时候，他说，会谈内容将"仅限军事问题"。但是，每个人的脑子里都只有一个主题。如果艾森豪威尔同意参选总统，杜鲁门是否会让位？如果让位，谁来接管北约？另外，有谁知道他究竟是不是民主党人呢？《科利尔》杂志甚至愿意奖励艾森豪威尔4万美元让他公布自己属于哪个政党。塔夫脱刚刚宣布了自己要参选总统，并且深受共和党支持。但是，民意测验显示，艾森豪威尔相比杜鲁门和塔夫脱的支持率超过2∶1。

11月5日，杜鲁门和艾森豪威尔在布莱尔宾馆共进午餐，当时白宫正在整修，杜鲁门暂时住在那里。杜鲁门给艾森豪威尔看了白宫翻修的照片，就好像在展示白宫可以是个非常好的家一样。杜鲁门再一次向他表示全力支持；只要艾森豪威尔宣布参选，他就会把民主党的提名信系上蝴蝶结送给他。

《纽约时报》总编辑阿瑟·克罗克表示，杜鲁门的提议标志着民主党人拉拢艾森豪威尔将军的长期努力进入高潮。政党密使几周前已经飞到巴黎告诉艾森豪威尔，他只需说句话，总统提名就是他的，而且他还会获得杜鲁门的支持。

艾森豪威尔是怎么回答的呢？他一直以来就是共和党人，只是没参加投票而已。"你不能只是为竞选总统而加入某个政党吧。你有什么理由把我想成是民主党人呢？"他还认为民主党 20 年的执政已经够长了；必须有人站出来拯救两党制。再加上他一直很不认同杜鲁门的"公平政策"。艾森豪威尔将军后来回忆："总统从来就没认为我会是共和党人，他是如此信仰民主党，以至于他以为任何有点儿思想的人都会成为民主党人。"

艾森豪威尔和杜鲁门都否认他们讨论了政治。当有人请杜鲁门澄清克罗克的报道时，杜鲁门说"无可奉告"。尽管在公开场合下进行了否认，但在私下里，杜鲁门想要艾森豪威尔知道其中不涉及任何恶意。他还没宣布他是否会再次竞选，虽然他早在一年多前就私下决定不再参选。他在那本放在抽屉里的笔记本上写道："权力有种诱惑力，这种诱惑可能渗透进人的血液，就好像人们对赌博和金钱的欲望一样。"

12 月中旬，他给艾森豪威尔将军写了封信。"专栏作家、杂志和所有喜欢猜测的政治人物都在说 1952 年将发生很多事。正如我在 1948 年以及 1951 年我们的午餐上跟你说的，请做你认为对这个国家最好的事情。"

然后，他又说了些特别的话。尽管他们在内政上有分歧，但两人都完全相信美国应该领导西方联盟。只要下一任总统有这种观点，他们每个人都愿意解甲归田。

对杜鲁门而言，"我自己的观点是要取得均衡。如果我做我想做的事情，我将回到密苏里的家，或许会参选参议员"。但是，如果艾森豪威尔拒绝竞选总统，他继续说，让孤立主义者远离白宫将是杜鲁门的使命。如果那意味着要打破他个人不再参选总统的承诺，那他也得这么做。"我希望你能让我知道你想要做什么。我会严守秘密，没有第三者会知道。"

"我很相信你的判断和爱国精神。"

艾森豪威尔回了封信给杜鲁门："我想和我的家人过半退休式的生活，我不认为我有责任谋求成为政治候选人。"但是，直至现在，他还在思考要怎样回应主动谋求成为候选人和应召成为候选人的问题。5天后，艾森豪威尔最忠诚的支持者参议员亨利·卡伯特·洛奇强迫艾森豪威尔参加了新罕布什尔州的初选，而且宣称艾森豪威尔是共和党人。尽管对被逼参与初选很恼火，但艾森豪威尔最终确认，如果共和党人选他为总统候选人，他将接受提名。

既然他的政治倾向已经清楚了，记者们急于让杜鲁门谈谈对艾森豪威尔的看法。但是他没有。1952年1月10日的新闻发布会上，他再次宣布，他认为艾森豪威尔是位"伟大人物。我非常相信他，我给予了他本届政府肩上的最重要的任务之一"。

随着北约事务的推进，时机现在掌握在艾森豪威尔手中，虽然杜鲁门对希望他做什么样的决定毫不隐晦。"如果他想退出，让烂泥、臭鸡蛋和烂西红柿砸自己，那是他的事，我不会阻拦他的路。"

然后，两人谈到了问题的关键点，因为杜鲁门的意图仍然是个谜。有记者问："总统先生，您将如何和您这么喜欢的一位对手竞选呢？""很简单，以前我就这么干过。"杜鲁门回答。

杜鲁门再次给艾森豪威尔写了信，两人围绕着彼此共舞，围绕着全世界最有权力的职位共舞。杜鲁门在信中放进了一份记者招待会的全文文字记录，这样就不会对所说的话有任何误解。杜鲁门在信中对艾森豪威尔说："和往常一样，新闻记者们正试图让我们不和。对我而言，那绝不会发生。"

艾森豪威尔在巴黎回信，不知道为何人们似乎希望"在我们之间制造刺激或愤恨。我想，他们是希望获得我们针对彼此发表的那种冲动或者是具有批评性的声明，那样就有新闻了。你决定回避此事，对此我深表感谢——这也将指导我自己该怎么做"。

杜鲁门又回信说："能确信的是，不管职业谎言家和病态的专栏作家要说什么，你我都能互相理解，这点你大可放心。"

3月，艾森豪威尔轻松赢得新罕布什尔州初选，甚至初选中都不用和任何选民握手；他自己也称感到"吃惊"且"深受感动"。几周后，杜鲁门终于宣布他已经保守了两年的秘密：他将不参加1952年总统大选，即使根据宪法他有资格参选，因为他的首届总统任期是接替罗斯福的总统任期。这意味着，艾森豪威尔不会处于挑战他的总司令的境地，也让他可以宣布不再担任盟军统帅，并在6月回国参加自己的总统选战。当他认为所有人都会相信他不想步入政坛时，他在写给杜鲁门的信中说："很明显，我估计错误了。"他需要退位，"这样所有以我为中心的政治活动将不会影响军事任务"。

杜鲁门还是很尊重和支持艾森豪威尔。在5月的记者招待会上，当被问及艾森豪威尔的身体是否足够健康来胜任白宫事务时，杜鲁门说："他身体非常好。他和所有人一样健康。"1952年6月，当艾森豪威尔回国开始自己的总统选战时，有人问杜鲁门是否仍然认为艾森豪威尔是个好伙计。

杜鲁门爽快地说："是的，我当然这么认为。我非常喜欢艾森豪威尔将军，他有权持有自己的政治观点。这对我而言没什么。这是一个自由的国家。但我仍像过去那么喜欢他。"

然而，当他与身为政客的艾森豪威尔再次相见时，一切都变了。

04

他天生就是个骗子

1952 年 6 月，艾森豪威尔最终回到美国，投身总统竞选。他首先给他的总司令做了汇报。杜鲁门没有在椭圆形办公室接见他，他把艾森豪威尔将军带到了楼上的书房。而即将到来的战火似乎已烧得很大：塔夫脱的人在大肆渲染玛米·艾森豪威尔夫人酗酒、艾森豪威尔和他的女助手凯·萨默斯比的关系不一般、艾森豪威尔背地里信犹太教。艾森豪威尔很愤怒，杜鲁门鼓励他振作精神。"如果仅此而已，德怀特，那么你要为自己感到庆幸。"他建议艾森豪威尔"直接去共和党全国委员会办公室，要求他们给你配一副大象皮护身，那会对你有作用"。

两人再次重申，不管接下来的选战上发生什么，都不会破坏他们的友谊。艾森豪威尔向杜鲁门做了最后一次北约情况汇报，第二天杜鲁门在白宫玫瑰花园授予艾森豪威尔将军第四枚橡树叶勋章。在共和党全国大会上发表接受总统候选人提名的演讲时，艾森豪威尔宣布他的目标是"将现有的政府赶下台，因为它让我们每个人都饱尝浪费、傲慢和腐败的苦果……这是一党长期执政带来的苦果"。杜鲁门对此并不上心，他在政坛混迹多年，自然清楚游戏规则。

但是，即便是他也不会想到，艾森豪威尔会在那么短的时间内就找到法子让他恼怒——这个法子也只有民主党总统候选人伊利诺伊州州长阿德莱·史蒂文森能想得出。

史蒂文森和艾森豪威尔有一个相似的问题：让他们自己和不受欢迎并丑闻缠身的政府保持安全距离，而史蒂文森基本支持这个政府的国内政策，艾森豪威尔则基本支持其外交政策。艾森豪威尔努力让自己成为勇气和信念的灯塔、一个领导过一次"伟大的十字军"运动的英雄、一个能帮助美国走向繁荣的领袖，这是一回事。

但是，试图把那圈光环笼罩在烦躁、易怒而又绝望的共和党人身上，那又是另一回事。艾森豪威尔从未参加过哪个政党，而且也没有如他自己说的那样"憎恨"反对党。他相信，总统就好像军事总司令一样，应该凌驾于政治之上，他还没有决定如何应对强大的像麦卡锡和印第安纳州的威廉·詹纳那样的人；他的顾问们曾提醒他谴责他们，但也有人指出要拥抱他们，他被后一种想法震惊了。他的政党已在野20年，包括很多那种视纯洁性比胜利还要重要的人。艾森豪威尔绝不是这样的人，有很多共和党人都怀疑他对共和党党纲的忠诚。

因此，要赢得提名，他首先要做的就是将政党团结在自己周围。艾森豪威尔在丹佛市的布朗宫酒店的八楼订了间套房，恶补国内政策方面的知识，并与政敌塔夫脱派讲和。他还对他的朋友说："将来有一天，我或许会认为我让自己卷入政治旋涡中的决定是错的。"在军界，出于本能和丰富的经验，他的判断是可靠的；在这个新的政治角力场，顾问和心怀好意却没有经验的朋友们的建议经常相互冲突，他必须对此进行衡量。他们中很多人都指望在他的带领下打赢政治战争。他哀怨地写信给乔治·马歇尔："这里的氛围和退伍军人习以为常的氛围截然不同，我有时发现真的很难调整自己。"

第一次"调整"出现在 8 月中旬，有消息称史蒂文森受国家安全官员邀请到白宫参加情报会议。在朝鲜和欧洲与苏联的紧张态势之间，美国比以往任何时候都需要保持政策连续性。杜鲁门，这个毫无准备就当上美国总统的人，决心不管是谁接任他，都应该加速进程。这是一种出于爱国本能的史无前例的姿态，但是这也引燃了政治战火。

史蒂文森确实参加了情报会议，之后还和内阁共进了午餐，并还参观了修葺后的白宫。最后，他和总统在内阁会议室商讨了选战策略。虽然杜鲁门非常愿意尽其所能帮忙，但史蒂文森并没有表态。整个共和党在传递的信息就是"变革的时候到了"，而其副总统提名人理查德·尼克松则抨击史蒂文森是"杜鲁门主义"的信徒。史蒂文森不能只被看作一个疲倦帝国的新符号。政党官员猜测，他会要求杜鲁门在一些大城市少露面。

与此同时，艾森豪威尔则面临着让自己的话更尖锐的压力，这种压力尤其是来自共和党里的中坚分子，他们不是很相信艾森豪威尔和他们是一伙儿的。支持塔夫脱的一些人士公开建议，共和党人要做的是把竞选总统放到一边，集中精力让共和党在国会中获得多数席位，而不是浪费精力将白宫交给像艾森豪威尔那样的"民主党卧底"。他们对艾森豪威尔那听起来很高尚的"伟大的十字军"运动没有耐心，正如《纽约时报》记者詹姆斯·赖斯顿描述的那样，"那并不能影响人们的思想，只为吸引人心……他的语言中都是些老套的复兴者的高尚词汇：节俭、苦行、诚实、经济、朴素、正直"。《纽约世界电讯－太阳报》在 8 月下旬的头版社论中哀怨地说道："我们还指望，当他开始选战的时候，他会相当活跃。"但是在那个时候，"艾森豪威尔的竞选还只像条干涸的溪流"。

史蒂文森的情报会议给艾森豪威尔提供了一个完美的机会，让他能够将自己和白宫划清界限。他私下里对他的战时参谋长、现任中央情报局局长沃尔特·比德尔·史密斯说，他的竞选总部因为史蒂文森的会议"沸腾了"。他还说："我很惊讶地发现这些事情在政界是多么重要。"在公众面前，艾森豪威尔称这次会议是"不寻常现象"，带来了关于杜鲁门是否在利用政府资源影响竞选的"令人不安的问题"。他说，美国人民想要真正地变革杜鲁门政府的"腐败……不计后果的挥霍……错误外交"。这被《纽约时报》称为自他获提名后发表的"针对竞选问题的最直率的声明"。

第二天，杜鲁门给艾森豪威尔发了份电报，发出了同样的邀请：一次情报会议、内阁午餐，以及与白宫中任何他想见的人进行会谈的机会。"我已经和中央情报局做好了安排，每周为你通报一次世界局势，就像我为史蒂文森州长安排的一样。"

艾森豪威尔在一生中首次拒绝了白宫的邀请。在致白宫的一份电报中，艾森豪威尔说，由于没有"特别严重的紧急情况"迫使他必须参加会议，他作为共和党总统提名人有义务自由批评政府政策以及政府选择的接班人政策。他的竞选团队立即公开了这份电报。他和杜鲁门之间的任何通信"都应为所有美国人知晓。如果我去参加会议，我想这是不明智的，这会让公众困惑"。

当然，艾森豪威尔从未说过，如果参加情报会议，他将放弃批评那些他想批评的政策的权利。电报是出小小的戏，是为那些白宫以外的观众写的，它也会有它应有的效果：艾森豪威尔的竞选主管赫伯特·布朗尼尔说，保守派"大大放心了"。

然而，杜鲁门很生气。他并没有玩国家安全这出把戏。在他的新闻发布会上，杜鲁门强烈回应了关于在艾森豪威尔抗议之前他只打算通报史蒂文森的指控。杜鲁门提到，他在前一周讨论过同时通报两位候选人，并且让奥马尔·布拉德利将军，也就是现在的参谋长联席会议主席和艾森豪威尔交流。布拉德利说，如果他当初知道交流时间会成为政治话题，他会更早地发出邀请。杜鲁门对记者说："信息的大部分内容不能传播，不能公开使用，因为它是最高机密。"

然后，杜鲁门给艾森豪威尔写了封私人信件，认为是艾森豪威尔将军让他被政治机会主义者劫持。"如果我让你感到尴尬，我向你道歉，我唯一的目标是建立稳定一致的外交政策。党派政治不应在美国发生。我很遗憾你让我们之间产生隔阂。"

"你犯了个大错，我希望这不会伤害我们这个伟大的共和国……"

"愿上帝指引你并带给你光明。"

"你一直以来的朋友、一直以来想成为你朋友的，哈里·杜鲁门。"

现在，艾森豪威尔也愤怒了，尽管他对杜鲁门的回信很和蔼，并和以往一样慎重。他对中央情报局的史密斯局长说，杜鲁门的信"充斥着无辜，很严肃地提醒我犯了大错，让我们之间产生'隔阂'，并影响了我的思维"。

如果艾森豪威尔知道杜鲁门已经对史蒂文森忍无可忍，这或许会给他些许安慰。史蒂文森对待杜鲁门就像是想让疯癫的叔叔最好躲起来不见客一样。史蒂文森任命了他自己政党的主席，在伊利诺伊州首府斯普林菲尔德市设立了总部。在回答某位记者的提问时，他坚称自己能够"收拾好华盛顿的一团糟局面"，这也让史蒂文森承认华盛顿确实是一团糟。

在公共场合，杜鲁门说他不能发表评论，因为他对那"一团糟"一无所知。私下里，他写了更多的信却未寄出去。他在给史蒂文森的信中说："我得出结论，让美国总统出现在你选战的任何角落都会让你感到尴尬。我现在想对你说的是，如果你能赢，你就带上你的疯子们，带上你的趾高气扬的社会名流竞选去吧。"

进入麦卡锡主义，转向右翼

要在杜鲁门和艾森豪威尔阵营中造成紧张，需要多次误解才能实现；而让他们两人开战的却是约瑟夫·麦卡锡。非常有讽刺意味的是，他们的仇恨都是围绕着两个人发展起来的，一个是他们两人都讨厌的麦卡锡这个仇恨煽动者，还有一个是他们两人都敬重的乔治·马歇尔这个政治家。

艾森豪威尔的一切都要感谢他的导师马歇尔，是马歇尔推荐他领导盟军的，尽管马歇尔当时待在华盛顿。丘吉尔将马歇尔称为"真正的胜利构筑者"，杜鲁门称马歇尔为"活着的最伟大的美国人"。而1946年5月，正是受到杜鲁门差遣，艾森豪威尔才去上海请马歇尔回国担任国务卿。

1951年6月，约瑟夫·麦卡锡在参议院发表了最为臭名昭著的演讲，对他而言，马歇尔是个叛国者，因为他没能阻止中国落入共产主义者手中而削弱了国家。麦卡锡指控他有"巨大的阴谋，其恶名足以让人类史汗颜"。如果共产主义者在美国政府的最高部门里没有同谋，还能如何解释他们不断取得的成功？

当然，马歇尔"失去"中国时，艾森豪威尔当时是军事顾问；他在1945年没和苏联人一起向德国进军；他一直很支持"杜鲁门主义"、马歇尔计划和北约。换句话说，他是他的政党中孤立主义者谴责的外交政策上的明星，而那将需要进行一些解释。

初选期间，麦卡锡支持的是塔夫脱，因此艾森豪威尔对他毫不相欠；艾森豪威尔在 8 月宣布，他绝不会支持麦卡锡。他谴责打击共产主义的任何"非美国式"的方法，虽然他并未提及麦卡锡的名字。至于马歇尔，艾森豪威尔在丹佛的一场新闻发布会上宣布，"马歇尔将军的灵魂中没有一丝不忠……如果他还不算爱国主义的完美典范，那我就从来没见过什么典范了"。

但是，艾森豪威尔的论点很快就变得更微妙了，区分了"支持"和"完全支持"。如果共和党选民在初选中提名像麦卡锡和詹纳那样的人，那艾森豪威尔不认可他们的判断就有些冒昧了。他可以因他们是共和党人而支持他们，即便他不认可他们的策略。或许他就是这么想的。

印第安纳州的威廉·詹纳曾投票反对成立北约，喜欢将马歇尔称为"活生生的谎言"和"叛国者的代表"。他在 9 月 9 日印第安纳波利斯的集会上介绍了艾森豪威尔；当艾森豪威尔承诺赶走"无能的、不能胜任的任人唯亲者和骗子"时，人群山呼海啸。他没有提及詹纳，后者会拍着艾森豪威尔肩膀挤进各种场合，并最终抓起他的手臂，将其胜利般地举过头顶。艾森豪威尔高声对印第安纳州国会议员查尔斯·哈勒克说："查理（查尔斯的昵称），让我离开这里，被这个人碰到，我感觉很脏。"杜鲁门对此情景感到震惊。一位叫作罗伯特·尼克松的国际新闻记者说："当艾森豪威尔拥抱詹纳时，他就失去杜鲁门了。那条阵线结束了。"

那个晚上，麦卡锡赢得了威斯康星州共和党参议院初选，得票率 2∶1。艾森豪威尔不愿到他的州竞选。但是共和党官员认为，威斯康星州的温和派共和党州长沃尔特·科勒正面临着很大的连任挑战；对参议院的控制权仍需均衡。杜鲁门在 1948 年赢下了威斯康星州，共和党人需要把这个州夺回来。

艾森豪威尔还是不想去，一些温和派顾问也同意他这么做，尤其是托马斯·杜威。在他的回忆录里，艾森豪威尔责备员工在行程上犯了错误。但是，在不得不访问威斯康星州时，他认为他也能阐述一点，他对演讲撰写人休斯说，他想在他的密尔沃基市演讲中捍卫马歇尔，就在麦卡锡的老家这么做，那会有力支持马歇尔而击败麦卡锡。

没有人知道是谁向麦卡锡透露了消息；或许他能看透艾森豪威尔，并且担心他要说的话。不管怎样，10 月 2 日，当艾森豪威尔的竞选火车穿过伊利诺伊州前往威斯康星州时，麦卡锡未经公开就乘飞机到了皮奥里亚市，并到艾森豪威尔的宾馆拜访他。

两人秘密交谈了很长时间。

后来，麦卡锡对记者说，他们的"谈话非常非常愉快"。虽然他和艾森豪威尔未就一切达成共识，他说，在他离开时，"心情和我进去时一样，他是位伟大的美国人，将成为一位伟大的总统、一位杰出的总统"。

艾森豪威尔的一位演讲撰稿人凯文·麦卡恩就坐在房间外面，他的说法不一样。艾森豪威尔让麦卡锡清楚知道了他对麦卡锡针对马歇尔采取的策略和攻击的看法。战斗是如此激烈，以至于双方破口大骂。"我从未听过将军这么冷血地责骂一个人。"

然而在从皮奥里亚市去威斯康星州的路上，艾森豪威尔在麦卡锡的地盘公开宣布为马歇尔辩护的决心动摇了。他的选战主管谢尔曼·亚当斯和共和党全国主席阿瑟·萨默菲尔德提醒艾森豪威尔，为马歇尔辩护可能会被解读成一场针对麦卡锡的蓄意的攻击，可能会导致共和党失去整个国家。正如艾森豪威尔的顾问威廉·埃瓦尔德的回忆，他们对艾森豪威尔说："您不能进入威斯康星州密尔沃基，走上本市最大礼堂的舞台，当面攻击正在竞选参议员的约翰·麦卡锡。要记住您正在以共和党人的身份竞选总统。"

　　艾森豪威尔的团队开始琢磨他是否应该为马歇尔辩护。一些顾问坚持认为他应该按照已起草好的演讲稿演讲。然而，亚当斯认为涉及马歇尔的那部分看起来不合适。艾森豪威尔在和亚当斯讨论回来后，看起来"脸色铁青"。但最终他还是同意删去那一段。后来，艾森豪威尔告诉人们，他之所以同意那么做，是因为有人警告他，在威斯康星州攻击麦卡锡有可能会在他的集会上引起骚乱。在他的回忆录里，他解释说，由于刚为马歇尔辩护过，再次那么做的话"可能被解读成'挑衅'。那么做会再次让人议论纷纷，我可能会不经意间让马歇尔将军难堪"。

　　当火车驶进威斯康星州格林湾时，麦卡锡奔跑着上了火车月台向欢迎人群问好，那些人对他的欢呼要胜于对艾森豪威尔的欢呼。他不得不在自己的家乡阿普尔顿市介绍艾森豪威尔将军，而他的竞选助手说过他不会那么做。麦卡锡的助手们并不知道艾森豪威尔已经修改了演讲稿，他们整天都在跟记者说：不要急，不要急，你们今晚会听到艾克（艾森豪威尔的昵称）对麦卡锡的真正看法的。

　　在密尔沃基演讲中，麦卡锡坐在台上，就在艾森豪威尔的后面，艾森豪威尔确实警告了"暴力的报复主义"，但他听起来并无敌意。他宣称："（麦卡锡）和我的目的是一样的，就是要将无能的、不诚实的，尤其是颠覆而不忠诚的人从政府中赶出去，只是方法不同。"杜鲁门对共产主义渗透漠不关心，他接着说，这已经导致了"不可估量的灾难"。

　　而从这篇演讲中删去的那一段原话是这么说的："我个人很荣幸与马歇尔将军相识35载。我了解他，不管作为一个普通人还是一名士兵，他都已凭借非凡的无私和深切的爱国情感献身于为美国服务。这件事让人清醒，自由并不能捍卫自由本身。"然后，摄影师终于捕捉到了艾森豪威尔和麦卡锡的合影。《时代》周刊写道："他们两人隔着很远站着，就好像隔着条小溪在向彼此靠近一样。艾森豪威尔抓住威斯康星参议员的手，握了一下就径自放开了。"

艾森豪威尔不知道的是，《纽约时报》有完整的原演讲稿复印件。于是，报纸头条说，麦卡锡成功地让艾森豪威尔闭嘴；那位勇敢面对希特勒的英雄被国内的恐怖论者吓住了。《时代》周刊出版商阿瑟·苏兹贝格给亚当斯发了份电报："我是否要告诉你我对此感到恶心？"艾森豪威尔断然否认他退缩过；他的助手们辩解，他之前已经捍卫过马歇尔，因此再做一次没什么意义。爱华德回忆："这是个错误，是个严重的错误。我确信这让艾森豪威尔至死都感到痛苦。"

马歇尔自己什么也没说，而他的夫人后来描述，这位退休的政治家是如何一晚又一晚坐在收音机前，希望听到艾森豪威尔捍卫他的荣誉。

艾森豪威尔没那么做，这让杜鲁门抓狂。杜鲁门的助手马特·康奈利解释说："当所有人批判马歇尔时，在杜鲁门看来，这就像批判他自己的父亲，让他反应强烈。"杜鲁门一直很低调，只说了句"无可奉告"。但杜鲁门后来指责说，艾森豪威尔做过的"最丑陋和最哑巴的一件事"就是回避与麦卡锡斗争，"即便是他身边的优秀正直的人受到那个可恶而恐怖的人的伤害"。

多年后，会有人问杜鲁门、艾森豪威尔和马歇尔三者的关系是否要比人们所知道的要复杂得多。默尔·米勒在 1973 年杜鲁门死后出版的一本有争议性的口述历史《实话实说》(Plain Speaking) 一书中提到，他说，1945 年 6 月，随着战争的结束，艾森豪威尔给马歇尔写信说他想回家和玛米离婚，这样他就能迎娶他的战时女司机凯·萨默斯比。马歇尔回信说，如果艾森豪威尔真的这么做，"他得清楚地知道他的余生将在人间地狱度过"。米勒记录杜鲁门的话说："马歇尔将军不常发脾气，而一旦发脾气，将不可收拾。"米勒在书中写道，杜鲁门说过他在位时做的最后的事情中，有一件事是他从五角大楼的文件中将那些信拿了出来并销毁，虽然那时他非常不喜欢艾森豪威尔。

尽管《实话实说》中有部分内容是基于杜鲁门的访谈录音，但与那些轰动的信件相关的谈话，米勒没有任何录音，而杜鲁门也已经去世了，不能确认此事。唯一的证据来自杜鲁门那多嘴的助手哈里·沃恩少将，他曾说艾森豪威尔和马歇尔关于离婚的通信确实存在，这让艾森豪威尔的敌人听到了风声，并想在 1952 年总统大选中利用此来攻击他。沃恩还声称，杜鲁门求情了，拿出了那些信并寄给马歇尔销毁。

现存证据说明了不一样的故事版本。艾森豪威尔确实在 1945 年 6 月写信给马歇尔。但信是请求允许玛米到德国陪伴他一起度过长时间的对德占领。这是封极其亲密的信："我想承认，这最后的 6 个星期是我战争中最难熬的时期。"艾森豪威尔吐露了心声，"我的问题是我越来越思念我的家人。"玛米生病了，体重只有 100 磅。战争让她非常紧张，他给马歇尔写道："如果她能和我在一起，我将不那么担心她。"

这种请求就像走形式主义一般，并无必要；在亚洲打仗的麦克阿瑟就让他的夫人随军了。但即使艾森豪威尔现在和马歇尔平级，他还是很谦恭地请马歇尔许可，而马歇尔把信拿给杜鲁门看，并征求他的意见。杜鲁门告诉他不要允许，那对那些与家人分开的士兵不公平。艾森豪威尔后来因为自己的请求而向马歇尔道了歉。

大 发 雷 霆

艾森豪威尔没能在公共场合为马歇尔辩护，这不管是出于什么原因，都让 1952 年的竞选变成了《纽约时报》所谓"纠结的艾森豪威尔和杜鲁门事件"，甚至完全抢了阿德莱·史蒂文森的风头。杜鲁门在精心准备的科罗拉多州斯普林斯市的一次演讲中大发雷霆。他控诉艾森豪威尔是个懦夫，他不但没谴责像麦卡锡和詹纳那样的"在受人尊敬的长官、朋友和恩人背后捅刀子"的"道德上的恶棍"和"侏儒"，甚至还拥抱他们，"谦卑地感谢（麦卡锡）登上他那竞选的火车。这是为什么呢？因为这个不道德的人会在11月为他带来选票"。杜鲁门还说，任何对这种政治压力低头的人都没资格担当总统大任，没资格掌控国家核武库。杜鲁门后来对《华盛顿邮报》的记者说："我把艾森豪威尔从他的秃头一直批判到他的后背。"

而那只是开始而已。杜鲁门登上了他那总统装甲火车"斐迪南·麦哲伦"号，开始了首次竞选宣传，途经 24 个州。采用有点可爱的政治柔术围攻，他提醒选民，艾森豪威尔本来是他的人，在他的政府中担任军事将领，执行了一系列伟大和庄严的任务。但是现在，杜鲁门指控说，艾克正在攻击他自己参与制定的政策。10月的某一天，杜鲁门到达纽约州几个站点，他多次称艾森豪威尔为"骗子""白痴""伪君子"，军旅生涯之后他对政府职能一无所知，以至于受党魁摆布，成了塔夫脱参议员树林里的宝娃……一个对民间问题一无所知的军人，被掌控在反动派手中，为银行家、房地产大鳄和所有特权阶层说话和办事。

杜鲁门在选战中对他的民主党承认："我了解他，我也信任过他。我原以为他会成为一位好总统。但我错了。在这次总统大选中，他几乎背叛了我曾认为他所代表的一切。"

就像是军乐队在演奏终曲，杜鲁门越来越激动，最终还是回到了马歇尔和麦卡锡的话题上。"这在我看来已经很清楚了。一个用这种方式背叛他朋友的人不配当美利坚合众国的总统。"

艾森豪威尔将杜鲁门称为"政治煽动的专家"时，他并没有让自己圆通点。但是，对于所有的政治指控，艾森豪威尔在解读公众舆论和私人动机时都尽可能精明，他知道"缺乏政治经验"实际上是他的优势。他的语言和风度可以让他远离政治斗争。虽然共和党强硬派要他利用一切机会打倒杜鲁门，但是他知道他需要获得独立派的选票，那些人已经对他处理麦卡锡问题的方式感到焦虑了。

而且，他可能理解报道竞选的记者们的发现：杜鲁门沉迷在自己的思想里，低估了人们对艾森豪威尔的个人崇拜，低估了艾森豪威尔的影响力。《纽约客》专栏作家理查德·罗维尔在9月的一篇文章中写道，当人们为更好地观看艾森豪威尔车队游行而爬到沿路的树上时，"人们甚至为此不顾枯朽的树枝和高压电线的危险，这并不罕见。在明尼阿波利斯和圣保罗的三次游行中，人们冲破了警戒线，迫使车队停下"。尤其是在杜鲁门的竞选活动中，杜鲁门甚至被"我们喜欢艾森豪威尔！我们喜欢艾森豪威尔！"的呼声淹没。当杜鲁门开始指责艾森豪威尔"没有道德"、反犹太主义和反天主教时，这起了反作用。《纽约时报》头条中说："很多人认为杜鲁门在破坏史蒂文森当选总统的机会。"

尽管杜鲁门从赫伯特·胡佛身上发现前总统对新总统是多么有作用，但他似乎没发现自己正阻止自己起这样的作用。即使是他和艾森豪威尔仅有的那点友谊也很难在选战中留存。艾森豪威尔是位相当自信的领导，似乎从来不觉得有向杜鲁门求助的必要；1952年竞选中的伤痕几乎让他们仅有的友情消失殆尽。艾森豪威尔曾经的朋友埃夫里尔·哈里曼后来对艾森豪威尔的孙子戴维说："他几乎不懂政治。他不了解在政治上和个人感情上反对一个人有何区别。"艾森豪威尔在选战中越来越怀疑杜鲁门的荣誉、领导能力和地位。

最后，杜鲁门几乎无能为力了，他改变不了最终的选举结果。艾森豪威尔赢得了 48 个州中的 39 个州，包括史蒂文森和杜鲁门的老家，多得了 600 万张选票，这也是总统候选人截至那时所获得的最高的选票，与此同时，他还赢得了众议院和参议院多数席位。史蒂文森在早上 1 点 30 分宣布退出；在发表了简单的演讲后，艾森豪威尔回到他宾馆的套房，倒在了床上。然而，在睡觉前，他还有最后一个任务。

前国会议员、艾森豪威尔后来任命的美国驻意大利大使克莱尔·布思·卢斯找到艾森豪威尔。"我知道您很累了。"她说，"但您还得做一件事。"他很听话地走到电话旁，打了个电话给赫伯特·胡佛，那个 24 年前赢得总统大选的上一位共和党人。

1952 年大选后，埃瓦尔德注意到，哪怕是向艾森豪威尔提及杜鲁门的名字"都会让他牙关紧咬、面露愠色"。艾森豪威尔西点军校的摔跤教练曾教过他，任何时候离开角力台时都要面带微笑，但"艾森豪威尔的克制只是一种军人的自律，内心充满怨恨，这影响了历史的走向"。

丑陋的交接

"祝贺你取得大胜。"杜鲁门在发给艾森豪威尔的电报中说。"1954 年的预算必须在 1 月 15 日之前提交给国会……你应该派代表立即和预算主管见面。"杜鲁门对处理 20 年间两党首次权力移交着有着很清楚的认识。但这恰恰不是艾森豪威尔所认同的。

当另一封电报邀请他去白宫时，艾森豪威尔和玛米还有他们的儿媳以及三个孙子、孙女刚迁入奥古斯塔国家高尔夫球场边博比·琼斯的小别墅。杜鲁门在罗斯福去世时没能做好准备，但他相信他和继任者之间有着很好的关系基础。因此，他还催促艾森豪威尔派他的最高顾问和他们在主要部门的同行见面，并且他还要求各层人员给予全力配合。

艾森豪威尔的助手立即声明，艾森豪威尔在就职之前"没有任何权力"。至于杜鲁门的盛情，他们认为只需稍微应付下就行了。杜鲁门在 11 月 15 日的日记中写道："艾森豪威尔和他的顾问们担心这是某种圈套。"他知道，即将离任的总统是帮助继任者解决难题的最合适人选。他在艾森豪威尔就职那晚对记者说："我本可以帮他解决他一年内都难以解决的问题。"但那不是他的目的。"我很害怕艾森豪威尔的顾问团会让他相信他正在和一个企图让他难堪的人打交道。那不是真的。我想做的只是有秩序地移交权力，但没能实现。"

那并非完全是真的，但已相当接近真实情况了。当艾森豪威尔在 11 月 18 日下午两点前抵达白宫时，他和杜鲁门的会议带来的只有刻薄态度，这也是美国历史上第四次，恰如第一次时的杰斐逊和亚当斯一样。第二次和第三次这样的会议发生在胡佛和罗斯福之间，气氛相当不好。对于杜鲁门和艾森豪威尔而言，这次会议是自艾森豪威尔 6 月归国后的第一次面对面会议。和当年的罗斯福一样，艾森豪威尔坚持要求会议是"非正式和个人之间"的会议，没有任何形式的联合行动。

这是艾森豪威尔自大选以来第一次回到首都；当他的车队从机场驶到白宫时，50 万名群众在路边夹道欢迎；杜鲁门甚至还让他的政府员工休息以观看他的继任者进城。

"大家早上好！"艾森豪威尔很愉快地和记者以及收拾大厅的白宫工作人员打招呼。他和杜鲁门先在椭圆形办公室私下里见了面。杜鲁门立刻断定，认为艾森豪威尔"有种挑战的态度"。杜鲁门表示，他愿意把赠送给他政府的大量拉丁美洲解放者的照片留下。"但我却被草草告知，最好把那些照片带走——那些国家的政府毫无疑问会给新总统送上同样的照片。"杜鲁门把艾森豪威尔 1945 年送给他的地球仪还了回去。"他并不很和蔼地拿了回去。"（事实上，艾森豪威尔在他就任约两周后，想缓解那尴尬的气氛。他在给杜鲁门的信中说："我刚注意到你附在那座地球仪上的铭牌。我想起来我还没有感谢你将它送回给我的好意。对这种友好姿态，我非常感谢。"）

他们讨论了朝鲜战争，在外交政策延续性上达成一致意见。但杜鲁门还想让艾森豪威尔为将来的事做好准备——让他能做好总统工作并获得成功。杜鲁门建议他找一位经验丰富的外交家作为秘书，这个人"能够十次中有九次拒绝别人而不让别人生气"。他还需要一位精明的新闻发言人协调记者工作。然后，他们去了内阁会议室，在那里，国务卿、国防部长和财政部长向艾森豪威尔做了工作汇报并回答了问题。

会后，杜鲁门认定，艾森豪威尔会对将来的考验猛然清醒；他"会被总统必须面对的众多问题和决定感到敬畏。如果是这样，我也就能理解为什么他的脸色在我们的会议中一直很严峻了"。

艾森豪威尔没有这样的反应：他说，会议"没能增进我的了解，也没对我的计划有丝毫影响"。

看到两人间的关系越来越紧张，艾奇逊对此感到百思不得其解。艾森豪威尔那随和的魅力再也无处可寻。艾奇逊注意到："和我们在一起时，他似乎局促不安也不情愿——非常谨慎、克制和沉默寡言。内阁会议桌上，他坐在总统对面的椅子里，摆弄着自己的眼镜，偶尔记一些他自己感兴趣的事情。"

艾森豪威尔离开之前，杜鲁门递给他三册关于在共产主义全面进攻朝鲜、南斯拉夫或伊朗时美国要采取的安全政策和秘密计划。在和他的下属谈话时，杜鲁门想象着等待他的继任者的将会是什么情况。"他会坐在那里，会说'这样做，那样做'，但什么都不会发生。可怜的艾森豪威尔。现在和在军队里完全不一样了。他会变得很沮丧的。"

杜鲁门想象着一旦白宫的重任降临到艾森豪威尔的肩上时，他会是什么样子。当总统就职日临近时他对记者说："这个家伙，他不懂政治，就好像猪不知道星期天是什么一样。"

离就职日越近，杜鲁门就越开心。白宫的一位工作人员对《华盛顿邮报》说："你可能感觉不到是艾森豪威尔赢得了选举。"因为从杜鲁门的行为表现来看，他似乎没有受到竞选的阴影干扰，没有受到即将离任的事实干扰，也没有因不确定的未来而受到影响。即使是他的批评者们，比如专栏作家沃尔特·李普曼说："从他离任的风度看，杜鲁门先生确实像位总统，很清楚总统的重任，也适合做总统。"

但是他的另一位批评者——那位即将取代他位置的人——不愿这么看待他。

拒戴大礼帽

总统就职日是民主的盛宴，庆祝党派斗争后的自豪感、爱国主义与和平。但那些早晨，也经常狂风大作，在白宫内部往往也如此。1953 年的总统就职日或许可以算是 20 世纪最充满仇恨的就职日。艾森豪威尔提醒他的助手说："我绝不会和他一起走在宾夕法尼亚大道上。我将在国会的台阶上与他碰面。"

那几乎就是后来所发生的。

第一次冲突是关于衣着。传统要求当选总统应该戴一顶大礼帽，穿一件常礼服。记者罗伯特·尼克松回忆说："有这种事情时，大家会到裁缝店租一套礼服并配上领结。"但艾森豪威尔拒绝戴大礼帽，而偏爱小礼帽——并且没和他的前任交换意见。杜鲁门和蔼地迁就了他。

他对《华盛顿邮报》说："我不想卷进任何帽子争端中。"但他后来写道，他感觉就职场合应该穿更正式的服装。（郑重声明：艾森豪威尔 8 年后在肯尼迪的就职日穿了件骑士服。）

艾森豪威尔想要让庆祝"简单而又庄严"，但恰如那个时代的特点一样，仪式充满了压抑的欢乐和对变革的呼声，结果那次仪式成了首都在多年里见证过的最盛大、最昂贵和最华丽的仪式之一。那是个很美好的晴天，约 75 万人排在宾夕法尼亚大道两侧，有些人甚至用硬纸板做潜望镜来透过人群观看仪式。

根据风俗，新总统到白宫接他的前任，并和前任一起驱车前往国会山。但艾森豪威尔发话说，他想让杜鲁门到斯塔特勒酒店接他。杜鲁门回忆说："嗬，我才不会去呢。"贝丝·杜鲁门已经为艾森豪威尔一家准备了午宴。"当我们的邀请被拒绝，风俗被无视时，我们感到很失望。"艾森豪威尔只是留足了去国会山的时间——甚至他都没走下车迎接杜鲁门。艾森豪威尔可能是位不会宽恕别人的敌人——这尤其显示出他作为胜利者的无礼。只是当杜鲁门一家出现时，艾森豪威尔才从车里出来。CBS（哥伦比亚广播公司）记者埃里克·塞瓦赖德说："这是个震撼的时刻，杜鲁门很有风度，他只是被冷落了。他用他的行动展示了自己的优势。"

因此，前往仪式的路上也很冷清。杜鲁门回忆说："有趣的是，有一件事，那就是艾森豪威尔的微笑让他显得阳光而又和蔼，这曾为他带来世界范围内的终身名誉。而我们这些很了解他的人都清楚，他其实很阴沉、易怒而且还很难相处。"

当他们到达国会山时，他们走到警卫官那里等待召唤上台。就在这时，艾森豪威尔转身问杜鲁门："我儿子约翰被命令从朝鲜回到华盛顿，我不知道谁得为这件事负责，我不知道是谁在想让我难堪。"

"美利坚合众国总统命令你的儿子参加你的就职典礼，总统认为，让一个儿子见证他的父亲成为总统，这很合适而恰当。如果你认为有人试图用这个命令让你难堪，那么我作为总统对此承担全责。"杜鲁门回答道。

如果你从 3 天后艾森豪威尔写给杜鲁门的信来看，你会发现，他其实很感谢杜鲁门很周到地让约翰回国参加就职典礼。他感谢杜鲁门"对我的所有礼遇"，感谢他对顺利过渡而做出的所有努力，而且"对个人而言，我特别想感谢你的体贴，命令我儿子从朝鲜回国参加我的就职典礼，更感谢你没让他和我知道你曾这么做"。杜鲁门亲手回了信："很高兴能尽我所能实现从我的政府到你的政府的有序过渡。如果你不问及，我将永远不会提及关于你儿子那件事。"

或许这些信只是政治家们之间敷衍的姿态，或许他们之间有过暂时休战。不管出于何种原因，这件事成了两人间的另一导火线。罗伯特·尼克松说："艾森豪威尔不喜欢那么做。他感觉杜鲁门在干涉他的私生活，干涉他的家庭生活。况且，杜鲁门是从战争中让他的儿子回国。他认为他的儿子应该留在那里战斗……不管怎样，他不想让他的儿子回到华盛顿只是为了见证他父亲就职总统。"

"杜鲁门当然是目瞪口呆。"尼克松继续说，"这件事上，出于自己的好意以及对家庭的真挚感情，他做了他自己认为的一件好事。不管什么原因，这成了这两个人之间的另一道障碍。一个想和蔼、体贴和友好，而另一个则对此非常怨恨。"

这有点太残酷了，以至于杜鲁门不知道，在仪式结束后，他和贝丝是否得走着去火车站。但白宫提供了车辆，在联合车站等着为他送行的人多得连让他走上自己的火车都很困难。"请为总统让下路！"广播里叫着。人们欢呼并唱着"友谊天长地久"。杜鲁门说："在我整个政治生涯中，我从未经历过这种情形。如果我活到 100 岁，我将对此永难忘怀，那就是我想要做的。"

他是一位有远大理想，但却无太多计划和金钱的人。他已经拒绝了许多能赚钱的机会，因为他不想用推销自己的方式贬低总统这一职位。但他有榜样在前。

"我想赫伯特·胡佛对待自己的方式就很完美。"

卸任后的杜鲁门

1953 年 6 月，杜鲁门一家第一次重返华盛顿，记者问他是否会拜访艾森豪威尔。

"不会。"杜鲁门轻描淡写地说，"他太忙了，他可不会接见任何进城的无关紧要的小人物。"当在县集市上被问及为何他卸任总统后的言论都那么淡然时，他微笑着说："如果我们指出共和党人的错误，他们可能会弥补，而我们就没机会了。"

此外，他的生活也很愉快。杜鲁门退休后得以休养、旅行，并在旅途中思考；他在伦敦拜访了丘吉尔，从牛津大学获得了荣誉学位，受到了教皇皮乌斯十二世的接见，还在奥地利萨尔茨堡弹了莫扎特的钢琴。

但时间久了，白宫的沉默开始变得显而易见。艾森豪威尔从未致电杜鲁门寻求建议或要求拜访；事实上，他似乎是决意消除杜鲁门曾在白宫留下的所有标志。杜鲁门的肖像画从公共房间被挪走，还有他的钢琴，以及他最喜欢的枝形吊灯；杜鲁门密苏里州的朋友建的保龄球馆也被撤走。弗莱彻·克内贝尔在《形象》（*Look*）杂志中写道，这种斗争"绝不是白热化政治斗争中常见的生气的感情，而是对我们时代的真正的积怨"。

两人之间的关系在 1953 年变得如此紧张，以至于当总统访问堪萨斯城时，关于艾森豪威尔是否无视一通杜鲁门打来的电话就引发了轩然大波。艾森豪威尔当时下榻在米勒巴赫酒店，而杜鲁门经常在那里和朋友们一起吃午餐。据杜鲁门说，他打电话给酒店拜访艾森豪威尔总统："我被很草率地告知，总统的日程全排满了，不可能有拜访的机会。"

艾森豪威尔的一些助手说杜鲁门从未打过什么电话；而另一些人则责怪宾馆接线员，据称，当杜鲁门表明自己身份时，他回答说："你要是杜鲁门的话，那我就是尤利乌斯·恺撒了。"艾森豪威尔的朋友乔治·艾伦回忆，艾森豪威尔命令特工调查到底发生了什么事。多年后，在 1960 年的总统竞选中，这件事仍然很敏感。

理查德·尼克松对爱德华·福利亚德说："哦，那就错了。总统应该回电话给杜鲁门并向他道歉，那这件事也就结了。"而艾森豪威尔呢，多年后在他自己的回忆录中写道，他仍然坚信是杜鲁门编造了整个事情。他对自己的助手威廉·埃瓦尔德说："他天生就是个骗子。"

但事情还不止那个电话。两个月内，另一次更严重的攻击出现了，这次是由艾森豪威尔的司法部长赫伯特·布劳尼尔引起的。他启动了一项调查，调查杜鲁门是否明知故犯提拔了一位名叫哈里·德克斯特·怀特的苏联间谍成为国际货币基金组织的执行董事。杜鲁门的助手克莱顿·弗里奇说："赫伯特·布劳尼尔将杜鲁门先生描述成叛国者，这是我们历史上最丑陋的章节之一。"弗里奇说，艾森豪威尔肯定给过许可，因为"既然通告全国华盛顿充满了共产主义者和面临安全风险，那么他们就得找出一些来"。

事情变得如此失控，以至于杜鲁门被众议院非美活动委员会传讯；

他拒绝了，理由是这项指控纯粹是出于政治目的，传讯会削弱三权分立的信条。相反，他在电视上发表全国演讲捍卫自己，称这是服务于"政治把戏"的"可耻的煽动行为"。

值得注意的是，这次摊牌奠定了一种基调，并留下了可循的判例。自20世纪30年代和40年代以来，总统的权力已经显著增强了；前总统的权力也随之增强。杜鲁门是第一位为前总统要求行政特权的人；宪法专家对此进行了辩论，而公众则站在他一边。他从未出席传讯，调查也就此终止。几十年后，理查德·尼克松得感谢杜鲁门所奠定的这种基调。

这种情况在艾森豪威尔整个总统任期内都存在。1955年，当靠拿微薄的军人抚恤金度日的杜鲁门发表他的回忆录第一卷时，艾森豪威尔拒绝还杜鲁门人情，要知道当年杜鲁门曾为艾森豪威尔减过税。杜鲁门不得不将稿酬的三分之二缴纳版税。1956年，艾森豪威尔再次以压倒性优势赢得总统连任时，杜鲁门写了另外一封他从未寄出去的信，上面写着"祝你好运，希望诚实的民主党人和自由派共和党人能拯救你于灾难之中"。在他的私人作品中，他抒发了自己的感情："我不是艾森豪威尔的崇拜者。我确定他有一些崇拜者，或许还很多，尽管用我的一生都说不清所以然。"他说，士兵就是不适合当总统，他们太分等级，太脱离民间疾苦。

但是他最大的异议看起来是出于被拒绝。他辩称，总统应该将自己建立在他们前任的成功之上，"而不是仅因为他们是前总统……属于不同的政党，就抛弃他们"。然后他提出了总统俱乐部会员的基本挑战，在那里，公共和私人的需求相互冲突。

杜鲁门承认："多数总统似乎不想和前总统说话。从我自己的经验看，我知道这很正常。新总统想有自己做总统的方式，不想让前总统在周围试图给予建议。总统在当选后想自己处理事情，这真的很正常……但是，真正可怕的事情是，总统打算积极抹黑前总统的政策。而那就是德怀特·艾森豪威尔继任后所做的。"

艾森豪威尔小气到充满敌意的程度。1957 年，白宫下令不让赫伯特·胡佛参加杜鲁门总统图书馆献辞。罗斯福的新闻发言人和后来的广播顾问伦纳德·赖因施被任命来组织显要人物参加献辞仪式。他告诉胡佛他能出席真是太好了。胡佛没顾艾森豪威尔政府对他的要求回复说："我才不会错过这个仪式呢。"艾森豪威尔只给杜鲁门寄了封"祝贺"信，由总务总管读出。赖因施说，那封信实在太冷漠了，"你几乎能在炎热的 7 月天看到上面结着冰"。

《芝加哥每日新闻》总结说："艾森豪威尔总统对他曾经慷慨的保护人仍然怀有强烈的厌恶之情。如果要想更尖刻地表达他自己的冷漠，他只有派总务管理局夜间看大门的人去参加图书馆的仪式了。"

与此同时，杜鲁门在 20 世纪 50 年代的选战中也继续抨击艾森豪威尔和他的内政——但他也在总统俱乐部的原则性事件上借机会为总统辩护。1958 年经济衰退时，艾森豪威尔被抨击利用政府公家飞机送玛米去亚利桑那州的伊丽莎白·雅顿度假胜地。而曾因用飞机探望他濒死的母亲而受批评的杜鲁门为其辩护道："只要总统认为对他的家庭有好处，他都应该那么做，而不应受到那么多人的批评。我不希望通过攻击他的家庭来攻击一个人。"

更重要的是，杜鲁门一直公开支持总统的外交政策，不管是派遣海军陆战队去黎巴嫩，还是宣誓保卫台湾海峡的金门岛和马祖岛。他说，他希望"那些试图破坏和平世界的人能清楚地认识到，我们将全体一致支持……美利坚合众国总统"。因为这种姿态，杜鲁门和他自己的前国务卿意见不一致。迪安·艾奇逊写信给杜鲁门说："请不要沉溺于那些我们国家正确与否的话题"，因为"这样的话，福斯特（约翰·福斯特·杜勒斯，艾森豪威尔的国务卿）就能永远对我们口诛笔伐"。

还有一次，艾奇逊质疑杜鲁门的声明"我们必须……接受总统对局势的判断，因为只有总统掌握所有事实"。但那时，杜鲁门是在和一位勇于承担责任、很了解国家所面临的危险的人说话。让那些闭门造车的批评家在不了解情况时就那么说吧；总统知道有些事情只能自己知道，因此，尽管杜鲁门和艾森豪威尔有很多过节，但仍然给予对方在罪证不足的情况下做无罪推定的权利。

那之后，艾森豪威尔一方也有缓和的迹象；1958 年，他邀请杜鲁门参加阵亡将士纪念日的白宫午餐，第二年还邀请他参加北约周年庆祝仪式。而因行程冲突，杜鲁门都没能出席。他们的重聚还得再等下去，等到一个既有讽刺意味又有历史意义的时刻。

朋友的葬礼

1959 年 10 月，两位总统在 6 年内首次重聚，地点在阿灵顿国家公墓附近的一个小教堂，为乔治·马歇尔举行葬礼。当艾森豪威尔抵达时，杜鲁门已经坐在教堂的长椅上了。艾森豪威尔坐到他的旁边。

"你好，总统先生！"艾森豪威尔说，并伸出了他的手。

"总统先生，你好！"杜鲁门回答道。仪式结束后，当棺材被抬起时，两人肩并肩站着；艾森豪威尔向他的前总司令敬礼——杜鲁门回礼。然后，他们从不同的门离去。

一年后，艾森豪威尔准备好移交椭圆形办公室的钥匙，回归平民生活。那种调整比他大多数的前任们都复杂得多。自他上次迈入服装店或理发店大门已经有几十年了；据史蒂芬·安布罗斯在他的自传中回忆，艾森豪威尔从未在高速公路收费站付过费，他也不记得如何去打字、调电视或做橙汁。他甚至需要有人教他如何打电话。而且，他还要修补一些关系。

1961年，当约翰·肯尼迪做总统时，杜鲁门已经恢复了自己作为令人敬重的老政治家的地位。那年11月，他拜访了年轻的总统，并在国家记者俱乐部借机抨击了艾森豪威尔的"错误的和不明智的政策"。当被问及组建"前总统三头政治"的可能性时，杜鲁门微笑着坦承他和胡佛已经开启了总统俱乐部。"他是俱乐部主席，我是秘书。另一个家伙（艾森豪威尔）还没被纳为会员。"

杜鲁门访问白宫后的第8天，历史学家史蒂夫·尼尔回忆，"艾森豪威尔申请成为会员"。他正在阿比林市设计自己的图书馆，想看看杜鲁门是如何建自己的图书馆的。他已经准备前往堪萨斯市，为战争纪念碑献辞，那样的话，恰好能在独立市停留一下。

杜鲁门坚持要艾森豪威尔到他图书馆的私人办公室拜访。杜鲁门说："我想和他聊聊。""进来，进来！"他欢迎艾森豪威尔道。两位总统私下里聊了约15分钟才启程。他是否应该签访客留言簿？艾森豪威尔问杜鲁门。"一定得签啊。"杜鲁门开着玩笑说，"那样的话，如果有什么东西不见了，我们就知道要找谁了。"

他们一起研究了椭圆形办公室的复制品，甚至在桌上重新改制了小配件。艾森豪威尔最终送回了那只地球仪。这只地球仪已经在两人之间翻来覆去三次了。艾森豪威尔注意到他的肖像画被放在荣誉处，就在入口的右侧；杜鲁门的肖像画则在左侧。杜鲁门笑着说："你认识那个家伙。"他说，肖像是艾森豪威尔的朋友堪萨斯州参议员哈里·达比送给图书馆的。

"但你把它放在了优先的一侧。"艾森豪威尔说。"是的,将军。"杜鲁门说,"我把它放在了那里。"杜鲁门还指了指那本签了名的《远征欧陆》;杜鲁门的助手鲁弗斯·伯勒斯说,艾森豪威尔读了他在上面的题词,脸红了。艾森豪威尔在拜访后对他说他真希望自己能早点来:"艾森豪威尔说他会对自己的图书馆做些修改,因为他更喜欢这里的布置。"

《纽约时报》宣告:"大家都很清楚了,艾森豪威尔先生已经被吸纳为'前总统'俱乐部会员。"

大约一周后,他们那一代的巨人之一众议院议长萨姆·雷伯恩去世,享年79岁。在得克萨斯州的葬礼上,肯尼迪总统、艾森豪威尔总统、杜鲁门总统和约翰逊副总统都出现在得克萨斯州博纳姆的第一浸信会教堂。杜鲁门回忆说:"你知道,我们在图书馆见面之前的那次见面也是在葬礼上,它让我们不那么尴尬地再次在葬礼上相遇了。我很高兴我们有机会那么做。"艾森豪威尔和肯尼迪总统一起乘飞机飞了一程。他和杜鲁门在坟墓边聊了一会。

一年后,他们在海德公园埃莉诺·罗斯福夫人的葬礼上再次相遇。但是,正是1963年11月约翰·肯尼迪遭暗杀后的那次相遇让他们之间所有的过节都突然间变得再也不重要了。

肯尼迪和他的俱乐部：

苦心学习

如果说艾森豪威尔凭借自己的地位和当时的局势而不需要求助总统俱乐部，那么约翰·肯尼迪的情形则不一样。或许这是因为肯尼迪是靠微弱优势赢得大选的，或许是因为他相对较年轻，或许是他做成某事的能力得取决于两党支持这个事实。但也有可能是，肯尼迪知道，如果不好好应付前任总统，那么他对现任总统的害处要胜过好处。

肯尼迪不用担心杜鲁门这个民主党的忠实信徒，也不用担心他父亲的老朋友胡佛。重要的是艾森豪威尔，他仍然还很受欢迎，他的权威不容置疑，他对肯尼迪的蔑视显而易见。博比·肯尼迪在他兄长死后不久说道："我想，他总是觉得艾森豪威尔对他不满意。因此……他总是要确保艾森豪威尔参与了所有事情，并要确保艾森豪威尔不会攻击他的政府……但是艾森豪威尔从未给过他任何有帮助的建议。"

历史记录显示则相反。通常，总统们在就任时会认为他们知道的比他们的前任们多；他们刚花了整个竞选的时间让选民相信这个事实，就自然而然地自己也这么认为了。但是，接着某种带有连锁反应的事件出现了：他们赢得了总统大位，而这个位置却开始反击了，挑战新总统、惩罚新总统、用各种新总统不知道的事情为难他。

肯尼迪在几个月内就谦卑起来，就在灾难性的"猪湾事件"发生不久，因为这件事和其他一些原因，他决定打破胡佛和杜鲁门建立的那个也曾为艾森豪威尔服务过的决策机制。不管肯尼迪在那时的指令是什么，他知道，世界想要看到两位总统站在一起，看到前总统和新总统在一起的占满一页纸的照片，而照片上两人在戴维营散步并深入交谈。

就这样，总统俱乐部成了一位天才的工作棚，而他知道他还有很多需要学习。

05

一点都不知道这份工作的复杂性

约翰·肯尼迪总统喜欢在随身口袋里揣一张小纸条，纸条上写着118 574这个数字，提醒自己他必须努力为自己获得这个数量的选票，从而做好他百般辛苦才获得的总统工作。

单凭这一点就让肯尼迪不同于总统俱乐部的其他成员，更不用说他在年龄、经验和脾气上的巨大差异了。胡佛不喜欢做总统，杜鲁门起初也没指望有朝一日成为总统。而肯尼迪则对总统之位孜孜以求，迫不及待。尽管肯尼迪就任总统是临危受命，但在压力面前，他没有回避。

1961年1月，在就任总统前一夜，肯尼迪坐在乔治城起居室里对《时代》周刊记者说："这项工作肯定很难，但我不知道还有谁能比我把这份工作做得更好。"然而，就在肯尼迪上任不久，他就受到了他的敌人和顾问们的考验，包括参谋长联席会议，之前他从未有过主持参谋长联席会议的经验。

因此，肯尼迪才会非常真诚地请求总统俱乐部中他最不喜欢的那位总统的帮助，那位总统就是艾森豪威尔。

由于肯尼迪之前在参议院中职位较低，在艾森豪威尔当总统时，肯尼迪和艾森豪威尔还从未谋面。然而，10 年前，当年仅 28 岁的战斗英雄肯尼迪和海军部长詹姆斯·福里斯特尔一起访问波茨坦时，他其实和艾森豪威尔见过面。一名记者回忆说，当福里斯特尔的飞机在法兰克福机场着陆时，"飞机门打开了，福里斯特尔从飞机中走了出来。然后，让我吃惊的是，肯尼迪也走了出来。艾森豪威尔在接见福里斯特尔，因此肯尼迪也见到了艾森豪威尔"。

肯尼迪的偶像是罗斯福，他将罗斯福视为自己的楷模，并向其学习。据肯尼迪的顾问阿瑟·施莱辛格所说，肯尼迪对罗斯福十分好奇，甚至学习了罗斯福的言谈举止。这两人都温文尔雅，出身贵族，平步青云，且都在努力隐藏自己在痛苦中变得强大的人生。罗斯福的残疾更为严重——但肯尼迪在他成年后至少受到了四次临终祷告。传记作家理查德·里夫斯说："在其一生中的医疗折磨中，肯尼迪对医生和药物的感受很混乱，这种感受要比他对女人的感受更混乱。"

和他的英雄偶像一样，肯尼迪想塑造一个新的美国，尽管他的挑战和罗斯福在大萧条期间遇到的挑战很不一样。肯尼迪在 20 世纪 50 年代那个温和年代达到权力巅峰，他并不期望点燃人们的希望，他想引起人们自省，他认为艾森豪威尔当政时期，人们灵魂堕落、无幽默感，还敌视知识分子。施莱辛格指责艾森豪威尔时期说："在一些有影响力的地方，如果对美国式生活有疑问，就几乎会被视为叛国。"

肯尼迪和艾森豪威尔之间的对抗既是政治上的，也是文化上的，还是世代之间的对抗：肯尼迪认为艾森豪威尔并没有获得总统职位的所有权力。艾森豪威尔压倒性的总统选举胜利以及长燕尾服让他获得了巨大的权力，而肯尼迪则认为他浪费了这样的权力。

肯尼迪在大选中只获得了微弱的优势，还有一个只存在于名义上的民主党多数派领导权，因为议员们未给丝毫承诺，那些反对他大多数优先议程的南方保守派民主党人基本控制了立法机器。艾森豪威尔曾说："我一点都不喜欢'政治'这个字眼。"这让肯尼迪感到迷惑不解，他曾说："我很喜欢'政治'这个字眼，政治是总统搞定一切的方式。"

最后，还与个人问题有关。不管艾森豪威尔作为将军受到怎样的尊敬，但肯尼迪从未对其表示过敬意，他将艾森豪威尔称为"那个老浑蛋"。

当选战即将开始时，肯尼迪对施莱辛格说："艾森豪威尔一直和他的那些军队中的老朋友打高尔夫，我对此不理解。但是，没有谁还能比艾森豪威尔更不忠诚。他是个非常冷酷的人。他所有的高尔夫球友都是他1945年后结识的。"

对于这一点，没有人比理查德·尼克松更了解了。尼克松是艾森豪威尔的政治"伙伴"，也是肯尼迪1960年总统大选的对手。而人们似乎忘了，肯尼迪和尼克松很早就是朋友，他俩的关系甚至比和艾森豪威尔还要近。尼克松和肯尼迪于1946年一起成为国会议员，两位当时都还是年轻的海军军官，刚从战场归来，都是共产主义的反对者以及改革的实务派。两人的办公室仅隔一个大厅。肯尼迪是哈佛的高才生，他父亲的金钱为他打开了国会的大门；尼克松获得了哈佛的奖学金，但是他没能领取，因为他承担不起去哈佛的路费。但很快，尼克松成为政治明星，他因为除去了叛国者阿尔杰·希斯而在全国建立起声誉。1950年夏季的一天，肯尼迪来到尼克松的门前，身上揣着他父亲提供的1 000美元，支持尼克松竞选参议员。当肯尼迪申请成为燃树高尔夫俱乐部成员时，尼克松给他写了封担保函。在宾夕法尼亚的一次辩论结束后，两人在夜里回华盛顿的火车上甚至还共用了一间卧铺车厢；至于谁睡下铺，他们抽签决定。

尼克松在1953年受邀参加肯尼迪的婚礼，而他没能出席，唯一的原因是他接受了来自艾森豪威尔总统罕有的打高尔夫的邀请。第二年，肯尼迪由于接受了脊柱手术，并引起了感染，陷入昏迷，卧床奄奄一息时，尼克松哭泣着说："上帝啊，请不要让他离开人世。"他对肯尼迪说，如果在肯尼迪缺席时，参议院的投票持平，他将不会行使自己作为副总统的权利，去投那决定性的一票。

艾森豪威尔提名尼克松为自己 1952 年大选的竞选伙伴，但是在其之后的 8 年白宫生涯中，他从未邀请自己的副总统到自己家里或他位于盖茨堡的农场做客。这是一种国王和大臣之间的关系；尼克松对艾森豪威尔无比尊敬和忠诚，即便自己受命做艾森豪威尔不愿意做的开除内阁成员的脏活，或者被当成政治公敌也在所不惜，因为这样艾森豪威尔就能永远将自己置于争端之外。

尼克松自己就是争议：他的特点——充满愤恨，疑心很重，他曾失去两位兄弟，其中之一还是家族中的"金童"。据尼克松的母亲汉娜回忆，在哥哥哈罗德死后，尼克松"陷入了深深的沉默之中。从那时起，看上去他似乎想让自己成为三个儿子的合体"。而尼克松的父亲，曾经的街车司机、农场工人、屠夫、油漆工、牧羊人、电线杆工人，一直以来声称自己最大的成就只是曾和威廉·麦金利总统握过手。

想象一下，如果他的儿子当了总统，那会是幅什么样的景象？

开战：1960 年总统大选

由于在 1960 年，艾森豪威尔仍然是国内最受欢迎的人物，要超越他很难，对于这一点，尼克松和肯尼迪都很清楚，即便他们都想迎合选民对于变革的迫切期望。艾森豪威尔、肯尼迪和尼克松之间的差距很小。施莱辛格在 1960 年很短的时间内出了一本书《肯尼迪或尼克松：有区别吗？》（*Kennedy or Nixon:Does It Make Any Difference?* ）。

然而，选战焦点在于其他方面：年龄、精力和对新的 10 年的愿景。肯尼迪将"让这个国家再次动起来"。他将转变停滞的经济，重新让这个在战争英雄总统的领导下变得软弱无力的国家强大起来，恢复这个国家的威望——这一切承诺都会让艾森豪威尔发疯。

艾森豪威尔成功保持了美国的安全，他对这点成就十分骄傲：免遭袭击，还未在此过程中破产。他抨击美国的武器系统，追求一个让民主党和共和党人都反对的禁止核武器试验的条约，无视苏联领导人赫鲁晓夫"造导弹就如造香肠"这样的言论，因为他知道，这些只是说说而已，根本不会做出行动。两位领导人都沉默不语，都反对国内将数十亿美元投入到导弹系统和国防网络上。

艾森豪威尔在 1960 年初的新闻发布会上说："我认为我们不应该在国防上多花一分钱。"在记者质疑"国防的充分性"时，艾森豪威尔坚定地回答："相信我。在这方面我已花了一辈子的时间了，我比几乎任何人都了解这一点。"而现在，肯尼迪这位年轻的参议员在国会盟友的怂恿下，指责他将经济安全置于国家安全之上，警告他"缺乏警惕性"将会给国家带来"导弹实力上的差距"。

肯尼迪将艾森豪威尔看成临时代理总统，这一点让他很恼火。他在两人的战斗中，更多的是要维护自己的形象，而不是拔高尼克松的形象。艾森豪威尔对自己的副总统从未有多少好感，1952 年提名尼克松为副总统时，艾森豪威尔对他还几乎不了解。艾森豪威尔在共和党中有好一串候选人名单，比如他的财政部长罗伯特·安德森。他拒绝在共和党大会上支持尼克松。而当尼克松的提名被确定下来后，他对尼克松的褒扬之词相当吝啬。在艾森豪威尔共和党大会的黄金时段演讲中，他直截了当地说"我对这个人不满意"。艾森豪威尔庆祝了过去

8年所取得的成就，"史无前例的繁荣"和"世界上最强大的安全体制"，而对尼克松的名字只字未提——只是在祈祷中说"希望下一位美国总统是共和党人"。他会后悔自己没能在总统任期内为共和党做更大贡献，没有按照自己的形象塑造新一代领袖。相反，艾森豪威尔成了选战的毒药，当人们要求他举例说明尼克松在关键决策中的作用时，他说："如果你给我一周的时间，或许我能想出一个来。"

如果要自我安慰，至少肯尼迪和他的政党中的老资格们也存在着同样的问题。民主党提名过程中，杜鲁门对肯尼迪的帮助并不比艾森豪威尔对尼克松的帮助大——事实上，杜鲁门竭尽全力阻止肯尼迪的提名。他讨厌肯尼迪的信仰、肯尼迪的父亲以及肯尼迪的财富。鉴于杜鲁门自己在1948年亲身经历过政党反叛，当罗斯福的余党试图推翻他时，杜鲁门为推翻肯尼迪所做的努力既说明了他的敌视程度，又说明了他对自己给下任总统的影响力的反思，这一点很多前总统都有过。在和休伯特·汉弗莱进行了艰苦的初选对决后，在民主党大会召开3天前，杜鲁门召开了一次全国电视新闻发布会，会上他抨击民主党大会是"由某位候选人……事先安排好的……可笑的……被操纵的会议"。

杜鲁门说："参议员，你确信你已做好服务于国家的准备了吗？确信这个国家已准备好接受你为总统了吗？"这个危险的时代需要"一位十分成熟且经验丰富的人……我是否可以请你耐心点"。

而肯尼迪缺乏的恰恰就是耐心，以及对元老们的顺从。他在纽约罗斯福酒店召开了自己的新闻发布会，反驳说："杜鲁门先生认为，一次公开的大会可以研究所有的候选人，评审他们的记录，并要求遵循他自己的建议。"他彻底驳斥了经验论，甚至他都应该感谢杜鲁门抛出了这个话题。他说，他在选举办公室工作了长达14年，如果这还被当作准备不足，那么20世纪所有民主党总统候选人都不合格——包括威尔逊、罗斯福和杜鲁门自己。

但杜鲁门并不是唯一跳出来阻止肯尼迪的人。林登·约翰逊，那个艾森豪威尔曾与之一道阻止众多合法协议的参议院多数派领袖，也试图抵制肯尼迪，尽管他的抵制很明显是为自己扫清障碍。民主党大会应于7月11日在洛杉矶召开。林登·约翰逊最终在7月5日宣布自己的候选人资格，而就在他乘飞机前往西海岸的前一天晚上，他前往白宫和他的共和党朋友进行了一次长谈。

约翰逊向艾森豪威尔抱怨道，肯尼迪只是个庸才，"一个有着富豪老爸的无名小卒"，他坚持认为，"德怀特，出于这个国家的利益，你不能让那个人当选总统。现在，他或许已经获得了提名，他很可能将获得提名，但他是个危险分子。"

当然，就在几天之后的晚上，艾森豪威尔打开电视时大吃一惊。正如他对记者厄尔·梅佐所说，"那个浑蛋成了'危险分子'的副总统候选人"。

所有候选人和他们的支持者在整个夏天都在进行着这么一场橄榄球赛：肯尼迪在成功获得提名并紧紧把约翰逊召为自己的竞选伙伴之后，开始安抚党内的老资格们。他到海德公园讨好埃莉诺·罗斯福，和后者建立了长期而又坎坷的关系。

8月初，他乘飞机到密苏里拜访杜鲁门。杜鲁门是个棘手问题。杜鲁门对参议院的一位朋友说："我从来不喜欢肯尼迪，我恨他的父亲。"但杜鲁门愿意支持自己敌人的敌人。"那个一无是处的尼克松说我是共产主义者，我会用尽一切方法把他打败。"

同样，在共和党一方，让艾森豪威尔最终卷入争斗的与其说是他对尼克松及其竞选伙伴亨利·卡博特·洛奇的承诺，不如说是他对肯尼迪的鄙视。10月，他指着总统办公室中自己的座椅对一位访客说："听着，我将尽一切可能阻止那个叫肯尼迪的家伙坐上这把交椅。"他称肯尼迪为"忧郁男孩"，或者"那个年轻傲慢的家伙"，一个靠自己父亲的金钱买通前往白宫之路的人。他开始支持尼克松。

艾森豪威尔憎恨肯尼迪选战中的一切，即使可能的原因是肯尼迪将选战的一切都建立在艾森豪威尔所拥有那种魅力和名声之上。肯尼迪警告美国正变得越来越软弱，经济在下滑，而且在世界上的威望也在下降。《时代》周刊说："对一个在德怀特·艾森豪威尔引领下发展到历史上任何国家未能企及的高度繁荣的国家，肯尼迪在用大萧条时期的热情倡导福利国家改革（'1 700万美国人每晚饿着肚子入睡，对此我不满意……'）。肯尼迪解决这些问题的灵丹妙药很简单，那就是他自己。他说'选我吧，我会让美国再次前进起来'。"

艾森豪威尔在选战的大部分时间里是置身事外的。但他在选战快结束时站了出来，就像在关键时刻出现的骑兵一般，在全国电视讲话中猛烈攻击肯尼迪的"令人诧异的不负责任的态度"和"对我们道德、军事和经济力量的毫无根据的蔑视"。这篇讲话是他多年来措辞最强硬的一次。他指责说："这个年轻的天才是从哪里获得知识、经验和智慧的，竟然能让他如此大幅改善参谋长联席会议以及众多军民为之献身的工作？"

艾森豪威尔最终出现在尼克松的身边，他的现身影响巨大。肯尼迪的朋友肯·奥唐奈说："如果尼克松让艾森豪威尔早点参与到选战中来，肯尼迪就会指控他躲在艾森豪威尔的身后，而不是依靠自己的业绩和优点。"

尽管艾森豪威尔的猛烈抨击破坏性极大，但肯尼迪知道他不能直接攻击这么一位广受欢迎的总统。他必须谨慎行事，保持政治家风度。

他泡在旧金山皇宫酒店的浴缸里，对他的朋友雷德·费伊说："他说出的每一个字，都让我能感觉到我的选民在抛弃我。这就好像刚刚站到沙丘上，就遇到涨潮的大浪前来冲刷。如果大选明天举行，我将能轻易获胜，但若在6天后举行，就很难说了。"

尽管艾森豪威尔在最后几天里吸引了大量选民，但他的光环并不能转让给别人——至少不能转让给尼克松。海报上写着："我们喜欢艾森豪威尔，我们拒绝尼克松。"还有海报上则写着："我们喜欢艾森豪威尔，我们支持艾森豪威尔。"艾森豪威尔最后一年总统任期的支持率竟高达61%，而杜鲁门在1952年的支持率仅为32%。肯尼迪的顾问特德·索伦森说："肯尼迪除了采用迂回战术外别无他法。"而且对于总统俱乐部的尊重也印证了他自己认为值得加入该俱乐部的观点。当他在达特茅斯的一次演讲中提到艾森豪威尔并且听众发出嘘声时，肯尼迪指责说："你们不能嘘美利坚合众国总统。"当民主党人在图森市的会议上谴责玛米到"美丽农场"旅游时，肯尼迪为她辩护道："我不会批判她做的任何事情——她是个好女人。"

尼克松则更进一步：他展示了自己对总统俱乐部影响力的了解程度，在大选前夜提议，如果他赢得大选，他将派在世的3位前任总统去苏联进行友好访问，并且邀请共产主义领导人访问美国。他声称已经和艾森豪威尔讨论过这个想法，而且正是总统自己提议让胡佛和杜鲁门也参与其中的。他说："我们在国内政策的观点上有差异，但在国外事务上……杜鲁门先生因马歇尔计划而受到尊敬，我也支持这个计划，这个计划让欧洲得以重建。"而实际上，直到尼克松对公众宣布这个想法的时候，艾森豪威尔才第一次听闻这个联合行动。据艾森豪威尔的秘书安·惠特曼所说，总统对这个提议非常"吃惊"，"不喜欢以这种方式'拍卖掉总统职位'"。艾森豪威尔对尼克松的演讲十分恼火，在他冷静下来之前甚至要求他的新闻秘书发表否认声明。

但是最终，即使是总统俱乐部的话题也无法令尼克松受到足够的重视。在回忆艾森豪威尔关于不记得任何尼克松参与过的决策的言论时，历史学家罗伯特·达莱克认为："艾森豪威尔在否定尼克松领导权声明上所犯的错误，以及由于身体原因未能在副总统竞选中起到更大的作用，或许也是阻止尼克松后期崛起的决定性因素。"

两年后，艾森豪威尔公开承认："1960 年，我没有更用心帮助尼克松，这是我政治生涯中所犯的最大的错误之一。"但是，错并不在他一人。尼克松曾说，玛米·艾森豪威尔私下里恳求他不要在选战中麻烦她那生病的丈夫，尼克松答应了，并表示了自己的忠诚和牺牲。然而，多年后，他的女儿朱莉对此事有不同版本的回应。尼克松的助手威廉·萨菲尔回忆朱莉对他说的话："玛米说，在 1960 年选战中，她请求我的父亲考虑艾森豪威尔的身体状况，不要过多拜访艾森豪威尔，这件事并非事实。是我父亲对艾森豪威尔说：'这是我自己的大选。'"就是这点个人的骄傲让尼克松的总统梦迟到了 8 年。

俱乐部筹划停火

在尼克松的支持者们指控大选被操纵前，选票基本上就已经统计结束了。他们对尼克松说，得克萨斯州的县城只有 4 895 张登记选票，结果却投了 6 138 张；在芝加哥，43 名选民投完票后，投票机器却显示 121 张。肯尼迪以 8 800 张选票赢得伊利诺伊州——而选票很快就被销毁了。尼克松的很多亲密的朋友，还有政党的官员都要求尼克松施压进行调查；他的女儿们则愿意把自己圣诞节的过节费用于重新计票的工作上。

肯尼迪知道，大选的方式对自己当选的合法性是一大威胁。他首要的任务是明确而有力地控制住勉强赢得的总统职位。他需要释放出这样的信息，那就是国家的利益高于政党利益，要超越党派偏见，而这个信息只有在尼克松认同时才有意义。

尼克松还没有任何表态。他没有要求重新计票，但也没有明确说会放弃这个想法。

尼克松个人并不倾向于重新计票，这将引起混乱，并将总统过渡工作延期数月，还可能导致宪法危机，并在全世界新生的民主国家中树立灾难性的榜样。

但肯尼迪不清楚这一点。重新计票的风险太高了，而总统俱乐部的存在就是为了应对这些问题。肯尼迪没有以自己的名义请求俱乐部的帮助，因为他还没和俱乐部成员有多少接触，但他以俱乐部所有成员曾担任过的总统一职的名义向他们请求了帮助。

最初的示好来自两位跨党派的盟友：赫伯特·胡佛总统和约瑟夫·肯尼迪大使。约瑟夫·肯尼迪曾是第一个胡佛委员会的骨干，而且 10 年来，这两位美国老将一直是朋友。

在大选投票后紧接下来的几天，筋疲力尽的肯尼迪在他父亲位于佛罗里达州棕榈滩上的别墅中休息。在经历了漫长的考验之后，他的手甚至都在新闻发布会上发抖了。尼克松和他的家人乘飞机去了迈阿密，也是筋疲力尽。他的助手赫伯特·克莱因回忆："尼克松要比之前任何时候都反应迟钝。他很消沉，4 天后才真正意识到自己在大选中失败了。"

然而，两个人都在佛罗里达州，这为他们提供了一个和谈的良机。约瑟夫·肯尼迪在华尔道夫酒店致电胡佛，让他俩见面，一起合影，向国家说明一切都好。约瑟夫说："过去的事就让它过去吧，这难道不是个好主意吗？"只要胡佛能让尼克松见肯尼迪，他会安排胜选一方肯尼迪飞往迈阿密拜访尼克松。这就是后来所发生的：周六晚上，尼克松和妻子帕特正在基比斯坎岛的牙买加客栈和朋友共进晚餐，他们所住的酒店传来消息，胡佛总统打电话来找尼克松。尼克松回忆道："我知道，如果不是大事情，他不会打电话来的。"于是他接了电话。

"总统，你好！"尼克松说。

胡佛没浪费任何时间。"（约瑟夫·肯尼迪）大使刚给我打了电话，建议您和当选总统会见。"胡佛说。他表示如果尼克松同意，肯尼迪将给他打电话安排行程。尼克松问胡佛有何良策。正如尼克松所回忆的那样，胡佛回答说："我想我们今天在世界上已经有足够的麻烦了；如果能发生一些可以证明我们国家很团结的事情，那不仅仅有必要，还很重要。"胡佛回忆说，尼克松拒绝参加所谓的"低俗的作秀"，但胡佛立刻针锋相对。胡佛提醒尼克松，新当选的总统不需要任何帮助来吸引公众注意。"对他来说，这已经很宽宏大量了，你也应该接受。"

于是，尼克松同意了，他让胡佛给肯尼迪大使开了绿灯。回到餐桌上时，他实际上显得对这通电话兴高采烈。克莱因回忆说："这简直就是黑夜和白天的区别。"他们认为，他应该先和艾森豪威尔总统交代一声。

于是，尼克松向白宫电话接线员拨了个电话，问她是否能将电话接通到艾森豪威尔在佐治亚州的奥古斯塔市的度假地。尼克松说："他知道，如果不是十分重要的事情，我是不会在办公时间外打电话给他的。"当接线员接通电话时，尼克松跟他讲了胡佛的提议，并征询了艾森豪威尔的意见。艾森豪威尔还是很直言不讳："如果你不这么做，你会因此头疼的。"但艾森豪威尔还对尼克松说，尼克松没有义务在政府中担任公职。已经有谣言称，大选胜负如此接近，肯尼迪将邀请共和党关键人物加入他的政府，而尼克松就是其中之一。

他们谈了几分钟，直到另一个电话打进来再次打乱了他们的晚餐。这一次是肯尼迪自己。

电话中，肯尼迪说："我想从棕榈滩前去和你聊一聊——如果这不会打搅你的假期。"尼克松同意了，甚至提出自己动身前往肯尼迪处，还说了句对肯尼迪来讲无异于天籁之音的话："毕竟，这是自上周二结果出来后应该做的事情。"没有任何相互指责，没有进行交易或重新计票的要求。肯尼迪立即婉拒了尼克松的提议，毕竟，他现在有直升机供驱使。双方同意星期一在基比斯坎岛见面。

尼克松回忆说："当我挂了电话并缓缓走回餐桌时，我明白，我刚刚的几次谈话或许史无前例。在短短10分钟内，我和美利坚合众国前总统、现总统还有新当选总统都进行了谈话。"

而反过来，另一方则不仅仅和现任副总统进行了交谈，还和未来的总统进行了交谈。

当有人问肯尼迪为何进行这次拜访时，因为艾森豪威尔在上两次大选结束之后就没有拜访他的对手史蒂文森，肯尼迪回答道："有些事情，民主党人一定得做，而共和党人则没有必要。"或者至少是刚刚险胜的民主党人必须做吧。

肯尼迪的朋友肯·奥唐奈问他："你打算和他谈些什么？"

"我一点都不知道该聊些什么。"肯尼迪回答，"或许我会问他是怎么赢下俄亥俄州的吧。"

这次会面真的只是象征性的，会面时还有某种例行公事般的尴尬。肯尼迪迟到了。尼克松不得不站在那里等着，身边是大群的记者和摄影师，还有旅游者，都在等着当选总统露面。肯尼迪在当地警察和特工的护送下抵达了机场，上了自己的敞篷车。肯尼迪坐在后排，尼克松回忆，肯尼迪当时"看上去几乎显得有些孤独"。两人前往尼克松的69号别墅。根据海军礼仪，现在级别更高的肯尼迪走在右边。帕特和女孩们去了海滩，男人们则单独坐在门廊边谈了一个多小时。

新闻发言人皮埃尔·塞林杰对记者说，此次会面的目的是"恢复和副总统尼克松的友好关系，这种关系贯穿了两人14年的国会生涯"，并且还不排除尼克松在新任政府中任职的可能性。

公开会面结束后，两人就开始讨论正事了。尼克松提了中央情报局和国务院里几个人的名字。双方都认为这些人很忠诚，但或许缺乏主动性和想象力。他们讨论了共和党会起到的作用，以及尼克松是否愿意考虑暂时的海外差事。尼克松委婉地表示了拒绝，他认为这对肯尼迪来说是一大解脱。

他确实有建议给新总统，白宫的前任们都给过这个建议：好好利用戴维营。"你会需要它的。我可能会批判你的政策。但我向你保证一件事：我将永远不会和别人一样批评你请假放松，不管是直接还是间接的批评。总统需尽可能保持身体、思想和精神上的最佳状态来做出他必须做的艰难决定，没有什么比这一点更重要了。"

肯尼迪有礼貌地听着，没有做出任何承诺。他已经获得了他需要的，当他之后对记者谈论这次"非常友好的会面"时，他也很坦白。作为对战败的勇士最后的侮辱，副总统尼克松必须主持会议通报选举结果。他对国会说："这是100年来第一次由一位大选失败的总统候选人宣布大选的结果。我认为，要证明我们宪法体制的稳定性，没有其他案例能更明显、更有说服力了。"听众们起立长时间为其鼓掌。

尼克松对整件事的处理受到广泛褒扬——尤其是肯尼迪的支持者。索伦森说："艾森豪威尔和尼克松只是通过与肯尼迪会面，就怀着一颗爱国的心肯定了大选的结果，从而帮助肯尼迪终止了关于选举舞弊的严厉指控，终止了重新计票的要求，结束了对南方独立选民的威胁。这么接近的大选结果很少能在其他国家实现平稳过渡。"

在波士顿的库欣红衣主教提名尼克松为"年度友好人物"。全国的社论齐声称赞基比斯坎岛的峰会。《纽约时报》写道："政治每四年都会陷入战争，但这并不要求每个人永远愤愤不平……两人真诚地谈了一个多小时，一起在佛罗里达州高尔夫球场上静静地走过——这一切都体现了我们最优良的传统。这既是政治，也突显人性。"

消灭艾森豪威尔

没有人能为担任总统做好充分准备，因为没有什么工作能和总统工作相提并论。但至少肯尼迪知道这一点。他对华盛顿的克拉克·克利福德说："如果我当选，我可不想在 11 月 9 日的早上醒来时问自己'我现在究竟要做些什么？'这个问题。"

从当选到就职还有 73 天时间，肯尼迪请求克利福德和总统学者理查德·诺伊施塔特在这期间指导他。诺伊施塔特警告说，过渡期可能会碰到很多挫折。他刚出版了新书《总统的权力》（*Presidential Power*），这本书已经开始改变人们看待总统这个职位的优点和缺陷的方式。关于权力移交的机制、方式、金钱或方法，宪法没有提供任何依据；在 1960 年，这意味着 2 380 475 位联邦政府员工、770 亿美元预算和刚刚进入高潮的冷战等很多问题。

诺伊施塔特说："全国各地都呈现出一种变革的趋势，都想要翻开这个国家历史的新篇章。伴随着这种趋势，不可避免地产生了这样一种感觉，'他们'做不了、不会做，也没那么做过，但'我们'将那么做。我们刚刚完成了政治上最难的一件事。通过比较，管理是件很愉快的事情。"

那是许多总统都会犯的一个错误。

克利福德从杜鲁门执政的时候就为白宫服务了，他知道风险，自负和无知将带来风险，新的团队将带来风险。他为肯尼迪的新内阁和艾森豪威尔政府的前内阁组织了一系列会议，新内阁平均要年轻 10 岁。从一开始，他就为新人们在会议中的举止感到困扰。他总结说："他们的行为就好像是在说历史是由他们开启的。他们对艾森豪威尔和杜鲁门（以及他们自己的副总统）的态度都接近于一种鄙视。他们相信，他们的新领导，第一位在 20 世纪出生的总统，将会与众不同。"克利福德注意到，除了历史学家阿瑟·施莱辛格、索伦森和肯尼迪自己，新的精英们看上去对历史不是很感兴趣。"我认为这是傲慢的一种表现形式。"

肯尼迪对待历史的态度或许不一样，但是他非常急于实现变革。他认为，艾森豪威尔政策中的保守成分反映了他保守的处世哲学；一种严格的军事等级制度压制了创新，削弱了程序的力量。肯尼迪希望新制度要比艾森豪威尔在位时更灵活，由他自己的力量形成，和自己的活力相称，并反映他的个性。艾森豪威尔在军队中学会了管理，肯尼迪则是大家族子弟。用国家安全顾问麦乔治·邦迪的话说："除了个性和政治，我从未听他谈过对其他主题有兴趣。"一位记者将这两位总统对于团队合作的看法比作打橄榄球和篮球的策略："艾森豪威尔的橄榄球方法是大家挤作一团，严格分工。而在肯尼迪的政府里，所有的团队成员都在不停地移动。"

肯尼迪发誓当一位积极的总统：不设复杂的内阁等级制度，避免堵塞信息流通，除了审批其他机构已经做好的决策外，少做其他事情。肯尼迪将其前任艾森豪威尔总统和自己的英雄偶像富兰克林·罗斯福进行对比。罗斯福也同样对政府结构缺乏兴趣。索伦森谈论肯尼迪时说："他不关心组织机构和指挥系统，这削弱并分散了他的权力。"新总统希望少开内阁会议；他不能长时间安稳地坐着，不能忍受重复和绕来绕去的争论。曾为选战服务并将成为特别助手的弗雷德·达顿说："他的不拘礼节很令人惊异。"肯尼迪授命他研究艾森豪威尔的制度——并摧毁它。在和共和党同行开会时，他了解到："他们甚至会为内阁会议进行彩排。肯尼迪永远不会允许那么做的。"

艾森豪威尔在自己的政府中召集了一批值得信任的外人管理政府事务，而肯尼迪则想要自己的兄弟打破艾森豪威尔的精心安排。在他的构思中，他希望政府是有轮毂的车轮，而他自己就是车轮的辐射中心。在感恩节那个星期的星期一，克利福德对记者们宣布，肯尼迪的行政团队将比艾森豪威尔的团队规模小得多，不实行向有权势的办公厅主任汇报的军事体制。克利福德说，肯尼迪政府中将没有这个职位，因为总统不想"他和自己的幕僚中间"夹着任何人。

这一切听起来都很好，但这只是未经实践检验的理论。肯尼迪在战时指挥过鱼雷快艇，如果不把这条经验算在内，肯尼迪就没有任何行政经验。如果只是作为众议院和参议院的普通议员，或者作为只对选民负责的业余政治家，这大概还能接受。他后来承认："从参议员变为总统，这个变化实在是太大了。起初几个月非常艰难。"

艾森豪威尔的人试图提醒他们。当艾森豪威尔在国会的事务负责人布赖斯·哈洛听说肯尼迪计划亲自处理与国会的关系时，他叫来肯尼迪的特别助理拉里·奥布莱恩并"把他吓得够呛"。他说："和任何人一样，我也喜欢良性的政治斗争，但是我们不应该在机制上争斗。即使是在艾森豪威尔总统任期快结束时，他每天还会接到 125 个从国会打来的电话，这还不把拜访算在内呢；隔壁那位负责预约的秘书每天要处理 400 个来电。从 1 月 20 日 12 点 01 分起，电话刚一挂上就会有新来电，不管你设置多少条分机。现在，如果你认为你能自己处理这些事情……我告诉你，你将毁了自己，毁了你的总统。总统让我们在过渡期对你们好些。我只对你说，那样做绝对是疯了，完全疯了。"

奥布莱恩听从了忠告。

多年后，历史学家才醒悟，真实的艾森豪威尔将自己的权力委托给了别人，这完全不同于民众的想象，不同于自己的想当然。艾森豪威尔指挥过军队；他知道导致决策失准的所有原因，坚持集中辩论以阻止高级官员犯自由主义错误，阻止他们将部门利益放在首位。对所有正式的机构而言，艾森豪威尔是总司令，由他做所有的关键决策，并且密切监督决策的贯彻执行。即使在诺曼底登陆日多年后，当批评家们批评他没有和登陆部队一起上前线时，他反驳说："我策划了诺曼底登陆并为此负责。你们是想让我去卸卡车吗？"

尼克松这样评价艾森豪威尔："他比人们所知道的还要更复杂和不光明正大。他不钻牛角尖，对待单一的问题，他总有两个、三个或者四个解决方法……他的讲话表达不出他的思想，而这一点让他经常'词不达意'。"

肯尼迪会发现，他或许该向老将军学些东西。但他目前还未发现这一点。

12 月会议

12 月 6 日，肯尼迪和艾森豪威尔首次会面。在这次精心安排的会面中，肯尼迪需要验证他对艾森豪威尔的看法。艾森豪威尔已经下令尽一切可能合作，他和肯尼迪都想避免重演 1952 年杜鲁门和艾森豪威尔之间的争斗。肯尼迪感谢艾森豪威尔的邀请，并发电报说："整个国家都希望能在未来继续受益于你丰富的经验。"

这次会议开始前几天，肯尼迪还在棕榈滩，在大厨房中和朋友们共进晚餐。有人问他，他是否对即将到来的会议感到紧张。

肯尼迪笑了。他模仿艾森豪威尔说道："早上好，肯……肯尼迪先生。"艾森豪威尔经常将肯尼迪的名字说错。然后，他鞠了一躬，脱下自己的礼帽："早上好，艾……艾森豪威尔。"

与此同时，白宫那端，十几位油漆工正在刷墙。艾森豪威尔主持了送别午宴，他瞥见宾夕法尼亚大道上的就职检阅台正在落成。

他对朋友们说："我感觉，自己就像是囚犯一般，看着绞刑台正在建起来。"

肯尼迪在选战中经常会迟到一或两个小时。但那个周一的上午，他离开自己乔治城的家时为时尚早，以至于他不得不绕一点路才让自己不那么早就抵达白宫。米色的林肯座驾于 8 点 58 分到达北柱廊，海军陆战队军乐队奏响了国家进行曲《星条旗永不落》，仪仗队列队欢迎。艾森豪威尔似乎在说，这就是你将入住的办公室的标志。肯尼迪在车还没停稳时就下了车，他摘下帽子，轻轻走上台阶。台阶上，艾森豪威尔正在等着他。

"早上好，总统先生。"

"参议员先生好。"

"很高兴来到这里。"肯尼迪相当淡定地说。艾森豪威尔将他迎入白宫。

《纽约时报》满怀希望地写道，他们看起来似乎"真的很高兴见到彼此"。

两人在总统办公室里谈了一个多小时。肯尼迪非常羡慕总统那洁净的办公桌，他自己的办公桌上往往堆满了大量的书和文件。他们讨论了肯尼迪将面临的主要问题——裁军、北约责任分担、老挝问题、柏林问题和古巴问题。肯尼迪已经听过中央情报局局长艾伦·杜勒斯的汇报。但是，那些问题很可能会在他的任上折磨他，他还要了解更多情况。

肯尼迪请求艾森豪威尔详细讲述他对国家安全机构的管理方式。艾森豪威尔强调，国家安全委员会"已成为最重要的每周政府会议"；在他的总统任上共召开了366次，而他自己亲自主持了其中的329次。但是，艾森豪威尔越来越感觉到肯尼迪决心要打破这个制度。他们探讨了国防部改革：大选前一个月，肯尼迪收到了一份由参议员斯图亚特·赛明顿领导的研究小组的报告。报告强烈建议将国防部权力集中到国防部长手中，在统一指挥中巩固军队，撤销参谋长联席会议。艾森豪威尔对这份报告有所了解。他在会议的备忘录中写道："我认为这份报告一点用都没有，还很可笑。我很谨慎，未对该报告做任何评价。"

要从哪里开始提醒这个不安的年轻人未来会面临的困难呢？总统想了想白宫各员工的作用、总统和内阁的关系，以及肯尼迪为提高效率和集权而明确想要变革的各个领域。艾森豪威尔提醒肯尼迪："作为总统，没有一件事会很容易，如果是简单的事，则应该由下层人员解决。"于是他敦促肯尼迪避免任何重组，除非他已经清楚了解总统工作的性质。艾森豪威尔在当晚写道："我希望他能理解这一点，他确实非常认真而真诚地想获取信息。"

肯尼迪很清楚罗斯福曾多么彻底地断绝了与胡佛的关系，也很清楚艾森豪威尔如何拒绝了下野的杜鲁门的帮助，而他则很显著地将后门开着。他问艾森豪威尔是否愿意在某些行动中伸出援手。"当然！"

艾森豪威尔回答道，虽然就他的年龄和经验而言，他更希望这种帮助是针对他所了解的事情提供咨询，而不是"可能要求频繁长途旅行的差事"。

最后，他们来到内阁会议室与国务卿、国防部长和财政部长见面。艾森豪威尔在会议开始时说："很明显，我们不能在两三个小时内将政府工作交接完。"他已经邀请肯尼迪参议员回来，并允许他在任何时候拜访他和他的属下。据艾森豪威尔的办公厅主任威尔顿·珀森斯将军的记录，与会人员讨论了柏林问题（艾森豪威尔提醒"这个问题很紧急和危险"）、老挝问题（"通往东南亚的战略门户"）、阿尔及利亚问题、摩洛哥问题、苏丹问题、印度问题、核扩散和国防部改革问题。

为防止肯尼迪不理解，珀森斯记录说："总统进一步指出，阻止大战爆发是一大问题。"

肯尼迪坦率地邀请艾森豪威尔参与政府事务，这让艾森豪威尔感到很高兴。出乎所有人意料，他印象深刻。珀森斯后来对克利福德说，艾森豪威尔被肯尼迪"征服"了。珀森斯说："让总统印象最深刻的是，当选总统对世界问题的理解、他所提问题的深度、他对问题的把控，以及他那敏锐的头脑。"艾森豪威尔称他为"我所见过的最有能力和最有思想的人之一"，并坦承或许自己之前错看了他。

但是他也注意到了盲区。多年后艾森豪威尔回忆他们的初次见面时对记者说："我认为他的思维很活跃，我的印象是这样的。但那个时候，他不仅仅把总统的工作看成个人的事情，还看成一个可以靠多个助手处理的机构。他那时一点都不了解总统一职的复杂性。"

肯尼迪很高兴听说自己的魅力攻势取得了成效。但是，据克利福德记录，"他仍认为艾森豪威尔'不是总统'，对他自己的权力理解有限"。当肯尼迪读到福特汽车公司的天才少年罗伯特·麦克纳马拉的履历时，他邀请麦克纳马拉管理国防部。而麦克纳马拉则不同意，认为自己一点都不了解政府。肯尼迪对他说："我们可以一起学习嘛。"在麦克纳马拉和即将离任的国防部长托马斯·盖茨探讨过工作后，他对肯尼迪说，他相信自己能胜任这份工作。肯尼迪笑着说："我和艾森豪威尔谈过总统的工作。在听说总统是什么样之后，我也相信我能胜任总统一职。"

艾森豪威尔确实需要新任总统帮一个忙：请肯尼迪加快恢复他五星上将的军衔。肯尼迪向中间人泰德·克利夫顿上校询问他为何会有这个"古怪的请求"。克利夫顿解释说，作为"总统"，艾森豪威尔将成为胡佛、杜鲁门和肯尼迪等人中的一员；五星上将这个身份则很稀罕。此外，他一生致力于成为将军，这跟他飞速当选总统很不一样。克利夫顿对肯尼迪说："如果他是五星上将，他将不要你或白宫的任何帮助。"

交钥匙

就在肯尼迪最终上任的前一天，他和艾森豪威尔的最后一次会面终于到来了，时间是 1961 年 1 月 19 日。肯尼迪想要两人聚在一起，"因为这能起到让公众确信政权移交很和谐的作用，也能加强我们的力量"。他们两人在总统办公室单独会见了 45 分钟。肯尼迪认为艾森豪威尔看起来"非常健康，脸色较红润，精神很好"。

然后，该是艾森豪威尔总统向肯尼迪展示做总统真正意味着什么的时候了。

这次会议事关生死和权力。人们几乎都认为，核战迟早会到来。艾森豪威尔谈到了只有总司令才需要做的"紧急且瞬时就要做的决定"。他介绍了控制着核按钮黑匣子的人，这个人的阴影将会笼罩着总统的每一天。作为总统，肯尼迪将时刻带着一叠卡片，从而让自己能从 30 页的致命选择中做决定、激活导弹系统、启动潜艇。艾森豪威尔在解释这一切时的冷静与自信让肯尼迪感到很恐惧。

然后，最后的演出。艾森豪威尔拿起电话，笑着说："瞧这个。"

"猫眼石 3 号演练。"他清楚地对着电话说道。三分钟内，一架海军陆战队直升机飞扑下来，在白宫的草坪上盘旋。肯尼迪很喜欢这一幕。他们一起走向内阁会议室，在那里新任内阁成员和即将离任的内阁成员聚在一起。艾森豪威尔笑着对众人说："我已经给我的朋友展示了如何快速从这里撤退。"

艾森豪威尔主持会议，每位内阁成员都说明了新的团队很快将面临的问题和责任。会议的大部分时间讨论了老挝问题，以及在中国和苏联的压力下可能带来的多米诺骨牌效应。艾森豪威尔说："这就好像冒着很大的风险打扑克牌。任何解决方案都不容易。"

然后，会议讨论了古巴问题。肯尼迪已经知道中央情报局正在危地马拉训练古巴的流亡军队，准备入侵古巴。如果中央情报局没有向肯尼迪汇报此事，他也可能会在《纽约时报》上读到这个消息。这篇文章在 9 天前就已经发表，"美国在危地马拉秘密基地训练反卡斯特罗的军队"。因此，这篇文章至少表明"秘密"部分不再有效。艾森豪威尔解释，还没有制订任何具体的入侵计划，并且他强调找到一位合法的古巴领导人建立流亡政府并替代卡斯特罗的重要性。艾森豪威尔说："长远来看，美国不能允许卡斯特罗政府继续在古巴存在。"

克利福德在他的回忆录中写道："这位老兵的声音，在他公共服务的最后一天，在进入美国军事学院半个世纪后，仍对肯尼迪有着巨大的影响。"肯尼迪的人不够了解东南亚的局势，不能质疑艾森豪威尔的评估。克利福德说："回顾往事，我相信，尽管艾森豪威尔总统很真诚，但他给新政府帮了倒忙。"埃瓦尔德指出，尽管艾森豪威尔抵制卷入亚洲的陆上战争，但他现在的路线变得更强硬了，他"感觉到'新边疆'政策的推动者们，经验不足……有软化倾向"。克利福德认为这"给新政府的早期决策蒙上了阴影。更重要的是，它的后果影响了越南甚至古巴"。几个月后，新总统在决策时犯了巨大错误，肯尼迪的支持者们不遗余力地将责任部分归咎于艾森豪威尔。

会议结束时，肯尼迪感谢艾森豪威尔提供了他们所咨询的一切信息，而且还提供了他们想都没想过的一些信息。

"不客气，完全不用客气，这是美国政府的问题，而不是党派的问题。"艾森豪威尔回答道。

会议结束时，艾森豪威尔将肯尼迪拉到一边，强调最后一个观点。艾森豪威尔提到，不管你在选战中对美国和苏联之间的"导弹差距"说过什么，苏联远没有他们看上去那么强大。他说："你在北极星计划上有无懈可击的工具。"他指的是美国的潜艇发射的导弹。"它是无懈可击的。"

从最后的这次会议结束时，肯尼迪感到很感激和冷静。并且决定，如果他那受人爱戴的前任能提供援手，他将永远不反对他。

火炬就此被传递……

最后，是时候庆祝了。整个城市都在为即将到来的大日子做精心准备。国家公园管理局给林肯纪念堂周围的草坪上喷上了一层绿漆，并模拟喷泉。就职路线沿途的树上被涂上了一层涂料来驱赶鸟。特工们封死了检修孔的盖子以防炸弹；屋顶上布置了狙击手，5 000 人负责安保。但是他们不能改变天气状况。

参加完白宫会议后的那个下午，肯尼迪参加了州长招待会，然后拜访了杜鲁门。当第一片雪花飘落的时候，交通已拥堵不堪；胡佛总统本想从佛罗里达赶来，在路上却不得不折回，没能参加肯尼迪的就职仪式。帕特·尼克松花了两个多小时才赶到她丈夫在参议院的告别宴会。在白宫，数十名艾森豪威尔的员工因雪被困，3 700 台铲雪车一刻不停地清理街道。

早上仍然寒冷，但天放晴了。白宫的气氛总体上比 8 年前热闹。肯尼迪夫妇和艾森豪威尔一家、约翰逊一家、尼克松一家一起喝了咖啡，这个少有的总统俱乐部的入会仪式上包含了未来的总统、现任总统以及即将离任的总统。这一次不再有小礼帽，艾森豪威尔和肯尼迪都戴着大礼帽，一起乘坐黑色轿车前往国会，在那里他们一起等待上台的口令。

政权移交前，肯尼迪正在读一本关于艾森豪威尔的书——科尼利厄斯·瑞安所写的《最长的一天》(*The Longest Day*)，而那天他们的最后交谈就好像这本书的名字一样。鲍比·肯尼迪回忆："他很惊奇艾森豪威尔竟从未读过这本书。"

当库欣红衣主教开始祈祷时，乐队指挥台因短路而冒出了一缕缕烟。库欣回忆起当时说："如果那些烟雾是炸弹，如果这枚炸弹在我祈祷时爆炸，我会被炸到华盛顿纪念碑上去。"那时，艾森豪威尔倾身对肯尼迪耳语道："你的演讲肯定会很受欢迎。"

肯尼迪再次被艾森豪威尔所散发出来的力量震惊了。肯尼迪那天晚上感到很惊异："这个人真有活力！在就职仪式上，他的气场超过老态龙钟的国务卿克里斯·赫脱。艾伦·杜勒斯也在那里，头发灰白且精神疲倦。鲍勃·安德森也在，缩着的脖子让他的领子看起来大了好几圈。而他们中最老的艾森豪威尔——健康、红润，并且和以往一样有活力。"

仪式结束时，艾森豪威尔和玛米悄悄离开。艾森豪威尔写道，他们意识到，"我们自由了——就好像民主国家任何自由的平民一般"。他计划写作、开讲座、带领他的政党走向未来。他向朋友们承诺："相信我，我会写信给你们的。"

下午稍晚时，他和玛米乘坐他们的克莱斯勒帝国轿车回到了葛底斯堡农场。现在，没有车队，没有摩托车开道，没有警报声和警报灯，只是前后各有一辆特工车。但人们涌现在街上，举着"欢迎回家"的字样。当他们抵达农场时，特工们按了下车喇叭，大转弯返回华盛顿。

那天晚上，尼克松让他的专用司机带他绕城转了最后一圈。他去了国会，穿过圆形大厅，走下长长的走廊，走上已经空空如也的可以俯视国会西部的阳台。广场一片雪白，纪念碑在闪着光。他回忆说："我站在那里看着那片景象，至少看了 5 分钟。但当我转身走进屋时，突然中途停下，一个想法让我犹如遭了电击，这不会是结局——哪天我还会回来的。"然后他快速回到了自己的车里。

肯尼迪从第一天开始就仔细照料总统俱乐部。他口述的第一封信是写给艾森豪威尔的，再次感谢他的所有帮助："我确信，你的慷慨帮助让这次过渡成了我们共和国历史上最高效的一次政权过渡。"

肯尼迪在白宫的第一位访客是哈里·杜鲁门，最终杜鲁门也恢复了自己作为老政治家的荣誉。晚饭后，两人在白宫里漫步，杜鲁门一家曾将这里视为国家宝藏——而他自己在过去 8 年中却从未踏足半步。在东配楼入口处，在杜鲁门改建白宫时留存的金字纪念铭牌的墙前，他们停了下来。肯尼迪冷冷地对杜鲁门说："那个狗东西（艾森豪威尔）曾经用画在此做了遮挡。"

06

我表现越糟，越受欢迎

1961 年 4 月美国入侵古巴，而入侵还不到 72 小时，一切就明显表明，美国下了步错棋。

美国原计划先通过两轮空袭支援其在危地马拉秘密训练的古巴流亡军队；其中一次空袭比入侵行动提前两天，目的是消灭古巴空军；而在最后关头，肯尼迪总统将空袭规模削减了一半，以减少空袭的动静。中央情报局行动长官理查德·比斯尔后来在其回忆录中写道："我认为，总统没有意识到，空袭是他所批准的行动计划中不可或缺的一部分。"而事实上，古巴领导人菲德尔·卡斯特罗的空中力量逃过了首轮轰炸。原计划的第二轮空袭，真正目的是支援猪湾入侵行动，这次空袭被完全取消了。中央情报局再次听从了命令，以为肯尼迪会改变战术，一旦放下筹码，就会跟进投入，派美军上场。

计划还预计，入侵者能溜进山区开展游击战；但实践证明那并不可能，这一点不仅仅对总统来说是个意外，对批准这次行动的其他许多领导也是这样的。国家安全顾问在一份给肯尼迪的备忘录中写道："比起我们所预期的，古巴军队要强大得多，民众反应也更冷淡，而我们的阵地也更薄弱。"

实际上，分析人士们在研究监控录像时，误把猪湾上尖尖的珊瑚礁当成了海藻，导致登陆艇第一天在其周围活动时就被卡斯特罗那破旧的战斗机攻击了。货船被击沉后，本来够用 10 天的弹药、食物和通信设备全丢了。卡斯特罗很清楚会发生什么情况，已经下令围捕了所有可能支持入侵军队的人，因此就不会再有民众支持，内战也不会突然爆发了。被火力压制的那些由美国训练的流亡军没有后援，也就不可能逃往山区。

简而言之：惨败

入侵第二天晚上，肯尼迪参加了国会议员招待会，然后在午夜时悄悄离开，连宴会服都没来得及脱下，就立即和中央情报局、五角大楼、国家安全委员会的领导人以及最高助手们在内阁会议室召开了会议。国家安全助理沃尔特·罗斯托回忆："这些人都打着白色领结，戴着勋章，这次入侵充分暴露了实力的局限性。世界上最强大的国家，在这次小行动中失败了。"

那次失败给肯尼迪总统的首个百日任期蒙上了阴影，激怒了美国的海外盟友，动摇了肯尼迪对他现在所领导的庞大军队和情报机构的信心。当总统班底在多年后被追问猪湾入侵灾难的原因时，大多数人只能找理由，而这个理由也是总统俱乐部的一大基本事实：总统们只是继承了他们前任的外交政策。他们继承了前任的战争和协议，而这一次继承的是前任的秘密行动。

副国务卿乔治·鲍尔坚称："这不是肯尼迪的计划，而是艾森豪威尔的计划。他很敬畏艾森豪威尔，我想，他除了执行这个计划外别无选择。"肯尼迪的支持者们争辩说，这项计划是由艾森豪威尔任命的人执行的，年轻的新总统根本无法拒绝伟大将军的计划，去扫除共产主义在西半球的威胁，他不想被当成胆小鬼钉上十字架。

然而，责备别人很容易，承担责任却不那么简单。曾效力过两位总统的另一些人反驳说，艾森豪威尔绝不会批准最终的那种荒唐而偷工减料的入侵计划。

肯尼迪可能认为他是在遵从艾森豪威尔的领导，更不用提他的中央情报局局长艾伦·杜勒斯了。但是，肯尼迪也拒绝了艾森豪威尔曾用来保护自己免于惨败的制衡体制。

灾难的形成

肯尼迪在 1 月 30 日的国情咨文中说："任何一位总统，即便刚上任 10 天，都要为我们未来 4 年的艰难险阻感到吃惊。每一天危机都在加剧，而每一天都在变得更难解决。"

《时代》周刊在一则题为"当普通人成为总统"的报道中说，尽管在你听他讲话之前，你不会了解，"约翰·肯尼迪没发现艾森豪威尔有任何见不得人的事，没发现任何秘密情报报告。但是，他发现，即使是一位见多识广且十分机警的参议员和当选总统，对美国总统的职责都没有任何概念"。

大选后，艾森豪威尔在会议中向肯尼迪介绍了总统的职责，其中就包括关于古巴的最新计划。艾森豪威尔对卡斯特罗采取了政治和军事手段。1960 年 3 月的一次会议上，艾森豪威尔命令中央情报局组建一个看似合理的古巴流亡政府，加紧内部宣传和情报收集，同时在危地马拉训练一支古巴流亡者的准军事部队——但仅限于训练。他那时说过："我对他们的忠诚度持保留意见。"他需要灵活性，以及保密性。艾森豪威尔说："每个人必须宣誓自己从没听说过这回事。"

艾森豪威尔的助手安德鲁·古德帕斯特记得，他曾警告过艾森豪威尔进行军事训练可能会带来的风险。"我对他说：'这么做会有风险的，它会形成势头。'"古德帕斯特说道，"但他似乎有点反驳我的观点：'只要有我在，就不会有风险。'""我说：'是，长官。问题就在于这点。'"

大选后不久，杜勒斯和他的行动负责人理查德·比斯尔乘飞机前往棕榈滩向肯尼迪汇报工作。而古德帕斯特所警告的发展势头已经在形成：原先的秘密行动变成了全面的两栖入侵，这就要求投入更大规模的兵力才能取得成功，因此也要求美国起更大作用。据中央情报局关于猪湾行动的秘史记载，入侵突击队已经得出结论，如果没有美军的公开参与，行动不会取得成功。"现在看来，在卡斯特罗的控制下，我们原先的意图实现不了。"但他们没有向肯尼迪提这一点。

1960 年 12 月和次年 1 月，艾森豪威尔和肯尼迪在白宫会面时，他仍然支持推翻卡斯特罗的目标，但没有留心这项任务的进展情况。乔治·鲍尔回忆，在他们最后一次会议上，艾森豪威尔对肯尼迪说："我相信你，作为国家元首，能推进这项任务。"问题是，那个时候，即将离任的总统不再能控制他即将移交给继任者的计划。

1961 年 1 月 28 日，肯尼迪上任 8 天后，作为总统听取了第一份完整的关于古巴问题的汇报；他听到，在目前的计划阶段中，没有什么足以将卡斯特罗赶下台。他让中央情报局继续从事破坏和宣传，同时和五角大楼一起制订可行的入侵计划。

2 月，国务院担心这项很快将成为公开秘密的任务会带来政治风险。尽管有人质疑中央情报局发动大规模军事行动的能力，但是据施勒辛格所说，在大部分会议上，气氛是"能达成一致意见的。中央情报局代表主宰了讨论，参谋长联席会议似乎很放心继续开展行动"。

在 3 月 11 日的汇报会上，肯尼迪自己的怀疑也加深了。他不希望自己第一次大型的外交行动会被视为入侵主权国家，违背所有国际原则，而美国曾指责苏联藐视这些国际原则。杜勒斯和比塞尔制订的计划"太惊艳了"。肯尼迪警告说，计划"听起来就像是诺曼底登陆。你们必须减少此事的动静"。为了能继续实施这个行动，策划者们口头上表示同意，而实际上，成功得靠这次入侵引发古巴人民起义，也就是说行动得尽可能有大动静。每一种试图降低政治风险的努力都会抬高军事风险，因此也加大了失败的可能性。

那么，肯尼迪为何在整个冬天都在执行这项计划呢？据肯尼迪的顾问回忆，艾森豪威尔的影响始终存在。肯尼迪的礼宾司长安吉尔·比德尔·杜克问道："肯尼迪才上任 10 天，他会仅仅因为自己认为这个行动无效就取消它吗？肯尼迪那时还不相信自己的判断。他尊重盟军最高统帅、美国的两届总统，还有令人尊敬的艾伦·杜勒斯。"

肯尼迪知道如何控制有权势的元老级人物，在政坛上对艾森豪威尔可能不太尊重，但军事上就不同了。施莱辛格回忆："艾伦·杜勒斯没有说，他也不必说，让第二次世界大战中的中尉去否决历史上最伟大登陆行动的总指挥的计划，这种想法在美国不会被任何人接受。他真的被他所继承的思想牵绊住了。"

鲍比·肯尼迪在 1964 年声称，不仅仅是计划，还有他们所继承的人手，让肯尼迪充满了盲目的信心。"他进入政府接任艾森豪威尔这个伟大的将军……他保留了艾森豪威尔将军曾任命的所有关键岗位上的人员。中情局长艾伦·杜勒斯还在位，（参谋长联席会议主席）莱姆尼策也在位，联席会议成员也没变。肯尼迪不想解散他们中的任何人……正是在他们的建议和情报信息的基础上，他才做了决定，因为他们觉得局势很有利。"

这些借口忽略了这样一个事实：艾森豪威尔在管理间谍和将军上经验更丰富，决策机制更仔细，对故作姿态的政客深有疑虑。肯尼迪在选战中曾承诺，他将比艾森豪威尔和尼克松还要更苛刻地对待共产主义者和卡斯特罗。杜勒斯曾质疑他："你是否真的想告诉这群年轻人，告诉这群愿意为自己的祖国献身的年轻人，他们不能从你那里获得丝毫的同情和支持？"更不用说如果解散他们，他们会大肆传播消息，称肯尼迪背叛了他们的使命，没有帮他们推翻那个西半球的独裁者。

流动会议

随着计划从 3 月推进到 4 月，疑虑和辩论开始出现。杜勒斯并未忘记将艾森豪威尔直接搬出来。他在一次汇报中说道："总统先生，我知道你对此有所怀疑。但我曾站在这张桌子旁向艾森豪威尔总统汇报过一次在危地马拉开展的相似行动（当时中央情报局在 1954 年帮助危地马拉推翻了阿本斯政府），我对他说过'我认为这会奏效'。而我现在想对您说，总统先生，这次计划的成功概率要比当时的危地马拉行动大得多。"

比斯尔感觉到，肯尼迪能想象得出报纸的头条会怎么写，说他因为放弃一个成熟的计划而在上任没几周时"失去"古巴。比斯尔能够减轻那种担心，因为他可不是普通的间谍。他曾获得耶鲁大学的经济学博士学位，并曾在耶鲁大学和麻省理工学院教过书，甚至还做过邦迪的老师。他很平和、聪明、镇静且迷人，是有思想的间谍大师，人们认为他一定会继任杜勒斯的职位。因此，他们两人一起出面让总统安心。他们在 3 月 16 日带回了新方案，包括将入侵从特立尼达市转移到一个更偏远的叫作猪湾的登陆点。3月末，肯尼迪再次强调，在任何情况下，美国都不会提供公然的军事支持，他也相信登陆将获得成功，并且激起古巴人民起义。

肯尼迪不知道的是，他们对行动成功的信心取决于他们怎么看待肯尼迪对失败的反应。他们指望在入侵遭遇不可避免的抵抗时，肯尼迪会让美军全力出击。要么是全力出击，要么是大失颜面，而他们认为没有哪位新总统会接受后者。他们没有提及有两位最高参谋想退出，因为这两人认为打了折扣的计划不会成功。

此时，中央情报局的一些人将白宫称为"流动会议"。肯尼迪只召开过两次内阁会议，国家安全委员会也只召开过两次。他更喜欢他能任意组建和解散的特别行动小组。弗雷德·达顿回忆说："肯尼迪真的没让自己起所谓的管家功能，他也不关心这些功能。"达顿总结说："大型会议让他心烦，那种氛围就促使人们演戏。"

他会拿起电话并打给教授、记者以及国务院中的一些低级官员；官员们还真花了点时间才意识到电话那头传来的自称是总统的声音是真的。而且肯尼迪特别相信那些冲在一线的人。他后来对施莱辛格说："如果有人来告诉我关于最低工资法案的事情，我会毫不犹豫否决。但你总认为，军队和情报人员总有某种普通人没有的秘密技能。"

参议院外交关系委员会主席詹姆斯·威廉·富布赖特反对古巴计划，也不满于会议和决策过程的随意性——没有登记，没有明显的指挥系统或责任体系。塞林杰说，肯尼迪信奉"轮毂中心"管理学说，这意味着"总统办公室的大门永远开着，我们中有 12 个人每天任何时候都能去总统办公室"。

4月第一周，还有不到两周就是诺曼底登陆纪念日了，曾担任过哈佛大学前院长的国家安全顾问麦克乔治·邦迪非常担心整个过程，他给肯尼迪发了份备忘录，警告说："问题已经暴露不止一次了。因为没有哪个人感到自己有持续而明确的责任。"

古巴行动代码为"崎岖之路"。这个代码就说明了一切。肯尼迪在入侵开始前对索伦森说："我知道所有人都热衷于此。"而他们最担心的事情不久就成真了。

损害控制

即使当入侵已经很明显成了灾难时，行动支持者们还在挣扎着避免最糟结果。

4月18日深夜，主要负责人在总统办公室开会。经过两天的战斗，比斯尔仍然坚持认为，如果肯尼迪派遣海军战斗机提供空中支援，形势还能被扭转过来。

"给我两架飞机，把敌人的飞机轰下来。"海军行动总指挥阿利·伯克上将要求。

"我不想让美国卷入其中。"肯尼迪坚持道。

"见鬼吧，总统先生。"伯克回敬说，"我们已经卷进去了。"

会议在凌晨4点还在继续。肯尼迪一度在会议中途走了出去，走进玫瑰花园，在凉爽的春夜的空气中独自一人走了45分钟。而其他人则在窗内看着他。索伦森说："在我看来，他显得非常沮丧和孤独。"

杰奎琳·肯尼迪回忆，那次事件失败给她那热心而乐观的丈夫带来了巨大压力。3年后，她对施莱辛格说："回到白宫自己的卧室后，他哭了，当时只有我在场。他双手掩面抱着头，有点抽泣。这太糟糕了，因为他刚上任100天，怀揣着梦想，结果却发生了这么糟糕的一件事。而他对此非常在乎。"

最终，肯尼迪同意在早上提供新一轮空中支援，而这带来了最后的灾难。中央情报局从尼加拉瓜派了 B-26 轰炸机，海军则派上了"埃塞克斯"号航母上的战斗机。因为他们来自不同的时区，所以他们抵达目的地时相差了一个小时。其中的两架轰炸机被击落，4 位来自亚拉巴马州空军国民警卫队的飞行员因此丧生。1 000 多名英勇作战的流亡军除了投降别无选择。旅长圣罗曼在最后来信中质问："你们怎么能这样对我们？"

索伦森说："总统批准这项计划时，有人向他保证计划会既保密又成功，实际却发现，这项行动太大了，根本无法保密，在战斗规模上也太小了，根本无法取得成功。"

内阁全体会议于次日召开。切斯特·鲍尔斯大使说，这次会议"和我在政府中经历过的所有会议一样严肃。总统先生很疲倦，这也可以理解"。鲍尔斯一直是整个团队中的自由派反对者。他说，既然事情已经失败，"桌边众人的反应几乎是互相乱咬，所有人看起来都像是在指责别人"。正如他所看到的，肯尼迪的信心建立在侥幸心理之上。"他第一次遇到他的判断被误解的情形，尽管在他批准之前曾召开过一次又一次的会议。"

但是，弗雷德·达顿在会上看到了不一样的一面。他记得肯尼迪在谈论已发生的事情时，很无情和痛苦，但为此承担了全部责任。达顿说："即使是全部内阁成员在场，他也没有让他们重整旗鼓。他没有说他们要避免批评，他也没有告诉他们保持怎样的统一口径。"那个周五，在他面对记者提问时也是如此。他说："有句老话说，成功乃众人之功，失败则我自承担。我是政府的负责人，这点很清楚。"

但私下里，他的助手们说，他在一遍遍问着同样的问题。他对索伦森说："在我的一生中，我很清楚地知道专家靠不住。我怎么会那么蠢，让他们那么做了呢？"问题不仅是肯尼迪不了解他们，不了解他们的长处和短处，关键是他们也不了解肯尼迪。肯尼迪说："他们不相信一位像我这样的新总统会不慌，会不去为自己挽回脸面。"他最终意识到整个计划是否成功取决于他是否派军队支援这次行动。"嗯，他们完全把我想错了。"

全世界都在猛烈抨击这次行动，都在谴责肯尼迪，好像他公开发动了侵略一般。赫鲁晓夫称之为"让全世界都反感的罪行"。美国显得既有侵略性但又很软弱。拉丁美洲外交官对美国在联合国的外交官这样说道："你们在危地马拉成功了，但那留下了伤疤，你们在古巴失败，这又留下了双重伤疤。"杜鲁门的国务卿迪安·艾奇逊当时身在欧洲。他说："这真的让欧洲人心烦。这真是十足的欠考虑而又不负责任的一件事，他们对新政府期望甚高，而这件事一发生，他们期望大减。"

专栏作家沃尔特·李普曼在电视上首次露面，抱怨肯尼迪上任后最初几个月的工作只是无力地追随他的前任的政策。他认为，新政府"就像是年轻了30岁的艾森豪威尔政府一样"。对肯尼迪的白宫来说，没有比这更残忍的讥讽了。

于是肯尼迪开始尽量减少损失，他请求他4个月前曾拜访过的那些人的帮助。他向尼克松求助，尼克松的女儿特里西娅在看到来自白宫的消息时对尼克松说："我就知道，他很快就会惹上麻烦并不得不向您求助。"尼克松回电肯尼迪，肯尼迪在电话里问他能否到白宫去一趟。他们在总统办公室见面。据尼克松回忆，两人见面时的气氛很紧张，肯尼迪气愤地踱着步，责骂中央情报局、参谋长联席会议和白宫官员："那群无用之人，每个人——包括所有军事专家和中央情报局人员——都向我保证，都说计划会成功。"

两人谈了近一个小时。肯尼迪承认："确实，外交是总统要处理的唯一重要的事情，不是吗？我是说，和这种事情相比，谁还在乎最低工资是 1.15 美元还是 1.25 美元？"事后尼克松回忆那天他离开的情景时说："我同情他，他不得不面对这个惨痛的教训，虽然这并不全是他的错，但他却无法逃避责任。"

肯尼迪知道赫伯特·胡佛也不会是个问题。他拜访了身在华尔道夫酒店的前总统。胡佛对肯尼迪说："你知道我是贵格会教徒，我厌恶战争，但是，如果我是美利坚合众国总统，我会下令派必要的军队前往猪湾，我会宰掉古巴军队……我会直截了当地结束整件事。"（这是胡佛的原话）但是，唯一重要的会面是和艾森豪威尔的会面，他可能是地球上唯一能帮肯尼迪摆平灾难的人。他们两人的联系并不多：艾森豪威尔在3月份曾发电报感谢肯尼迪提议国会恢复了他的军衔。但是他们的关系很官方也很疏远，直到肯尼迪需要别人给予认真的补充性意见。

直到此时，肯尼迪还从未踏足戴维营这个由罗斯福创建并用艾森豪威尔的孙子的名字重新命名的总统度假地。第二天，肯尼迪爬上了一架直升机，生平第一次前往马里兰州的凯托克廷山，他将在那里和艾森豪威尔交谈，而艾森豪威尔则从附近的葛底斯堡前往，并将带肯尼迪参观。

"你去一趟，告诉那小伙子要当心。"一位妇人从艾奥瓦州发电报对艾森豪威尔说道，"事实上，你最好去一趟，并且亲自接管。"因为此刻不适合新手处理。"如果你是总统，猪湾事件是否会发生？"艾森豪威尔的儿子约翰问他。艾森豪威尔让他回想当初的诺曼底登陆。"我不会发动没有胜算的入侵行动。"

前往度假地

肯尼迪或许不会在乎艾森豪威尔要说的话，但他知道他起码看上去要很在乎的样子。即便没有任何作用，如果人们看到他们两人一道协商这件事，这也很能让人们相信年轻的总统正在获取他所需要的建议。

杜勒斯已经在前一天向艾森豪威尔做了汇报，因此前总统至少对哪里出了错心中有数了。

当艾森豪威尔抵达戴维营时，肯尼迪来到直升机停机坪迎接他，然后两人立即开始讨论所发生的事情。肯尼迪很直率和克制。艾森豪威尔后来说："他看上去很坦诚，但也很克制，还有点困惑。我很细致地问他问题。他看上去很镇定。"两人的这次会面和他们仅在几个月前的正式交接会议上的会面很不一样，这次更随意和轻松。

他们一起吃了炸鸡，然后坐在落地窗旁眺望远处的高尔夫球场。

"除非在这个位置上坐几个月，否则没有人会知道这份工作有多难。"肯尼迪承认道。

"总统先生，"艾森豪威尔回答，"请你原谅，我想我在 3 个月前曾跟你这么说过。"

"这 3 个月我学会了很多。"肯尼迪回顾了事情的整个经过、他所面对的压力、别人对他的承诺、情报的失误、时机、运输和策略。将军在一旁静静听着，然后和他进行了探讨。

艾森豪威尔的孙子戴维在其回忆录《回到光荣之乡：德怀特·D.艾森豪威尔 1961—1969 年生涯回忆录》（ *Going Home to Glory:A Memoir of Life with Dwight D. Eisenhower,1961–1969* ）中写道："他们对国家安全委员会的观点不同，对艾森豪威尔煞费苦心的用人制度的观点不同，这导致了他们两人彼此鄙夷对方。施莱辛格后来说，邦迪是在高兴地'屠杀'。对艾森豪威尔来说，肯尼迪最令他气愤的选战承诺是恢复罗斯福的即兴组织方式。"

于是，艾森豪威尔问肯尼迪是如何决策的、谁做了权衡、如何做的权衡。艾森豪威尔从军事生活中了解到，天赋是成功的必要而非充分条件。艾森豪威尔认为，确保英明决策的唯一途径，是把各相关方集中到一起，让他们辩论来找到最终方案。他后来说："我不想把他们逐个叫过来，并因此受到最后建议的影响。你必须让他们变得勇敢，并让他们互相辩论和争吵，这样他们才能有鲜明的观点。"

他分析了事情经过："总统先生，在你批准这项计划之前，你是否曾让所有人在你面前进行辩论，或者你是否同时接见了他们，然后才做出了决策？这样你自己才能获得赞同和反对意见。"

"嗯，我确实开了会。"肯尼迪说。但绝不是安全委员会全体会议。"我只是批准了由中央情报局和参谋长联席会议建议的计划。我只是听从了他们的建议。"

"但你是否在参谋长联席会议签发决议后改变了计划呢？"艾森豪威尔曾领导过参谋长联席会议，他明白，当将军们在和总统谈话时，他们口头上对计划的支持并不起多大作用，必须要有书面承诺。肯尼迪承认削减了空袭的规模。艾森豪威尔继续逼问："为什么当军队已经出发后还要改变计划？"肯尼迪提醒他，现在的挑战是如何让美国不和整个行动扯上关系。"我们当时想，如果有人知道真的是我们在这么做，而不是叛军自己在做，苏联很可能会在柏林挑起麻烦。"

"那就完全错了。"艾森豪威尔反对说。在艾森豪威尔看来，克里姆林宫的人崇尚实力，清楚地知道自身的利益。"如果他们看到我们的弱点，那时他们才会更凶狠地逼迫我们。只有当他们看到我们在展示优势并靠自己在做什么事情时，他们才会小心谨慎。"艾森豪威尔预测，猪湾事件的失败将让赫鲁晓夫胆敢做一些他原本不敢做的事。

艾森豪威尔的这个观点很快就被验证是正确的。

关于隐藏美国所扮演的角色，艾森豪威尔很嘲笑这个想法："总统先生，你怎么能指望全世界相信我们与此事无关呢？这些人是从哪里搞到了从中美洲前往古巴的船只的？他们是从哪里获得武器的？他们是从哪里获得情报和所有他们需要的东西的？你怎么可能让全世界都不知道美国卷入其中呢？"

然后他建议，正如他在肯尼迪就职前的会议中所说的，成功要比保密更重要——中央情报局以为肯尼迪会这么想。艾森豪威尔说："我想，当你惹上这样的事情时，你只需要做一件事，那就是取得成功。"或者，当然也可以完全不参与其中。

"嗯，"肯尼迪回答，"我向你保证，如果在今后我遇到相似情况，我肯定会确保成功的。"

艾森豪威尔说他将尽一切努力阻止共产党在西半球加强自己的地位。但他警告说，美国人不会支持直接侵略，除非受到极端的挑衅。艾森豪威尔发现，肯尼迪从未提及事情是因为他从前任那里继承的计划出了问题，这让他宽了心。

两人在125英亩①的戴维营里散步，一直交谈到下午。戴维营周边由电网围绕，并有海军陆战队警戒，摄像头在安全距离拍摄——这一切都为保证两人能有他们需要的隐私。

会面以两人的合影结束，这张合影很重要，照片向世人展示了美国总统间的团结，给世界发出了信号，即便威风扫地，美国仍然非常团结。《纽约时报》的头版头条报道："艾森豪威尔呼吁全国在古巴问题上支持肯尼迪。"文章旁是一幅两人低着头一同走在路上的照片，艾森豪威尔的手和帽子放在背后。肯尼迪说："我请艾森豪威尔总统前来，向他讲述了最近所发生的事情，他的想法和经验让我受益匪浅。"

---

① 1英亩约为6.07亩。——编者注

艾森豪威尔忠诚地宣布："我希望整个美国支持这个为我们的外交承担责任的人。"

会面结束后，艾森豪威尔急于给他的学生阐述理由；他知道一些渠道，认识一些人。戴维营里有一座保龄球馆、一座电影院、一个常温的泳池、一个飞碟射击场，还有罗斯福建的装饰着他最钟爱的海军时钟的一居室和两居室小屋。他带着肯尼迪一路走向一间叫作山茱萸的小屋。他对肯尼迪说："我想让你看看这些东西。"然后，肯尼迪驾车送艾森豪威尔回到直升机停机坪，建议两人近期一起打高尔夫。

艾森豪威尔将罗斯福的香格里拉重命名为戴维营，当然肯尼迪也有特权来再次为之重命名。访问 3 天后，出乎所有人意料，白宫宣布，官方的总统度假地还将沿称戴维营。

忠诚的反对者

在后来的日子里，艾森豪威尔经证明是位忠诚的盟友。当纽约共和党众议员比尔·米勒指责肯尼迪因为取消艾森豪威尔的空中掩护计划而导致行动失败时，艾森豪威尔站出来否认曾制订过这样具体的计划。

戴维营会议结束一周后，共和党国会领导人前往葛底斯堡拜访艾森豪威尔，希望他能声明谴责他那年轻而缺乏经验的继任者。相反，艾森豪威尔严重警告他们不要进行"政治迫害"。

"回去不要旧事重提，"他坚持要求，"而要看看我们怎么能在将来做得更好。"

但私下里，由于肯尼迪的一些忠诚的拥护者编造故事说艾森豪威尔也是同谋，或许该受指责，艾森豪威尔对此感到很恼怒。支持肯尼迪让他越来越感受到压力，神秘感已经打破——而共和党也缺少声援。戴维·艾森豪威尔回忆："古巴事件后，艾森豪威尔开始认真考虑组建某种'影子政府'的想法，而'影子政府'的基础就是和他之前的内阁以及共和党选任的官员保持紧密的联系。"艾森豪威尔邀请了一些老朋友和顾问到葛底斯堡一起共进午餐，其中包括前商务部长辛克莱·威克斯、参议员思拉斯顿·莫顿、前预算主任莫里斯·斯坦斯、司法部长威廉·罗杰斯、驻联合国代表詹姆斯·沃兹沃思、国家安全事务助理戈登·格雷和农业部长埃兹拉·塔夫脱·本森。

参加午餐会的客人认为，肯尼迪总统任上的蜜月已经结束了，政府正在不遗余力地破坏艾森豪威尔的记录并诋毁他的名声，共和党需要强势地公开挑战肯尼迪在媒体上的主宰地位。在猪湾事件上，肯尼迪仅是在事情发生后向共和党求助，艾森豪威尔说，肯尼迪这么做"只是想分摊责任，我不会因为在事后受到咨询而为古巴问题担责任"。

"人们仍然相信你。"刚成立的极端保守的约翰伯奇协会成员本森说，"做好战斗准备。反对肯尼迪并不是对美国不忠。"但艾森豪威尔总是坚持不要攻击具体个人；这个时候，他已经完全认同了总统俱乐部的协议。

他对他们说："作为退休人士，我必须保持沉默。"

戈登·格雷呼吁在肯尼迪政府满 100 天后批判其"失败"，大家都同意让艾森豪威尔置身事外。

接下来几周，艾森豪威尔将听到华盛顿和全国各地的朋友们的事后报道。他在日记本的扉页上贴上了一幅入侵地点的草图，这幅草图是曾担任行动计划顾问的前拉丁美洲大使给他的。它解释了必要的空中掩护是怎样飞过目标区域后又被白宫命令返回，让那些入侵者在海滩上听天由命的。

在公众面前，他继续支持肯尼迪，但私下里，他对其非常鄙视。艾森豪威尔在日记中写道："这是在错误的时间处置失当、优柔寡断和胆怯。"如果这篇日记被公之于众（他怀疑有一天会被公之于众），将会引起轩然大波。"如果真是这样，那么这一事件可以被命名为'胆怯和犹豫的总统'。"

得到的教训

艾森豪威尔的这个结论和中央情报局监察长莱曼·柯克帕特里克事后分析得出的结论并不相差很远。柯克帕特里克的报告是冷战中最机密的文件之一，指责比斯尔和其助手通过组建"无政府主义和混乱的"指挥结构在"凭感觉发动侵略"，行动注定会失败，因为"计划很糟糕"、人员配备"很差"、情报不准确，而且还"没能告诉总统其实他们并没有取得成功的把握"。

国家安全委员会顾问邦迪主动请辞，但被肯尼迪拒绝了。邦迪写了一份很长的备忘录，指出了肯尼迪在处事方式和方法上的缺点，并和杜鲁门以及艾森豪威尔进行了比较。邦迪指责说："我们不能让你坐着不动，5天内开3次会议很愚蠢，而一下将其推迟6周，这也同样糟糕。"在肯尼迪要求提交的报告中，有一半他从来就没拿到手读过，因为到他能读到这些报告的时候，他已经重整旗鼓了。

邦迪搬出了肯尼迪的前任们，他明确指出，或许肯尼迪能从老家伙们那里学到东西："杜鲁门和艾森豪威尔每天早上做的第一件事就是处理外交事务，而几周前，你让我这样和你会面。我成功地在三个早上找到你，总计差不多8分钟，我得出结论，这不是你真正想开始新的一天的方式。"

猪湾事件改变了肯尼迪的行政管理方式，他不再相信专家们的判断会天衣无缝，而且他还重新拾起了艾森豪威尔的部分制度，甚至还恢复了他一直想解散的委员会。1956年，艾森豪威尔成立了总统对外情报顾问会议，约瑟夫·肯尼迪是发起人之一。肯尼迪起初计划废除这个机构，将其和其他许多干涉外交政策的官僚机构一起废除。猪湾事件后，他"重新激活了这个机构"，还给它起了个新名称——"总统对外情报顾问委员会"，并且任命艾森豪威尔为科学顾问，选聘麻省理工学院校长詹姆斯·基利安二世为这个机构的主席。同时，他炒了杜勒斯鱿鱼。

在纷乱的一年快结束时，肯尼迪找到了一个方式来感谢他对那位曾警告过、后来又支持他的那个人。他派他的新中央情报局局长、艾森豪威尔的老朋友约翰·麦科恩前往加利福尼亚的棕榈沙漠向将军汇报情况；麦科恩在圣诞节后几天抵达那里，带了一箱盖着总统印章的高尔夫球，还有一封肯尼迪的亲笔信。

"亲爱的将军，"肯尼迪写道，这次他使用了艾森豪威尔喜欢的称谓，"我收到了这些高尔夫球圣诞礼物，但很遗憾，由于我背部不适，我在很多个月内都不能使用这些球。你是我知道的唯一有资格获得这些球的人——因此我怀着最美好的祝福将其转送于你。"

艾森豪威尔拒绝批评肯尼迪对灾难的处理；但是他渐渐意识到一位前总统和现任总统相比，在讲述事件经过时，会有更多劣势。他非常担心他会给人们留下什么样的印象，以至于这一次，正如历史学家史蒂芬·安布罗斯解释的，他开始修订官方记录来反映他对事情经过的记忆。

这要追溯到1960年3月的关键会议，那时他第一次批准中央情报局的训练计划。入侵行动发生两个月后，艾森豪威尔召集他的内部圈子，让他们回忆那次会议。他的助手戈登·格雷回答说，他实际上有那次谈话的记录。艾森豪威尔派他的儿子约翰前往取到了记录，然后在葛底斯堡和格雷一起彻底审查了记录。记录确实肯定，在对卡斯特罗采取任何行动之前，保有一个流亡政府非常重要。但是当他们用"计划"这个词时，艾森豪威尔提出了反对意见。

他坚持认为："那就错了。我们没有任何军事计划。"他所批准的只是训练古巴流亡者，不是在画定蓝图。他对格雷说："如果你允许，我将重写这一页来反映事实。"格雷同意了。十几年后，他对艾森豪威尔的图书馆助理馆长写信解释原版的备忘录有误导性的原因，解释了他们做了怎样的修改。

对肯尼迪而言，猪湾事件是其低谷，但绝不是他第一年任期的唯一挑战。他努力阻止苏联在老挝、安哥拉和刚果总统被刺杀后的影响。在日内瓦举行的禁止大气层核试验协定的谈判于 1961 年 3 月失败，苏联在 4 月赢得了向太空发送宇航员的竞争，韩国政府在 5 月被推翻。6 月，赫鲁晓夫在维也纳峰会上威胁并猛烈攻击肯尼迪，那个夏天，苏联人在暂停 3 年后重新开始了核试验。肯尼迪在国家安全委员会会议上问道："是我们继承了这些问题，还是这些问题本来就是我们自己的问题？"

他在另一次会议上说："哦，好吧，想想我们会给我之后的那位可怜的继任者留下些什么吧。"

另一方面，一系列挑战——甚至是灾难——并没有破坏他和公众的关系。猪湾事件仅过去两个星期，4 月底，盖洛普测试肯尼迪的支持率高达 83%。

用肯尼迪自己的话说："天哪，就和艾森豪威尔一样。我表现越糟，越受欢迎。"

恐惧和威胁

肯尼迪的新闻发言人皮埃尔·塞林杰说，肯尼迪的一大恐惧是"他可能不得已成为发动核战的总统"。

1961 年夏天，他从维也纳和赫鲁晓夫的首次峰会回来，感到他从来没遇到过那样一位不讲理或者那么明显对大决战满不在乎的领导人。

肯尼迪评价说："这是我一生中遇到的最糟糕的事情，他很粗暴。"

当肯尼迪回到华盛顿后，他开始问他的专家们：究竟有多少美国人会在核战中丧生？答复是，大约 7 000 万人。艾森豪威尔依靠的是用远程导弹和北极星导弹潜艇对苏联、中国和东欧发动全面的、无差别的攻击。军事史学家弗雷德·卡普兰说，"总核战计划"没有演习的机会，也不允许有误差；在危机中，总统的抉择可能是"自杀或投降"。

这项计划实际上是利用自动导航进行的，就好像真的有一个按钮可以被按下从而发出毁灭世界的信号。当肯尼迪第一次听到参谋长联席会议主席莱曼·莱姆尼策将军关于核政策的汇报时，里夫斯写道："肯尼迪紧握着椅子扶手，他的指关节都变白了。他和他的国务卿一起离开了会议室，咕哝说：'我们竟然还把自己称为人类呢。'"

当肯尼迪任上的第一个夏天来临时，他开始抨击身边的人，变得喜怒无常且沉默寡言，他常常谈论战争一直谈到深夜。我们如何让冷战少些戏剧性，让政策更有条理，不那么神学化？正如麦克纳马拉所说，美国"可用的实力"实在太小了。一个威胁不断加剧的时代不是有限选择的时代——尤其是在赫鲁晓夫发出将柏林归于东欧的言论之后。赫鲁晓夫需要阻止难民从东方逃往西方，尤其是在他努力向第三世界推广他所谓的"工人的天堂"的愿景的时候，如果出现这种现象会很丢脸。但肯尼迪和西方国家不能允许他鲸吞一个自由的城市，总统称柏林为"西方勇气和意愿的最大测试场"，宣称"对那座城市的攻击将被视为对我们所有人的攻击"。局势越来越紧张，坦克开始就位。

在 1961 年 8 月 13 日，就在黎明之前，东欧的士兵开始在柏林修建了一堵将分裂这个城市并定义这个时代的墙。那对怀揣着西方梦想的民主德国的人来说太不幸了，他们中有 300 多万人——总人口的 20%——已经溜过边界去了西部。但是，根据冷战的不合常理的道德标准，这对肯尼迪总统来说倒是个好消息。

肯尼迪在跟他的助手肯·奥唐奈谈论赫鲁晓夫时说："这是他摆脱困境的机会，这不是个很好的解决方法，但建一座墙要比发起一场战争好得多。"

10 月，肯尼迪将核潜艇的产量提高了 50%，军队空运能力提高了 75%。他将"民兵"式导弹的数量翻了倍，将 M-14 步枪的月产量从 9 000 提高到 44 000 支。在苏联人恢复了核试验后，沮丧的肯尼迪感到他除了也那么做外别无选择。当他和总统俱乐部成员讨论时，杜鲁门尤其同情他。杜鲁门明白做这个决定有多难。而对于艾森豪威尔而言，他宣称："嗯，我想，你很早以前就应该这么做了。"

古巴，又是古巴

赫鲁晓夫非常清楚他在战略上的劣势：美国的核武器要多得多，而且有一支更庞大的发射核弹的队伍；中国在不结盟世界中渐渐站住了脚；而且，由于苏联国内经济止步不前，他在国内的地位越来越动摇。这些就是驱使他赌博的动机。

1962 年夏天，赫鲁晓夫开始在古巴部署中程导弹。赫鲁晓夫对他的追随者说："每个傻瓜都能发动战争，但要赢得这场战争并不可能……因此导弹的目的只有一个——吓唬他们，克制他们……让他们尝尝自己的苦果。"

尽管导弹的安装很机密，但苏联军事活动的增加很明显也不同寻常。由于美国 1962 年中期选举即将开始，这对共和党人来说是个完美的机会，可以利用古巴隐喻肯尼迪的总统职位。肯尼思·基廷那样的保守派参议员抨击肯尼迪，说肯尼迪在面对他所谓的在古巴增加攻击性武器的事情时是位"无为总统"。总统俱乐部的一位老成员在此时浮出水面，哈里·杜鲁门回击批评者说："我们在古巴陷入麻烦，是因为艾森豪威尔没有勇气实行门罗主义。"肯尼迪同时说，他希望"在这个核时代"，美国人将"鼓起勇气和昂起头颅"。

他或许是说给自己听的。

艾森豪威尔在 1960 年尼克松大选失败后感到焦躁不安，他觉得自己被边缘化并且被间接排斥。1962 年的国会大选让他再一次有了辩护的机会。鲍比·肯尼迪怀疑艾森豪威尔"怀念政治生活"，"他怀念受吹捧的日子，因此他一直想回到政治生活中去。他在 1962 年说，他对政治和选战的兴趣要强于他做总统的时候"。

9 月下旬，肯尼迪参加在艾森豪威尔的"后院"宾夕法尼亚州哈里斯堡举行的选战时，这点尤其明显，这给了国家一个机会：美国能加快已经开始的进程，或者回到动摇和僵局之中。肯尼迪提醒听众们他上任时的情景："国家的发动机在怠速运转……几乎 550 万美国人失业，这是自第二次世界大战以来的最大失业人数……整个世界的形势都很差。"

艾森豪威尔在听到这番话时感到非常生气。《新闻周刊》称他当时

"狂怒"。总统俱乐部有它的规则，这基本上阻止了前总统们抨击在任总统的外交政策。但人的忍耐有限度。艾森豪威尔联系自己和肯尼迪的共同好友给肯尼迪捎话说："如果再有一次哈里斯堡那样的攻击，我在外交政策上对你的支持将永远结束。"

10月15日，他在6 000名波士顿共和党人面前谴责肯尼迪"过去21个月糟糕的外交表现"。"很遗憾要说这些话。"艾森豪威尔开始反攻说。他尖锐地说，在他总统任期期间"我们没有向暴政割让一寸土地。我们没有见到任何责任推诿……没有任何墙被建起来。没有任何威胁性的外国基地被建立"。

轮番攻击足够让《纽约时报》在社论中抨击两位总统。这家报纸认为，艾森豪威尔的攻击"毫无疑问至少部分是因为肯尼迪总统最近发表了关于艾森豪威尔外交表现的诽谤性言论，但是党派对于扫清外交政策中模糊术语的讨论对公众并无益处"。

然而，到那个时候，肯尼迪还没有其他事情要担心。10月16日，艾森豪威尔演讲后的第二天上午，邦迪在8点45分左右敲响了肯尼迪卧室的门，胳膊下面夹着U2侦察机拍摄的照片。

他说："总统先生，现在有实实在在的照片证据……表明苏联人在古巴有攻击性导弹。"

肯尼迪立即打电话给鲍比。"我们有大麻烦了，我想你过来一趟。"

那天上午开会的小组后来被统称为"执行委员会"，它将成为肯尼迪那个时候决策的核心。

"古巴导弹危机"是对总统决策理论的终极考验。肯尼迪及其顾问面临着一个几乎不可能解答的难题。他们是否要发动空袭消灭导弹？而他们心里清楚，即使这样做也肯定不可能消灭全部导弹。还是要发动更大规模的空袭，然后再发动全面的入侵吗？他们是否要开始外交斡旋，然后失去奇袭的效果？或者实行海上封锁？如果失败，还可以有扩大化的选择权。强硬派人士要求发动全面攻击，而外交人士则坚持用外交途径解决。

在他们达成一致意见前，保密很关键。肯尼迪在那一整个星期都在执行既定的选战计划。一天晚上，在国务院的会议结束后，9位参会成员钻进了一辆车，唯恐车队惊动记者。鲍比·肯尼迪乘坐亚历克西斯·约翰逊的车前往白宫。白宫的餐厅从早到晚开着，白宫职员被安排在地下室防空洞睡觉。

在向世界说明他对古巴实行海上封锁的决策时，肯尼迪非常需要总统俱乐部发挥作用。他希望获得他的前任们的所有力量。10月22日周一上午，当他准备在那天晚上对全国发表演讲的时候，他打电话给胡佛、杜鲁门和艾森豪威尔。历史学家罗伯特·达莱克说："面对可能发生的核战，肯尼迪身上的压力难以想象。这是他给3位前总统打电话的一个原因。肯尼迪认为，他们是仅有的几位能想象出他身上的压力的人。"艾森豪威尔对肯尼迪尤其有帮助。艾森豪威尔在他的老朋友、时任中央情报局局长约翰·麦科恩的邀请下乘飞机前往华盛顿过周末。后者向艾森豪威尔汇报了正在发生的情况。"起初，艾森豪威尔怀疑肯尼迪是在利用危机帮助民主党候选人。"这是一些共和党人长年来一直持有的观点。但麦科恩作为肯尼迪和艾森豪威尔联系的纽带，或许能帮助艾森豪威尔改变看法。

"麦科恩安慰了艾森豪威尔。"鲍比·肯尼迪在1964年时说，"他对艾森豪威尔有一定的影响，这让他能够冲淡艾森豪威尔一直以来所听到的传闻。"

麦科恩知道，艾森豪威尔一直从那些有偏见的人那里获得传闻。鲍比说："他被那些人灌了毒药，他们告诉他事情，并添油加醋。"因此，麦科恩需要努力纠正这种记录。麦科恩对肯尼迪说，艾森豪威尔真的想做正确的事情，"因此他（麦科恩）能和他合作或者至少和他理论"。

周日上午，艾森豪威尔上了电视，并捍卫了总统俱乐部。他否定了他一周前的讲话，否定了共和党主席关于古巴是选战最重要的问题的声明。《纽约时报》报道的标题写道："艾森豪威尔禁止让海外危机成为大选主题，他认为现在的外交政策不适合作为党派攻击的主题。"

艾森豪威尔认为，尽管共和党人能够就历史和长远趋势进行争论，但那些攻击肯尼迪总统处理国际危机的人削弱并分裂了国家。他宣称："他对即将到来的危机所做的一切声明，在我看来都是神圣不可侵犯的。"

当肯尼迪在第二天上午拜访艾森豪威尔时，艾森豪威尔向他敬了军礼。他承诺说："不管你想做什么，我将肯定……尽我所能支持你。"他警告说，联合国和拉丁美洲可能会对美国的单边行动发出强烈抗议。"我想你真的只是在做你唯一能做的事情。"

"局势很艰难。"肯尼迪回答，"我们可能在近期卷入了入侵行动。"

"从军事角度讲，那是很清楚要做的一件事。"艾森豪威尔说，"但必须要注意世界舆论……"

"还有柏林。"肯尼迪打断了他。他害怕针对古巴的任何侵略行动将导致针对柏林的报复行动。但艾森豪威尔对此进行了否定。他之前已经听取了所有观点。

"就我个人而言，我不太同意这种想法，总统先生。"他争论说，"可恶的苏联人将做一切他们想做的事情，只要是他们认为那么做对自己有好处。我不认为他们会把不同情况联系在一起。"艾森豪威尔补充说，他可能完全错了，但他不认为这两个导火线是连在一起的。

然后肯尼迪转入正题。直到这时，这次拜访才看起来有点正式且本分的味道，但是艾森豪威尔的信心似乎让肯尼迪更为坦白。因为整个思考后的结果是，他可能会采取没有回头路的行动。而这个世界上只有另外一个人知道那种感觉是什么样子的。

"如果赫鲁晓夫宣布……如果我们攻击古巴，就会引起核战，那该怎么办？如果我们入侵古巴，他们就会发射导弹，你怎么看待这种可能性？"

"哦，我想他们不会那么做的。"艾森豪威尔回答说。

"你认为他们不会？换句话说，如果局势需要，你将冒这个风险？"肯尼迪紧接着问。

"你还能做什么？"艾森豪威尔回答。他们已经在我们的后院布下了导弹，如果他们不走，我们就不会感到安全。他承认："有些事情可能会让这些人发射导弹。但我只是不认为这样做会让他们发射导弹。"

说完他们一起不自在地笑了。"保持警惕！"艾森豪威尔建议。

"嗯，我们会密切关注的。"肯尼迪说。

那天晚上，肯尼迪上电视发表了演讲，演讲的听众人数史无前例。他看起来既疲倦又冷酷，谴责苏联的攻击意图，阐述了挑战，宣布对古巴实施海上封锁。他说："我们所生存的世界再也不是只有真正开火才代表对一个国家的安全造成了足够的挑战。这次突然秘密在苏联境外领土部署战略型武器的决定是有预谋的挑衅，是想不正当地改变那个国家不能接受的现状。我们的勇气和承诺将再次被我们的敌友所认清。"

坦帕市的步枪销量显著上升，而在洛杉矶的杂货店里，人们互相争夺最后一罐猪肉豆。参议院多数派领袖麦克·曼斯菲尔德打电话给他的妻子，让她在机场和他碰面。他们要飞回蒙大拿州的老家。哲学家伯特兰·拉塞尔在给肯尼迪的电报中说："你的行动是对人类生存的巨大威胁！"副国务卿乔治·鲍尔在肯尼迪发表通告的那天晚上在他国务院办公室的沙发上睡了一夜。当国务卿在第二天上午叫醒他时，早上的问候是这样的："我们赢得了相当大的胜利啊，你和我还活着呢。"

同时，肯尼迪和他的顾问们开会讨论如何控制海上封锁，从而争取时间赢得国会和公众的支持。麦科恩再次致电艾森豪威尔争取他同意他们借用他的名义和议员们谈话，并希望获得"他作为战士对此事的看法"。

周三上午，盖洛普民意调查报道，多数美国人相信攻击古巴将导致第三次世界大战。正如鲍比·肯尼迪所描述的，会议上的肯尼迪，"他的眼神很紧张，几乎是阴郁的，我们在桌子对面看着彼此。世界是否处于大屠杀的边缘？我们做错什么了吗？……我感到我们正站在悬崖边上，就好像已经没有退路了"。

肯尼迪和他的整个内阁已经代表民主党议员暂停了选战；让他们气恼的是，艾森豪威尔还在帮助共和党人，但第二天他确实号召所有美国人在这次危机中支持肯尼迪。"只要古巴和苏联的问题没有解决，在接下来数周我们都不能有党派私见。"

周末时，肯尼迪再次和总统俱乐部通了电话，告诉他们，危机过去了。赫鲁晓夫将撤走他的导弹和工程师，换取美国不攻打古巴的承诺——而且美国还将从土耳其撤走导弹。肯尼迪对艾森豪威尔说："现在我们要等着瞧这件事会如何发展。"艾森豪威尔担心苏联人会不守信用。他和杜鲁门的通话只有和艾森豪威尔的通话时间的一半长，完全是和杜鲁门进行庆贺，他的第一句话是，"这件事这么结束，我真是高兴死了"。

那么，在对古巴问题的第一次挑战结局那么糟糕的情况下，为什么这件事的结局会很圆满呢？

可以肯定的是，美国的军事力量是一大原因。赫鲁晓夫知道，一旦美国表明要通过一切方法让其撤走导弹的决心，也就是说美国在军事上强于苏联。但是，军事原因只是更大的政治拼图的一部分。一些史学家认为，肯尼迪既得益于他从艾森豪威尔那里学到的教训，也得益于他自己与众不同的风格。

一方面，迈克尔·贝施洛斯认为，艾森豪威尔的更为强调等级化的风格可能并没有给他留下控制危机朝着和平结局演进的灵活性。贝施洛斯如此写道："如果艾森豪威尔召开那些会议，凭他的风格，它们可能不会像这样奏效。这次，肯尼迪在危机管理上的天赋或许拯救了全世界。"

另一方面，肯尼迪处理两次古巴危机的方式不同。在第一次危机后他借鉴了艾森豪威尔的一些指导性意见，从而渡过了第二次危机。10月初，他让他所信任的马克斯韦尔·泰勒成为参谋长联席会议的一员。肯尼迪没有参加所有的执行委员会会议；当总统未参加会议时，人们的谈话方式不同——更自由。正如施莱辛格所描述的，"每种替代方案都摆在桌面上供检验，从置导弹于不顾到发动突袭……事实上，他们仔细思考了问题，从各个角度讨论了问题"。

几周后，当西屋电气总裁威廉·诺克斯到莫斯科访问时，赫鲁晓夫召他见面，很急切地向他讲述苏联那边的故事。赫鲁晓夫说，他不愿相信肯尼迪会在即将到来的选举之时像他那样采取行动。但是，他说，当他和艾森豪威尔之间有问题时，他确信前总统能以更成熟的方式处理问题。赫鲁晓夫说，美苏关系的部分问题，是因为他自己的大儿子都要比肯尼迪年长这个事实。

里夫斯说，当危机结束，赫鲁晓夫退步后，舰船改变了航线，导弹被移除，肯尼迪打电话给蒂芙尼公司，定了 30 份有机玻璃制作的日历。日历上，10 月的 13 个重大的日子深深地刻上了烙印，他名字的首字母和多位执行委员会成员的名字被刻在了角落上。蒂芙尼总裁沃尔特·霍温建议用纯银制作要更合适，并且自愿承担成本。

历史的重量

肯尼迪有很多首钟爱的诗。当他听说导弹危机结束的那一天，他背诵了下面这首诗：

> 批评家排队看斗牛，
> 大看台上挤满人头，
> 懂斗牛的却只有一位，
> 他就是那位斗牛士。

那个时候，他知道了总统们的角色和白宫的其他人是多么不一样，这一点也只有总统自己清楚。他对《时代》周刊说："那些提建议、讲话或立法的人，和那个……最终要做判断的人……有着很大的不同。顾问们往往意见分歧。如果顾问走错了方向，或者我走错了方向，最后承担责任的都是总统。顾问们会继续前进——并提出新的建议。"

1962 年初，阿瑟·施莱辛格的父亲，另一位著名的历史学家，组织了一次学者给总统表现打分的活动。老施莱辛格请肯尼迪投票。他之所以能胜任此项工作，是因为他对领导力进行了学术研究，以及他是获得过普利策奖的作家。

肯尼迪开始填选票，然后他就停下了。小施莱辛格说，他开始

"强烈感觉到总统职位的神秘性，并且开始怀疑总统的经验能否被那些没当过总统的人所理解"。

于是肯尼迪回信给老施莱辛格："一年前，我会很自信地给你回复，但现在我不确信了。在位一年后，我感到，要想让我的判断足够准确，我还有很多东西要学习。"选那些更卓越的人，比如华盛顿、林肯和罗斯福，这要容易得多。但"我想在我离任后，仔细研究那些并不是很为人所知的人"。

肯尼迪对老施莱辛格的儿子要更直率。他问小施莱辛格："你怎样才能说得清楚呢？"人们没有办法知道林肯会如何处理重建工作；选民往往不知道总统在何时因他们不得不做的选择而赢得名声，或者他们个人的努力能带来多大的不同。"只有总统自己才能知道他真正的压力和他真正的替代方案。如果你不知道，你又如何来评判他们的表现呢？"

当然，作为政党的一员，当肯尼迪看到结果公布，杜鲁门排在"接近伟大"一列而艾森豪威尔排在中等偏下一列时，他感到很高兴。肯尼迪跟小施莱辛格开玩笑说，正是这个排名让艾森豪威尔在中期选举中拼命帮共和党人以实现自我救赎。肯尼迪断言："这只是你父亲的民意测验，艾森豪威尔在位多年，一直被掌声所包围，然而，当他看到民意测验结果时才意识到，他在历史的冷眼中处于什么样的位置——要低于杜鲁门，甚至低于胡佛。现在，他在疯狂挽回自己的名声了。"

那席话确实不错，艾森豪威尔可能忽视了民意测验是党派的舞台。但他对此很较真。艾森豪威尔的儿子约翰说："老人家被这件事刺伤了。"

事实表明，总统俱乐部有它的作用：塞林杰特意找机会让 3 位前总统聚到一起。他们都拒绝了丘吉尔荣誉市民仪式的邀请。杜鲁门和胡佛被邀请成为美国"食品换和平计划"的名誉顾问，他们商量了一下并一致拒绝。杜鲁门把自己的拒绝信发了一封复印件给胡佛，胡佛对此很感激："很明显，我们已经拒绝了这个邀请。"

肯尼迪召集他们支持扩大总统的贸易权力，支持在1963年夏天签署的禁止核试验的条约，当然也请求他们在古巴问题上的支持。在这3位共同持有反共思想的人士看来，这几乎是最容易的一件事了。尤其是艾森豪威尔，肯尼迪确保要让他觉得自己受人咨询，肯尼迪派麦科恩前往葛底斯堡向艾森豪威尔定期汇报情况。

至于杜鲁门，肯尼迪从未错过任何祝贺他在退休后所取得荣誉的机会。两人的生日都在5月；1963年5月，肯尼迪写信给杜鲁门，信上说杜鲁门是他年老后的榜样。"我希望，46岁的我能像79岁的你一样处事。"

肯尼迪从未获得那样的机会。

07

过来喝一杯如何?

直到 1963 年 11 月肯尼迪遇刺之前,自 1901 年麦金利总统遇刺以来还没有哪位总统被暗杀。这么一位年轻总统的突然去世就好比是全国突发了心脏病。但对于前总统而言,这更能让他们回想起他们曾扮演过的角色和他们所承担的风险。总统俱乐部在有人去世时尤其紧密,不管是俱乐部成员去世,还是朋友或者第一夫人去世。但是在现代,只有肯尼迪死于任上,这让其他人立即开始互相安慰,为国效力,并且让林登·约翰逊突然成了他们中的一员。

所有还活着的 3 位前总统都曾受过暗杀的威胁。对杜鲁门而言,1950 年 11 月就有一次暗杀未遂。杜鲁门的女儿玛格丽特谈起肯尼迪之死时说:"爸爸非常受震动,他生平第一次不能接受记者采访。"赫伯特·胡佛非常不安,以至于他的儿子艾伦决定在华尔道夫酒店陪他过一夜。林登·约翰逊试图联系他,第二天上午,胡佛给新总统写信说:"我愿意尽我所能服务政府,哪怕是从勤杂工做起。"

尼克松刚从纽约飞回达拉斯,在那里他参加了百事公司的股东会议。他在机场的出租车上听到了这则新闻。那天下午,他和联邦调查局长 J. 埃德加·胡佛谈话，而后者告诉他，他才是刺杀的原定目标：尼克松在他的回忆录里写道，李·哈维·奥斯瓦尔德的妻子告诉胡佛，"奥斯瓦尔德一直计划在我访问达拉斯时行刺我，但那很难，因为她成功让他一直待在家里而阻止了他这么做"。

艾森豪威尔从纽约警察处听到了这则新闻，这让他想起了他决定颁布枪支许可证的决定，当时他还是哥伦比亚大学的校长，在中央公园散步时兜里还揣着一把手枪。在《总统之死》（The Death of a President）一书中，威廉·曼彻斯特描写了年轻的艾森豪威尔在海地做军官时常常在国家宫殿漫步，观看国家元首的半身像，并意识到，到他们那时止，三位中已有两位在任上被谋杀。那就是落后国家的方式，他当时想，但是他的祖国并不像那样。"现在他对此不确定了，"曼彻斯特写道，"他感到很悲痛。"

肯尼迪的葬礼将全世界的目光都吸引到了华盛顿。瞻仰棺材的队伍并列八排，挤满了从国会开始的 32 个街区。100 万人在寒冷而晴朗的 11 月 25 日上午站满了街道。整座城市处于一级防范禁闭，杜鲁门和他的女儿玛格丽特住在布莱尔国宾馆，艾森豪威尔和玛米住在斯塔特勒饭店。艾森豪威尔听说杜鲁门一家因没有轿车接送而被搁置在一边。

记者爱德华·福利亚德回忆："我不知道谁该负责，但他要么是个犯愚蠢错误的笨蛋，要么是礼仪活动的天才。"

布莱尔国宾馆的电话很快就响了，传来了艾森豪威尔的声音："嘿，我有车。他能和我一道。"

锣鼓雷鸣。艾森豪威尔和杜鲁门没有步行前往圣马修大教堂参加出殡仪式，虽说他们人没去，但精神上出席了。装载肯尼迪棺材的车在 18 年前装载过罗斯福的棺材，车后是"黑杰克"，一匹没有人骑的马，这匹马在列兵的牵引下前行。然后是肯尼迪的家人，还有约翰逊总统。人群的最后是法国总统戴高乐、希腊王后弗雷泽里卡、比利时国王博杜安一世、埃塞俄比亚国王海尔·塞拉西等总计 213 名世界各国领导人，之后是最高法院的法官、内阁部长，然后是肯尼迪的朋友，以及服丧的陌生人。

在演奏安魂曲时，艾森豪威尔和杜鲁门加入了肯尼迪一家、约翰逊一家、尼克松一家、葛培理、亨利·福特二世和马丁·路德·金之中，他们来晚了，被晾在一边。《圣经》中有一页曾在肯尼迪死前一晚的演讲中被引用："老年人应该有梦想，年轻人应该看到未来。"肯尼迪的儿子敬礼；乐队继续演奏，悲伤地颂扬这位元首。

当鲍比·肯尼迪搀扶杰奎琳坐进她的车里时，艾森豪威尔和杜鲁门一起走了过来，并透过窗玻璃和她讲话。然后他们一起乘车去阿灵顿国家公墓参加安葬仪式，穿过了另一位被刺杀的领袖林肯的纪念堂，再穿过波拖马可河到达墓地。他们谈论了暗杀——奥斯瓦尔德是单独行动，还是有阴谋集团在策划。他们也聊了过去的时光。

玛米的脚不好，阿灵顿公墓对所有人都开放。两位总统感慨万千，正如艾森豪威尔所说，"这个世界疯了"。当安葬仪式结束时，天已近黄昏了。在回城的路上，杜鲁门问艾森豪威尔和玛米有什么计划，他们想直接开车回葛底斯堡。这一天太长太难过了，没有人吃午餐。玛格丽特建议在出发前，他们回布莱尔宾馆吃点东西。当杜鲁门从车中出来后，他转过身说道："艾森豪威尔，过来喝一杯如何？"艾森豪威尔看了看玛米，玛米看上去同意了。

情况就是这样。杜鲁门 8 年来从未踏入艾森豪威尔的白宫半步。10 年来，他们的关系从充满敌意到拘谨。但是拘谨经不起死亡的残忍，于是那个下午晚些时候，两人和玛米、玛格丽特以及一些亲近的助手一起在布莱尔宾馆的客厅吃起了三明治，喝起了咖啡。

杜鲁门的前海军上将罗伯特·L.丹尼森回忆："那里只有我们几个人，我不知道这种魔力从何而来，或许是因为杜鲁门总统邀请他前来，或者是因为艾森豪威尔先提了出来，但无论如何，他们一起坐在了沙发上，聊着天，追忆着过往。"

当然，还聊起了他们自己的死亡。葬礼的场面给他们留下了深刻的印象。艾森豪威尔说："我想我很可能会葬在艾比利尼，我不知道会不会为我举办华盛顿葬礼，我也真的不关心。"杜鲁门已经计划死后葬在他在独立市总统图书馆的院子里。

当两人坐着聊天时，一位特工走进来告诉他们，有位军官给他们送信来了。丹尼斯上将跟了出去，看到一位羞怯的上校站在门旁。

"你有什么事？"丹尼斯问道。

"嗯，肯尼迪夫人让我来这里，"他回答说，"她很不安和尴尬，因为她忘了邀请这两位先生前往白宫。"很多外国政要在白宫参加葬礼后的招待会。

艾森豪威尔先开了口："嗯，请你告诉肯尼迪夫人，我完全能谅解，她能想到我们，真是太好了，但我们必须回葛底斯堡了，所以请你代为道歉。"杜鲁门接着说，他也很感激肯尼迪夫人的邀请，并且一点也不生气。"我们一开始就理解为什么没被想起来。她要想的太多了。但我也很累了，不得不休息了，我相信她能理解。"

放了心的上校就此离去，两位总统回到位置上接着聊天，在薄暮中又倒了杯咖啡。玛格丽特被派去应对聚集在门外的记者，他们感到有故事要发生，希望能和两位总统交谈。而两位总统没有谁想接受采访。

"我以为他们的过节将永远不会结束。但是这真的很感人，因为他们完全和解了，而且你会以为他们间从没有过任何争议，他们又回到了艾森豪威尔刚从欧洲回来的那一刻。"丹尼斯说。

当艾森豪威尔真的要上路时，让特工们害怕的是，杜鲁门走到路边又开始讲话，而艾森豪威尔的车则一直在旁等着。玛格丽特亲吻了艾森豪威尔。玛米亲吻了杜鲁门的双颊，感谢杜鲁门将她的儿子带回国参加她丈夫 10 年前的就职典礼。

记者沃伦·罗杰斯写道，对于两位总统而言，"这是一次漫长、被延迟而安静的握手，两人互相凝望着彼此的双眼"。

他们的友谊并没有在他们的余生完全恢复，但他们的敌意渐渐减弱。他们在两年半后又再次见面，参加联合国组织在堪萨斯城举行的诺曼底登陆 22 周年午宴。他们互相开着玩笑。杜鲁门的一位叫作汤姆·盖文的密友说道："我喜欢我所见到的，我想这很好。杜鲁门总统也是如此。"

玛格丽特的丈夫克利夫顿·丹尼尔感觉到了在葬礼见面后是什么让这两人一直走到现在。"他们紧密地联系在一起，在那一天，他们分享了很多共同点。他们和约翰·肯尼迪有一个共同点——都当过总统，而这让人们感受到了他们无法拥有的伟大精神。"

约翰逊和艾森豪威尔：

亲兄弟

由于他的身份和所要面对的问题，也因为他突然成为总统，林登·约翰逊与俱乐部的关系是所有现代总统中最紧密的。杜鲁门招募了胡佛，主要是需要他的经验，尽管两党的合作未损害任何党派利益。肯尼迪却压制了艾森豪威尔，因为他知道艾森豪威尔的反对会对自己造成真正伤害。但约翰逊很不一样，他对前总统的依赖具有高度政治性和个人色彩。为了彰显美国的团结，肯尼迪遇刺后，他在就任总统几个小时后就立即打电话给杜鲁门和艾森豪威尔，而这两人第二天就出现在白宫。

约翰逊充分认识到他的前任们的权力，并且很在意保护他们的特权。他研究他们、供养他们、照料他们，给他们送花、送袖扣、送雕像，还派空军飞机和直升机供他们调遣，并让他的助手们研究从他早期在参议院时和他们的每一次接触。

外交政策是总统展现最大权力的领域，在这个领域，总统俱乐部能紧密地将其成员团结在一起。不管总统们和他们的前任在盟友的价值或敌人的危险程度上有怎样的分歧，他们都知道要捍卫美国的信誉，捍卫那些为国家事业捐躯的人的贡献。正如肯尼迪继承并错误执行了艾森豪威尔的古巴政策，约翰逊继承了肯尼迪的越南承诺，还有他的团队，并加大了肯尼迪的赌注。助理国务卿乔治·鲍尔说，从越南撤军"看起来好像是他否定了肯尼迪的政策"，但这不是约翰逊的选择。

正如约翰逊在 1965 年所说的，要怎样处理这"最大的一团糟局势"。当他兑现这个将损害其总统任期并折磨自己国家几十年的承诺时，他向艾森豪威尔求助，并且几乎是依赖于他。在一次关键的会议上，竟很难分辨究竟哪位总统才是真正的总司令。在某种程度上，艾森豪威尔这个斗士在其 8 年执政期间努力避免了任何军事冒险，但在他不再做最终决策时却变得更为好战了。正如当初在肯尼迪时期，现在的约翰逊时期更是如此，艾森豪威尔简直是"实权将军"。

当人们的异议声越来越大时，约翰逊在 1966 年春天对艾森豪威尔说："这个国家只有两个人完全理解这个位置所面临的问题。你是其中之一。对于你的智慧和建议，我不知道该如何表达感激之情；没有人知道怎样才能将你我分开，我不知道要如何感激这个事实。"

08

国家远比你我更重要

19 63 年 11 月 22 日下午 1 点，肯尼迪总统被宣布去世；98 分钟后，"空军一号"闷热的机舱内，林登·约翰逊在含着眼泪的白宫助手和一位新遗孀的包围下宣誓就任总统，如果要靠他自己，他根本不可能赢得这个职位。

很多人在梦想多年后才得以加入总统俱乐部，期间要经过多年的选战，并且在竞选胜利和就职之前要经过多个月的准备。当约翰逊走进飞机的机舱，他的助手们像家人一样突然起身时，约翰逊意识到他现在是总统了。他回忆道："从那一刻起我意识到一切都不一样了，一堵墙——高大而又庄严——现在将我们分开了，那堵墙就来自美国总统的办公室。只要我还在任，除了我的家人，没有人能进入……这让人很惊恐和不安。"

在某种程度上，每位总统都受到前任们的影响，但很少有人会像约翰逊那样感觉强烈。没有哪位总统曾目睹自己的前任被杀害，或者经历过这么残忍的权力移交。两天后约翰逊对一位助手说："我一直对哈里·杜鲁门和他成为总统的方式感到遗憾，但至少他的前任不是被暗杀的。"

现在这个人讨厌自己当过副总统，而副总统的工作正如杜鲁门曾描述的那样，"起的作用就像奶牛的第五个奶头似的"。从参议院多数派领袖到成为总统死亡的"每日提醒"标志，对约翰逊来说这就像是政治死亡一般。他对自己的助手、后来的传记作家多丽丝·卡恩斯·古德温说："我讨厌做副总统的每一分钟，每次当我出现在约翰·肯尼迪面前，我感觉自己就是只在他肩膀上盘旋的该死的乌鸦。"

但现在，肯尼迪死了，约翰逊接管了一个还在痛苦期的国家。国家被麻醉了，很沮丧，也很羞耻；全世界都想看到美国的意图和决心。当肯尼迪被埋葬时，就像神话一般：全世界的城市开始以他的名字重命名街道、桥梁和大楼。伦敦的教堂举行了太多的纪念仪式，以至于美国大使馆的国旗都派发光了。超过 25 万人聚集在西柏林的市政厅为肯尼迪祈祷。

谁还能奢望再达到如此规模呢？

"我宣了誓，成为总统，"约翰逊对古德温说，"但对千万美国人来说，我还不合法……只是冒牌者，一个不合法的篡位者。"他的出生地得克萨斯州甚至是刺杀肯尼迪的犯罪现场。"然后就有些顽固者、分裂者和东方知识分子在我能站起来之前就等着将我赶下台，整件事几乎让人不能承受。"

冷战时期，全世界都处于千钧一发之际。没有人知道苏联会不会负责任，还有古巴人，而且美国正六神无主且易于攻击的想法不仅让人心烦，更是很危险。因此，从他上任的前几个小时起，约翰逊就精明而系统地在向人们传递他在控制局势的信号。他上任几小时后，"空军一号"降落在安德鲁空军基地。鲍比·肯尼迪在那里迎接杰奎琳和肯尼迪的遗体；国会中两党的领导人向约翰逊致敬，其中有些人，比如多数派议长休伯特·汉弗莱，公然在哭泣。

在乘直升机穿过泛光灯照明的华盛顿纪念碑前往白宫时，约翰逊和国防部长罗伯特·麦克纳马拉进行了交谈。到了白宫，直升机降落在约翰·肯尼迪卧室外十几米处。秘书们已经清理了椭圆形办公室中肯尼迪的物件、家人照片，以及那只在他的鱼雷快艇沉没时他刻上信息的椰子壳；最后，约翰逊把深红色的小地毯用印着总统印章的毯子取而代之，因为旧的地毯会让他想起那起谋杀。

那天晚上，约翰逊决定不换办公场所，还在他自己位于老行政楼的办公室工作。他还没准备好接受那间椭圆形办公室。他开始打电话给联邦调查局的J.埃德加·胡佛、参议员威廉·富布赖特；7点05分，他打电话给他的扑克牌老友杜鲁门。

但他真正想打电话找的人是艾森豪威尔，5分钟后他拨通了电话。

"总统先生，我是林登·约翰逊。今天真是太让人震惊了。"

"我的心和你在一起。"艾森豪威尔回答。

"我一直很需要你，此刻对你的需要更胜于以往。"约翰逊对他说。

"总统先生，无论你何时需要我，我都会在你身边。"事实上，艾森豪威尔已经通过国家安全顾问麦乔治·邦迪发了一封支持信。

"我将依赖于你那敏锐的判断，很快会去拜访你。但我想让你知道我对你的来信有多么感动。你一直以来都是如此，你也知道这么多年来我一直很崇拜你。"约翰逊说。

"国家，要比你我更重要。"艾森豪威尔回答。他说他将在早上到华盛顿参加纪念仪式，约翰逊抓住了这个机会。"可不可以在仪式结束后立即给我打个电话？"约翰逊命令特工前往艾森豪威尔的农场驻守。

得克萨斯人团结一致

你几乎还能听到 1945 年的回声，当时杜鲁门突然成为总统，然后他找到赫伯特·胡佛获取支持和个人建议。对约翰逊而言，这要容易得多，因为他和艾森豪威尔有很长时间的交情。

"我们三个得克萨斯人要站在一起。"约翰逊和众议院议长山姆·雷伯恩经常对艾森豪威尔这样说，而艾森豪威尔就出生在达拉斯以北 75 英里的丹尼森。鉴于艾森豪威尔那无与伦比的受拥戴程度，约翰逊和雷伯恩很早就知道他们讨好这位共和党总统要比和他作对能带来更多好处。在外交政策上，他们没有必要反对艾森豪威尔，因为他自己政党中的分裂分子已经代劳了。在国内事务上，他们很清楚什么事情将被通过、什么事情不会被通过，只需修正他的建议，这样双方都能获得声誉。这就帮助解释了一些事情，比如一位没有任何立法背景的共和党总统在民主党国会竟能通过 83% 的施政纲领，比如民主党在 1956 年赢回了参议院，让约翰逊成为史上最年轻的多数派领袖。

艾森豪威尔的助手布赖斯·哈洛在评论约翰逊和雷伯恩时说："他们不想和艾森豪威尔合作，他们想杀了他，我是说在政治上杀了他，他们将很高兴那么做，但他们不能。"白宫知道，约翰逊的两党政治只是个策略，但这对双方都有好处。哈洛说："艾森豪威尔从未被美国人当成共和党人。"

此外，这几人相处得很好。这并不是因为艾森豪威尔尤其欣赏或信任约翰逊：艾森豪威尔能看到约翰逊缺乏什么，能看到约翰逊的机会主义以及他在操控上的天赋。但是，他们是国家中最有权力的两个人，如果他们想要干什么事情，就需要找到共同点。艾森豪威尔和约翰逊是受争议的二人组，要比艾森豪威尔和他的副总统理查德·尼克松更有默契。

约翰逊在加入总统俱乐部之前就已经为这个俱乐部出了很多力。1957年，他在参议院大力申请为前总统们提供财政支持，承认即使在他们退休后，美国人民"还希望从前总统那里获得建议和忠告，在困难时期获得勇气"。前总统杜鲁门经济困难，需要财政支持，有人就争辩说：怎样来防止前总统用这些公款服务其党派利益呢？但约翰逊挡回了那些疑问。你能感觉到，在那个时候，他就已经体会到总统职位的精神了，思考那个职位，并想象自己有朝一日也成为其中一员，即使他担心靠他自己的力量永远成不了总统。

在争取前总统补贴时他争辩说："任何曾担任过总统的人都不会再成为普通公民了。"约翰逊引用了胡佛对杜鲁门的服务来解释总统可以超越党派私见："就我个人而言，我希望能找到前总统为我们服务的更好的途径和方式。他们拥有任何其他人都没有的经历和知识。"他建议每年给予前总统25 000美元的津贴，提供办公场所、免费邮资，为他们的遗孀提供养老金，并为他们安排办公人员。"此刻我们能满足于迈出了这一步——这一步……承认了我们的国土上最伟大职位的真正性质。"就好像他自己是总统俱乐部的名誉财政大臣一样，约翰逊想要美国人民为其埋单。

于是约翰逊帮助确保艾森豪威尔总统退休后能生活得很舒适，而艾森豪威尔也常说约翰逊将来会当上总统。他提醒约翰逊不要立法限制或破坏总统的权力，因为"很可能哪天你自己也会坐上那把交椅"。

"不，总统先生，"那个来自得克萨斯希尔县的人说，"我永远都不会坐那把交椅的。"

当1960年选战临近时，艾森豪威尔常常对助手们说，他认为约翰逊是民主党最强大的候选人。当这些人在晚上访问白宫时，艾森豪威尔追问他："林登，你怎么不参加竞选呢？你可是你们党最有能力的人啊。"

而约翰逊的回答总是如出一辙："哦，不！"

"或许这只是口头策略，但艾森豪威尔真的光明正大……我认为这一点很真实。"哈洛在评价艾森豪威尔的想法时说。

艾森豪威尔的想法只有在国家面临危机的时候才变为现实。1963年11月23日上午11点15分，艾森豪威尔从葛底斯堡乘车前往白宫瞻仰肯尼迪遗容，那时被刺杀总统的成箱文件正从白宫运走。

约翰逊的助手霍勒斯·巴斯比回忆了角色的转换。他这样评价艾森豪威尔："这个人的每一根神经都很配合。"他称艾森豪威尔"很谦虚、和蔼，并且努力让自己不引人注目"。瞻仰完肯尼迪的遗容，艾森豪威尔和约翰逊见了面，两人一起共进了午餐，他们谈论了北约、民权、如何对付易动怒的法国总统戴高乐，以及在几周内将到期的预算。

艾森豪威尔让约翰逊"做自己"。他提到，国家对鲍比·肯尼迪的司法部"即使不害怕，也会感到不安"，它指控美国国内税务局被用来打压肯尼迪家族在商界、大学和基金会中的竞争对手。艾森豪威尔建议体面过渡，然后清理门户，并任命自己的团队。

他对约翰逊说："宁可做一年好总统，也不要占着总统职位六年碌碌无为。"

他们谈完时，约翰逊请求艾森豪威尔给他一些对未来的具体建议。艾森豪威尔走进约翰逊外面的办公室，拿起一张纸，在上面写下了他的想法。艾森豪威尔问一位叫艾丽斯·博伊斯的秘书是否还在白宫工作，他信任她。于是，艾丽斯·博伊斯被叫了进来听他口述。他让她把笔记烧掉，只留下两份副本，一份给约翰逊，一份留给自己。

他推荐约翰逊求教一些人，如艾森豪威尔的财政部长罗伯特·安德森，还有时任参谋长联席会议主席助理安德鲁·古德帕斯特。他们能帮助恢复行政机构的"有序的机制"。

接下来,艾森豪威尔让他召开国会两院联席会议,几乎口述了发言的重点给约翰逊。艾森豪威尔建议,"首先指出,你出乎意料地成了总统,你接受上帝的安排",然后让众人保证,"不想也不会对宗旨或政策进行变动"。相反,约翰逊有义务执行"你的伟大前任总统常说的崇高目标",并且他应该发誓会和国会、商界还有劳工紧密合作来实现这些目标。

这个建议很值得注意:一位前共和党总统敦促一位不稳定的民主党人继续执行民主党偶像的政策。艾森豪威尔知道国家在此刻需要什么,现在不是持党派私见的时候。然而,他确实也利用了这个机会要求实行健康的财政政策。

约翰逊回忆:"我得向世界各地的人保证我们国家将继续前进,任何犹豫或动摇、任何错误、任何自我怀疑的信号都会是灾难性的。"除了艾森豪威尔,杜鲁门那一天也来到了白宫,于是约翰逊要确保他能和这两位总统合影。约翰逊和国务卿迪安·腊斯克、麦克纳马拉和邦迪的合影也及时在晚间新闻中播出,向全世界展示了政府机器稳稳地掌握在他的手中。

肯尼迪遇刺 5 天后,当约翰逊出现在国会面前时,他的支持率已飙升至 79%。他听从了艾森豪威尔的建议,强调保持政策的一致性——从肯尼迪拥护的税收政策到民权。他说:"没有什么纪念演说或悼词能比尽可能早地通过肯尼迪长久以来为之奋斗的《民权法案》更能表达对他的追思。"艾森豪威尔的建议也被提了出来,约翰逊说:"我请求,政府的开支能够尽可能节俭。"更重要的是,为了继承肯尼迪的遗产,约翰逊还发誓:"我们将遵守对南越和西柏林做出的承诺。"

圣诞节那天,刚上任一个月并已十分疲惫的约翰逊在自己的农场打电话给艾森豪威尔。他对艾森豪威尔说:"我不仅仅在我的演讲中听从了你的建议，我还给你寄了份有你姓名首字母的副本。"然后，约翰逊夫人拿起电话，她告诉艾森豪威尔，她记忆中艾森豪威尔和她的丈夫一起合作的时光是多么美好，"我希望将来还会有更多那样的时光"。

患难之交

作家白修德曾写道："在所有公众人物中，林登·约翰逊是朋友最少的一位，那些前来和他接触的人被称为密友、伙伴、乞求者或他能利用的人——就像仆人一样。但真正的朋友，他只有很少几位，因为，首先，他缺少唤起人们热情的能力。在肯尼迪天生就拥有而约翰逊则没有的许多东西——财富、背景、优雅——里，约翰逊很可能最嫉妒肯尼迪获得别人爱和友谊的能力。"

事实上，约翰逊希望建立同盟而不是友情。他对古德温说："我总是很孤单。"这种情形因他突然成为总统而变得更糟，因为在这个职位上，权力就好像磁力场，吸引人的目光却不易让人亲近。对于顾问和熟人而言，诱惑几乎是不可抵挡的，他们想把自己置于行动的中心，并且炫耀自己的地位。艾森豪威尔的财政部长罗伯特·安德森说："如果总统和任何人交谈，他的一大负担是这条新闻将很快就被那个人传播。"约翰逊在肯尼迪遇刺后第二天曾和他通过电话。"在我所了解的总统中，他是一个需要向别人倾诉的人……而这个人绝不会提起他们的谈话内容，哪怕是说'我和总统谈过话'这样的话。"

约翰逊的孤立还有部分原因是他对人性缺点的认识，这让人们和他的每次见面就像是对人性的考验一般，往往是形式上的。约翰逊常常打断白宫会议，建议他和他的客人们——不管是出版商、牧师还是商界领袖——到白宫游泳池游泳。他在浴室中开会。他还发步枪给到他的得克萨斯农场的客人，甚至还去猎鹿或羚羊，或者乘坐他的敞篷车。他会说："对于我身边的那些想在炎热的夏天拍我马屁的人，我想让他们说我的屁股闻起来就像是玫瑰一样。"

但他和艾森豪威尔的关系不一样，一直以来都不一般。艾森豪威尔是位英雄，是有行动力的人，而不只是嘴上说说而已，他和约翰逊一样已经从东方学说中获得了他自己的那份谦逊。被一位像艾森豪威尔那样令人敬畏的人看作同类人，这就像是对自负的一种刺激一般。艾森豪威尔的新闻发言人詹姆斯·哈格蒂说："我从没见过林登·约翰逊像和我谈话那样和艾森豪威尔谈话，和我谈话时他会斜靠着背、手指着我。而他们就像是朋友一样交谈，他们所做的只是谈论影响全世界的大问题。除那以外，他们就像是朋友一样在交谈。"

当约翰逊发现自己突然置身于风口浪尖的时候，艾森豪威尔已经准备好为其提供帮助——但就像多年前的胡佛和杜鲁门一样，艾森豪威尔在等约翰逊开口。安德森解释说："他希望约翰逊总统主动点，因为作为前总统，他认为自己不想……对现任总统说'这是我处理这件事的方式'，或者说'我会这样做'。"虽然艾森豪威尔的兄弟米尔顿相信艾森豪威尔对约翰逊的好感是真诚的，但约翰逊在他们的电话和书信中总是扮演着乞求者的角色，承诺不会"让人讨厌"，赞美艾森豪威尔是伟大的战士和政治家。艾森豪威尔的反应很诚恳而有礼貌，但并不亲密。他们总是很直接。

哈格蒂在被问及约翰逊是否值得艾森豪威尔给予建议时，他解释说："你得了解艾森豪威尔这个人。他没有任何虚伪，从不含糊其辞。你问他一个问题，如果他回答，你会只得到一个答案。"

艾森豪威尔喜欢给约翰逊提建议，部分原因是他和他自己政党的关系比较冷淡。当 1964 年大选临近时，巴里·戈德华特的保守派蓄积了力量，艾森豪威尔到处寻找一个更温和的替代者——包括他的兄弟米尔顿，还有曾在他的国务院中当过差的小赫伯特·胡佛。但新的激进的共和党看上去想抹去对该党最受拥戴的成员的记忆，甚至共和党大会上，保守势力拒绝在党纲的序言中称赞艾森豪威尔政府的业绩。

因此，对约翰逊而言，在获得1964年总统大选压倒性的胜利后，很容易就原谅了艾森豪威尔这个共和党人，因为他的心根本就不在共和党一边。约翰逊用尽一切方法巩固艾森豪威尔的特权和利益：派直升机送他去农场、享用戴维营和沃尔特·里德医院的总统套房，送他刻有总统印章的袖扣、领带夹和带有秒表的手表，在艾森豪威尔多次住院期间送鲜花问候。他将艾森豪威尔的肖像移到更显眼的位置，这样，这幅肖像能在约翰逊迎接各位白宫客人时被看到。

更显著的是，约翰逊让白宫研究员编制了他和杜鲁门以及艾森豪威尔的每一次联系记录，时间横跨他们成为总统前、在位和退位的各个时期：每一顿午餐、每一通电话、每一项法案的签署、国宴以及非正式的战略会议。这就好像它能向自己和他人证明他们之间的这些关系是有意义和真实的。记录里记载着1953年艾森豪威尔和约翰逊一同乘飞机前往得克萨斯州视察旱情、1959年和1960年他们的非正式会议。

从这一点上讲，约翰逊是总统俱乐部的记录秘书，是最懂得总统俱乐部潜在力量的人。当约翰逊赠袖扣给艾森豪威尔时，艾森豪威尔写信感谢："我想，有一天人们将发现它们会被摆在艾比利尼的博物馆里，上面会注释说这是你送的礼物。"

约翰逊很喜欢这种方式。他给他的助手们写了个备忘录："这句话应该在人们送我们东西时被用上。"

杜鲁门也受到了非常细致的照料。他收到了邀请、礼物，包括约翰逊的小雕像，而杜鲁门承诺会将这座小雕像放在他的桌上。当1964

年约翰逊总统大选获胜时，杜鲁门打电话祝贺他说："我和你一样高兴。"约翰逊抓住机会表达他的敬意："你感到高兴，是因为你对你的政党和你的人获胜总是比自己获胜感到更高兴。"但是，他紧接着说了一句话，这句话或许是总统俱乐部特殊关系的最明确的声明："我只是想让你知道，只要我在位，你也在位，没有什么总统特权、权力或用途你不能共享。你的卧室还在这里等你光临，你的飞机也常候在你的左右。"

那不是些空话。第二年，在最后一分钟，约翰逊下令他历史性的《医疗法案》的签字仪式不按原计划在华盛顿举行，而改在密苏里州的独立市，这样杜鲁门就能出席，并在他努力为国家医疗保险计划苦苦奋斗 20 年后收到第一张医疗卡。杜鲁门对约翰逊说："这是我退任后的生活中最精彩的部分。"

当助手们对签字仪式改在密苏里州举行提出异议时，约翰逊批评了他们。"难道你们不懂吗？"他再一次展示了他对总统俱乐部的见解，"我是在为哈里·杜鲁门做这些。他老了，很累，一直很孤单。我想让他知道国家没有忘记他。"

"我想知道是否也会有人这么对我。"

09

我需要你的建议，我爱你

约翰逊的顾问杰克·瓦伦蒂回忆，当约翰逊上台时，越南"只是地平线上拳头大小的一片乌云而已。我们很少讨论它，因为它不值得我们讨论"。

至少在越南分裂前不值得讨论。只有等到那时约翰逊才需要制定某种策略。多年来，艾森豪威尔和肯尼迪一直在给南越政府提供经济和政治支持，从而让其与北越支持的越共游击队作战。但在西贡发生军事政变，1963 年 11 月，腐败的吴庭艳总统被暗杀后，那种支持已不足以避免南越政府垮台。因此，问题是，让约翰逊阻止它发生究竟有多重要？

不管他做什么，约翰逊都想要他的前任们陪在他左右；他想延续肯尼迪的政策，只要他理解这些政策的内容，只要他有杜鲁门和艾森豪威尔对他的决策的支持。约翰逊在上任几个月后对邦迪说："我只是个托管人。"至少在他赢得他自己的大选之前是这样的。

司法部长鲍比·肯尼迪仍然在权力中心，而约翰逊又无法摆脱这个他曾经和未来的敌人，想象自己如果在越南问题上举棋不定会受到怎样的指责。多年后古德温回忆约翰逊说过的话："是我葬送了一个民主国家。我是胆小鬼，我是懦夫，我是个没骨气的人。哦，我能感到这些指责扑面而来。每晚当我入睡时，我会看到自己被绑在狭长而空旷的土地中间。在远方，我能听见成千上万人的声音。他们都在朝我呐喊，向我跑过来，叫着：'胆小鬼！叛国者！懦夫！'……他们开始向我扔石头。"然后，他会惊醒。

正如肯尼迪曾担心艾森豪威尔会就古巴问题谴责他，约翰逊则害怕肯尼迪就东南亚问题谴责自己——或者至少是他兄弟的谴责。但1964年大选年的大部分时候，约翰逊的策略主要是拖延：比巴里·戈德华特更温和，比法国人更坚定。约翰逊在1964年召开新闻发布会时，读了艾森豪威尔在1954年写给吴庭艳的一封信，同意帮助西贡建立"一个强大而有活力的国家"，抵制因法国殖民帝国瓦解而带来的共产主义的压力。然而，那天下午，罗伯特·安德森建议约翰逊咨询艾森豪威尔。他刚和前总统共进过午餐。安德森向约翰逊保证，在共和党人中，"没有谁比他更欣赏你了。你为何不请他来谈谈东南亚的这件事呢？"但1964年的选战已经白热化，约翰逊不急于和可能向反对派泄密的人进行协商。总而言之，讲得越少越好。

约翰逊对邦迪说："我认为不值得在越南打仗，我还认为我们不能脱身。这就是最大的麻烦。"然而，应对真正的地面战争的应急计划已经开始了。

在约翰逊获得压倒性的大选胜利后不久，他就不得不做决定了。他预言性地对众议院共和党领袖杰拉尔德·福特说："我很想并且急于承认，就好比命运安排你早上处于这个位置时你也会和我那么做一样……我承认不知道所有答案。"

这还不是美国的战争。只有不到500名美军士兵死亡，而且不管美国对不正常的西贡政府做了什么承诺，这个承诺已经越来越模糊了，因为自吴庭艳被暗杀以来，政府每几个月就发生一系列军事政变。南越甚至还不是真正的国家，只是 1954 年法国战败后成立的临时政府，用来阻止人民革命领袖胡志明。一份国家情报评估预测，南越军队绝不会成为一支高效的军队。诸如李普曼之类的坚定的专栏作家认为："我们如此之深地卷入这个世界的一部分，在那里，一个非亚洲国家是不可能赢得一场反亚洲人的战争的，这是个巨大的错误。"

约翰逊对古德温说："我从一开始就知道，不管我怎么做，我都注定会被钉上十字架。如果我离开我真正爱的'女人'——伟大的社会——就是为了和世界另一方的'战争'这个'坏女人'在一起，我将失去家中的一切：我所有的计划、我供养饥饿的人民和收容无家可归者的希望……但是，如果我……让共产主义者接管南越，那么我将被当作懦夫，我的国家将被当作绥靖国家。"那就会带来"一场破坏性的辩论，会破坏我的总统任期，葬送我的政府和破坏我们的民主"。

事实上，保守派专栏作家，如约瑟夫·艾尔索普，提起了肯尼迪当年在古巴问题上如何面对苏联那件事，并且说，如果约翰逊从这场战斗中逃跑，那将是"他的失败，也是全体美国人民的失败"。约翰逊抱怨，他从军事顾问们那里听到的都是"轰炸、轰炸、轰炸"，而他不相信这么做会有任何好处。他说他一直谨防军人，因为他们渴望荣耀："没有战争就不会成为英雄。英雄们需要战斗、炸弹和子弹才能成为英雄。那就是我对军人有疑虑的原因。"

换句话说，约翰逊需要的是一位他能信任的军人——一位已经赢得了所需要的荣耀，并且还理解战争的武器和总统不情愿使用武器这个事实的军人。

约翰逊在圣诞节前打电话给艾森豪威尔问好，他向艾森豪威尔保证："我不想将你拖进来，除非我真的在国际上有麻烦，到了那时我会跑过去找你的。"

没过多久那就变成现实了。1月末，西贡再次发生政变。军队乱作一团，越共变得更加强大。邦迪和麦克纳马拉提醒约翰逊，美国现在和过去的姿态"只能导致灾难性的失败……是时候做艰难抉择了"。2月7日，当波来古的一次袭击杀死了8名美军士兵后，约翰逊的军事顾问们要求进行大规模进攻，而不止是小型的攻击。邦迪在快速进行实地视察之后认为，越南人不相信美国——这当然是指总统——"有采取必要行动坚持到底的意愿、力量、耐心和决心"。他要求进行全面轰炸——"和越南战败的代价相比，这个方案看起来很廉价"。

但在权衡进行大规模轰炸和派遣更多士兵时，约翰逊很清楚他所面临的风险。问题不是政治性方面：83%的美国人赞成扩大轰炸规模，79%的美国人支持阻止共产主义者接管东南亚的政策。问题更是个人的问题。约翰逊夫人无意中听到她的丈夫在内部讨论中对副总统休伯特·汉弗莱说道："我不适合当总司令，我太犹豫，不能下达命令。"

约翰逊真正想要的是有人能与他携手共进，他不想号召他的国家进行什么伟大的事业，或者做任何会让国会从他设定的其他议程上分心的事。事实上，他甚至不想让任何人知道他有多么想要和艾森豪威尔进行交谈。

"将军，我想在明天或什么时候拜访你，探讨我们在东南亚的问题。"他在2月15日晚打电话给艾森豪威尔时说道，"我想知道你的日程……"艾森豪威尔，这位曾经的优秀战士，回答说他能做任何必要的安排。

"我不想说我们陷入了巨大的麻烦之中，因为我认为目前还没到那个程度。"

约翰逊向他保证，然后提出派飞机接艾森豪威尔前来，只要一切都小心谨慎，"我有点担心会留下发生了紧急情况或出了什么事的印象"。

"我明白。"艾森豪威尔说，"嗯，我想我能编造个理由。"他们讨论是否可以假装艾森豪威尔是去看望他的出版商，从而碰巧在城里拜访一下。

"你为何不……来我这里，在白宫待上一天，比如对公众说，我知道你将去纽约，而我想和你讨论几个问题……这样看起来就不那么引人注目，不会让人感觉我们有紧急情况了。"约翰逊提议，"没那么紧急。但我很需要和你谈谈。我想你比我认识的任何人都能让我感到欣慰……你为何不和我在白宫待上一晚呢？我将安排你睡林肯的那张床。"

听到这里，艾森豪威尔笑了。"林肯的床？"林肯，另一个伟大的战时总统，正是他十分尊敬的。

"我希望你住在白宫，"约翰逊紧接着说，"我有点需要你。我最近有点需要葛培理。我需要有人……你准备好来这里待一两天吧。不要急着走，因为我需要你。"

而艾森豪威尔并不是约翰逊唯一需要的人。

半小时后，他打电话给杜鲁门。

"你还好吗？"杜鲁门问。

"哦，我感觉很糟糕。"约翰逊回答。杜鲁门在朝鲜战争中提出了核时代有限战争的概念。约翰逊希望获得他的建议和鼓舞。

约翰逊坚持说，他只是想做正确的事情，想到已经牺牲和将来要牺牲的士兵，这让他很受困扰。"我想，当他们进攻并杀害了你的子民时，你将不得不还击……"

"你一定会的！"杜鲁门说，并且非常肯定，当责任不在于你时，采取强硬路线会容易得多。"你一有机会就责骂他们。他们更能理解这种语言方式。"

约翰逊发了另一封邀请："贝丝女士……我将派飞机前去接你，你们可以在白宫过周末……你不必说任何话。不要引起骚动。我们只是过去一起喝一两杯，然后我们会一起去教堂。"

杜鲁门承认，他最近身体不是很好。最终，由于身体原因他没能前往。

约翰逊说："我不想给你负担，但我总想让你知道，我需要你的建议，我爱你。

杜鲁门很真诚地发了份声明，支持约翰逊的越南政策。与此同时，艾森豪威尔前往华盛顿。白宫对记者说，艾森豪威尔是去沃尔特·里德医院参加年度体检的，只是恰好有时间到白宫看看他的老朋友。还有，指引他的老朋友做出他总统任上最重要的决定。

总统俱乐部战争理事会

2月17日上午10点，主要人物齐聚内阁会议室：约翰逊和艾森豪威尔、麦克纳马拉和邦迪、陆军参谋长厄尔·惠勒，还有安德鲁·古德帕斯特。安德鲁·古德帕斯特做会议记录，他后来成为接下来3年中约翰逊与艾森豪威尔交流的私人使者。这次会议探讨了所有事情：越南的历史、法国的作用、苏联人和中国人、成功的可能性、事件升级的风险、如有必要使用原子弹的条件。

在这次关键的会议上，艾森豪威尔表现得就像他还是总司令一般——而约翰逊也允许他那么做。艾森豪威尔甚至在约翰逊还没走进会议室就讲起了开场白，并且一讲就是45分钟。这就像是关于如何恰当使用权力的一次新人研讨会一样。艾森豪威尔不赞同派遣小股军队前往打外围战争，或者给指挥官们下达任务后再限制他们的行动。他强调了软实力和硬实力，强调了利用"情报和鼓励"，来为盟友打气并吓唬敌人，强调了在所有东西都不奏效时使用任何有必要的武力。他一次又一次努力让约翰逊的注意力集中在其他事上，而不是选择轰炸目标。他引用了拿破仑关于士气重要性的一句话，同时强调了需要鼓舞西贡的士气，而打击河内的士气。

艾森豪威尔强烈赞同空袭。他建议，是时候发动"一场压力攻势了"，他们将不会停止从北方向南方的渗透：目标是让北越人清楚支持越共的代价。去年夏天，国会通过东京湾决议案，允许在没有正式宣战的时候，"采取一切必要的行动保护军队"。他对总统说，这项决议给了你所需要的一切权力。据古德帕斯特会议记录："他认为这些空袭在全世界人面前都有很充分的合理性。"

艾森豪威尔论证，猛烈打击的另一个原因是要更快地带来和平。这里他引用了林肯的话，他说林肯写了《解放黑人奴隶宣言》，然后一直等到取得一场军事大胜后才发表，因为他决定，这份宣言要出自一个强有力的时机。在越南，艾森豪威尔警告说，"软弱的谈判很可能只会带来欺骗和攻击，这对我们是灾难性的"。最大的危险是中国认为美国在限制它的势力范围。艾森豪威尔认为："那将是结局的开始，因为他们知道，他们所要做的就是比我们做得更过分。"

艾森豪威尔提醒参会众人，他们是在下象棋，而不是下西洋跳棋。核武器具有政治、心理和军事作用：如果敌人认为他能用等待来击败你，他就占有优势。他回忆，在朝鲜问题上进展不顺利多年后，他是如何通过像印度中立派总理贾瓦哈拉尔·尼赫鲁那样的"秘密渠道"让众人知道（他知道尼赫鲁将泄露他的观点），除非很快签署停战协议，他将不再限制能穿越的边界范围或能使用什么武器，包括核武器。

艾森豪威尔说，他警告朝鲜：美国在武器上花了很多钱。"我们制造了大量武器，如果我们在不得已时都不用这些武器，那我们还制造这些武器干吗？"艾森豪威尔解释说，他从未打算做任何事情，除了让朝鲜人知道他的观点。但这个观点却让朝鲜人想和他谈判。（这或许是他愿意回忆的那部分；但在他那时的国家安全委员会会议上以及后来在他的总统任上，艾森豪威尔认真权衡了在中国采取行动时对朝鲜使用核武器的利弊，并且努力让美国的盟友们相信使用核武器的合法性。）

麦克纳马拉逼问他在越南使用战术性核武器会怎样。艾森豪威尔说，如果中国人现在介入，约翰逊应该空袭他们，使用一切有必要的武力，包括核武器。他预计这种情况有可能发生。但美国已经将自己的威信和保持东南亚的自由绑在了一起。如果那样做要"派 6 到 8 个师军队……那就做吧"。

这样，那位曾在 1954 年因担心丛林会吞噬整个师部而反对军事介入越南的人现在正敦促采取更具侵略性的姿态。克拉克·克利福德在他的回忆录中写道："在他 1961 年和肯尼迪总统的谈话中，艾森豪威尔倡导采取众多强硬的措施，而这些措施在他身为总统时并未采取。"或许这就是前总统们的风格，或许这反映了实际局势改变了多少。但艾森豪威尔的建议是始终如一的，从他身为将军之时起，一直到他总统任期结束，再到他成为顾问：如果不能打赢，就不要打。不要采取折中方法来浪费时间和生命。这对约翰逊来说很艰难，对一个"太优柔寡断"而很难做艰难决定的人、一个太不能确信自己能力的人来说确实如此。在类似的问题上，他很不自信，更依赖"智者"，不管是艾森豪威尔还是艾奇逊，抑或是克利福德，来给他掩护，让他避免自己显得胆小或不能胜任。

约翰逊还获得了他在那时最需要的另一样东西：一幅刊登在《纽约

时报》首页上的显示他和艾森豪威尔在做深入交谈的照片。说明文字写的是"意外访客"。没有什么光环可以胜过艾森豪威尔的光环。如果共和党人最伟大的英雄支持约翰逊，那么总统一定是在做正确的事情。

陷　阱

1965 年 2 月，约翰逊悄悄批准了"滚雷行动"，进行持续轰炸，行动以他的朋友葛培理的经典复兴歌曲《你真伟大》的歌词命名。到轰炸结束时，美国在越南扔的炸弹要比各国在第二次世界大战时扔的炸弹的总和还要多。地面部队很快跟进，先是两个海军陆战队营——大约 1 500 人——保护位于岘港的空军基地，然后在 4 月底，5 万人的军队将支援海军陆战队。詹姆斯·赖斯顿在《纽约时报》上写道："是时候将铁锹变成血淋淋的铲子了。这个国家正在越南进行一场未宣战和未解释的战争。然而，约翰逊一直坚持认为，没有任何根本性的东西已经改变。正如《时代》周刊白宫记者休·赛迪所说，总统的反应是，'两点之间最短的距离是隧道'。"

3 月，约翰逊在写给艾森豪威尔的信中说："我还能从我们的对话中汲取力量。"他还说，国会议员——两党的议员——都相信他们在进行讨论。"共和党领袖，尤其是国会中的领袖，正在积极支持。"古德帕斯特的汇报给了艾森豪威尔需要的弹药，让他能够阻止紧张的共和党人在持保留态度上走得太远。给约翰逊带来问题的是民主党人。当像雅各布·贾维茨那样的自由派共和党人敦促约翰逊开始和平谈判时，艾森豪威尔与约翰逊抱有同感，对约翰逊说："说到谈判，我想知道，为什么人们没有认识到，和谁谈，谁愿意来谈。"

4 月，在约翰斯·霍普金斯大学发表的一次里程碑式的演讲中，约翰逊提出开始无条件和谈，并且提供 10 亿美元的发展援助。这之后，约翰逊感觉形势在朝着对自己有利的方向发展。《达拉斯晨报》上刊登了一幅漫画，画上林登·约翰逊乘着战斗机，一只手中拿着炸弹，另一只手中攥着 10 亿美元。议员们称这幅漫画为杰作。1965 年春天的选民中，仅三分之二的人认为约翰逊在战争上表现很好，即使地面部队的数量已上升至 8.2 万人。

但现在，约翰逊面临着又一个关键的抉择。5 月，克利福德提醒约翰逊，战争再深入的话，很可能会面临陷入"泥潭"的风险。南越军队在解体，政府将再次垮台。美军越战司令威廉·威斯特摩兰将军向麦克纳马拉请求再派 15 万人的军队，从而发动反攻。

"我们的处境一团糟。"麦克纳马拉对他的同事们说。

邦迪后来解释说，和肯尼迪一样，约翰逊对军事观点很敏感，在给将军们下达命令时很为难。和艾森豪威尔不一样，"艾森豪威尔要比他们有更多的将星，和杜鲁门也不一样，因为他从来就没下过那样的命令……我在这两个例子中有点夸张，但仍然很公平，杜鲁门和艾森豪威尔，以及富兰克林·罗斯福，他们在对付他们的高级军事顾问时比肯尼迪或约翰逊要自信得多"。

约翰逊想知道艾森豪威尔的观点。约翰逊在 6 月 10 日对麦克纳马拉说起艾森豪威尔时表示："我不认为他很热心。"古德帕斯特几乎每两周都要在华盛顿和葛底斯堡来回走动，他向艾森豪威尔汇报了威斯特摩兰的请求，并且说约翰逊请前总统前往白宫商议。于是，6 月 30 日，艾森豪威尔和约翰逊以及麦克纳马拉在白宫的家庭区一起吃了午餐。约翰逊夫人在她的日记中写道："艾森豪威尔真的很帮忙，而我是因为磨才认识谷子啊。战况只会变得严峻而糟糕。"

约翰逊夫人对历史学家罗伯特·达莱克说，她丈夫所面临的最糟糕的事情是，他不知道战争是否正确。"这就像是他喉咙上的一根刺，他没有那种认为这是正确的强烈感情，这种感情在民权问题、贫困或教育问题中他曾有过……是的，如果你确定你是在做正确的事情，你就能承受任何负担，付出任何代价。但是，如果你不知道你做的是否正确……"她的声音越来越低。

她不是唯一在担心的人。约翰逊越来越沮丧的情绪对他的助手们的影响也很明显。约翰逊有睡眠问题。加拿大总理莱斯特·皮尔逊到戴维营看望他，约翰逊对他说："我感觉自己就像是殉教者，受到国内外朋友的误解和冤枉。"新闻发言人比尔·莫耶斯看到了一个"饱受折磨的人"，充满自我怜悯，并且越来越偏执；莫耶斯说，这反映了"他比任何人都清楚地领会到——（越南）没有回头路"。这意味着他总统任期的终结。约翰逊对莫耶斯说，他感觉自己像是陷在了"路易斯安那州的沼泽地里……不断让我往下陷"。

莫耶斯记得："当他这么说时，他躺在床上，被子几乎盖住了脑袋。"这时还只是 1965 年。

麦克纳马拉给约翰逊提供了三个选择，大意是撤退、用 7.5 万人军队胡乱应付，或者将战争大规模升级。他对约翰逊说，参谋长联席会议的成员意见一致：给威斯特摩兰所想要的。

7 月 2 日，当要做最终决定的时候，约翰逊再次要求麦克纳马拉明确说明，如果他全面介入，并给麦克纳马拉所要求的 20 万人的军队，麦克纳马拉能给他什么保证。"西贡能进来，撕碎我们，并且无休止这样下去吗？"他在那晚 11 点后打电话给艾森豪威尔，希望得到肯定和清楚的表态。

艾森豪威尔对他说："你必须全面出击，这是场战争，只要他们在那里打击我们，我的建议就是'做我们必须要做的事情'。"如果约翰逊决心认为，"见鬼，我们将结束这场战争，并赢得这场战争……我们不想失败"。任何形式的谈判机会都会出现。

约翰逊问："你认为我们真的能在那里打败越共吗？"他非常了解国内事务，知道国会的办事方式，并且对共和党对手愿意达成协议的具体内容了如指掌。他是手段、目的和实际妥协的结合体。但他对越共没这种感觉，或者说不知道他的目标能否实现。

艾森豪威尔很认同，"这是最难的事情"。因为他们甚至不知道自己所面对的游击队员的数量，也不知道有多少他国部队和多少叛乱者。但他再一次清楚地陈述利益所在，"我们不会从我们帮助建立的自由国家被赶出来"。

当然，艾森豪威尔可能也说了，"一个我帮助建立的国家"。他在南越独立上有个人的赌注，在他做总统时，曾坚决抵制用武力捍卫这个国家。在1954年法国战败之后，当越南根据《日内瓦公约》被暂时分裂的时候，计划几年内通过自由选举进行统一。但是，由于选举带来了一个胡志明领导的共产主义政府，艾森豪威尔政府阻止了统一，并成立了南越，成为反对共产主义入侵的"倒下的多米诺骨牌"在经济和军事上的堡垒。如果艾森豪威尔不曾有效地创立南越，南越就不会成为一个国家。

当他们的谈话快结束时，约翰逊对艾森豪威尔说："你是我所拥有的最好的参谋长……我将在此事上依赖于你。"

最终，约翰逊意识到，撤军将成为灾难，保持现状将意味着缓慢的失败。他将派遣军队——到10月时派遣20万人的军队——但是他不会告诉国会或公众任何绝对必要的情况之外的事情。他不想承认这样做的代价，因为他在国内通过了一个又一个政策：教育援助、住房、医疗、选举法和社区发展。他不想承认战争需要提高税收，或者召集

23.5 万人的预备役军人，或者以任何方式让国家准备好参加一场持久而代价高昂的战争。

只要他拥有艾森豪威尔的庇护，或许他并不需要——如果他所做的只是延续艾森豪威尔和肯尼迪的政策以及兑现他们的承诺。约翰逊每获得一个机会，都会把那些在他之前做出的"帮助捍卫这个虽小但勇敢的国家"的"庄严誓言"当作自己的护身符。

约翰逊在自己的衣袋里随身携带着艾森豪威尔在 1954 年写给吴庭艳的信。他经常将这封信引用为美国保护南越的神圣承诺的源头。他谈论了抵制共产主义扩张的"巨大风险"，并且将战争升级描述为国家的荣誉。他说："我们的承诺，可以追溯到 11 年前。"因为当时的肯尼迪和艾森豪威尔政府都曾说："我们不能不兑现我们的诺言……或者将那些相信我们、信任我们的人置于恐惧、压抑和杀戮之中。"

就这样，通过暗示有一份他不能不遵守的事实上的协定和庄严的承诺（即使它们与他无关），他挖好了自己的陷阱。他不仅让越南的未来在冒险，还让美国的公信力受到了挑战。当然，也让他自己冒了极大的风险。只要他避免了全国上下对战争的争论，这就不是美国的战争了，而是林登·约翰逊个人的战争。

这让艾森豪威尔很尴尬，因为他从来就没有发誓要不惜任何代价捍卫南越。8 月 17 日，在接受记者采访时，艾森豪威尔断言："必须在越南阻止共产主义者……（因为）在其他地方要这么做的话会更难更棘手。"但他委婉拒绝承认约翰逊的行动基本是他的政策所带来的结果这样的观点。他坚持说，他从来没做过捍卫南越的单边军事承诺，他只是向吴庭艳承诺"经济和外交援助"。他拒绝向法国军队提供战斗机，因为他担心卷入直接军事冲突。南越这个"国家"只是人工造的，他将捍卫它到何种程度？

没有人会知道，艾森豪威尔可以说情况已经变了，可以说约翰逊有他之前所不具备的派遣军队的理由。在任何情况下，选民们都会被提醒艾森豪威尔已经明确避开了在亚洲的地面战争。《纽约时报》报道"艾森豪威尔否认对西贡的军事承诺"。

现在，社论作家们暗示白宫玩了把戏，把艾森豪威尔当成了他们将战争升级的掩护。两天后《纽约时报》的社论责骂说："不仅仅没有举行国会辩论，而且有人一次又一次地否认曾做过（派遣军队）这个决定。事实上，整个努力都让事情看起来像是美国政策自1954年以来一点都没有改变。"

这让白宫陷入了全面的危机。约翰逊或许会对艾森豪威尔暴怒，但他也同样需要他。约翰逊立即致电艾森豪威尔："他们想让我们争斗，只要我在这里，他们就不会得逞。毕竟，你知道，国际领域中没有任何人能在世界各地都受欢迎，总是有很多人知道答案。我会将我所知道的与你分享，我向你保证。"

艾森豪威尔安心了。

邦迪给古德帕斯特写了份备忘录，明确描述了风险："除了在越南的行动外，没有什么能比约翰逊和艾森豪威尔总统在过去20个月努力维持他们紧密的相互理解的工作更重要了。"他交给了古德帕斯特一小包裹材料，让他转交艾森豪威尔，其中包括艾森豪威尔从1954年起写给丘吉尔和吴庭艳的信，以及艾森豪威尔在国会发表的一篇关于成立东南亚条约组织的演讲稿。他在给丘吉尔的信中宣称，共产主义在东南亚的扩张"将成为整个自由世界的严重威胁"。

邦迪对古德帕斯特说："总统让你把这些文件交给艾森豪威尔将军，这不是因为约翰逊总统有做书面记录的任何兴趣，而只是因为他相信这些文件清楚展示了过去10年里3位总统的基本政策……他非常希望艾森豪威尔将军对这些基本原则有和他相同的看法。"

这是模糊的威胁，但是也有些甜头。约翰逊写的一封信肯定了艾森豪威尔对国家和事业的极度重要性。约翰逊说："总统职位需要些什么，对于这一点，没有谁能比你更了解，没有谁比你更注重国家的最高利益。"他还称赞了他那"威望和智慧的巨大力量"。

约翰逊说，他相信艾森豪威尔将获得永远的敬重："爱国者、战士、总统，以及现在国家的睿智的顾问。"

第二天和将军见完面后，古德帕斯特写道："艾森豪威尔将军对这封信感到很高兴，并且有好几次提到这封信。"艾森豪威尔向古德帕斯特保证，在越南问题上的延续性和责任感不会有任何问题。目标仍然一样，只是实现目标的途径在 11 年内变化了。这很好——但途径是最重要的，正如约翰逊计划向战争的中心派遣成千上万名士兵。

1965 年 8 月 19 日那天，艾森豪威尔还会见了众多共和党领导人——包括理查德·尼克松和杰拉尔德·福特。在新闻发布会上，艾森豪威尔坚称，任何关于在越南问题上他与约翰逊分道扬镳的传言都是"胡说八道"。他说，约翰逊的政策是在当前局势下最适合的政策，而局势自 1954 年以来已发生了巨大的变化。他还说，在危机时刻，"善良的美国人民唯一能做的事情就是支持总统"。与此同时，白宫也澄清，两位总统之间没有分歧，白宫认为"任何企图利用艾森豪威尔将军宣扬分歧的企图都不利于国家利益"。

然而，并非所有共和党人都这样认为。福特指责白宫，说白宫应向艾森豪威尔将军道歉，因为白宫"不负责任的暗示"总统被某人利用了，成了服务于政治目的的傀儡。他声称，国会中的共和党人将发布一份详细的报告，说明美国对越南所做的承诺的全过程。

白宫就此采取了行动。福特的那份油印版的"白皮书"由于时间仓促，竟然连页码都弄错了，而在福特发布这份报告之前，白宫也发布了一份绿色封面的 27 页的题为"为什么是越南"的小册子。艾森豪威尔拒绝支持共和党的那份报告。约翰逊称他为"中流砥柱"。

尽管古德帕斯特进行了定期的汇报，或许也正是因为定期的汇报，艾森豪威尔的担心与日俱增。他感觉到了约翰逊的犹豫，感觉到他缺乏将使命进行到底的坚定决心，不愿意解释或捍卫它，并且想不惜一切代价保护其国内政策。艾森豪威尔的孙子戴维认为，某种程度上，艾森豪威尔意识到自己被利用了。当他进城会见约翰逊时，他往往先顺路到他的老助手布赖斯·哈洛那里了解会议内容，然后两人一起前往白宫。哈洛对戴维说，"一路上将军都在咒骂和抱怨'约翰逊在利用我'。"有时候，哈洛甚至怀疑他会径自掉头返回葛底斯堡。"但是在外交事务接待室，他会见总统时，神情马上就变了。他会突然间变得笑容可掬，一副亲切和蔼的模样。"和约翰逊的谈话将很温暖。哈洛说："起码，将军喜欢那样的谈话——至少开始时是这样。"

艾森豪威尔的前演讲稿撰稿人威廉·埃瓦尔德回忆，有一次约翰逊邀请艾森豪威尔到华盛顿，他们在华盛顿机场的一架直升机内开了一次秘密会议。当他在返程的飞机上做会议记录时，他的一位助手打开了广播收听体育比赛，听到了一则简讯"总统刚刚会见了艾森豪威尔将军"。

"那个家伙！"艾森豪威尔咆哮道，"他说这次会议是秘密的。"然后撕毁了他正在写的会议记录。

艾森豪威尔在 1965 年再次心脏病突发，这意味着他离政治舞台更远了。但是，当那年快结束时，林登·约翰逊的支持率达到了 64%，并且在盖洛普民意测验中当选全世界最受钦佩的人。艾森豪威尔排名第二位。

分裂的国家

到 1966 年时，越战陷入僵局；鹰派人士想开展全面进攻，而抗议者则要求立即停战。美联储主席和几百位商界人士在《华尔街日报》上给约翰逊写了封反战信。波士顿大学的一名学生在麦克纳马拉的窗外自焚。马丁·路德·金也站出来反对越战。还有本杰明·斯波克博士，他还曾在 1964 年为约翰逊做过商业广告。牧师们、家庭主妇们，还有那些一生中从未反对过国家政策的人也全部站了出来。一位年轻的名叫乔治·赫伯特·沃克·布什的得克萨斯州议员给他的选民写信说"我真心反对向越南增兵"。戴维·艾森豪威尔说，约翰逊在寻找的不只是"精神和历史"支持，还有对打一场不受欢迎的仗的借口，"希望人们支持总统俱乐部中的一位不懈努力实施与民意不符的政策的总统"。

到 1967 年年中，越战中死伤的美军数已达 7 万人。杰克·瓦伦蒂说："最残忍的事情，莫过于下令士兵参战，然后接到五角大楼的电话说当天又有多少死伤。我曾问约翰逊：'你是怎样忍受的？'他说，这就像是每天早上喝药水一样。"当他失眠时，他会打着手电筒在白宫徘徊，看伍德罗·威尔逊的画像，后者在任时因中风而瘫痪；或者在凌晨 3 点去战情室，因为那里总是有人在统计最新的消息和死亡人数。古德温说："他让自己怀疑，上帝正打算用最残忍的方式折磨他。"

艾森豪威尔担心约翰逊的精神状态。1967 年秋天，尼克松到农场看望他时，他对尼克松说："一场战争或战斗的局势让人坐立不安，而那能够……让人丧失判断力。"当时尼克松正在制订计划向约翰逊的总统职位发起冲击。艾森豪威尔担心，总统"没有内压测量表，不知道何时该放松。除了政治，他没有任何嗜好或兴趣"。

约翰逊越来越希望从圈子里的老一辈人中寻求慰藉。他到密苏里州拜访了杜鲁门，称之为"我在战时为数不多的慰藉之一"。

"你知道，杜鲁门的伟大之处在于，"他对古德温说，"一旦他就某事做好了决定——任何事情，包括投原子弹——他就不会回头问'我是否应该这么做？啊！我是否应该这么做？'不，他就是知道，他做了他能做的最好的决定，仅此而已。绝没有回头路。我希望我也能像他那样。"

一天，当他在沃尔特·里德医院探望刚动完膀胱手术的艾森豪威尔时，他遇到了艾森豪威尔的牧师爱德华·埃尔森，牧师问及艾森豪威尔的精神如何。约翰逊的回答表明他自己也需要同样的关怀。约翰逊说："埃尔森博士，当我需要安慰的时候，我就来这里，来这里看望他。"

然而，艾森豪威尔对约翰逊的口是心非也越来越没耐心了。对目标和代价的真实评估在哪里？约翰逊似乎决心发动的"无伤痛的战争"的理念让艾森豪威尔感到不适。艾森豪威尔抱怨说："美国人民被许诺会有武器和更多的黄油——武器几乎被黄油淹没。我认为这不可能。"

约翰逊的支持率滑落至 1951 年杜鲁门的 23% 后的谷底。他被拿来和恺撒、卡利古拉以及墨索里尼比较。抗议者的标语上写着："李·哈维·奥斯瓦尔德，你现在在哪里？"鲍比·肯尼迪要求无条件停止轰炸。1967 年春，全国三分之二的人认为他们丧失了对约翰逊领导的信心。一半美国人不知道战争是为了什么。

那年秋天，在巴尔的摩的兵役登记局，一位天主教牧师往超过 16 个抽屉的档案记录上倒了两品脱①血；曼哈顿的一场演出上，约翰逊的道具被汽油弹和其他象征死亡的东西包围。然后，还有五角大楼游行，

---

① 1 品脱约为 0.568 升。——编者注

这让约翰逊不得不通过让企业减少使用公车来减少参与游行的人数。

白宫越来越沮丧，尤其是河内对反战积极分子的"宝贵支持"和"巨大鼓舞"表示热烈欢迎。将军们开始公开谈论结果可能是"在那里"赢得战争，而在国内输掉。詹姆斯·罗顾问警告，精英人士的观点很快变得反战，或许"最终和大多数人保持一致，尤其是没人反对他们的时候更是如此"。而总统大选也正在临近。

这是纯粹的政治折磨：约翰逊是那样地想受人们爱戴，那样地想成为一位伟大的总统，赢得这场受诅咒的战争的主要障碍是不再信任他的公众们的反对声。

当理查德·尼克松在 1968 年围绕"沉默的多数派"开始自己的选战时，约翰逊首先想号召中间派支持他——并且利用总统俱乐部的成员那样做。约翰逊还想让人们接受他的战争。争取抗议者们支持的这一重任落在约翰逊的特别顾问约翰·罗奇身上。约翰·罗奇是来自布兰迪斯大学的前政治学教授。罗奇是一位老派的冷战自由派人士，他曾担任过美国人争取民主行动组织的主席，并且在肯尼迪还是参议员时做过他的顾问，此外还曾为汉弗莱写演讲稿，在约翰逊的白宫担任常驻学者。他谈论越战时说："我会至死都认为，这是我们曾打过的最理想的战争。"

罗奇喜欢说："在政治上，直线是通往灾难的最短距离。"因此他采用迂回的策略，当约翰逊急需盟友来反对哀号的知识分子和粗暴的抗议者时，罗奇于 1967 年春制订了一个计划，成立高端的智者委员会；他承诺，在人们看来，只有回忆"不会留下任何轨迹"。他甚至承诺，将提供信件写作小队支持委员会的工作。伊利诺伊州前参议员保罗·道格拉斯是完美的人选，他是强硬的反共产主义人士，支持民权和劳工权益。詹姆斯·罗也参与了，他认为约翰逊会对名单上有两位哈佛教授而感激不已。约翰逊同意了计划，但他警告"不要公开"。

就这样，10 月底，在国家新闻俱乐部里，道格拉斯宣布成立无党派越南和平自由公民委员会。名誉主席是谁？哈里·杜鲁门和德怀特·艾森豪威尔。这个小组被当成激进的左派和右派的平衡力。委员会在它的使命陈述中说："反对者的声音受到的关注远达不到他们实际人数的需求，我们的目标是确保大多数美国人的声音都能被听见——响亮而清晰地被听见——这样，北京和河内将不会把一些反对者的刺耳声当成美国人在泄气和变得犹豫。"委员会里充满了圣人、商人、教授和诺贝尔奖得主：有前国务卿迪安·艾奇逊和詹姆斯·贝尔纳斯、哈佛大学前校长詹姆斯·科南特、加利福尼亚州前州长帕特·布朗、美国劳工总会与产业劳工组织主席乔治·米尼、作家拉尔夫·埃利森、还有除艾森豪威尔外唯一还在世的五星上将奥马尔·布拉德利。

《时代》周刊声称，全世界都在看美国的决心是否在消失："如果美国的中间派能从新的公民委员会或其他渠道找到有效的代言声音，美国的外交政策就能给朋友和敌人们带去更大的权威。"

前参议员道格拉斯一次又一次地坚称委员会有其独立性。他在几个月后的一次新闻发布会上说："不管你们如何含沙射影，我们绝不是政府的前哨。"当时委员会发表声明，警告对河内的单方面妥协就是在通往投降之路。对任何重量级的委员会来说，缓和中间派美国人对战争越来越重的担忧已经为时太晚。

艾森豪威尔继续表示支持约翰逊，敦促他坚持到底。约翰逊回忆："每当我向他抱怨富布赖特和他的朋友们给我带来的麻烦时，他就会对我说'我会径自走过去扇他们耳光，不要在意那些受了过多教育的参议员，这样就行了'。"

在圣诞期间的访问里，艾森豪威尔宣布，任何坚持从越南撤军的民主党或共和党总统候选人都会"遇到我的竞争"。他警告说："那是一件会让我开始在全国进行巡回演说的为数不多的事情之一。"《纽约时报》专栏作家汤姆·威克注意到了他言论中"明显的火药味"。他很惊讶地发现，这位 1952 年的总统候选人变化非常大，当年在朝鲜战争时，他曾迷茫地问过："我们要走向何方？何时才是个尽头？会有结束的那一天吗？"

无论如何，艾森豪威尔的竞选岁月已经结束了。因此，在某种意义上，约翰逊的总统任期也走到了尽头。到 1968 年初，他几乎成了白宫的囚徒。"新年攻势"在 1 月底展开，8 万共产主义军队袭击了南方100 多个城镇。袭击结束时，北方的损失也是毁灭性的；但所有的信誉度也同时消失了，白宫的精英们承诺离开白宫和五角大楼。麦克纳马拉辞职，威斯特摩兰还在要求增兵。美国争取民主行动的组织再一次发生了哗变，就像 1948 年曾针对哈里·杜鲁门那样。CBS 新闻主持人沃尔特·克朗凯特公开宣称，战争无法取胜。约翰逊宣布："我已经失去了中间派美国人。"主和派候选人尤金·麦卡锡赢得新罕布什尔州初选 42.4% 的选票——尽管后来的认真分析显示，60% 的选票来自那些认为约翰逊不会快速进步的人。他们只是厌倦了僵局，厌倦了谎言，厌倦了不停运送尸体的火车。

1968 年 3 月 31 日，约翰逊宣布单边停止轰炸，任命埃夫里尔·哈里曼为他的个人特使，"在任何时间前往任何地方"和谈，然后令人震惊地宣布：带着全世界人民的希望，他将每时每刻都贡献给"总统职位的神圣职责"——因此他"将不会寻求或接受新一轮任期"。

林登·约翰逊的任期就这样结束了。但是，在后来的 7 个月中，他有机会重新考虑他的决定。当他发现自己处在当代最曲折而危险的总统俱乐部的分裂之中时，尤其如此。

尼克松和里根：

加州男孩

理查德·尼克松和罗纳德·里根决定了从 1966 年起直至尼克松去世的美国共和党政治。他们两人都有着虔诚的母亲和不幸的父亲，都是来自加利福尼亚州南部的保守派。但和其他生于这个时代的人一样，在他们将近 50 年的关系中，他们既是对手也是盟友。

当两人在全国舞台上崭露头角时，很明显的是，他们的政治几乎和他们的个性一样不同。尼克松是个冷酷的现实主义者，而里根则是热情的乐观主义者。尼克松既有疑心又很精于算计，而里根则易于轻信别人且常常很单纯。尼克松的个性从未像他在国内外实施的政策那样受人欢迎。而相反，与里根的演讲和他在舞台上塑造的个人形象相比，里根的政策从来没有像那样受人欢迎。即使是在他们卸任总统后，他们也都走了不同的道路。其中一人在公众中流连了 20 年，争取自己的救赎；另一人则几乎一夜间就消失了。他们的通信持续了 35 年。他们的信件总是很友好、相互尊重而得体。但他们只是刚开始讲述其中的故事。

10

我向你承诺——我会非礼勿言

理查德·尼克松打不通电话。

1966 年 6 月的那个夜晚，前演员罗纳德·里根在加州共和党州长初选中击败了所有竞争对手，而理查德·尼克松在经历 1960 年和 1962 年的失败后，打不通共和党新的政治明星的电话。

里根曾击败旧金山市共和党温和派市长乔治·克里斯托弗，其实用"打垮"一词要更恰当，他赢得了该州 58 个县中的 55 个（还差点赢得剩余 3 个县中的 2 个）。尼克松作为上一位赢得州长提名的共和党人，甚至不能打通给里根的祝贺电话。纽约到洛杉矶的电话全部占线，这种情况在那时时有发生。西部联盟电报公司当时正在进行罢工。因此，尼克松竟不得不通过最差的方式——写信来联系共和党当时最炙手可热的人。

"你的初选显得你非常有能力、尊严和效率。"尼克松在写给里根的信中说，并且为不得不用邮政服务的方式表示抱歉，"你拒绝被诱惑攻击你在初选中的对手，这大大提高了你 11 月大选的机会。"两人都来自美国中西部，里根出生于伊利诺伊州，尼克松的父母则来自俄亥俄州和印第安纳州，尼克松用他们中西部人一贯的交流方式接着说，

"我肯定你知道，当帕特·布朗和他的支持者意识到他们在虚度 8 年后将被驱逐下台时，对你的攻击将在媒体和电视上大规模袭来。中西部有句老话（我老家也是中西部的），我希望在局势越来越困难时你能记住：'我们要坚持自己的主张。'"

到 1966 年中期，尼克松已经迎合并做里根的顾问将近 20 年了。但现在，里根的道路开始和尼克松的道路有分叉了；尽管两人努力掩饰这个事实，尼克松和里根已不再是盟友了。

相反，他们将要开始争斗。

"电影明星？"

尼克松与里根在 1947 年夏天初次见面，当时 34 岁的刚上任的国会议员和一位加利福尼亚州的 36 岁的演员坐在一起聊天。尼克松已经从他的政治资助人那里听说，新任电影演员协会主席里根担心共产主义在他的工会中渗透。对于一位当时正在调查共产主义在美国权力中心的影响的众议院劳工委员会的新手来说，这是条值得跟进的线索。因此，尼克松在那年春天回老家时拜访了里根。

他们的共同点比他们想象中的要多：两人在经济大萧条时都还是孩子，在小镇的大学里都很出风头（两人都玩橄榄球并喜欢戏剧），在 1947 年时都成了家。但他们两人又不一样。尼克松，曾做过海军兽医，并且在上一年 11 月的选举中在奥兰治当选国会议员，用自己的成功让自己获得了名声。里根在早期和秀兰·邓波儿拍摄了恐怖片《哈根女孩》，但是在电影生涯走下坡路时开始将更多的时间放在工会政治上。可以肯定的是，尼克松和里根是政敌：尼克松是正在崛起的保守派共和党人士；里根是个直言不讳的富兰克林·罗斯福式的民主党人，他的城镇在政治影响力上并不大。尼克松有点笨拙，而里根则很放松和有魅力，和年轻女明星及其他主演拍了 10 多年的戏。里根在毕业后的第一份工作是艾奥瓦州达文波特市广播电台的橄榄球实况报道员；而尼克松在上完法学院后，在联邦调查局工作。

里根看起来像是尼克松所在委员会的理想的目击证人。尼克松对赫尔曼·佩里汇报说："他的态度让我印象尤其深刻，我相信他对委员会的调查将非常有帮助。"佩里是惠蒂尔市的银行家，是第一位建议尼克松竞选国会的人。"鉴于里根是自由派人士，不能被控告为红色反动派诱饵，他将成为一位特别适合的证人。"

里根那年秋天确实在华盛顿做了证人；尼克松参加了听证会，尽管他没有提任何问题，而那位演员的话基本上无关紧要。就这样，尼克松和里根的合作关系就停滞了。

两人的联系一直到 1959 年都很少。其间，里根离婚并再婚，撤出了电影圈，开始为通用电气在全国做推广，为它的雇员们演讲。他那自由的反法西斯的观点逐渐变成了保守的反政府的观点。与此同时，尼克松击败了曾在好莱坞当过女演员的一位名叫海伦·加黑根·道格拉斯的国会女议员（里根的一位朋友），当选为美国参议员。然后，尼克松在 40 岁这个不可思议的年纪当选德怀特·艾森豪威尔的副总统。

1959 年，当尼克松开始为自己准备竞选白宫时，里根再次出现在他的路上。这一次，他以演讲的形式出场。尼克松在纽约市的一位盟友将这篇题为"生意、选票和官僚机构"的演讲带给了他。这篇演讲和里根的一贯风格一样，显现出明显的保守派原则，控诉政府的浪费，讲述美国历史上的故事。很难想象尼克松认为这篇演讲很精彩。但是，鉴于全国大选即将到来，而且知道里根作为通用电气的代言人每月的演讲对象即使没有成千上万，也要达数百人，尼克松看到了再次和他

12 年前的旧相识联系的机会。

尼克松写道："我想你在分析我们现今的税收情况上做了份出色的工作。最近几个月，美国人民一直在鼓励我质疑政府的税收和开支……选举哲学……我希望你能有很多机会重复你这些睿智的话。"在一份简短的附言中，尼克松提到两人在 1947 年是如何认识的。

里根在一个星期后用他那干练甚至是潦草的字体回信感谢尼克松寄来的信。他似乎已准备好被招募进尼克松的大军之中了。里根答复说："你真是太好了，给我写信还谈到我的演讲。你能花时间读那份演讲稿，我感到很荣幸。"在说明了他在全国四处发表他自己的演讲之后，里根表达了他对听众反应的惊讶："事实上，听众们在认为必须要做某些事情时很富有战斗性……我相信，经济保守主义将扭转当下'中央集权下的经济'，这种大潮会迅速高涨起来。事实上，我们正处于那种少有的时刻之中，具有那种民主力量之源的智慧的美国人民已经准备好说'不'了。"

尼克松很快答复了里根，并且还在回信中夹带了一份内阁委员会就稳定物价所写的一份报告，此外还预言："你有能力将复杂的技术性问题转换成通俗易懂的话。我们这些在华盛顿待了很多年的人往往缺乏这种表达的能力。"

这种恭维值得注意。7 月 8 日，赫达·霍珀的好莱坞谣言专栏写道，里根"收到了副总统尼克松的来信，祝贺里根在纽约华尔道夫发表的一篇演讲"，尼克松说这个演讲"抓住了复杂的税务问题的重点"。不是因为赫达·霍珀的名声起了作用，而是这篇文章起了作用（这封信几乎可以肯定是被里根或他的朋友们泄露的）。不管尼克松想不想，他帮助里根开启了政途。

很快，两人开始互相恭维起来。里根在 9 月写信给尼克松向这位副总统表示祝贺。尼克松当晚答复并且将他近期的其他一些演讲稿寄给了里根。里根希望能亲眼见见尼克松，他在 12 月再次写信给副总统，告诉他，他正在主持 ABC（美国广播公司）1960 年新年的玫瑰花车游行报道，期间尼克松一家将被当作典礼官。里根建议，或许两人能在之后聚一聚。但尼克松婉言表示了拒绝。

在示好尼克松的同时，里根自己也试图跟民主党脱离关系。里根有这样的权利，因为他拥有担任电影演员协会主席的经历，他的朋友和他的岳父——芝加哥医师洛亚尔·戴维斯，退休到了菲尼克斯市并且和巴里·戈德华特关系很近。在观看了 1960 年民主党全国大会提名约翰·肯尼迪竞选总统之后，里根决定就政治舞台上的细节辅助尼克松，匆匆写了封信，建议共和党候选人免除每次提名后的传统游行。他说："是的，当他们唯一的目的是影响会议室中的代表时，他们还有点名气。然而现在，电视已经为大会商讨场景打开了一扇窗，游行只会浪费时间，并且在我们最美的好时刻贬低我们。"

在写完一些毁谤肯尼迪的娃娃脸的话之后，里根对尼克松说，如果他更注意那些不投票的人，他很快就能获得数百万张选票。这封信预示着尼克松和里根的斗争即将到来。"我不想让自己像是永远正确的权威人士，但我强烈感受到，本国 2 000 万反对票可能来自保守派，他们曾嘲笑说，在财政稳定方面，两党在他们之间未提供任何选择。"

到目前为止，里根感到在人事上给尼克松以建议很适合，即使是最重要的人。尼克松仍然在为那年夏天的芝加哥全国大会寻找竞选伙伴，于是他发电报到黑石酒店说：谨请考虑戈德华特是否适合当副总统。如果选洛克菲勒，对选票将没有帮助。

署名是里根夫妇。

尼克松的一位助手草草写下便条问道："是那位电影明星吗？"另一份便条上则写着答案："是的。"

这不会是尼克松阵营中的人最后一次误把里根仅当成演员。

整个夏天，尼克松的助手们都在策划如何更好地发挥里根的作用。著名记者阿德拉·罗杰斯·圣约翰在惠蒂尔市和尼克松一起长大，后来曾在赫斯特集团有杰出的职业生涯，他对尼克松的助手斯坦·麦卡弗里说，有很多好莱坞人能被诱惑进尼克松的阵营，包括华特·迪士尼、詹姆斯·卡格尼和里根，如果有"合适的人招募他们"，里根甚至提出更换党派并公开支持尼克松和反对约翰·肯尼迪。

尼克松说："不，请作为民主党人支持我，这意义更大。"

因此，1960年10月，里根成为南加州民主党人支持尼克松组织的副主席。就在大选前几个星期，这位名人发表了通告。"作为终身的民主党人，今天我感觉到任何民主党人都不能忽视民主党被一个派别主宰了，这个派别希望将英格兰劳工社会主义政府的政党和政治模式化，这已不是我年轻时加入的那个民主党了。"里根的公共影响促使约瑟夫·肯尼迪亲自前来拜访。里根回忆："他想说服我转变思想，支持他的儿子，但我拒绝了他。"

尼克松在大选中以微弱劣势败给了肯尼迪，又过了两年，里根才最终加入共和党。其间，里根帮助尼克松管理越来越危险的加州共和党政治。情况是这样的：在大选失败后，尼克松在纽约生活了一年时间，然后才在1962年回去竞选加州州长。这是个非常糟糕的主意，即使是尼克松的夫人都反对。尽管尼克松有他的疑虑，他在策划自己的回归时也没有其他更好的事情可做。但是，尼克松在10年后刚把家搬回去，就立刻遭到了来自共和党右翼的攻击。自他大约12年前竞选州长起，新一代极端保守分子在加州的影响正在扩大。这些共和党人不信任尼克松，他们不尊重尼克松8年来在艾森豪威尔这样的国际主义者身边工作的经历，他们肯定也不喜欢尼克松从纽约带回来的投机取巧的形象。因此，尼克松向里根求助，请求他提供如何对付右翼分子的建议。里根在幕后劝服了很多觉得尼克松太过自由派而不愿给他机会的人。

但是里根自己作为中间人的资格也受到怀疑，主要是因为他还是民主党人。1962 年，共和党在里根位于加州宝马山花园的家的附近举行筹款集会时，里根代表尼克松发言修正了这一点。在他演讲中途，听众中有一位妇女站了起来问他："你已经登记为共和党人了吗？"

"不，还没有，但我正打算去登记。"里根回答。那位妇女立即走上前到里根身边，自我介绍说是当地的党员登记官员，并且将登记表格放到了他面前。当听众们欢呼时，里根回忆自己成为共和党人的时刻："我签了字，然后对听众们说：'我现在属于共和党了！'"

但仅仅这些还不足以拯救尼克松。1962 年选举中，他的选票数落后帕特·布朗约 30 万张，并且在第二天早上的比弗利希尔顿酒店新闻发布会上即兴说自己将永远从政界消失。"你们不会再有机会批评尼克松了，因为，先生们，这是我的最后一次新闻发布会了。"

时事评论员们匆匆为尼克松做了"悼词"，送他离去。《时代》周刊预测："除非是奇迹，他的政治生涯在上周结束了。他才只有 49 岁而已。"

但是，如果尼克松退居二线，里根就自由了。1962 年 3 月，通用电气不再要里根担任每周日晚的通用电气剧场主持人，这为他打开了第二生涯的大门。这几乎已经是共和党的传奇了，CBS 不想应付一档拥有一位直言不讳的保守派人士做主持人的节目。事实上，里根被通用电气解雇，不再担任主持人。CBS 取消了这档节目，因为它的市场份额被同期 NBC 的一档节目抢走了。

因此，里根将自己的注意力转移到发展自己的第二生涯之上。他将成为全职的政客。

葛底斯堡的一点帮助

1965 年 3 月，当菲尼克斯市邀请尼克松前往亚利桑那州参加为巴里·戈德华特举办的宴会时，他们请里根介绍他。这个人选完全合理：1964 年大选无可争辩的胜者，除了林登·约翰逊外，就是里根了。里根在 11 点代表戈德华特进行全国电视演讲"抉择的时间"，让保守派们震惊了，这让里根一夜成名。

几天后，尼克松给里根写了封感谢信，感谢他在亚利桑那州所说的那些话，并且给计划开始竞选加州下一任州长的里根提了几点建议。他建议说："不要与边缘的候选人恋战。"尼克松还说："我不知道你的政治计划是怎样的，然而，正如我对你说的，我相信，如果共和党初选是一场艰苦流血的战斗，那么没有人能击败布朗。"

里根在一个星期后给尼克松回信："我向你保证，绝不发第一波攻击，也不发第二波攻击。这点仅限于你我知道，我希望其他人也能理解，但是，我向你承诺——我会非礼勿言，我将像没听到任何攻击一样行动，但那对我的行动能力将是一个考验。"

尼克松没有参加里根的第一次政治选战。里根确保了这一点，他在 1966 年 1 月对《洛杉矶时报》说，他不想让尼克松站在自己这一边。这种疏远有很多原因：加州的温和派政治路线，尤其是在南加州，现在开始右倾了。数百万中西部人在 20 世纪 30 年代和 40 年代涌向这个海岸天堂寻求工作机会、低生活成本和好的学校，梦醒之后面对的却是高税负、城市暴动、校园异议和越来越不熟悉的社会编码。

1965 年夏天，一切都变了。诸如卡诺加电子公司、洛克达因、本迪克斯和诺斯洛普等圣费尔南多谷国防公司的爱国员工们在 1965 年 6 月的第一个星期守着电视不愿离开，宇航员爱德华·怀特走出了他们帮助建造的"双子星四号"太空舱，第一次实现了太空行走。两个月后（8 月）他们看到一小时路程外的黑人社区发生了爆炸，随后演变成抢劫和暴动，直至第 40 装甲师的 1.5 万名士兵前来将整个区域隔离开。该事件的恐怖性堪比白人"双子星四号"的震撼性，甚至被电视评论员称为"天使之城的炼狱"。内战——一个国家如何能够在取得这么伟大的太空成就的同时，随后就发生这样的混乱秩序？

里根直面控诉这个问题，并且许诺，如果他当选，他将进行新一轮"政府道德改革"。他既利用了人们的希望，也利用了人们的恐惧，因为他本身也属于中西部移民潮的一部分，并且他相信各级政府现在变化太大、成本太高，而且也太自由化。他充分利用戈德华特的文化问题，但是做的时候很有风度。他在州里做巡回演讲，号召减税，要求在越南采取更强势的军事回应措施，并且镇压犯罪、毒品、国内共产主义渗透和校园纵欲等一切问题。选战顾问斯图亚特·斯宾塞回忆说："他基本相信巴里所相信的东西，他讲了很多巴里曾讲过的话，但他的方式更温和、更宽容。"

而人们也喜欢他们所听到的东西。里根在和乔治·克里斯托弗的竞争中获得了 140 万张选票——这个数量在初选中是相当惊人的。《纽约时报》社论报道："东海岸人几乎无话可说了，反对所有常识且谨慎的加州共和党人，坚持提名演员罗纳德·里根为州长。"可以肯定的是，如果里根真的赢下针对帕特·布朗的州长竞选，尼克松则不需要有任何人来告诉他这将意味着什么。这位优雅英俊的演员出身的政客将成为共和党 1968 年总统大选候选人提名的竞争者之一 —— 尼克松自己也很想获得提名。

在初选大胜后一周左右，里根飞往东部巩固他的胜利果实。他首先在宾夕法尼亚州的葛底斯堡停了下来，参加一次精心策划的与艾森豪威尔的两小时会谈，后者已观察里根多月了。艾森豪威尔在1965年9月对加州工业家吉姆·墨菲说："有一段时间了，我一直在读我能找到的关于里根先生的一切材料。我大部分是从完全娱乐化的电视荧屏上看到他的，但他看起来确实很讨人喜欢和吸引人。我知道的关于他政治上的唯一一件事是他在1964年真诚地支持了共和党大选。"在那之后，在总统俱乐部鲜为人知的联盟里，艾森豪威尔开始直接或通过中间人给里根提建议。他给里根提出制订计划的方式，建议缩短他的政治演说，强调他的关键词句。艾森豪威尔的建议看起来是最基本的，但是他们两人在起初都没把政治当成自己的第一职业，两人都有在生涯后期进入政坛的奇怪经历（里根在55岁时进入政坛，而艾森豪威尔进入政坛时已是60岁）。

对于共和党的这次代表光辉历史和美好未来的峰会，所有三大新闻网都派了摄制组前往葛底斯堡；另外十几名记者则从华盛顿赶了一个多小时的路程来报道里根抵达艾森豪威尔的办公室所在地。艾森豪威尔是否支持他曾经的副总统成为1968年总统大选候选人，这在那天还很难说。艾森豪威尔说，如果里根击败布朗，"你敢断定"他将成为1968年总统候选人。"不错，我在1962年曾说，党内的许多年轻的声音应该被听到。我们的政党应该有一种声音，而不是无所事事，对提名实行缺席审判。"

然后，里根继续前往华盛顿，在那里，他到国家新闻俱乐部发表演讲。这件事既没逃过尼克松的注意，也没超出他企图操纵的野心。尼克松在幕后做了一些工作，让加州老参议员乔治·墨菲（此前他也是演员）来辅导里根如何应对记者不可避免地针对他未来计划的提问。尼克松希望里根至少能回避任何关于他1968年野心的提问。或许可以说是这个提议奏效了，或许可以说里根本来就不需要任何这方面的辅导。因为，当那天有人提那样的问题时，里根表现得很天真："天哪，做我现在的事情已经花了我一辈子的时间了。我连做梦都不敢想呢。"

6月下旬，轮到尼克松开始自己的旅程了。他飞往加州，不是为里根竞选，而是支持他毕生的顾问罗伯特·芬奇，芬奇在竞选副州长。里根和尼克松私下见面吃了晚餐，然后尼克松对记者们说，他对里根重新定位自己是"中间派"的方式印象深刻。当然，说这番话时，他只是想让人们注意到这样的事实，即里根并没有做那样的事情。当尼克松在1962年竞选州长时，他曾批判约翰·伯奇协会及其成员的极端观点——结果失去了一些保守派人士的选票。相反，4年后，里根和选战顾问决定既不批判也不支持该协会。里根用下面的回答，答复了关于他和这个团体的关系的提问："这个协会中任何支持我的人将支持我的思想，而我不会认同他们的思想。"

这是非常有艺术性的策略。截止到7月，当和帕特·布朗的竞选就要来临时，极端分子的指控让里根很恼火，以至于弗里曼·戈斯登这位加州终身共和党人，向他的棕榈泉高尔夫球友艾森豪威尔寻求帮助。戈斯登在1966年7月上旬给艾森豪威尔寄了一封秘密而又有点意思含糊的信，汇报说，里根需要有人支持来摆脱反犹太主义的指控，而原因仅仅是太多的约翰·伯奇协会成员在支持他。戈斯登写道："我不认为里根会主动站出来说他不是反犹太主义者，除非有人这么问他，你或许对此有点想法。"

艾森豪威尔在当天回了信，提议给一位自愿的记者提供详细的脚本，并让里根照本宣章。艾森豪威尔想象中的对话是这样的："里根先生，我听说你否认和约翰·伯奇协会有任何关系，但与此同时，有报道称你是反犹太主义者。关于这一点，你有何要说的吗？"艾森豪威尔继续："他的回答可以尽可能既强劲有力又简短扼要。'我已听说这种恶意指控。这不是真的。任何重复这条谣言的人都有蓄意说谎之嫌。'"

艾森豪威尔说："然后，在会议的另一个时间点上，他可以这样说：'在这次选战中，我一直在向公众展示我想为加州做的一些事情，我是说为我们州所有人做的事情。我不排斥任何公民，也不在肤色或教义的基础上排斥区分任何人。'"

然后，艾森豪威尔结束道："表达这种意思的话应该插入到每次公开讲话中——比如，'我所有关心的群体都不是少数派群体。我们都是美国人'。"

到仲夏时，艾森豪威尔对他的朋友们说，里根不是反犹太主义者——不管他们可能听到别人说什么。他在 7 月写给纽约的一位社会名流的信中说："要扑灭这则谣言很困难，因为候选人除非被问及这样的问题，否则不能公开宣称'我不是贼，我不是骗子，我不是反犹太主义者，我不是刺客，我不是做伪证者'。我希望会有人问里根这件事——如果他被问及，我知道他会回答什么。他是正派的美国人，我确实希望他能当选。"

8 月初，这个问题发展到了高潮。一位年轻的叫作艾伦·克兰斯顿的州审计官在萨克拉门托机场寻找里根，要亲手递给他一份长达 28 页的报告，指责因里根和约翰·伯奇协会的关系而带来的反犹太主义。里根的一位助手在里根登机前往洛杉矶时拦截住克兰斯顿和他的文件。里根从未演练艾森豪威尔写的台词，他也不需要演练。相反，里根标志性地和克兰斯顿作别。他说："你已完成你的任务，我强烈反对任何形式的种族主义，这点不是秘密。"

但是，如果布朗的人不在里根的选战中挑起约翰·伯奇协会问题，尼克松也不会。那年秋天，尼克松再次飞往加州为共和党副州长候选人罗伯特·芬奇助选。当时年仅 30 岁的助手帕特·布坎南和尼克松一同前往。他回忆看到了共和党前国会议员和一位叫作帕特里克·希林斯的州政党拥护人在一次选战后对记者说话。当布坎南往前靠并仔细听时，他听到希林斯对当地的记者说，里根需要完全否认与约翰·伯奇协会的关系。

布坎南知道，这样的一条建议只会让里根和约翰·伯奇协会的关系更明显。布坎南对这种非常没有帮助的话感到很震惊，他后来将希林斯拉到一边，问他："你到底是在干什么？"

希林斯回答："是那个老家伙要我这么做的。"

尼克松一直在全国为共和党国会候选人进行战略性的选战，他看到了 1966 年的结果，大约有 40 名支持者在纽约州的德雷克酒店套房中。这是共和党具有重要意义的一个晚上，在中西部和西部收获很大。共和党在国会中获得了 47 个席位——包括一位来自休斯敦的叫作布什的年轻议员——并且选举了新一代的州长。尼克松整夜在套房中踱着步，口里念叨着："这是场大胜，这是场大胜。"

但是，这个时刻对尼克松的卷土重来很重要，对里根的崛起也很重要。在加州，这位很容易被人轻视的前演员获得了压倒性大胜，赢得 370 万张选票，而布朗只获得 270 万张选票——比尼克松 4 年前多赢得 100 万张选票。和 1962 年的对比让人印象深刻：尼克松只赢得了加州 58 个县中的 20 个，里根则在 4 年里只输掉了其中 3 个。尼克松在这个晚上不用再担心打不通到洛杉矶的电话了；这一次，是里根打给了尼克松，尼克松在德雷克酒店的套房内独自接了电话。

当他现身时，他对助手们说："他表现相当好——在加州也取得了压倒性胜利。"然后，整个尼克松团队外出去吃意大利面。

几天后，里根被《纽约时报》称为 1968 年大选的保守派最佳候选人。两周后，里根悄悄地开始了他自己的总统竞选。

太极拳

接下来两年里，尼克松和里根之间发生的是他们有史以来最直接的竞争，是他们的争斗。这在里根获胜几天后就开始了。

1966 年 11 月 28 日

亲爱的罗纳德：

沃伦·韦弗在《纽约星期日时报》杂志版的报道承认了你在回答现场问题时的技巧。时报的这种让步可以说是其巨大的突破了！帕特和我给南希和你捎去最美好的圣诞和新年祝福。

你真诚的，

理查德

在 1966 年选举之后，1968 年的共和党初选就立即开始了。里根和尼克松都允许其他共和党人参与竞争：密歇根州的乔治·罗姆尼、纽约州的尼尔森·洛克菲勒，以及亚拉巴马州的乔治·华莱士——尽管他只是登记意义上的民主党人，但正成为国内很多保守人士的英雄。

尽管尼克松在 1966 年作为代理人和政客赢得了胜利，但里根团队的一些人还是将他看成失败者、被淘汰的过时的人；共和党将绝不会第二次提名一位有那么多伤疤的人。

因此，里根团队悄悄地开始了自己的选战。

据卢·坎农关于里根州长的权威记录，仅在当选州长 9 天后，里根就在他宝马山花园的家中和几位最高顾问讨论参加总统大选的可能性。里根的助手们被派往全国各地，评估主要政党成员的兴趣。并不是他们接触的所有人都看好里根。但在几天后，里根的政治顾问汤姆·里德在纽约州和戈德华特 1964 年总统提名选战主要策划人 F. 克利夫顿·怀特见了一面。怀特敦促里德，在州长任上做出业绩之前不要采取任何行动。里德几天后在旧金山向里根汇报了他们的谈话。

里根起初的总统选战很奇怪也很混乱。在和专栏作家罗伯特·诺瓦克的谈话中，怀特事实上将里根的竞选描述成暗中操作：里根不能在州长竞选后这么短的时间内就竞选总统；相反，"一些秘密的使者在从尼克松那里挖人，尽管里根不是候选人"。里根也时而对竞选总统有矛盾心理，他的一些助手都比他要热心。斯图亚特·斯宾塞回忆，即使当他偷偷摸摸的选战开始时，他还是尽力保持与尼克松阵营的关系，确保他们的关系不要变到无可挽回般糟糕。

秘密候选人自己也不看好自己的前景，有时候很积极，有时候又很消极，像是要猜中这场赌局。他有个习惯，喜欢对他的助手们重复一句话："是白宫在召唤我。"这到底是什么意思？最好理解成一种信念，如果时代要求，选民会站出来要你为大家服务。在这种不一般的理论下，你所做的事情的重要程度非常有限。这对里根来说肯定是自我安慰，他深信上帝对他有所计划，相信要改变上帝的旨意，他能做的实在有限。但是，也很清楚的是，在接下来两年里，当圈里圈外的人建议他放弃时，他采取了很多措施来延长他在 1968 年共和党总统候选人提名中的演出。

与此同时，毫无疑问的是，尼克松逐渐将里根视为自己的一大障碍。尼克松已经见识过里根在加州大胜布朗。他知道这位前电影明星在摄像机前是多么优雅和吸引人，他知道越来越多的城市骚乱和对越战的不满在让共和党成为一个比 1960 年时的共和党更西方、浅显和保守的联盟。

和洛克菲勒或罗姆尼不同的是，里根能吸引南方和西部的保守派人士，他们正在取代长期以来温和的中西部和东部派别在政党中的领导地位。尼克松后来写道："罗纳德·里根……让很多南方共和党人的心激动不已，他用他们的保守派的语言讲话，并且非常有激情。因此，除非我已获得提名，我必须密切关注保守派人士突然复苏的危险。同样危险的是党内的严重分裂，那会将里根的阵营吹向华莱士一边。"

1967 年 1 月，在曼哈顿和顾问们举行的一次私下战略会议上，尼克松估量了他的竞争对手们，认为罗姆尼不会取胜，自己的胜率是 2∶1，而里根的胜率是 1∶4。但尼克松对他的助手们说，里根令人担心，然后放弃了许诺里根 1972 年总统提名以换取他退出 1968 年大选的主意。

整个 1967 年和 1968 年，尼克松和里根在争斗中都摆出了自卫的架势，同时在私下里，两人都会假装整个事情是一系列完全合乎逻辑的误解。

两人都在扮演着自己的无辜形象，直到共和党总统候选人提名大会在迈阿密海滩举行。

1967 年 2 月 24 日

亲爱的罗纳德：

从我个人的情报中，我获知，你会成为 3 月 1 日烤架俱乐部晚宴的演讲人。这封信的目的是向你问好，并且告诉你，我很遗憾，那天我会在欧洲，开始我的世界访问之旅。

正如你所知道的，宴会演讲是对一般政治人物的一大考验。然而我想，听众们不会给你带来多大的问题。在伯克利战斗后，一切看起来应该很简单！帕特和我一起祝福南希和你。

你真诚的，

理查德

这里，仅从这几句话就能发现尼克松对里根及其崛起的复杂感情。很少有政客像尼克松那样给自己的竞争对手里根提出如何取悦听众的建议了。措辞很友好和大方，但语气中很明显地流露出里根只是个幸运的新手，应该对一位久经沙场的老将的建议和恭维感激不已。尼克松似乎认为他能让里根进退维谷，强调他即将开始的海外之旅以及他那神秘的间谍网络。尽管没有明说，但很可能的是，尼克松已经在嫉妒里根了，嫉妒他被首都的政治媒体点名为那年春天华盛顿最高端晚宴的演讲人。曾在1968年为尼克松效力后来为里根服务的约翰·西尔斯回忆："尼克松对大多数人的评价并不高，里根也不例外。尼克松不喜欢那些他眼中的新手和庸人。他对肯尼迪一家也是这个看法，在他眼里，里根也是如此。"

随着1967年的到来，里根的政治野心也很公开化了。1967年4月下旬，曾在1966年支持过里根的洛杉矶市长萨姆·约蒂说，州长"参加总统竞选为时过早了"。5月上旬，大约有1 500万美国人收看了里根在CBS上的全国电视辩论，他和鲍比·肯尼迪通过卫星和伦敦的20多位学生就世界事务——主要是越南问题进行辩论。外国学生很爱管闲事，准备得也很充分，并且充满敌意，但里根很镇定地应付了他们，而肯尼迪则明显缺乏那种镇定。后来，批评者们一致认为，里根这位政界新手的表现轻松胜过更老练的来自纽约州的参议员。《新闻周刊》报道，里根让肯尼迪"光会眨眼"。后来，肯尼迪问："是谁让我参加这节目的？"

这个风行一时的演出自然没逃过尼克松阵营的注意。当时，尼克松阵营正在离白宫一个街区外的宾夕法尼亚大道1726号建立它的总部。

1967 年 5 月 31 日

亲爱的罗纳德：

当节目播出时，我还在拉丁美洲，但从我所有的助手那里，除了听到对你在和鲍比·肯尼迪节目上的表现高度称赞外，再没有其他任何东西了。

当《新闻周刊》评价你时，肯定是最好的评价！

我打算在 7 月 22 日和 23 日去波西米亚森林度周末。如果那时你在萨克拉门托，我非常希望能有机会拜访你。我想你可能会对我在全世界搜集到的信息非常有兴趣。

谨致问候，
理查德

里根同意见面，但坚持按照他的竞选日程安排，将注意力集中在那些从来不看好尼克松的人身上。6 月中旬，里根在奥马哈市的青年共和党大会上讲话，他的演讲被打断了 20 次，高潮出现在该城市的体育场的 5 分钟示威中，人群整齐地呼喊着"我们需要里根！我们需要里根！"的口号。6 月下旬，里根轻松赢下在怀俄明州杰克逊湖举行的全国州长协会夏季会议的选战。他甚至私下和 11 位西部共和党州长见了面。一位目击者称，里根就像是骑着战马的救星一般，试图俘获共和党的右翼。那个周末，新墨西哥州州长对记者们说："里根正快速取代理查德·尼克松在一派政党中的地位。而里根还含糊其辞，拒绝说他是候选人——或者排除那种可能性。""如果共和党来敲我的门，我不会说'走开，伙计'。但那也不会发生的。"

会议的一份记录让里根疯狂了，对尼克松肯定也是一样。《时代》周刊报道："里根的优势威胁保守派分裂。事实上，里根对一位共和党州长说，尼克松'那家伙就是个失败者。任何输给帕特·布朗的人都不会当选总统'。"

就这样，里根秘密的总统竞选突然间公开了。如果《时代》周刊没错，里根自己就说过这样的话。因此，在这件事发生几天后，里根写信严厉指责《时代》周刊编辑报道了他的行踪："《时代》周刊应该向读者们公开那位声称我对他说过'尼克松就是个失败者'这句话的匿名州长的姓名。这将非常有趣，因为我从未说过那句话或者那样想过。我很遗憾，在共和党领导人努力实现党内团结的时候，《时代》周刊竟堕落到引用匿名信息来破坏那种团结。"然后，里根给尼克松写信，像是某种道歉，并且附上了他给《时代》周刊编辑的那封信。

1967 年 7 月 12 日

亲爱的理查德：

我想你会有兴趣看一下附件中的信。

祝好！

罗纳德

尼克松在 6 天后回信：

1967 年 7 月 18 日

亲爱的罗纳德：

你写给《时代》周刊的信正中靶心。这封信很可能让他们知道他们的错误不会不受人质疑。

祝好！

理查德

而《时代》周刊拒绝了里根澄清事实的请求。编辑回应："《时代》周刊的消息来源并非完全'匿名'，但我们答应了他不公开其身份的请求——这个请求，作为政治人物的里根州长，肯定能够理解。"

5天后，让人期待已久的尼克松和里根的会谈开始了，他们的谈话不会被记录，但也不会不引人关注：会谈地址在旧金山以北65英里的叫作波西米亚森林的政治掮客会议室。国家的巨头们、金融家们、政客们，还有内阁成员们几十年来在那个2 700英亩的红木林中集会，讨论商业和政治，上演一出出音乐小喜剧。这里有点像是会所。1967年，尼克松被定为波西米亚森林的自然露天剧场的主旨演讲人，他计划将自己的演讲献给赫伯特·胡佛。1950年，胡佛曾在波西米亚森林将尼克松引荐给艾森豪威尔。

周末的某个时候，尼克松催里根决定他1968年的计划。他们和加州参议员乔治·墨菲一同坐在波西米亚森林的"失落的天使"区的长凳上。尼克松对里根说了已经很明显的事情：他计划参加1968年总统大选。和他们之前的许多次谈话一样，尼克松承诺不和任何共和党人竞争，除了林登·约翰逊。

而里根的计划究竟是什么？据尼克松说，里根当时说，他"对所有关于他的总统竞选的猜测感到很奇怪、被吹捧和有点担心"。里根对尼克松说，他"不想成为大家的宠儿"，但他愿意自己被提名，从而让加州的大批候选人团结在一起。在他不能兑现的承诺中，里根还对尼克松说他不会成为初选中的候选人。从事里根研究的历史学家詹姆斯·曼指出，每人在这次对话中都能"扩大自己的政治利益，并同时让这种利益带上服务于政党的伪装"。

然而，他们的停战几乎没熬过那个晚上。第二天，尼克松的一位助手的话在一篇专栏文章中被引用，以说明尼克松如何真正看待里根的选战。那篇署名埃文斯和诺瓦克的专栏文章指出了纽约州共和党的阴谋，援引尼克松助手的话，称"罗纳德·里根的崛起"，让尼克松阵营采取措施，要孤立里根，"让罗纳德成为一个怪人"。

现在该轮到尼克松道歉了。8月4日，他给里根写了一封解释信。

1967年8月4日

亲爱的罗纳德：

当我上周从海岸回来时，我读到了这篇由埃文斯和诺瓦克写的专栏文章，我想把这篇专栏文章作为那些企图在我们之间制造分歧的例子。有讽刺意味的是，和1964年分裂了我党的小东部集团一样，他们现在正试图分裂那些在1964年想通过投票来团结我党的人。

正如你注意到《时代》周刊所报道的关于你在"失落的天使"区提及我一样，要想阻止这样的事情发生真的相当困难。

……写封信要求专栏作家们陈述事实，是不会有成效的。而且，正如你在试图让《时代》周刊撤销对你的错误引述时所发现的，给编辑写信往往会导致不准确性或错误被再次宣扬。

你真诚的，

理查德

里根在12天后回信，让尼克松摆脱困境，就好像尼克松在7月时对他做的那样。

1967年8月16日

亲爱的理查德：

感谢你给我寄来那篇专栏文章。我确信这种事情在今后会加剧。

我想，我们这方的所有人不断提醒我们自己和彼此，不要相信任何引述的话，除非我们自己亲耳听到，这点很重要。我一直记得我在好莱坞的时光，以及我们圈子里的人是如何看待那些谣言专栏的。你的第一反应总是这些文章对自己的报道太荒唐了，但看了两段话后，你可能会对文章中讲的关于其他人的所有事情信以为真。

你真诚的，

罗纳德

　　然后，里根回去继续开展选战。

　　10 月，他在南卡罗来纳州哥伦比亚的晚宴上募集到 35 万美元，使晚宴成为该州史上最大的一次筹款宴会。第二天晚上，在威斯康星州，成千上万人挤满了密尔沃基的市体育场（有人出资 100 美元就餐，也有人出资 5 美元，什么东西都不吃，只为坐到阳台上）来听里根标志性的演讲。里根对众人说："我们在加州有些嬉皮士，对于你们这些不知道嬉皮士是什么的人来说，他们就是留着像人猿泰山那样的头发，像简一样走路，并且闻起来像是非洲猎豹的一群人。"

　　11 月，里根在俄勒冈竞选，然后在 12 月去了康涅狄格州，在那里他在争取耶鲁大学的学生支持时谈到了自愿参军，并且坚持认为"任何想当总统的人肯定是脑子坏了"。

　　随着里根的知名度越来越高，他丝毫不想停下来。10 月中旬的《时代》周刊将里根和洛克菲勒放在了封面上，认为只有控制这两位未宣布竞选总统的人，共和党才能击败林登·约翰逊和休伯特·汉弗莱。封面故事甚至忽视了尼克松的存在或他在 1968 年可能起的任何作用，除了有一两句话将矛头指向里根。尼克松说："在世界职业棒球大赛中，他们往往需要那些最近在击球成功率上并不高的老击球手，这些人在必要时刻很可靠。下一任总统必须要有那种同样的判断力、冷静和自信。"

西部明星

当时间最终来到 1968 年时，里根的公开选战有点奇怪了。正如尼克松所说的，缺乏经验是他的标志。里根不参加最初的几个州的选战，并且在他是候选人的州也不采取多少行动，而尼克松的选票则在上升。当洛克菲勒在 3 月退出竞选时，尼克松打电话给助手比尔·萨菲尔说："唯一能阻止我们的就只有里根了。"一周后，尼克松在给里根的一封感谢信中暗含让其终止选战的命令。

1968 年 4 月 4 日

亲爱的罗纳德：

既然新罕布什尔州和威斯康星州初选的结果已经知晓，我想让你知道我对你利用影响力阻止你的一些非常热心的支持者有多么感谢。那些人想代表你在那些州发动大规模的选战。

由于你需要维持你在加州的"受拥戴的当地候选人"的地位，我完全理解你的艰难处境。不管在初选中发生什么，你可以确信的是，我们应一起努力获得 11 月大选的胜利。

你真诚的，

理查德

里根立即进行了答复，假装没听懂尼克松在要求什么。

1968 年 4 月 10 日

亲爱的理查德：

祝贺你在新罕布什尔州和威斯康星州的出色表现。你能花时间给我写信真是太好了，我非常感谢收到你的来信。

知道你理解我此刻所处的既要维持中立立场，还要作为加州的"受拥戴的当地候选人"的处境，这真的让我特别高兴。

和你希望的一样，我也想在 11 月大选中有一个团结的共和党支持我们的候选人。

你真诚的，

罗纳德

然后，里根就开始为当选加州的候选人做准备工作了。4 月，他在艾奥瓦州和科罗拉多州发表了演讲，然后在内布拉斯加州只花了 1.35 万美元就获得了 22% 的选票。尼克松对记者说，里根的表现"很好"。里根在 5 月下旬将自己的注意力集中在俄勒冈州的初选上，在那里他对尼克松进行了最大的指责，在电视和广播上播放 20 秒和 60 秒的广告，以比较尼克松在 1962 年与帕特·布朗竞选中的糟糕表现和自己 4 年后对布朗取得的大胜。他的助手们在俄勒冈报纸上发放了 75 万张传单，试图让 CBS 同意重播他对鲍比·肯尼迪的胜利辩论。（CBS 拒绝了）但尼克松再次打败了他，这一次比率是 3:1。

不到一周后，里根在加州没有竞争对手的情况下轻松赢得加州初选。但他的胜利没有引起人们的注意，因为肯尼迪（前总统肯尼迪的弟弟）在那天夜里晚些时候被刺杀。

就这样，里根在 1968 年初选结束时，赢得了比尼克松更多的选民选票。

但是，在提名竞争中，重要的是代表而不是选民。尽管初选结束了，尼克松基本上锁定了提名，但里根还在不懈努力。他紧接着在南方和几个边界州发动攻势，打着募资的掩护，实际上是做最后一搏，争取那些尚未决定的党代表。里根飞往萨克拉门托、阿马里洛、小石镇、夏洛茨维尔，然后又去了巴尔的摩、辛辛那提和肯塔基，最后去了伯明翰。这次旅程注定会失败，却让里根第一次尝到了总统选战的滋味。跟踪里根行动的记者们密切注意到，在肯塔基共和党代表的会议上，几乎所有人都在跟里根要他的照片。《圣荷塞信使报》的跟踪报道记者卢·坎农报道，这些活动中没有一位代表真正支持里根，就像闲逛商场而不买东西一样。

尼克松肯定注意到了里根在做的事情。他后来回忆，里根请南方代表到加州谈话，当他到达迈阿密海滩时，巡视主要的酒店，"用他的个性和演讲能力吸引代表"。或许，这次简短的选战中最奇怪的部分是，里根一直等到最后关头才公开承认他在竞选。8月4日，周日，在共和党全国大会召开前夕，里根公开承认了他近两年来在做的事情。他在电视节目中宣布："一旦我获得提名，我就是候选人，如果代表们愿意和其他竞选的人一并考虑我，他们尽可以这么做。"

这是次奇怪的紧急策略，太出人意料了，以至于南希·里根是从广播里才知道这则消息的。同时，在幕后，里根的助手们紧紧跟进代表们，敦促他们在第一次投票前不要向谁许诺。他们认为，如果尼克松能在首轮被阻止，里根就能成为政党随后的最佳选择。尼克松注意到，"洛克菲勒和里根的联姻正在全力运作，洛克菲勒在北方和中西部州做工作，而里根则试图侵蚀我的南部州"。

里根的公开选战是短命的——只有几天时间。尽管他的团队在不懈地质疑尼克松的能力，里根的机会在投票一开始就溜走了。没有必要实行里根复杂的第二轮投票策略，因为根本就没有第二轮投票。8月8日凌晨两点后，当失败的结果很快就要揭晓时，里根冲到讲台上请求发言。当他最终得以发言时，他让大会"一致宣布团结在下一届美国总统候选人理查德·尼克松的身后"。

那就是里根首次总统竞选的结局：那个曾努力剥夺尼克松提名权的人，在知道自己做不到时，急着为对方颁奖。

最终的代表得分是：尼克松697票，洛克菲勒277票，里根182票。

只留下一个问题：谁会成为尼克松的竞选伙伴？是布坎南还是西尔斯？年轻的选战演讲稿撰写人理查德·惠伦建议尼克松选里根，以此争取倾向于支持亚拉巴马州州长乔治·华莱士的南方白人民主党员。到仲夏时，华莱士在一些民意调查中几乎吸引了近四分之一的选票，而尼克松的人决心想办法降低他的得票率。根据西尔斯的分析，华莱士将获得几十张南方的选举团票，但如果选里根为副总统候选人，尼克松能将那数字削减一半。在各州情况分析中，西尔斯认为，里根是"国内唯一能演讲并和乔治·华莱士竞选的人"。帕特·布坎南也持相似的论调，认为如果里根和华莱士竞争，尼克松将会很顺利。布坎南说："我们得勇敢地赢得这一仗。我现在认为，没有什么能比将《君子红颜》电影里的英雄放到共和党候选人名单上更为勇敢的了。"

尼克松的外交政策研究总管理查德·艾伦在夏天就认为尼克松需要一位温和的伙伴，比如伊利诺伊州的查克·珀西，可以吸引自由派选民。但是当华莱士的形势越来越好时，他改变了想法，也认为应选择里根，因为加州州长能吸引南方白人，同时还能避免分裂。"有里根的话，就不会只有简单的呼吁——他那'老派'的信仰就是建立在今天所缺少的元素上的：法律、秩序、爱国主义和节俭——而且语言也是普通人能听懂的语言。"

这些备忘录的中心观点尚未经证明，即认为国家正在右倾。并非所有尼克松阵营的人都这样认为；并非所有人在 1966 年大选结果中都看到了巨大的为期 40 年的浪潮的开始；但尼克松内部圈子中的保守人士认为，选一位自由派或温和派作为竞选伙伴，将是对选民的反自由派、反容忍、反正统派情绪的严重误读，而这种情绪正不断增强，此外还对华莱士有利。

在给尼克松的备忘录中，艾伦甚至说，自由派害怕尼克松，更害怕里根——这一切让提名里根显得更加必要。"正统派禁止尼克松当选总统。这样，所有持正统派观点的人的选票都会丧失，我们永远都得不到。"

但那种观点对德怀特·艾森豪威尔的副总统来说还是太激进了。

因此，最终决定的还是人为因素。理查德·惠伦个人大力向尼克松推荐里根，但尼克松却否定他那年轻的助手说："里根只是个演员。"然而那场选战中的老兵们说，尼克松的话让人担心。西尔斯和其他人认为，尼克松担心，善于出现在电视广播上的里根可能会在演讲中盖过他的风头，就好像亨利·卡伯特·洛奇在 1960 年两人都是候选人时所做的那样。西尔斯回忆："他不想再经历那么一次，如果他们的所有条件都一样，尼克松很可能会选里根，但尼克松不会那么考虑的。"惠伦回忆，整个主题对尼克松而言都很敏感。"我们将里根描述得越好，他就越不受尼克松的喜欢，他会苦于被人们做不可避免的比较。"布坎南曾在选战中的大部分时间里和尼克松在一起，他补充说："很明显，尼克松不认为里根是他的人。"

最后，让大多数共和党人惊讶的是，尼克松选择了从未登过台的马里兰州州长斯皮罗·阿格纽。

在接下来的总统大选中，尼克松和里根的争斗很快就被人遗忘了。保守派圈子以外并没有很多人认真看待里根，或者想象他会在成为总统前还要竞选两次，但他们的竞选改变了他们的关系。多年以后，尼克松在他的回忆录中直截了当地说，里根在选战中的"统一姿态"是和"他作为一位强硬的党员的姿态相一致的"。里根这两年的经历留下了一些伤疤。

不仅仅对于尼克松如此。对于里根自己，他也在回忆录中公布了1968年发生的事情；在描述这场选战时，他几乎将它描述为一场由别人策划、指导和进行的十字军东征，即便不总是如此，起码有时候是这样。即使在他被提名之后，里根还坚持认为，他对人们的暗示很恼火。当尼克松赢得第一轮投票时，他写道，没有谁比他更高兴了。正如他几十年后在回忆录中所写的，"当尼克松获得提名时，我成了世界上最宽慰的人。我知道我还没准备好做总统"。

20年后再回首当年，或许并非如此。但是在那个时候，看起来值得一试。在他1968年9月写给两位经常联系的老朋友洛兰和埃尔伍德·瓦格纳的信中，里根承认他当初大胆地在迈阿密海滩碰了运气："共和党全国大会很激动人心，你对第一轮投票的观点是正确的，如果他没能在第一轮中胜出，比赛就结束了，因为代表们只同意支持他一轮，并且打算在第二轮中换选其他人。不管怎样，我们将尽全力阻止选他。"

约翰逊和尼克松：

瓶中之蝎

总统俱乐部因保护总统职位这一并未明说的誓言而维系在一起，但它的成员们往往有更强烈地保护自己遗产的欲望。

对多数总统而言，他们的使命是相同的。但随着两个更大和更狡猾的人物出现在那个世纪的中央舞台上，总统俱乐部面临着解散的危险，而国家则面临着分裂的危险。5年来，在三大州，通过两次总统选战，理查德·尼克松和林登·约翰逊在进行一场伟大的政治"棋赛"：之所以伟大，是因为风险太高，每一步都很复杂——也因为双方都在弄虚作假。

其中之一是越战问题——亨利·基辛格曾警告过，这场战争是悲剧的和受到诅咒的，将摧毁任何与之相关的总统。约翰逊最想做的是在离任时以"和平制造者"的姿态离任，这样所有的牺牲——包括生命、财富和他自己的总统梦——都不会白白浪费。尼克松私下许诺将体面地结束战争并分享声誉。约翰逊相信了他，拥护了他，在1968年选战开始时和他联手，直到他发现尼克松通过悄悄地扰乱越南和平进程以确保他的胜利，才知道尼克松背叛了他。

那给约翰逊留下了一个选择：保护自己的梦想，或者是保护总统一职。他选择了后者。在一年的浴血战斗中，英雄入土，协议被毁，他又如何能雪上加霜指责新当选的总统犯了某种叛国罪呢？因此约翰逊会保持沉默。但只是暂时的。

尼克松的看法当然很不一样：他将国家从寻求自身救赎的一位绝望总统的糟糕的和平协议中挽救了出来。即使那意味着否定约翰逊的救赎——或许失去缩短战争时间的机会，那也是尼克松愿意承担的代价。他将成为伟大的总统，国家需要他。他是在多年的耐心计划和耻辱后才让这一切成真的。他会让大家都看到。

1968 年末发生的事情是总统俱乐部的首次"肮脏"战争。每个人所做的决定都会让国家走上让总统辞职并永远改变美国政治的道路。

11

这是叛国

和艾森豪威尔与杜鲁门之间的仇恨不一样，约翰逊和尼克松的恩怨并不是针对个人的。约翰逊在他的回忆录中写道："我从未像我的许多民主党同人那样强烈讨厌尼克松。"事实上，他们有很多共同点：他们都出身卑微，他们都有虔诚的母亲和粗野的父亲，他们都憎恨富家子弟，都纠结于真相。但尼克松笨拙压抑，永远将自己的手臂抱在胸前，约翰逊则豪爽有攻击性，非常希望获得尼克松从未获得的爱戴。

布赖斯·哈洛这个曾辅佐过多位总统的人解释了这两人之间纠缠的关系："我将总统和理查德·尼克松比作两只好斗的公鸡，互相围攻，捅刀子。注意，除非有人先下手，否则不会有任何事发生。"

尼克松欠约翰逊"债"，后者帮他成为共和党总统候选人。他或许在 1960 年选举失败后花费了多年时间建立自己的团队并收集"欠条"，但他仍然是个失败者；共和党非常无脑，以至于《新闻周刊》在 1965年 11 月将一位帅气的名叫约翰·林塞的年轻国会议员放到了封面上，称他为他那个时代"最令人激动和最重要的政客"。赌场将尼克松回归的赔率抬到了 1000 ∶ 1。

要为尼克松恢复名誉，就得付出 1966 年中期选举的代价——很大程度上得感谢约翰逊。作为总统，他凭一己之力就能够将敌人变成自己的同伙。那年春天，两人就他们即将到来的代理战争达成了君子协议。3 月在烤架俱乐部晚宴上，约翰逊邀请尼克松次日到白宫喝咖啡。尼克松回忆："他在晚宴后待到很晚，他的嗓子很疼，犯了喉炎并且躺在床上。"尽管曾任艾森豪威尔的副总统 8 年，但这却是他第一次到白宫楼上的私人住宿区去。在那里，约翰逊穿着睡袍，躺在特大号床上。他们谈了越南和中国问题——以及即将到来的选战，他们二人将在选战中代表他们党的候选人。尼克松说："我知道你会理解，不会把我所做的任何关于各种问题的批评当成对你的直接个人攻击。"

"我知道，理查德，"约翰逊回答，"我们政客就像律师一样，在法庭上斗个你死我活后还能一起坐下喝一杯。"然后他起床走进自己的更衣室，回来时带给尼克松一个似乎有预兆性的礼物：一副总统袖扣。

尼克松就像是战地将军一般筹划了中期选举，他主要帮助共和党挑战者们在 1964 年民主党取得大胜但现在已动摇的那些地区进行竞选，那样他就能从帮助胜利者的工作中受到好评。而自始至终，他一直在小心翼翼地给约翰逊挖陷阱。

那时，越战已经成为让大多数美国人困惑的问题，以至于尼克松能采取任何他喜欢的立场，并且都能为这些立场找到支持。希望扩大战争与和谈的人数基本一致。尼克松私下里对助手们说过，他不认为可以通过军事手段赢得战争。但他也不认可谈判的价值。他一度说过，谈判只会拖延战争。然而在夏天时，他却支持召开全亚洲和平会议这个想法。或许选民们并没有注意这些纠缠在一起的信息，因为他们自己的感情是那样冲突。爱国却要憎恨国家在打的战争？支持总司令却要怀疑他的诚信？而且大多数人也没有过多注意尼克松。

历史学家里克·珀尔斯坦因说："要看清所有的迂回曲折，那得需要一双老鹰的眼睛和神经病患者那样的痴迷。"那就是林登·约翰逊。每次他转身，都发现尼克松和他持相反的立场：如果你升级战争，将会导致第三次世界大战。如果你不能升级战争，你将以第三次世界大战而告终。在不可能的处境下，隐藏在一位不牢靠的总统身下，并且打一场没人需要但总统却放弃不了的战争，这种方式很完美。

10月，当约翰逊飞往马尼拉参加地区峰会时，尼克松最大的担忧出现了。如果约翰逊成功地在1966年大选前在越南问题上实现突破，那么他通过帮助指挥共和党的复兴来消除自己失败者印象的所有努力就将付之东流。尼克松和他的助手谈论战争时总是让人吃惊，但他能做的至多也就是渐渐让人们对约翰逊的时机选择和动机产生怀疑。他在报纸专栏中问道："这是对和平的追求还是对选票的追求？"随着抗议声高涨，尼克松批评约翰逊说："他是历史上第一位不能在战时团结自己政党的总统。"

随着选举日的临近，以及艾森豪威尔对他的鼓动（艾森豪威尔敦促他"继续攻击！"），尼克松看到了自己的机会。他那独出心裁的年轻助手威廉·萨菲尔仔细研究了会议发表的公告：尼克松的团队草拟了一份声明，谴责在马尼拉做出的越战双方都减小规模的提议。这将让南越处于越共的支配之下，尼克松警告：美国"永远不该相信共产主义的承诺——而应该坚持做点实事"。声明很清楚，并且非常强而有力，但是没太引起人们的注意。幸亏萨菲尔请来了外援，他联系了他《纽约时报》的朋友哈里森·索尔兹伯里，对他说，你们一直忽视了尼克松。尼克松一直支持政府在越南问题上定下的目标，因此他对战略战术的质疑成了条大新闻。他成功说服《纽约时报》将全文刊登了出来，就好像这是总统的发言稿似的。

那是将尼克松提高到与约翰逊对等层次的共和党总统候选人的关键的第一步。这让约翰逊很气愤。1966 年 11 月 4 日，在中期选举投票前几天的新闻发布会上，总统极尽讽刺刻薄之辞；他称尼克松是一位"只会每隔两年就对他的国家和政府找碴儿"的"习惯性竞选人"。他还说，前副总统通过发表这样的批评从而"希望他能获得一两个选区"的行为"对他的国家不利"。他甚至引用艾森豪威尔的话为自己助阵。他说："尼克松在政府中任职时从来就没有真正承认和意识到自己在做什么。你们还记得艾森豪威尔将军曾说的话吧：如果给他一周左右的时间，或许他会想出尼克松做了什么事情。"

整个过程中，约翰逊夫人坐在墙边，摇着头，希望她丈夫能注意到她，从而让他停下来。自杜鲁门批评那位胆敢否定他女儿唱歌实力的音乐评论人以来，还没有哪位总统发表过这样的人身攻击。

约翰逊的助手杰克·瓦伦蒂后来对萨菲尔说："我不知道他在想什么，我从来没有在公开场合见他那样。太明显了，尼克松已经找到了他的替罪羊，并且他正落入尼克松的手中。"

在新英格兰竞选时，尼克松从他好斗的助手帕特·布坎南那里听说了萨菲尔这个诱饵起了多好的作用。布坎南吃惊地说："他攻击了我们！天哪，他攻击了我们！"现在尼克松所要做的就是表现出政治家的风度，那样的话，头衔就再次是他的了。他说，总统不应该"发那么大的脾气"，还用一种更遗憾而不是生气的口气说："总统和我现在可能意见不统一……但让我们在意见不统一时保持绅士风度。"这是典型的尼克松方式：刺激对手攻击，然后在捍卫自己的荣誉之时争取人们同情。

他从 1946 年开始就在用这个手段了，但很少能获得这样的效果。

《新闻周刊》报道："就在秋天的某一天，林登·约翰逊执政的 1 000 天就这样结束了。"

尼克松惊奇地说道："我突然发现我自己处在全国注意力的中心了。"艾森豪威尔从葛底斯堡打来电话："约翰逊在这件事上反应太过了，对你将非常有好处。"

共和党国会选战委员会给了尼克松半个小时的电视采访时间，这样尼克松能再次进行攻击。他说："上个星期，我遭到了美国总统对其政敌的最无礼的人身攻击。"在结束时，他双眼盯着摄像机直接对约翰逊说话，并回忆了他们一起共事的 14 个年头："我那时很尊重你，我现在也很尊重你。你知道，我想我能理解一个人会变得怎样不耐烦，脾气会变得怎样火爆。"

尼克松现在成了他的政党的资深发言人，共和党一路凯歌又收获了 47 个国会席位。《纽约时报》宣布："1966 年选战的政治冠军是——理查德·尼克松。"这或许也为 1968 年下了注脚。《圣路易环球民主报》报道："共和党人今天知道了，尼克松是他们政党中迄今为止唯一的能在公开战斗中诱惑林登·约翰逊进入陷阱并且轻松战胜他的人。林登·约翰逊清楚知道是谁赢得了首回合。"

或许如此。但尼克松也是在和一位"职业选手"竞争。因此你就想知道到底是谁在布局。约翰逊知道游戏规则：绝不要在公开场合发脾气——除非是有意而为之。约翰逊的助手比尔·莫耶斯回忆，总统在新闻发布会开始前是多么冷静，他又是如何计划攻击尼克松是"习惯性竞选人"。据莫耶斯回忆："约翰逊认为尼克松是美国政治中最好对付的人。他那天早上就是这么说的。"

约翰逊非常清楚，他想在 1968 年和谁竞争。因此，为何不帮他成为自己的竞争对手呢？

对和平的追寻

当然，结果是约翰逊不会再参加竞选了。1968 年 3 月 31 日，在"新年攻势"和新罕布什尔州初选蒙羞后，约翰逊宣布他不会再谋求当总统候选人了。这就确保了，从此刻起，约翰逊只有一个使命要去完成：争取自己的救赎，作为历史性的人物从受诅咒、无人欢迎且不能取胜的战争中挽救自己的声誉。

北越是个很精明而耐心的敌人；约翰逊很想达成协议并体面地结束战争，但这从一开始就很可能注定失败。但即便不注定失败，尼克松也绝不会让那种情况发生。

1968 年春，当约翰逊宣布他将退出竞选并且停止部分地区轰炸以进行和谈时，他的支持率上升了 13 个百分点。时任国防部长克拉克·克利福德在 5 月对约翰逊说："这场战争靠军事赢不了。"因此达成决议的唯一希望在于即将在巴黎召开的秘密谈判。北越河内的领导人一直坚持，如果美国不停止轰炸北方，就不会开始真正的和谈，他们也不愿意和西贡的南越政府谈判——只和美国谈。与此同时，约翰逊也坚持，只要北越还向南部增兵和增加物资来帮助西贡共产党，他就拒绝考虑停止轰炸。美军越南总司令克赖顿·艾布拉姆斯警告，停止轰炸可能会让共产主义势力在几天内翻上五番。

西贡同时也要求，除非北越撤军就不停止轰炸。克利福德在 7 月中旬前往西贡，并向约翰逊报告说，他现在"绝对相信"南越那软弱而腐败的政府不希望停战——只要有阮文绍的政权还有 50 万美军和"巨额资金"的保护。这是很难对付的难题——那还不算中国、苏联和理查德·尼克松带来的影响。

在争取自己的总统候选人提名的选战中，尼克松采取了正直而有政治家风度的立场。5 月，他在伊利诺伊州的埃文斯维尔市说："让我们不要因美利坚合众国的某位不负责任的总统候选人的话而断送了和平的可能。想想敌人的处境吧。"他在和林登·约翰逊和腊斯克部长谈判，然后他在报纸上读到，不是某位参议员，也不是某位国会议员或编辑，而是可能成为美国总统的人将给出比约翰逊总统更好的协议。他想做什么？这将毁了那些计划……敌人将等待下一个谈判对象。

这就带来了一个警告，但实际上更像是个计划。在接下来的几个月里，尼克松将一丝不苟地实施计划。他的首要任务是确信约翰逊不要帮助他那忠诚的副总统休伯特·汉弗莱当选。结果这一点比你可能想象的要简单得多。

为了获胜，汉弗莱需要树立自己的形象，让自己不仅仅是"约翰逊的辩护人"。这并不容易，因为约翰逊总统多年来乐此不疲地对记者们说过他很了解休伯特。但是，任何在越南问题上和约翰逊决裂的暗示都可能让约翰逊大怒。他对助手们说，汉弗莱"软弱"而"不忠诚"；他疑心太重，以至于让联邦调查局窃听了汉弗莱的电话。

副总统不能攻击自己的政府，但如果汉弗莱不那么做，他就赢不了。对于这一点，尼克松作为一个老手非常理解并能加以利用。记者们已经总结了，林登·约翰逊更在乎自己的历史地位，而不是谁继任这个问题。克拉克·克利福德看出了后果。"他对汉弗莱的怒火让他帮了自己的老对手理查德·尼克松。"

因此，不管是谁，只要他能提升约翰逊的历史地位，他都会得到约翰逊的支持。7 月底，约翰逊对克利福德、国务卿迪安·腊斯克和国家安全顾问沃尔特·罗斯托说："我想和尼克松坐下谈谈他真正想要一个什么样的世界。当他获得提名，他或许能证明自己比民主党更负责任。"

这再次提醒了我们，政治已经改变了多少，提醒了我们在接下来的几周内发生的将不会和以往有什么不一样。尼克松和约翰逊见了两次面：一次是在白宫参加情报会议，另一次是在约翰逊的得克萨斯州农场。7月26日在白宫，约翰逊提出了停止轰炸越南的条件：北越必须同意让南越政府参加和谈，而不仅是和美国谈；他们必须尊重非军事区；他们必须停止对城市的袭击。尼克松许诺不暗中破坏美国的立场。

他在两周后再次重申了这个承诺，当时刚获得提名的他和约翰逊在农场一起享用了牛排、玉米和约翰逊夫人亲手做的饼干；约翰逊亲自驾车送尼克松回到直升机上，在路上还向他介绍了他出生的小屋，还有他父母的墓地：尼克松承诺不再攻击约翰逊，只要约翰逊承诺在越南问题上保持强硬态度，并且不像汉弗莱和很多民主党人那样在巴黎动摇自己的谈判立场。对克利福德而言，这意味着"冷落可怜的休伯特"。

克利福德回忆说："这让总统既惊讶又高兴。"

在他们的电话中，尼克松明确地对约翰逊说，他们达成了共识。

尼克松后来在8月时对约翰逊说："我不管政治是怎么样的，但我们必须非常坚定。我也不想说任何会让你感到难堪的话，这点你可以确信。"

"嗯，我知道，我知道。"约翰逊说。但是，尼克松又说："非常坦率地讲，你能让你的副总统和其他人也坚定立场吗？因为你知道，不管大选会怎样，我们必须坚定一致。"

约翰逊说："很坦诚地说，我不知道，不骗你，我真的不知道。"

尼克松是个不愿冒险的人。他知道如果约翰逊在巴黎和谈中成功，他会失去很多。他对他的助手们说："如果战争继续，人们会选我来结束战争，如果已经实现和平，他们则会选他们的钱包——也就是民主党带来的繁荣。"

于是他采取了保险措施。他需要知道约翰逊给河内开出了什么条件，他又是如何让西贡接受这些条件的，还有这一切麻烦之后，这场无知的战争的出路是否会在大选日之前到来。

陈香梅是共和党妇女支持尼克松组织的联合会主席，是第二次世界大战中曾在中国指挥过"飞虎队"的陈纳德将军的遗孀。她身材娇小，容貌出众，时年43岁，绰号"小花"和"龙夫人"。1954年，她在台湾地区与前来访问的美国副总统尼克松相识，她与阮文绍总统的兄弟阮文久的关系也非常密切。7月12日，陈香梅和南越大使裴艳这位受人拥戴、和蔼可亲并且出身名门的外交家在尼克松的纽约寓所会见了尼克松和他的竞选经理约翰·米切尔。据裴艳的记录，此次会面的目的是在尼克松阵营和西贡之间打开一扇秘密的后门。

"陈香梅是我的好朋友。"尼克松对裴艳说，"她了解亚洲的一切。我知道你也将她当作朋友，所以从今以后请你将她当作我和你的政府间的唯一联系人。如果你有任何信息，请通过她转告，她自己也会这么做。我们知道陈香梅是个好人，也是一位忠诚的共和党人。我们都能依赖于她的忠诚。"他承诺，如果他当选，他将把越南当成最优先事项，"并且让越南从我这儿获得比民主党人更好的待遇"。

这样，尼克松就获得了为自己送信、施压并向西贡许诺的渠道，同时还可以兼顾约翰逊的一举一动。正如历史学家罗伯特·达莱克所说，尼克松的选战将"和美国历史上的任何选战一样带来阴谋诡计和秘密行动"，而他现在已为这场选战打下了基础。

汉弗莱的地狱，尼克松的天堂

对于这件事，约翰逊思前想后，希望民主党能够保持理性，在芝加哥民主党全国大会提名总统候选人之后还能让他效力。他选择了

"风城"芝加哥，因为他相信理查德·戴利市长，后者会像军阀一样执行命令，并且曾提议警察一看到纵火犯就开枪将其击毙。约翰逊说："尼克松能被战胜，他就像西班牙马一样，在开始时跑得最快，然后在拐弯时就落后了。你会看到，他最终会做错事的。他总是那样。"

总统甚至还计划为自己在芝加哥举办一场盛大的 60 岁生日宴会。而结束越战全国行动委员会为抗议者主持了一场"非生日宴会"，还展示了被杀害的越南平民的照片。汉弗莱获得提名的那晚，会议大厅不得不用带刺铁丝网将会场与外界隔开，那个时候，约翰逊政治复兴的希望破灭了——游行示威者朝警察扔着砖头、瓶子和钉满钉子的高尔夫球，警察则努力镇压和平示威者和抗议者。

至少民主党在越南问题上的立场没有软化。约翰逊的两位女婿正在越南服役，他确保了这一点。很多民主党人希望党纲能支持无条件停止轰炸。"没门儿！"约翰逊从自己的农场打来电话，对一位助手说他现在还是总司令："除非他们逮捕我并剥夺我的权力，否则我不会停止轰炸。因为我在这件事上有自己的权力，我不会攻击他们的要害，同样不会欺骗他们。"

汉弗莱陷入了越战的陷阱，他的选战缺少资金。与此同时，共和党一方看到了一位新尼克松的崛起，正如李普曼所说的"一个更加成熟老练的不再需要往上爬的人"。他在当时的必看电视节目《罗伊与马丁喜剧秀》上表现得如鱼得水。

反对派更接近真相。那年，尼克松比大多数政客都更清楚，他的沉默的多数派中体现出了新的怀疑和强烈焦虑：他们被自己的孩子否定，被好莱坞的放荡挥霍否定，被评论所否定，那些评论被称为"进步"，欢呼革命、鄙视中心区并且提倡社会公正。但与此同时，他们却送自己的孩子上私立学校。

他的一大长处在于接触新受伤或感到愤恨的人，并团结那些从未团结在一起的组织。用尼克松的话说，他们是所谓的"古怪的人"。保守派、共和党中坚分子、南方反对派、乡村俱乐部的巨头以及郊区的奋斗者们联合在一起。这和富兰克林·罗斯福的劳工、城市、少数派及南方的联盟不一样：尼克松会抄近路，对和政治利益不沾边的文化需求喊话。

一切都进展得很完美——只要尼克松能让约翰逊参与其中。于是他决定，是时候开另一扇后门了。实现和平并不需要牺牲一切，要说服约翰逊接受这一点，就要向他确保他将获得荣誉——即便是在大选之后获得荣誉。

9月中旬，尼克松请总统俱乐部中的一位荣誉会员帮助他。福音派传教士葛培理是少有的能声称和约翰逊及尼克松都有私交的人物之一，他和其他总统，不管是过去的还是将来的总统，都有不错的关系。他和尼克松的亲密关系已经持续了近20年；当尼克松在最终确定选斯皮罗·阿格纽作为自己的竞选伙伴前，葛培理正在迈阿密共和党全国大会的会议室中。紧接着他在芝加哥民主党全国大会上也主持了礼拜，并且在约翰逊的白宫度过了很多个夜晚和周末。他想成为弥合分裂国家的桥梁；因此在9月初，当尼克松因为要交一份密电给约翰逊而要在匹兹堡的希尔顿酒店见他时，葛培理很高兴帮忙。

当尼克松谈论约翰逊时，葛培理做了仔细的记录。尼克松说："大选后我绝不会让他难堪，我敬重他，无论是作为公民还是总统。他是140年来最勤奋和专注的总统。"尼克松希望他们能亲密合作，获得他的建议，派他执行特殊任务，而且可能是海外的任务。当战争最终结束时，他将确保约翰逊能获得他应得的荣誉。

尼克松将"尽一切可能让你……在历史中有一席之地，因为这是你应得的"。他用俱乐部最大的诱饵吊足约翰逊的胃口：你不会出局，我会支持你，确保你在历史上的地位，因为我们会成为和平的伙伴。

葛培理在 9 月 15 日飞往华盛顿。据葛培理回忆："这是我请求他的几次会面中的一次，我对他说是私事。"坐在椭圆形办公室里，葛培理逐条说明了他的记录。约翰逊让他将其中的几条读了两遍。他甚至从葛培理手中拿过记录自己进行研读，还得花力气看懂葛培理那糟糕的字体。约翰逊说，他还是想支持汉弗莱，但是，"如果尼克松成为当选总统，我将全力与他配合"。

当然，葛培理的信和尼克松曾向约翰逊的许诺相呼应；但尼克松很清楚，约翰逊和他自己都同样喜爱的葛培理会给他的话增加很多分量。两天后，尼克松致电葛培理请他汇报情况。葛培理说，约翰逊"对他的大方姿态非常感激"。这是对约翰逊的自尊和需求的检验，他没有意识到尼克松对他的示好是狡诈的政治手腕。当然，如果约翰逊没意识到这一点，则可能是因为送信的是葛培理，他非常相信尼克松的诚意，这一点也让约翰逊不会怀疑。

整个 9 月，即便约翰逊有足够的弹药攻击尼克松，他也没有开火。约翰逊的助手查尔斯·罗奇散播谣言说，一些希腊海运巨头给尼克松捐了 500 万美元让他将斯皮罗·阿格组提名为副总统候选人。罗奇说："我的情报显示，这条信息很可能是真的，如果是真的，任何揭发行为，即使只是一群海运代表暗中见面这个事实，都会对汉弗莱有难以估量的价值。"汉弗莱的竞选经理拉里·奥布赖恩对约翰逊讲了希腊军事独裁者给尼克松捐款一事，请求中央情报局进行调查，但约翰逊甚至拒绝让记者泄露消息。当汉弗莱的顾问——约翰逊的朋友——詹姆斯·罗请约翰逊在几个关键州演讲时，约翰逊拒绝了。他对罗说："你知道尼克松比汉弗莱更支持我的政策。"

到 9 月底，汉弗莱最终想要脱离约翰逊。他写了一篇演讲稿，打算在盐湖城的全国广播中发表，演讲稿前后一共修改了 7 稿，打印了 6 次，汉弗莱才觉得满意，因为这是他想实施的一项特别微妙的行动：他需要让那些不满的自由派相信，他已经和约翰逊分道扬镳了，他愿意为和平冒更大风险，同时还不疏远温和派——或约翰逊自己。作为民主党的总统候选人，讲台上的副总统标志消失了。他宣布："如果当选为总统，我将停止轰炸北越，为了和平，我甘冒此风险，因为我相信，谈判会取得成功，从而缩短战争期限。"然而，尽管停止轰炸是无条件的，但却不是不可更改的："如果北越政府不守信用，我将保留重新轰炸的权利。"

克拉克·克利福德、乔治·鲍尔和埃夫里尔·哈里曼大使等顾问意识到，真正的提议正是他们几周来一直在向约翰逊提议的；这种政策差异实在很小，而且他们将此告知了约翰逊，希望阻止这样的事发生。汉弗莱亲自致电白宫并让约翰逊当心。"我想我做得很小心，对你现在做的事情并没有害处。"

约翰逊的回应很冷漠和含糊。他已经知道了演讲这件事——不是因为他读到了演讲稿，而是因为尼克松给他打了电话并且让他盲目起来。对于一位疑心很重的总统来说，如果他的副总统在个人和政治上都背叛了他，还有什么能比这更好的机会呢？

尼克松问约翰逊，汉弗莱的演讲是否代表白宫官方立场的转变——而他很清楚其实并未转变。约翰逊说："我们并没进行讨论，请对此绝对保密。"

"我明白。"

"我不想你引用或重复我的话，这样我就随便说了。"约翰逊继续说道。

"我不会的，我不会的。我甚至不会让任何人知道我给你打过电话。"尼克松向他保证。

由于约翰逊还没有机会读那篇演讲稿，尼克松很容易就可以称那篇演讲稿很幼稚和靠不住。他们对汉弗莱和敌人的愚蠢交易都深感沮丧。约翰逊甚至让沃尔特·罗斯托冒了很大风险，并且发表了对艾布拉姆斯将军的最新评估。通过轰炸行动，艾布拉姆斯"将敌人的可侦察到的军队调遣次数从 7 月中旬的每天 1 000 次减少到少于 150 次……如果停止对北越的轰炸，每天 1 000 次调动可能会恢复"。

尼克松刺激了约翰逊。他说，"我刚看到美联社报道"，并且媒体认为演讲稿"极大偏离了约翰逊政府的战争政策"，即使汉弗莱确实说过他的行动依赖于共产主义在非军事区的克制。尼克松说："你知道，媒体总是想在事件中扮演最重要的角色。"

但是，尼克松向约翰逊保证，他将仍然是位忠诚的支持者。他说："我不想朝那个方向走，我想，凭良心说，我的立场是，除非有证据表明存在互惠措施，否则我们不能停止轰炸。"约翰逊甚至告诉他应该怎么跟媒体说：总统只有一位，国务卿也只有一位。"他们在新总统当选前将负责到底。你们不能在没有信息的前提下无视他们并告诉他们怎样才是最好的。"

尼克松没有提到，他自己在巴黎和谈上的双重间谍已经告诉他，约翰逊也想在 10 月的某个时候宣布实现突破。

盐湖城讲话标志着一个转折点。自由派民主党议员最终宣布他们支持汉弗莱，资金开始流动，民意测验开始对他有利起来。各种标志上写着："如果你真这么想，我们支持你！"但是，汉弗莱和约翰逊的关系在恶化：总统拒绝在得克萨斯州为汉弗莱助选。当副总统提议见面修补关系时，他去迟了，约翰逊拒绝见他。汉弗莱对一位助手说：

"那个浑蛋约翰逊……我看到他就坐在办公室里呢，吉姆·琼斯（白宫的一名员工）就站在门口，我对他说：'你对总统说，让他见鬼去吧。'"然后，事情开始真正有趣起来。

10 月突袭

10 月 9 日，在巴黎的谈判出现进展：河内同意西贡派代表参加和谈。苏联驻巴黎大使馆官员证实了这一消息；美国首席谈判员哈里曼暗示，苏联不希望共和党及他们的老牌冷战人士尼克松获得胜利，因此打算朝着帮助民主党的方向推进和平进程。同时，情报显示，有 4 万到 6 万北越军队已经从南越撤离，他们中有很多人从北方省进入了柬埔寨和老挝。一位美国军官说："他们似乎从树林中消失了。"

所有人最终都准备好谈判了；问题是，南越人准备好了吗？阮文绍会从美国撤军的和平协议中失去很多东西。现在离美国大选只有三周时间：10 月 13 日，埃尔斯沃思·邦克大使在一次高压会议中会见阮文绍。暂时来讲，阮文绍还很好说话；只要美国在非军事区或城市受到袭击时恢复轰炸，他就同意参与和谈。

阮文绍说："毕竟，问题不是停止轰炸，而是停止战争，我们必须试试这条路，看看他们是不是认真的。"

邦克在他的报告中说："我认为这是政治家的观点。"而在华盛顿，克利福德、腊斯克以及参谋长联席会议都认为这终于是一次可以转危为安的机会了。

10 月 16 日中午前，约翰逊和三位候选人开了电话会议。还被冷落在盐湖城的汉弗莱没得到事先通知，他在圣路易斯的基督教兄弟高中体育馆卫生间中接到了电话。尼克松在堪萨斯，华莱士在洛杉矶。

约翰逊说，他打电话是想"告知你们一件最重要的国家事务"。他让他们发誓保密，并向他们保证他对共产主义的立场没有变软：河内已经同意了美国停止轰炸且立即开始和谈的条件，和谈方将包括西贡和越共。他说："我将永远记住敌人正在搜集我们在国内所说的一切，我知道你们不会和国家玩政治手段。"

汉弗莱未做评论。尼克松重申了他之前的承诺："我明确表示过，我不会发表任何可能破坏谈判的言论。因此我们就那样待着，希望和谈能有成果。"他们同意对收到这通电话风声的记者们讲这只是例行情况通报，尽管各方已坐下来谈判，但还未能达成共识。尼克松那消息灵通的顾问布赖斯·哈洛对萨菲尔说："林登·约翰逊怀恨在心，天知道他是否会在国际上胜利完成任务呢。"

情节在接下来的两年都很曲折。首先，河内谈判员坚持任何停止轰炸都是"无条件的"，而且要将谈判称为"四国会议"来抬高越共的地位和贬低西贡。同时，阮文绍对邦克更强硬了，坚持要求越共只是作为北越代表团来巴黎。在尼克松阵营中，人们越来越担心约翰逊立场松动，为急于实现突破从而让大选对汉弗莱有利。哈洛解释说："约翰逊曾许诺不在外交政策上耍任何手段。"让他们知道幕后在发生什么，这很重要，这样他们就能制订相应计划。

幸运的是，尼克松是位情报大师，他知道约翰逊和他的谈判员所说和所做的一切。首先，在一年前成为尼克松顾问的亨利·基辛格正在谈判双方间斡旋，尽管他曾称尼克松是"灾难""不适合当总统"，认为其是"总统候选人中最危险的人"。基辛格联系了尼克松的助手理查德·艾伦，说他在美方巴黎谈判团队中有亲密的朋友，并提出支持尼克松获取谈判进程的所有信息；他非常谨慎，怕暴露自己的角色，以至于他用付费电话联系艾伦并且一度建议用德语通话。

哈里曼的助手理查德·霍尔布鲁克后来对基辛格的传记作者沃尔特·艾萨克森说："尼克松阵营在美方谈判团中有秘密情报来源，这并非夸大事实。"

而在白宫有"双重间谍"的哈洛给尼克松写了一份备忘录，告知事情的进展速度："他变得几乎是莫名其妙地急于找到下令停止轰炸的理由，并且愿意接受几乎所有安排……已经制订了细致的计划来帮助汉弗莱利用所有发生的情况……白宫仍然认为，他们能通过此举帮助汉弗莱竞选。"

这在尼克松阵营点起了一堆火。他们相信，约翰逊正在精心策划最后的 10 月突袭，希望在最后几天扭转大选局势。哈洛揭了尼克松的旧伤，1962 年的 10 月事件，在当时尼克松竞选加州州长时给民主党人提供了很大帮助。"他们想对你做这件事，就好像他们曾在 1962 年古巴导弹危机中做的那样。一模一样。只是时机问题。"

有两人可以玩那出把戏。尼克松让约翰逊保持中立的策略在整个夏天和 9 月都很奏效，但现在是时候发动攻击了。如果他认为约翰逊愿意不惜一切代价达成和平协议，尼克松也愿意不惜一切代价进行阻挠。在那些对谈判进展了如指掌的人中，还有一位是裴艳大使，西贡和国务院都要向他汇报情况。陈香梅则与此同时保持着她和尼克松阵营的约翰·米切尔的秘密联系。他们几乎每天都进行交流。米切尔对陈香梅说："用付费电话打给我，不要在你的办公室打电话。"

约翰逊的白宫收到了来自苏联的警告：我们的被保护人（指河内）已经被控制住，你确信你的被保护人也被控制住了吗？每一天大选都变得更紧张：即使在伦敦，出版商们都认为民主党胜选机会大，从 9 月的 12∶1 降到了现在的 7∶4。尤金·麦卡锡最终站出来支持汉弗莱，其他持不同意见的自由派也回心转意了。

在华盛顿、巴黎、河内、西贡和莫斯科，消息传播得很快。随着谈判进入最后阶段，白宫官员拒绝接受任何采访，甚至不接电话。有人对记者称："与古巴导弹危机相比，能获得全面情报的人更少了。"据报道，巴黎的外交官们租用的是没有明显特征的车辆，这样他们就能毫不声张地和北越谈判员进行秘密会谈。当白宫从莫斯科获得关键消息后，约翰逊让克利福德、腊斯克和惠勒将军到国务院的地下室开会，并且乘用普通的雪佛兰汽车；不幸的是，CBS 新闻记者马文·卡尔布碰巧看到了他们，立即让汽车掉头跟着他们。他的报道正好证实了共和党的怀疑：约翰逊准备在 10 月发起突袭。

尼克松断定，他的唯一方法是让人们怀疑约翰逊正在秘密运作让汉弗莱获得优势。由于他曾公开声称支持总统的一切努力，他不能发表这么怀疑的指控——尽管其他共和党人肯定可以。

尼克松让他的一位盟友提出了指控——然后他公正地进行否认。尼克松在 10 月 25 日发表的声明中说："在过去 36 个小时内，我获知白宫和越南召开了一系列会议，还有人告诉我，这些活动是约翰逊总统为拯救汉弗莱大选的最后努力。我对此并不相信。"他指出约翰逊在对待 三位总统候选人时都非常公平，并且称赞他抵制了来自他政党内部的"策划他所描述的'和平假象'的压力"。

这是一件好事——一位候选人在称赞其对手而没有在积极加剧谣言，并让自己成为不扩散谣言的英雄。尼克松还知道，对约翰逊利用战争施加政治手腕的指控是错误的；约翰逊没有降低或改变他在 7 月私下向尼克松提出的要求；利用大选时机的是受到莫斯科怂恿的河内，而不是约翰逊本人。但尼克松也越来越不顾一切了，因为民意测验越来越接近。

事实上，两天后，10 月 27 日，巴黎传来消息称，河内满足了约翰逊的所有条件。

如果约翰逊在 10 月 29 日停止轰炸，那么所有谈判方能于 11 月 2 日在巴黎召开和谈——也就是美国大选的前 3 天。

"我们该怎么做？"约翰逊那晚问他的最高顾问们。

"继续谈下去。"腊斯克部长断然地说。

"为什么？"

"我闻到了其中的伏特加酒和鱼子酱的味道，苏联人参与了。"腊斯克回答。

"如果我们之间有 10 步距离，"克利福德断言，"他们已走了 8 步，我们走了 2 步。"但腊斯克认为是 9 步和 1 步，北越已经消气了。

苏联总理阿列克谢·柯西金保证说，河内"非常有诚意"，美方的怀疑是没有根据的。邦克大使被派去请求阮文绍的支持。约翰逊说："一朝被蛇咬，十年怕井绳。"因此必须认真对待阮文绍。

尽管一直在说约翰逊不顾一切希望达成和平协议，但这是约翰逊自己在作假。即使突破唾手可得，他仍然担心他会让美军士兵冒险，让敌人获得军事优势。克利福德甚至怀疑，约翰逊已经被所谓的利用和平协议帮助汉弗莱的批评给吓住了。

克利福德回忆说："我不禁又问自己，在林登·约翰逊内心深处，他是不是真希望汉弗莱获胜？"

约翰逊非常尊重他的将军们，他想听他的战地司令给他做最后的风险评估。总统下令："尽快让他过来汇报。"艾布拉姆斯将军登上了 C-141 "运输星"秘密飞往华盛顿，于 10 月 29 日凌晨 2 点 38 分抵达华盛顿。他穿着便装，悄悄来到白宫。

约翰逊和他的最高顾问们正在内阁会议室等着他。艾布拉姆斯坐到总统的左侧，约翰逊对他们要谈的事情以及他们现在所处的局势做了说明。北越接受南越参与和谈是个巨大进步，因为之前约翰逊自己也声称："很多专家认为河内绝不会同意这么做。"

然后，他让艾布拉姆斯进行评估：毕竟正是他曾警告过停止轰炸的风险。但是最近几个月来，战地局势有了很大改观，艾布拉姆斯说，敌人越来越弱，现在停止轰炸在军事上可以接受。他不认为北越会侵犯非军事区；他有点担心的是城市，尤其是西贡。

"如果他们发起攻击，我们很容易就能再次展开全面轰炸吗？"约翰逊问。

"是的，非常容易。"

约翰逊又问了补给线和军队的活动及士气。然后，他又问了一个关键的问题："现在我们能否减少轰炸而不引起平民伤亡？"艾布拉姆斯坚定地看着总统说："是的，可以。"

如果你处在我的位置，约翰逊想知道……

"如果你是总统，你会这么做吗？"

"我会毫不犹豫这么做，我知道这会导致很多恶评，但我确实认为应该这么做，这是件应当做的事。"艾布拉姆斯回答。

"士兵们是否会接受？"总统问。

"是的，长官。"

克利福德认为，艾布拉姆斯就这样将球射进了球门。

没有人去睡觉；黎明时，约翰逊上楼到房间里。他对助手们说："同时做候选人和追求和平者很困难。"这个想法再次提醒他，他不必通知真正的候选人发生了什么。

他想知道："尼克松下午5点会在哪里？"还有华莱士和汉弗莱。"让他们随时保持联系。"

早上6点04分，腊斯克打来电话。他已和身在西贡的邦克大使交流了，阮文绍有点儿反常。他说，3 天时间派代表团到巴黎太短了，他需要和他的国民议会商议，他还表达了其他似乎并没有缘由的担忧。

突然间，约翰逊和他的人认为他们都懂了。阮文绍的突然变心本来毫无逻辑——除了腊斯克所谓的"暗地里的东西"。中央情报局一份秘密的报告显示，阮文绍"看到了现在的行动和约翰逊总统对副总统汉弗莱当选的愿望之间的必然联系。阮文绍曾多次提到美国大选，向他的访客暗示目前的谈判是为了帮助汉弗莱竞选"。约翰逊还从华尔街的渠道了解到尼克松在做破坏谈判的工作，并且指望进行新一轮攻击，这样伤亡人数会上升、股票市场会下跌，也就更便于尼克松在上任后达成自己的和平协议，就好像艾森豪威尔当初结束朝鲜战争一样。罗斯托的兄弟、政治事务副国务卿尤金在一份备忘录中写道："就像 1953 年的艾森豪威尔一样，他（尼克松）将决定总统所不能接受的条款，并且把现在至 1 月或 2 月局势的恶化归罪于他的前任。"换句话说，尼克松不仅打破了约翰逊成为和平制造者的愿望，他还将怪罪约翰逊让美国被迫签订了一个更糟糕的协议。

约翰逊已经下令联邦调查局监控美国和南越大使馆之间的联系，监视陈香梅的行动，并窃听她的电话。国家安全助理布罗姆利·史密斯命令联邦调查局副局长卡撒·德洛克："不管她去哪儿，都跟着她。"这将提供实实在在的证据：如果不是尼克松自己，那就是尼克松的中尉正积极破坏和谈。约翰逊亲自上阵，国家安全局截获了一条 10 月 28 日从裴艳发到西贡的密电："我经常和尼克松的人联系。"他预测，如果西贡退出谈判，他们将能从尼克松处获得比汉弗莱更好的协议。他建议："局势拖得越久，对我们就越有利。"

大选日马上就要到来，这份密电的意思令人震惊。约翰逊在通宵战略会议后对他的助手们说："如果尼克松的阴谋被揭露，全世界都将被震撼。如果这一切公之于众，你能想象人们会说什么吗？我们好不容易谈妥了所有条件，而尼克松竟让我们最终不能实现。"

约翰逊对尼克松非常愤怒，但他也责怪汉弗莱在盐湖城的演讲吓唬了南越。

"他们（尼克松的盟友）让裴艳认为，比起从我这里，他能从尼克松那里获得更好的协议。"国家安全委员会顾问罗斯托给约翰逊写了一份秘密备忘录："总统先生，我一直在考虑我们手上现有的信息，一些共和党人让南越人采取他们习惯的行动。没有实在证据表明尼克松先生与此有牵连。然而，我们掌握的材料太具有爆炸性了，不管尼克松先生是否当选，都会极大地损害我们的国家。如果现在公之于众，这些材料很可能会成为我们所见过的最激烈的辩论的主题。"

那晚，主要负责人在白宫再次碰面。约翰逊担心，如果阮文绍不参与，继续推动和谈会就显得太具政治性。"我想我们得给阮文绍更多时间。"第二天，他录制了一份宣布停止轰炸的录音，因为他正渐渐失去发言权。邦克被派去明确告诉阮文绍，不管有没有他参与，美国会继续推进。

下午 6 点，广播开始前两个小时，约翰逊再次给三位候选人打了电话。他告诉他们，他将宣布停止轰炸，并且他发出了一次模糊的警告。约翰逊说，某些人正四处说西贡将从一位不同的总统处"获得一份更好的协议"，那让事情更难办了。但他还说："我知道你们几位候选人都不知道此事，也不对此事负有责任。"

约翰逊坚称他不关心大选。"我为你祈祷。"乔治·华莱士对他说。

"我们会支持你。"尼克松附和道。

"我们会支持你的，总统先生。"汉弗莱也说。

尼克松有充分理由扩大和平的希望——最好让阮文绍在适当的时候

打破希望，并且让约翰逊看起来是个不诚信和控制欲强的人。基辛格还在继续他的秘密汇报，打电话来说，哈里曼和他的团队已经开了香槟酒庆祝了。多年后国家安全助理理查德·艾伦对西摩·赫什说："给我们提建议很需要胆量，因为用国家安全做文章，这对他来说太危险了。"

约翰逊那晚在广播上发表了演讲，那篇演讲看起来是他政治生涯中最精彩的部分。北越已经在他们拒绝和西贡和谈上让步了。因此，他说："我现在下令，停止所有对北越的空军、海军和陆军的轰炸，我们现在所期望的——我们有权去期望——是开始迅速、有益、认真而密集的谈判。"停止轰炸的命令在他讲话 12 小时后生效了。

当总统讲完时，米切尔追踪到陈香梅，后者正在华盛顿喜来登公园饭店内著名女主播珀尔·梅斯塔的房中吃晚饭。米切尔打了电话给她，让她用保密线路回电话。他在电话铃声一响起时就拿起了电话。他说："我现在代表尼克松先生对你讲话，让我们的越南朋友们理解我们共和党的处境，这点很重要。"陈香梅向他保证，阮文绍绝不会同意和谈。"阮文绍已经一次又一次对我说，去巴黎和谈就像是走进烟幕里，和现实没有半点关系。"

林登·约翰逊演讲后的第二天，阮文绍按计划在越南国民大会上发言。阮文绍在外交招待会上已经向邦克确保，一切都不会有问题。但当他在议会站起身时，邦克就坐在他的前排，阮文绍宣布他不会派任何人去参加巴黎和谈。

那种挑衅行为让他在国内成了英雄：他那分裂的政府团结到他周围，当地的媒体欢呼了，国民议会的 50 名成员列队前往总统府，为他欢呼，并且挥舞着红黄色的国旗。西贡的横幅上写着"全国人民团结起来杀死共产主义者，保卫我们的国家"，反对将越共当成和自己对等的国家参与和谈。

　　这对约翰逊来说是个巨大的灾难，对汉弗莱也是如此。最后一周的民意测验显示是平局，现在看起来约翰逊一直在为一份未知的协议忙碌。《华盛顿邮报》的标题为，"南越拒绝接受 11 月 6 日的和谈"。尼克松的助手们开始暗示约翰逊误导了他和公众对于和平前景的看法。但是，即便他们这么做，联邦调查局在 11 月 2 日报道说，陈香梅已经在大使馆给裴艳打电话，告诉他，她刚从自己的上司那儿接到电话，他有一条信息，希望由她亲手转交给大使。她说，信息内容是要大使"坚持住，我们就要赢了……"她重复说这是唯一的信息。"他说，请让你的领导坚持住。"

　　约翰逊自己癫狂了。现在他被看成鬼鬼祟祟的人了，一个将自己的议程凌驾于国家利益之上的操控者，甚至正如他预期的，他的对手正在那么做。但他能做些什么？在一份来自西贡的秘密电报中，邦克建议，他们甚至不应该在大选结束前做任何事情："阮文绍相信尼克松将胜选，将遵循鹰派政策，因此他愿意等下去。"罗斯托提议，约翰逊直接打电话给尼克松，告诉他协议在 10 月中旬就搁置了，他们在 10 月 28 日的一次艰苦谈判中约定要发表一份联合公报，只是在最后一刻没能完成。罗斯托还说，约翰逊应该"敦促（尼克松）在接下来几天小心说话，从而不破坏现在的局势"。

　　还有一个问题是如何向公众交代。克利福德说，他们已经从"联邦调查局、中央情报局和国家安全局的极度敏感的情报搜集工作中"获得了针对尼克松阵营的证据，工作还包括对陈香梅这位平民（她碰巧就住在水门大厦）及外交官裴艳的监控。保护国家安全局的监控和密码破译能力很重要。约翰逊的人在是否利用这些情报上产生了分歧。腊斯克警告："我认为，任何总统都不能以任何方式使用信息拦截或电话监听等手段服务政治目的。一旦我们跨越那道分界线，我们的处境就不同了。"

11 月 2 日晚上，腊斯克建议，他们至少应将陈香梅的干涉告知几位关键的共和党人。因此，那个晚上 9 点刚过，约翰逊打电话给他的老朋友、参议院少数派领袖埃弗雷特·德克森，对他讲了事情经过。

约翰逊说："我们正如履薄冰，我想我应该告诉你事实情况，如果你愿意，你也应该告知其他人。如果你不愿意，我一会儿将自行告知。"他没有操之过急，他坚持说阮文绍一直在参与，直到尼克松的心腹控制了他。

"然后我们的一些朋友也牵扯进去了，有些还是你的老伙计。这里有我们从联邦调查局获得的最新信息。"他转述了联邦调查局关于陈香梅让南越大使坚持住的报告。

林登·约翰逊说，让他们悬崖勒马。"我不想让这种事损害竞选。他们不应该做这些。这是叛国。""我知道。"德克森退步说。

然后是威胁。约翰逊说："我想，如果一位主要候选人在这么重要的事情上耍花样，这会让全国震惊，我不想那么做。但是，如果他们一意孤行，他们应该知道我们是知道他们在做什么的。我知道他们和谁谈话，我也知道他们说了什么。"

"是啊。"德克森回答。"现在，你认为我们应该怎么处理这件事？""嗯，我想，我最好现在联系他，告诉他这件事。"

对话结束时，约翰逊再次重申了风险："我知道，他们在战争中和外国势力接触。""那肯定做错了。"德克森附和道，"而且错得很严重……你是我唯一相信会转告他们的人……如果他们不想这件事出现在报纸头条新闻上，他们最好不要再这样做。"

德克森抓狂了，他的下一个电话打给了尼克松的助手哈洛，他正和尼克松在加州，下榻在世纪广场酒店。德克森警告说，约翰逊"异常愤怒，他威胁如果尼克松阵营不住手就公开事实"。

哈洛挂了电话跑到尼克松在另一层的套间。房间外面，尼克松忠诚的警卫海德曼正在门口站岗。"我有事跟老大说。""他已经上床睡觉了，你不能和他说话。"霍德曼说。"哦，不，我能。我必须得跟他说。你得叫他起床。"

两人争论了起来，结果是哈洛胜了，他们让尼克松起来听最新的消息。

"你得和林登·约翰逊谈谈。"哈洛对他说，"有人已经跟他讲你正阻挠南越人和谈，而他就要相信了。如果你不让他快点知道事实并非如此，那么他就会采取行动了。"他汇报说，德克森非常生气。"他说林登暴怒，我们要做点什么。"

于是，尼克松不得不采取他生涯中最微妙的外交行动之一。

第二天早上，星期日，离大选还有 48 个小时，尼克松参加了《与媒体见面》节目，并且高调为约翰逊的努力辩护。他甚至提出，如果当选，如果亲自出马有用，他将亲自去西贡。

那天下午 1 点 25 分，另一位中间人，佛罗里达州参议员乔治·斯马瑟斯打电话给约翰逊做其工作。尼克松担心约翰逊将控告他破坏和谈。尼克松发誓他跟那件事无关，并且完全支持总统。斯马瑟斯说："尼克松吓坏了，他愿意去你想让他去的任何地方。"从而成功打破僵局。"问题不是他去哪里，而是双方都感觉到，如果他们能等上一个星期时间再'卖房子'，他们能获得更多的好处。"约翰逊反驳道。斯马瑟斯试图争论尼克松对所说的情况一无所知。约翰逊反驳说："那么，他最好让他的人不要越线。"斯马瑟斯说："我会把你的话转告给他的。该死的，有人——他的人——正在把事情搞砸。"

然后轮到尼克松给林登·约翰逊打电话了。约翰逊很生气，指责尼克松；尼克松则夸大其词。他说已经听德克森讲了。为了防止约翰逊没听到他在《与媒体见面》节目上的信息，他又说了一遍。"天哪，我绝不会怂恿西贡不参加谈判的，因为那是你停止轰炸的条件。上帝啊，我们想让他们去巴黎和谈。我们一定得让他们去巴黎，否则就不能实现和平。"

看起来火候已经到了。他挂了电话。几个月后伦敦《星期日泰晤士报》报道这件事时说："尼克松和他的朋友们笑疯了。他们可以放松了，他们唾手可得的胜利没有在最后一刻被夺走。"

48 个小时后，尼克松以 0.7% 的微弱优势赢得总统大选。汉弗莱在最后几天听说了叛国一事——他也同意不予公开。1968 年已经带来太多震撼太多伤痛了，不能再在紧张的总统大选的最后阶段增加叛国的指控。克利福德后来说："汉弗莱输给了一位精明狡诈而不讲诚信的人，这个人在和林登·约翰逊打交道上略胜他一筹。"

当然，窃听某人的盟友或监视未被指控犯罪的美国公民也不能说遵守了规则，这限制了约翰逊和他的助手们利用他们所获得的信息。在他的选战记录中，萨菲尔写道，司法部长拉姆齐·克拉克从未批准监视，尽管联邦调查局副局长德洛克建议那么做。萨菲尔后来说："政府几个机构的监控模式，经 J. 埃德加·胡佛对尼克松的批准，让这种活动具有一定的'容忍性'，这在后来带来了灾难性的后果。"

这也是总统俱乐部埋藏多年的秘密，直到录音带将一切都公之于众。

1997 年，陈香梅向尼克松的传记作家安东尼·萨默斯公开承认，她曾代表他阻挠和谈。用她的话说："权力压倒所有理性，一切都非常非常保密。"

1968 年，约翰逊并不想把尼克松当成敌人。并且，他履行总统俱乐部的职责，即便不是捍卫那个刚刚赢得总统职位的人，也要捍卫总统这个职位。不管是谁获胜，那时的对抗将削弱总统权威。这个决定和 8 年前尼克松自己做的决定一样，当时他决定不去质疑 1960 年大选的结果。

还值得注意的是，如果错过了这个机会，战争将继续并扩大，伤亡将增加，损害将加深多年，直到它最终大体按照 1968 年 10 月的协议内容结束。

有太多的讽刺，但其中一个就是让尼克松欠了阮文绍的"债"——这个事实非常不利于一位想结束一场不可能取胜的战争的总统和一个国家。萨菲尔总结说，尼克松认为阮文绍的拖延很关键。尼克松在大选后几周对他说："我们在周日那天真的很危险。"当时，和平似乎会在 72 个小时后到来。"如果他们再多等一天，他们就能赢得大选了。"当他说起这件事时，他正坐在"空军一号"的安乐椅中，约翰逊将座机借给了当选总统使用。他按下按钮，将矮茶几收进了桌子，然后跷起了腿。

"这肯定要比输掉好。"他笑着说。

下一次过渡

很多人认为，约翰逊与尼克松的政权过渡有可能会像 1952 年杜鲁门与艾森豪威尔的过渡一样冷漠。但结果并不是这样。

尼克松知道自己非常需要约翰逊。民主党在国会两院占有席位，他需要通过两党支持来做事。而约翰逊也不想让尼克松成为自己的敌人。

大选结束一星期后，11 月 11 日，尼克松和约翰逊见了面。约翰逊一家在白宫南骑楼迎接尼克松一家，他们乘着黑色轿车而来；问候很温暖，你甚至会误把他们当作老朋友。尼克松夫妇与约翰逊夫妇一起共进了午餐。他们一起参观了私人住处，尼克松谨慎而礼貌，约翰逊热情而大度。

他们一个下午都待在一起——然后他们一起会见记者，让记者见证了一次非常不同寻常的交接。

尼克松指出，当前正是和谈、裁军和中东问题之间的微妙时刻；美国在外交政策上承担不起3个月时间的无所作为。他宣称："如果要在这些领域取得进步，只有让对方意识到现任政府制定的政策将由下届政府继续执行下去。"因此，尼克松保证，约翰逊和腊斯克"不仅能为现任政府说话，也能为全国说话，这对下一届政府很有意义"。

尼克松是在提议让约翰逊的总统任期持续更长时间——还是很快就开始自己的政府呢？几天后，尼克松澄清说，他认为，在外交事务采取任何重大措施之前，他和白宫之间需有"事先协商和共识"。与其说是提供支持，尼克松现在看起来更像是在发动政变，或者至少是要求在过渡的空白期担任联席总统。这不是约翰逊所想的政权过渡的方式，因此他在第二天对记者们说："当然，从现在到1月20日的所有决定将由现任总统、现任国务卿和现任国防部长决定。"试验结束。

一个月后，两个家庭在白宫再次见面，即将离任的总统在国务院招待新总统，人事部门也在白宫招待了尼克松的工作人员。

在椭圆形总统办公室内，尼克松坐在沙发上，约翰逊则坐在他那特大号的摇椅上。卸任总统谈起了保密工作。他警告说，不要相信国家安全委员会，它会像漏勺一样泄露秘密。

"让我告诉你，理查德，我可能是个十足的傻瓜，竟然将所有重大决定都和现任内阁讲，因为如果我在早上说了某事，你肯定能在下午的报纸上看到相关新闻。"

"我现在提醒你，泄露消息会要了你的命。"

12

我要走了，上帝带我离开

1968 年4月，艾森豪威尔在加利福尼亚棕榈沙漠打高尔夫时第四次心脏病突发。约翰逊在电报里说："你知道，约翰逊夫人和我每分钟都在思念你，深深地为你祈祷。"他提出派飞机送艾森豪威尔回沃尔特·里德医疗中心。在那里，终曲奏响。

沃尔特·里德医院的8号病房和其他病房不一样，它就像是总统俱乐部的专用医务室。戴维·艾森豪威尔形容说，在那里，"每天都是盛会，都有一出戏，这就像角落里的药店，参议员、将军和总统穿着病服聚在一起交谈他们听到的关于外部世界的故事和谣言。"8号病房建于1946年，专为重要病人服务。在那里，丘吉尔曾看望乔治·马歇尔和约翰·福斯特·杜勒斯，他们1959年在那里去世。艾森豪威尔在玛米用最喜欢的颜色所装饰的客厅壁炉架上挂了一幅丘吉尔的照片。约翰逊安排装了一个电影屏幕和投影仪，全天都有电影放映师为其服务，这样艾森豪威尔就能从白宫电影库中借电影去看。约翰逊在6月末的一封信里写道："如果你感到孤单，需要朋友看望你，只需说句话。我甚至想让你挪一下位置，让我也能搬进去。"

事实上，约翰逊定期前往探望，常常静静地独自一人，不带任何随从。他一直给艾森豪威尔送礼物和鲜花，提议10月举行"艾森豪威尔周"活动，以此庆祝将军的78岁生日。3月末，在宣布他不再竞选连任后，他的总统任期过早地就招致了带有历史敌意的宣判。戴维·艾森豪威尔写道，他永远不会像他的英雄偶像罗斯福那样，因此"约翰逊似乎被那个虽然不能说是最伟大的总统，但却是最受爱戴的总统吸引了"。

确实，1968年，艾森豪威尔在盖洛普民意测验中成了世界上最受人尊敬的人。但他的身体却在另三次心脏病及充血性心力衰竭后变得更虚弱了。沃尔特·里德医院收到人们的捐赠意愿，如果艾森豪威尔需要，有人愿意为其捐赠心脏。

这意味着艾森豪威尔病得实在太重了，不能再参与重大事项的决定了：哪怕是像俱乐部婚姻这样的事。总统俱乐部是个兄弟会、工会、秘密社团；但当1968年12月，尼克松的女儿朱莉和艾森豪威尔的孙子戴维结婚时，它也是某种家庭的象征，如果说艾森豪威尔和尼克松从未实现他们在政治上的统一意见，那他们的后代则完成了最美好的事情。

朱莉和戴维只是在孩童时期见过几面。《华盛顿邮报》写道："但他们都有位永远在念叨'我想要我的孩子过普通生活'的母亲——而普通的母亲则一直教育他们的孩子长大后当总统。"

如果说俱乐部在它的成员间建立了某种自然的纽带，那么那种同情也延伸到了他们的家庭。第一夫人们都承担着一份独特的重任，她们是这个世界上能让拥有至高权力的领导人脚踏实地的人，要提醒他们穿袜子，并不要为自己做出的决定感到遗憾。她们知道，她们的孩子们也知道，住在容器中是种什么滋味；家庭假期变成了拍照的噱头；

朋友很多却不够亲密。林登·约翰逊的女儿露西说："公众人物、总统、第一夫人们必须做出很多艰难的选择。"确实，即使是持有迥异政治观点的第一家庭都很少互相批评。"这没有必要，因为我们都很有品位，都很善良，并且我们都理解彼此，理解家庭隐私的公开化及其无奈。谁想过那种生活啊？"

同时，每个家庭都有习惯。当祖父艾森豪威尔在 1961 年离开白宫时，他的孙子在白宫的地毯下留下张小纸条，上面写着"我会回来的"。1966 年秋天，戴维·艾森豪威尔去阿默斯特学院上大学，朱莉·尼克松在史密斯学院上大学。两人被邀请去马萨诸塞州共和党妇女俱乐部演讲。他们在电话里协商并一致拒绝前往，但不久后戴维就和他的室友一起参观了史密斯学院，并请朱莉和一位朋友出去吃了冰激凌。戴维回忆："我当时身无分文，我的室友忘带钱包了。是那两个女孩子付的钱。"

1966 年 11 月，他们一起观看了中期选举；12 月他陪她参加第一次社交舞会，这件事还上了报纸。随着他们关系的发展，艾森豪威尔总统试图阻止他的孙子。

他敦促说："先完成你的学业，在考虑成家之前先安身立命。"他和玛米为戴维的教育留足了学费。

而对于理查德·尼克松而言，他再高兴不过了。1967 年，尼克松对俄勒冈州波特兰的记者说："大一的时候，他们搭便车在学校见面。有人告诉我，艾森豪威尔将军发脾气了，并要戴维买辆车。"到 1967 年感恩节时，带着玛米的祝福，戴维将他祖母的戒指送给了朱莉。当新闻在两周后发布时，戴维笑着说："所有的新闻报道都让我们听起来像是私奔的情人似的。"

这段恋情不管是从个人角度，还是从政治角度都对尼克松有益。

他和帕特真心喜欢戴维。尼克松努力消除自己诽谤者、失败者和令人讨厌者的旧形象；现在他成了骄傲的父亲，让自己的宗族和美国政治上最受欢迎的名字联系在一起了。这让他大获共和党的关注。在总统竞选初期，这对夫妻好像是麦迪逊大道上的广告，带来了尊敬和体面。《时代》周刊写道："在决策会议上，共和党战略学家几乎不能想到有这么一个宣传的妙计：候选人活泼漂亮的 20 岁的女儿朱莉和德怀特·艾森豪威尔 20 岁的孙子在总统初选开始那天订婚。"

《纽约时报》惊讶地写道："在国家政治领域，自西奥多·罗斯福的女儿艾丽斯·罗斯福和时任众议院议长尼古拉斯·朗沃斯结婚以来，这种事情还从来没发生过。"

孩子们互相用开玩笑的方式来回应对他们无止境的报道：朱莉被称为"初出社交界的女孩"，特里西娅被称为"小仙女"，戴维因他那著名的祖父被称为"青年版艾森豪威尔"。《时代》周刊写道，朱莉和她的姐姐特里西娅"成了政治魔术师，是在不墨守成规的年代里健康漂亮的完美的人"。

比起艾森豪威尔，戴维是一位更忠诚的尼克松支持者。1968 年 7 月，当戴维成为支持尼克松的青年人组织的主席时，他在给《纽约时报》的信中写道："你们会因对理查德·尼克松的严重疏忽或肆意忽略而感到内疚的。"他整个夏天成了选战的焦点明星。尼克松在向人们介绍戴维时开玩笑地说："和叫艾森豪威尔的人一起竞选，我总能更成功。"《时代》周刊报道："他继承了他祖父的姓氏和他那标志性的微笑，在很多共和党人的心目中，这个头发蓬乱，有时还羞怯的大三学生帮了尼克松的大忙。他的出现让人们想起艾森豪威尔在白宫时的平静时光。"

戴维的新娘娘家几乎什么都有，那还要给予她什么呢？在朱莉的第一次新娘送礼会上，尼克松的秘书罗斯玛丽·伍兹送给她一只蒸汽熨斗，还有人送了香烛、睡衣、书夹、百洁布和一本烹饪书《烹调之乐》(*The Joy of Cooking*)。但这不是一对普通的夫妻。随着 12 月婚礼的临近，礼物从全世界涌来——尤其是在尼克松赢得 11 月大选之后。戴高乐送了一副 12 人用茶具，以色列国防部长摩西·达扬送了古迦南人的项链和公元前 200 年的多产人偶像。至于婚礼服装，由波士顿普丽西拉婚纱店制作，这像国家机密一样受到空前保护。

朱莉和戴维本来可以举行白宫婚礼。但是她更想将婚礼办得私人点。她说，她和戴维虽没有在白宫举办婚礼，但已经很有历史意义了。露西·约翰逊确实在大选后让这对新人参观了白宫。用她的话说，白宫既可以是"最孤独的"所在，也可以是"最温暖的"地方。

"它能成为你想要它成为的任何东西。"

朱莉选择了位于曼哈顿的大理石教堂，当她的父亲在第二次世界大战期间驻扎在布鲁克林海军造船厂时，她常在那里做礼拜。婚礼主持人是诺曼·文森特·皮尔博士——另一个富有政治讽刺意味的人物，因为正是皮尔博士在 1960 年和福音派教徒的会议上谴责了天主教徒约翰·肯尼迪不适合做总统，这甚至几乎毁掉了尼克松的竞选。

还有一个情节转折，这只是一个预告，而不是回放：戴维的伴郎是他的室友弗雷德·格兰迪。多年后，格兰迪出演了约翰·迪安在 1979 年的电视剧《盲目的野心》中的"水门"丑闻主角唐纳德·塞格雷蒂，还有非常出名的《爱之船》中笨手笨脚的高夫。1986 年，格兰迪在艾奥瓦州当选国会议员。招待会安排在广场酒店，他们请求让《雪绒花》这首歌做他们第一支舞的伴奏。《纽约时报》写道："不会有《圣城风云》中的任何音乐选集，但会有一首《追梦无悔》。"

当大日子就快到来时，很明显艾森豪威尔由于身体原因不能出席。于是尼克松到他那里欢庆。11 月底，他来到沃尔特·里德医院，和艾

森豪威尔一家一起过了感恩节，在 8 号病房的公用餐桌上吃了火鸡和
南瓜饼。尼克松正在组建自己的内阁，他让他所有的内阁候选人前去
探望艾森豪威尔。不久，艾森豪威尔写信给尼克松，对他说，首先他
很遗憾错过了婚礼。他的孙子"能娶到这样一个女孩是世界上最幸运
的年轻人之一"。其次，他对内阁成员有几点想法。他附了一条提案，
并让尼克松在看后销毁。提案建议尼克松任命艾森豪威尔的老朋友司
法部长赫伯特·布劳内尔做最高法院的院长。

整件事，比如婚礼仪式和招待会，都对媒体封闭；但 NBC 尝试
（结果并没成功）为艾森豪威尔和玛米直播婚礼仪式，从沃尔特·里德
医院的闭路电视上收看仪式。教堂已经为圣诞节做了装饰，装点上了
红白色猩猩木和 12 英尺 ① 的花冠。客人们进去唱圣诞颂歌和汉德尔的
《水上音乐》。这是出人意料的非政治性事务；新内阁成员全体出席，
尼克松家庭的老朋友，还有戴维和朱莉的许多大学同学都到场了。当
纽约前州长托马斯·杜威走进教堂时，引座员问他属于新娘或新郎的
哪一方客人。那可是个难题。他说道："我是双方的客人！"于是引座
员将他带到了尼克松一方。

尼克松站在教堂前送他的女儿朱莉，女儿亲吻了他，这让尼克松
吃了一惊。

尼克松后来说，他的女儿都没有他自己那么紧张。

作为一种让步，招待会上有一半的香槟来自西部加利福尼亚州，
另一半来自东部纽约州。6 层的婚礼蛋糕有 5 英尺高，重达 500 磅。
当新人出发度蜜月时，朱莉把她的手捧花丢进了特里西娅的手中：特
里西娅会在 1971 年 6 月的一天在白宫举办婚礼。历史引领传统，朱莉

___
① 1 英尺约为 0.3 米。——编者注

在婚礼上穿了和玛米1916年穿过的一样的蓝色吊袜带——但她给了戴维一个不一样的吊袜带扔给他的伴郎们。

对两个家庭而言，这是幸福的一天；几个月后，悲伤的一天来临。艾森豪威尔越来越虚弱，并在1969年3月发展成肺炎。他临终说道："我要走了，上帝带我离开。"3月28日，艾森豪威尔逝世。

艾森豪威尔被穿上了海军军服，躺在他要求的仅值80美元的政府棺材中。葬礼早在多年前就像战争计划一样被安排好了，包括从送葬曲到士兵举枪致敬和乐队演奏等一切细节。他的遗体被安放在国会山，用了和1865年林肯葬礼时一样的黑色棺材架。葬礼当天，约翰逊在离任后首次返回华盛顿。他看望了玛米，但拒绝了尼克松前往白宫的邀请，希望保持低调。自约翰逊宣布不再竞选连任已经有一年时间了。这天刚好也是戴维的21岁生日。

在国家大教堂举行完仪式后，装有艾森豪威尔遗体的棺材被马车运往联合车站，在那里，刚上漆不久的火车将他的遗体运回阿比林，整个路程花了近两天两夜。当火车车厢被关上时，31声枪响，黑色的绉纱窗帘被放下。人们在寒冷的夜晚伫立在铁轨沿线。在华盛顿，在印第安纳州的1.1万人口中，有1万人从50英里外聚集而来，在火车停下来更换工作人员时目送火车离去。约翰逊没有跟随遗体去阿比林；但在艾森豪威尔一家的盛情邀请下，在飞回得克萨斯后，约翰逊请求空军为他提供一架喷气式飞机，他恰好在尼克松乘"空军一号"抵达之前在堪萨斯着陆。

约翰逊失去的不仅仅是位朋友和顾问；艾森豪威尔就像是1969年的象征，那时伟大是美国与生俱来的特权，那时变革的激流还没有涌进文化的每一个角落，那时总统有份威严，让艾森豪威尔在离任后还受到人们的爱戴、尊敬，还有最重要的是信任。

"我们时代的巨人消失了，他的死让我的心都空了。"约翰逊说。

尼克松也失去了一位良师益友，他非常需要他坚定而忠诚的指导。他的演讲撰稿人争论了悼词应有的基调，应该是"亲切、有说服力、恭敬的……而不是谄媚奉承"。

有位演讲撰稿人建议："这是个将艾森豪威尔的为人与当下事情联系在一起的机会，对自由的追求……国家的稳定；善良的心、良好的品性和直觉、坚毅、道德模范。"

这些都是艾森豪威尔的基本品质，它们和他的许多行为都将证明他是独一无二的。然而，尼克松的记忆起了作用。在艾森豪威尔离任后，他的继任者发现总统椭圆形办公室的软木地板被艾森豪威尔的高尔夫球杆折磨得伤痕累累；肯尼迪决定不更换地板；约翰逊也没有更换。尼克松将有凹痕的地板抬起并进行了更换，然后他将这些旧的木地板条截成了只有两英寸①的小块，并把它们安装在饰板上，送给了圈内人。

---

① 1英寸等于2.54厘米。——编者注

尼克松和约翰逊：

兄弟情和勒索

理查德·尼克松将总统职位看得很神圣，即便在他亵渎这一职位时也是如此。他将总统椭圆形办公室装饰成了皇室风格，要求白宫员工不要直接称呼他，而要用第三人称；他不再是"我"，不再是个体；他是理查德·尼克松，美利坚合众国总统。他没有凌驾于法律之上——他本身就是法律，正如他那出了名的解释：如果总统做了某事，"那就是说这件事没有违法"。尤其是在战时，总统的权力在他看来几乎是无限的。

因此，尼克松给总统俱乐部带来了一个特别的挑战，尤其对林登·约翰逊更是如此。他对约翰逊说，你必须帮我保护总统职位，预防那些想破坏它的人，那些自认为懂得更多的人，还有自由派、精英，以及那些自认为能帮助国家结束战争的反战狂热分子。当《纽约时报》发表了五角大楼声明时，尼克松逼约翰逊和他一起发表两党的共同谴责。当"水门事件"发生时，他想让约翰逊帮助其终结参议院调查。尼克松提醒约翰逊，"你知道事情是怎么运作的"，总统只做那些必须要做的事情。

但是，约翰逊拒绝被威胁或勒索。多年来，他已经帮了理查德·尼克松很多，但不会再多帮忙了。总统俱乐部保护总统职位或俱乐部成员的程度也有限制。哈里·杜鲁门在1972年圣诞节期间去世，恰好在尼克松赢得他连任大选压倒性胜利后不久。约翰逊在一个月后也去世了。就这样，在那一刻，尼克松孤身一人了。

13

我要私闯进去

理查德·尼克松一直在尝试建立新的总统俱乐部，这不仅是因为他常常被旧俱乐部拒绝。他在大学里成立了自己的俱乐部，招募真诚正直的和获得奖学金的学生，一起对抗拒绝他加入的精英俱乐部。进入国会后，他成立了由 15 名新晋议员组成的社团，希望对一个由老资格议员控制的议院施加影响。这些人包括杰拉尔德·福特，还有乔治·赫伯特·沃克·布什。《时代》周刊的休·赛迪在 10 年后写道："这个社团形成了深厚的友谊，而且还很意外地形成了一个权力矩阵，带来了三位总统，并主导了美国半个世纪。"

至于总统俱乐部，即使在加入之前，尼克松就已经花了几十年时间研究它——不仅仅研究这个组织，还研究其成员。在写自己的就职演说前，他重读了每一篇之前的就职演说（他尤其喜欢詹姆斯·诺克斯·波尔克的巴洛克式演讲技巧）。他知道每个人的秘密，他知道艾森豪威尔不喜欢别人碰他。尼克松后来对记者鲍伯·格林说："他会和别人握手，但他不想人们走到他跟前，搂住他对他说'嗨，德怀特'。肯尼迪也是这样。尽管事实上，他的个人魅力广为人所称道，但他希望

285

保持一点隐私和一种高贵感。"

尼克松心目中的英雄是那些采取大胆行动的人。尼克松在内阁会议室挂了一幅艾森豪威尔的画像,因为他期望,或许画像会产生某种魔力。但是,艾森豪威尔并不是他真正的榜样。艾森豪威尔很坚定;伍德罗·威尔逊的画像也被他挂在会议室内,伍德罗·威尔逊则充满理想主义。尼克松决心同时具备这两点。

尼克松的榜样是罗斯福——西奥多·罗斯福和富兰克林·罗斯福,既有远见又有力量,既有理想又有实现理想的韧劲。他甚至将椭圆形办公室对面叫作"鱼屋"的会议室(富兰克林·罗斯福曾在里面放了座水族馆)改名为罗斯福会议室,而壁炉架上则放着西奥多的半身塑像。萨菲尔说,和富兰克林一样,"尼克松也会利用不太光明正大的手段实现远大的目标"。

秘密和谎言

三次谈话揭示了林登·约翰逊是所有人中对尼克松总统职位影响最大的人,而且他的动机和行动,不管是真是假,都给尼克松带来了灾难。前两次谈话是在 1968 年大选后,还有一次是在尼克松就职总统两个月后。

尼克松和约翰逊的第一次会面是在 1968 年 11 月 11 日大选后,当时尼克松拜访白宫。尼克松多年后对他的年轻助手莫妮卡·克劳利说:"约翰逊所做的第一件事就是带我上楼,让我看卧室里的保险柜。约翰逊蹲到地上,撩起床单,然后在床下挥着手。"他让尼克松初次体验白宫的磁带录音系统。

第二次会面也是在那年 11 月,地点是纽约市皮埃尔酒店的 39 楼,尼克松过渡时期的总部。联邦调查局长 J. 埃德加·胡佛前来祝贺其当选总统。约翰逊曾称赞胡佛是一项重要的总统资产："如果没有埃德加·胡佛，我将不能履行我作为总司令的职责。"约翰逊对尼克松说："他是一座由弱者组成的城市的力量支柱。"

那一天，胡佛有任务在身。

海德曼回忆说："胡佛气色很好，衣衫有点儿乱。他来到办公室，很快就切入正题。正题就是为他打掩护。没有谁比他更擅长干那份活儿了。"

胡佛对尼克松说，约翰逊已下令联邦调查局窃听尼克松，出于国家安全原因窃听他的飞机，同时还监视陈香梅。他有点言过其实，联邦调查局从未真的那么做，并未窃听飞机。但尼克松不知道。这也就意味着他有理由担心约翰逊还有胡佛，已经拿到了把他和破坏巴黎和谈活动联系在一起的铁证。尼克松执迷于所有与 1968 年秋停止越南轰炸与巴黎和谈相关的文件，这都源于他的自然恐惧。

胡佛警告说："你到白宫后，不要用接线总机打任何电话。约翰逊已经布置好了，有你不认识的小人会监听你。"此外，总统只要按一个按钮就能录下总统办公室的所有谈话内容。

海德曼回忆，胡佛离开后，尼克松给自己又倒了杯咖啡。他没有生气，也不责怪约翰逊监视他。尼克松说："因为那可恶的战争，他一直在承受那样的压力，他什么事都可能做。"顿了顿，他又说："鲍勃，我不会像林登·约翰逊那样结束的，把自己藏在白宫，不敢在公开场合露面。我会结束那场战争，而且很快。"

尼克松还做了他最初的一个总统决策："我们要尽快把那该死的窃听设备从白宫清除出去。"

第三次谈话发生在两个月后，就在尼克松上任后没几天。海德曼看到他在椭圆形办公室很放松的样子，脚搁在办公桌上，在对海德曼说明第一项任务时动作很粗俗。你可以说他已经在执行艾森豪威尔的另一条建议了，那就是每位总统都需要一个"狗奴才"。

尼克松对海德曼说，我想要你调查选战最后几周的情况，以及约翰逊停止轰炸的决定，这些事情几乎让尼克松在选战中失败。"鲍勃，林登·约翰逊做了很多事情，我想你做一份报告，列明所有的文件，详述他做了什么。他让政治卷入战争，我想知道整个经过。"

"但那些事已经过去了。"海德曼抗议道。海德曼没有充分意识到，但尼克松心里很清楚的是——那些文件可能含有尼克松在选战期间做的不光彩事情的证据。

尼克松玩弄着桌上的笔座，他知道他需要什么。他下令，从五角大楼开始，那里有约翰逊采取的一切军事行动记录。

海德曼开始了调查，他在回忆录中写道："我很快就感觉到了未来政府斗争的战栗。"他了解到五角大楼前官员莱斯利·盖尔布已经搬往布鲁金斯学会，携带着一些重要文件，包括一份据称关于停止轰炸决定的文件。当海德曼向五角大楼索要那份文件的副本时，被告知唯一的副本在布鲁金斯学会，那里就像是下野的民主党政府。

尼克松对这一消息感到很不高兴。"我想要那份该死的文件，不管你用什么方法弄到。"

那个任务对海德曼来说有点古怪，他也不放在心上。但查尔斯·科尔森很在意这件事，海德曼称他为尼克松的"私人打手"，或者用科尔森自己的话说就是"摇旗呐喊的、狂热的、反媒体和反自由派的尼克松分子"。很快，他和尼克松身边的其他人开始执行尼克松的命令，不惜一切代价保护尼克松的利益。

这样就为后来发生的许多事埋下了伏笔：尼克松为了隐藏自己的

所作所为，试图拿到那些铁证，证明约翰逊做了他的前任总统们做的事情：走捷径，歪曲法律，帮助朋友，打击敌人。

提防约翰逊

传记作家理查德·里夫斯说，从他上任的那一刻起，尼克松就下定决心："要富有同情心、勇敢、创新、有勇气。"在上任不到三周时他给自己写道："这是最有权力的位置。每天都有机会做一些让人难忘的事情。需要善良，做点好事。"

他提醒自己，要展现自己"对工作的热情（不是孤独，而是令人敬畏）"，这很重要。但是，做总统是份孤独的工作，尤其是一位孤独的人当总统时更是如此。尼克松会这样说："我认为，你应该自己管自己的事。"在这方面，他和约翰逊差异太大了，约翰逊忍受不了孤独，或者像肯尼迪那样，有个大家庭和仰慕自己的门徒，或者像艾森豪威尔那样有很多自己的战友。他的助手约翰·埃利希曼将尼克松称为"疯和尚"。他会溜回自己位于老行政楼的私人办公室，沉思几个小时。共和党主席莱恩·霍尔曾说："没有谁想和尼克松钓鱼钓上一周。"

因此，尼克松没有像约翰逊那样寻求总统俱乐部其他成员的友谊；艾森豪威尔在尼克松上任几个月后去世，杜鲁门退休回密苏里。尼克松去独立市的总统图书馆给杜鲁门送去那架他卸任时留在白宫的钢琴。会面很温暖，而且还很热闹，你不会知道他们几十年来一直在对骂。他们握手和微笑。尼克松坐在钢琴前，弹起了《密苏里华尔兹》。实际上，杜鲁门恨这个曲调，但那时他已经聋得耳不闻心不烦了。

但尼克松担心的是约翰逊，他曾迎合、奉承并且像老鹰一样监视过约翰逊，就是为了确保约翰逊不会给他带去麻烦。这不是因为约翰逊在他的得克萨斯州中保有一定的政治影响，而是因为他对尼克松的过去知道得太多了。

尼克松相信，只要处理得当，林登·约翰逊将来可以成为很有价值的盟友和资产；如果处理不当，那么，什么事情都可能发生。

尼克松非常当心约翰逊，以至于他在白宫特别设了一个办公室专门负责关注约翰逊。他颁布 11456 号行政命令，设立总统特别助理这个新职位，专门负责联系前总统，让总统俱乐部的成员知道"总统所认为的国际和国内要事"，并将他们的意见反馈给总统。杜鲁门从他的老部下哈里·沃恩那里听说艾森豪威尔的前军事副官罗伯特·舒尔茨为这份"无聊的工作"赚了 2.5 万美元。沃恩开玩笑地说："如果舒尔茨不每周和你交流，他就必须麻烦林登·约翰逊来获得自己的报酬了。"

这实际上是另外一回事了。约翰逊经常给白宫打电话以获得信息和求助，麻烦一位叫布伦特·斯考克罗夫特的年轻军事副官全天候进行军事运送。一开始，斯考克罗夫特觉得约翰逊难以忍受，不仅穷而且要求很高。但随着时间的推移，却开始期望接到他的电话了。约翰逊经常打电话想到华盛顿定居，以至于尼克松下令斯考克罗夫特和其他助手从联邦总务局拨款买了一个俱乐部会所；他们找到了一家破败的拉斐特别墅，经过翻新给前总统使用。

结果，杰拉尔德·福特于 1977 年第一个在那里住下；这个会所最终由邻近的布莱尔国宾馆的人员管理，墙上挂着前总统们的照片。乔治·赫伯特·沃克·布什在他的儿子小布什入驻街对面的白宫时也住在那里，他的夫人芭芭拉曾称那个地方就是个"垃圾场"。

但这个会所完全是为了控制约翰逊而建立的。每周五，尼克松都会派一架飞机带上绝密的国家安全报告文件到约翰逊的农场去。内阁成员经常打电话给他汇报最新情况，亨利·基辛格会亲自前往与约翰逊讨论和谈的进程。有一次，约翰逊夫人开车送基辛格回机场，她问他觉得约翰逊看起来怎么样。基辛格对萨菲尔说："我含糊地说了他'退休后很平静'这样的话，她几乎把车开到路边去了。我觉得奉承话应该和实际相结合，不管话有多含糊。"

约翰逊说："身后几米外没有带着小黑包的军士们跟着，这感觉很好。"但对一个沉迷于人们对他印象好坏的人来说，他不会自然而然地休息和放松。他还年轻，只有 60 岁，比艾森豪威尔上任时还年轻两岁。于是约翰逊将自己的精力放在建自己的总统图书馆上，一座供研究和庆祝他史诗般政治生涯的殿堂。他回到他的家乡，那里已经成为某种神殿，他在停车场看车牌号，看看有多少个州来过。他记录着明信片售出的数量，他想让自己的家乡比其他任何人的出生地都能吸引更多游客。图书馆的员工学会了谎报访客数量。后来，当图书馆建在离得克萨斯大学奥斯汀分校仅一石之地时，他安排长角牛队橄榄球赛的播音员在半场休息时提醒成千上万的球迷，在林登·约翰逊总统图书馆的一个角落有很多卫生间可供使用。

尼克松用尽方法取悦约翰逊，让他加入自己的阵营。1969 年 8 月，为了庆祝约翰逊的 61 岁生日，他用飞机接约翰逊一家到位于圣克莱门特市的西部白宫开生日宴会。海德曼在他的日记中写道，从头至尾都是尼克松的策划，"从最初的创意，到直升机停机坪上的墨西哥流浪乐队等细节"。

当客人们开始歌唱时，尼克松领头，约翰逊站在那里微笑，手里拿着他的毡帽，在绚烂的加州阳光下显得有些眩晕。摄影师们拍下了照片，尼克松对其中一位说："他看起来没那么老嘛，是吧？"

然后，两位总统钻进高尔夫球车，前往尼克松的办公室私聊。从找合适随从到应付记者等所有事情，约翰逊都大发牢骚。海德曼记录道："他真的有点精神病了，一直在叫着，这一切是多么让人丢脸。"约翰逊回到选战之中，他本来决定不再竞选总统，之前他真的已经下定决心（麦卡锡在新罕布什尔州羞辱他之前很久）。海德曼总结说："很明显，他完全沉迷于像他希望的那样书写历史。"

然后，所有人集中用午餐，午餐准备了一份三层的柠檬生日蛋糕，上面还点缀着黄色玫瑰和得克萨斯州蓝帽花。尼克松一家送给约翰逊一盆 19 英寸高的日本盆栽，而且还很周到地送了一本书——《盆栽初学者实用指南》。

很快，当尼克松和约翰逊一家从北方一同飞往红木国家公园时，加州州长罗纳德·里根和葛培理也加入了其中。路上，约翰逊劝说尼克松不要听那些对他的批评，并且还提醒尼克松经常想起一些让他感到高兴的事情。约翰逊正在修建自己的总统图书馆，需要有人帮忙将他的文件处理后归档。海德曼写道："林登·约翰逊明确说明，我们的利益捆绑在一起。因为他有很多文件，而我们不想进行公开。"

在红木国家公园的"伯德夫人小树林"的致辞很温馨。尼克松在约翰逊的生日上致了辞，祝愿"他能活到树那样的年纪"。而那些树平均要活 500 年。

作为回报，约翰逊首次正式公开邀请尼克松加入总统俱乐部。他在感谢尼克松一家花时间为他祝寿时说："如果你没当过总统，你就永远不会知道当总统是什么样子。总统们是很孤独的人，他们永远能信任的唯一的人就是他们的夫人。尼克松总统和我还有其他一些总统的共同点就是，我们总能依赖我们的夫人。正如约翰逊夫人曾陪我走过每一步一样，尼克松夫人也是如此。"

"有一件事，我绝对确信。"他继续说道，"在所有的 37 位总统之中，已有 36 位过世。我确信，从我读到的关于他们生活的文献和我的研究中，我感觉他们最大的问题绝不是去做正确的事情，他们最大的问题是要知道什么才是正确的事情。"

"任何曾做过这个职位的人，没有谁不想尽自己最大的努力，有些人成功了，有些人没那么成功。但你能确定的一点是，如果你任期的每一天都能像今天这样让你的前任开心，你的总统任期肯定将是最成功的。"

"我们从内心深处感谢你。"

几个月后，约翰逊找到了表达他感谢的方法。1970 年 2 月，他的一位助手让海德曼知道，记者们一直在打电话找约翰逊讨论陈香梅一事，以及 1968 年的结局。约翰逊拒绝了，并下令他的助手们也那样做。不用说，海德曼很惊讶也很高兴，他再次感谢约翰逊对总统的支持。

1970 年 5 月，在尼克松宣布入侵柬埔寨后的第二晚，约翰逊在芝加哥的民主党筹款活动中发表了离任后的第一次演说，将暴力归咎于河内。他说，"这个国家只能有一位总统"，并叮嘱所有美国人支持"我们的总统"。美国的校园不安宁了。国民警卫队在肯特州立大学杀死了 4 名学生。两位总统在白宫进行了协商。约翰逊后来写信给尼克松说："你知道，在这个困难的时期，我随时准备好帮助你。"

约翰逊就总统遗产方面有一些意见要给尼克松。百事公司董事长唐纳德·肯德尔正在筹建尼克松的总统图书馆，他咨询约翰逊如何筹备建设时，约翰逊对肯德尔说，尼克松太傻了，竟然撤除了白宫的录音系统；当他要写自己的回忆录时，他就需要了。尼克松担心的是，他和外国领导人的谈话有很大可能被误解或误读。而在这方面，有像基辛格这样的顾问们，他们对椭圆形办公室谈话的记忆可以很方便地随时间而变化。因此，在撤除了约翰逊的录音系统后，他在 1971 年 2 月秘密安装了一个新的录音系统——他的总统办公室桌子上安装了 5

只麦克风，壁炉两侧各有两只，内阁会议室有两只，然后在他的老行政楼隐秘处也安装了 4 只。这么一个注重隐私的人怎么会冒最终向公众曝光的风险呢？萨菲尔认为："因为在他看来，'左倾'的历史学家们将试图否认他在历史上的地位。因为他想写出比丘吉尔的回忆录更好的回忆录；因此，他也要有肯尼迪和约翰逊那样完整的录音。"

但和他们的手动系统不一样的是，尼克松的录音系统是自动的和声控的。

"因为缺少一个开关，"白宫的一位员工说，"总统职位丢掉了。"

五角大楼文件

如果不理解尼克松是个永远处于交战状态的人，你就不会理解尼克松总统任期的命运。尼克松的批评者指控他会做一切事情来保护他的权力，以及他滥用权力的权力；他一直坚持认为他是在保护总统职位，这也是为什么他会认为林登·约翰逊是盟友而不是敌人，尽管他们之间存在很大差异并且有着很复杂的历史。

一位名叫戴维·布罗德尔的年轻人在尼克松上任不到一年后在《华盛顿邮报》上写了篇文章，预见了他们的战线："越来越明显的是，在 1968 年让林登·约翰逊的政府垮台的那些人和运动即将在 1969 年让理查德·尼克松的政府也垮台。"尼克松的对手们将一场不受人欢迎且代价高昂的战争看成一场不道德而又不体面的战争，必须用尽一切办法终结——即便这意味着损害总统在世界舞台上的领导、谈判和斡旋能力。布罗德尔几乎怂恿他们："通过弹劾他来检验他们的信念。那难道不是合适的方法吗？与其让国家在一位支离破碎的总统手下再统治 3 年，通过宪法途径让总统下台不是更符合国家的利益吗？"那时是 1969 年 10 月。

他们已经将约翰逊赶下了台，他们也将把尼克松赶下台。或许这就是战斗打响时总统班底的行事方式，战斗将让他的总统职位灰飞烟灭。

《纽约时报》1971 年 6 月 13 日头版刊登了尼克松和他的女儿特里西娅的一幅很迷人的照片，照片上的特里西娅在大婚那天笑得很自豪。这是 171 年来的首次白宫室外婚礼；空军定时向他汇报天气变化情况，告诉他天气是否适合举办室外婚礼。尼克松常说，只有竞选州长的人才会在公开场合跳舞，然而那天他却和帕特在摄像机前为媒体跳舞，为特里西娅、朱莉还有琳达·伯德·约翰逊跳舞。

照片旁边的文章则讲了一个不同的故事。"越南档案：五角大楼的文件揭示美国 30 年来一直在干涉越南。"由罗伯特·麦克纳马拉委托和莱斯利·盖尔布指挥，前海军陆战队上校兼五角大楼助手丹尼尔·埃尔斯伯格提供给《纽约时报》的文件中，叙事材料达 3 000 页，秘密支持性文件达 4 000 页，总计 250 万字，描述了越战的秘史。这是美国历史上最大的绝密文件泄露事件。即使它不会带来其他大的影响，它也将向美国公众揭示他们的总统是如何欺骗他们发动了一场人们不愿参加的战争的。

尼克松的第一反应很镇定。历史总在不断重复往事。1969 年 1 月，就在他上任 5 天后——肯尼迪和约翰逊的秘密就遭泄露。当基辛格的助手亚历山大·黑格在午后第一次打电话和他讨论泄露事件时，尼克松说他甚至还没有看《泰晤士报》上的报道。黑格称之为毁灭性的安全漏洞。他说："它对约翰逊总统太残酷了，民主党内部会因此事大动干戈。"

换句话说，这实际上是民主党的家仇。当尼克松和时任国家安全顾问基辛格在当天下午讨论时，基辛格还很安心。基辛格对《泰晤士报》评价说："我想他们自作聪明了，因为……他们有点想让战争看起来是'尼克松的战争'，而这件事能证明的是，如果越战是人与人之间的战争，那也应该是肯尼迪和约翰逊的战争。"

但这件事也没让总统好过多少。虽然泄露的不是尼克松的秘密，但也不意味着他自己不会受到影响。如果有哪位总统被指控公然欺骗美国公众，这对总统的信誉会造成损害。如果有哪位总统不能保护国家机密，他看起来就很软弱和易受攻击。尼克松的全部外交策略都建立在保密的基础之上——秘密轰炸柬埔寨，与苏联人进行敏感的裁军谈判，秘密为他历史性的中国访问做准备。基辛格第一次秘密访华后3周，尼克松就访华了。访华获得的重大突破能使其在与北越进行秘密谈判时施加必要的影响力。秘密的泄露让公众越发要求结束战争，河内也觉得没必要做出妥协了。

一切都相互关联，白宫不能让自己看上去对事情已经失去控制。尼克松对基辛格说："那些公开秘密的人的行为是叛国。""是的，总统先生。"基辛格表示赞同，"我绝对相信，这违犯了所有安全法。"这其实是尼克松的一个弱点，将这一切与"希斯案"进行比较——官员们、自由派们、内部叛徒们为了实现自己的议程置国家安全于风险之中。"这些人要为这件事上刑场。"尼克松说。

当政府还在评估这些文件会不会威胁国家安全时，时任司法部长约翰·米切尔颁布禁令阻止文件的公开。但尼克松需要扭转人们对泄露事件的看法，让人们清楚这种无耻的行为对国家安全造成的危害。

换句话说，他需要林登·约翰逊的帮助。这场战斗并不只是关于尼克松的总统任期，还是一场关于总统职位的斗争。

6月14日，星期一，约翰逊的国家安全顾问沃尔特·罗斯托代表约翰逊致电基辛格。基辛格对尼克松和米切尔汇报说："约翰逊强烈认为这是对政府诚信的攻击。如果整个文件柜被偷并向媒体公开，你就再也不能拥有有序的政府了。"如果尼克松采取行动捍卫美国国家安全，"他会公开支持我们所采取的一切行动"。米切尔也提供了他从罗斯托那儿获得的消息：泄露秘密的头号嫌疑人是"一位叫埃尔斯伯格的先生"。

那一刻让基辛格很难受。他已经在国家安全委员会组建了自己的最佳班底，包括曾为约翰逊服务过的民主党人，比如埃尔斯伯格，此人曾为两届政府提供过顾问服务，并曾帮基辛格审阅过针对越南的政策。

事实上，埃尔斯伯格曾警告基辛格，当一位新总统和他的团队突然上任并能获得绝密情报时会发生什么。他在大选后对基辛格说："首先，你会因为获得了这些新信息而感到振奋——那么多信息啊！太难以置信了！突然之间就获得了这么多信息。然后，你很快就会觉得自己是个傻瓜，多年来，在不知道所有信息的情况下，你竟然针对这些论题做研究、写文章和发表评论，批评和分析总统做的决定。总统和其他人知道这些信息，但你不知道，这些信息肯定曾以你所想象不到的方式影响过他们的决定。"他解释说，你会对那些内部人士能容忍局外人的胡扯却不泄露这些信息而感到惊愕，你会感觉自己就像个傻瓜。但很快，"在你开始阅读这些每日情报时……这些情报甚至比最高机密文件还要机密，你会忘了在很长一段时间里并没有这些信息，你会只注意你现在拥有但大多数其他人并不掌握这些信息的事实……其他大多数人都是傻瓜这个事实"。这个警告完美地描述了总统是如何被孤立的，他们的信任圈受到只有他们自己才拥有的信息的限制。

接下来几天，尼克松越发沉迷其中了。他让所有人称那些文件为"肯尼迪－约翰逊文件"，强调那是民主党的问题。但与此同时，还强调这是对政府执行外交政策能力的非法干预。其他报纸应谴责《泰晤士报》给敌人以援助和安慰。没有哪家报纸能凌驾于法律之上。总之，这就是在逼约翰逊加入这场斗争。

1971 年 6 月 17 日黎明，尼克松在总统办公室会见了海德曼、基辛格和埃利希曼。这天距离"水门大厦入侵案"发生恰好还有一年。

你可以说，这就是一切的开端。基辛格不得不让自己和埃尔斯伯格保持距离。

基辛格说："他是个天才。他是我最聪明的学生。"这个表述很有趣，事实上基辛格从未当过他的老师，但基辛格确实聘用了他，并邀请他到自己在哈佛的研讨会上发言。"他或许曾当过海军陆战队队员。但无论如何，他退出了。1967 年末，他突然变成了反战分子。"基辛格认为是不正常的性取向和毒品害了他。现在，埃尔斯伯格是最大的敌人，如果事情进展不顺利，这个狂热分子所拥有的计划和证据将让决策机制瘫痪。基辛格说，他去了兰德公司工作，那里有整套的五角大楼文件。

"我认为他偷了一套兰德公司的文件，拍了照片或者复印后又放了回去。"

《纽约时报》当然非常急于获得这些文件。那么，怎样才能在最大限度上给民主党造成伤害呢？尼克松不知道他们会不会泄露关于肯尼迪在推翻吴庭艳政权的军事政变中所起作用的文件。

"你可以就这件事勒索约翰逊，这应该值得一做。"海德曼说。

"怎么做？"尼克松问道。

"关于停止轰炸决定的材料也在同一份文件中，"海德曼解释说，"或者在同样的人手中。"

这提醒了尼克松，海德曼和基辛格为何没提及那个文件？"该死，我问起过，因为我需要那份文件"。

"三年来，鲍勃和我一直想把这该死的事情理清楚。"基辛格说。

"但有份关于它的文件。"海德曼说。现在尼克松的兴趣来了。尼克松的一位富于冒险精神的年轻的内部间谍汤姆·查尔斯·休斯敦发誓，在布鲁金斯学会有一份关于停止轰炸的绝密文件。正是休斯敦在1970 年写了份无耻的备忘录，倡议通过盗窃手段来执行法律。尼克松批准了，但 J. 埃德加·胡佛临阵退缩并否定了这一想法。休斯敦曾建议私闯布鲁金斯学会抢走保险箱。

"难道我们不能再仔细考虑一下吗？"基辛格问，"布鲁金斯学会没有权利保留绝密文件。"

"我想通过盗窃方式来执行。"尼克松说，这表明，除了他之外，他不想其他任何人再看到那份文件。"该死的，闯进去，搞到那些文件，炸了保险柜，一定要把文件弄到手。"

海德曼重新回到约翰逊的话题上："我的观点是，约翰逊知道那些文件存在。他肯定不知道我们没有那些文件。"基辛格还是不同意："但那样做的话，那些停止轰炸的文件对你有什么好处呢？""勒索他，因为他用停止轰炸的决定服务政治目的。"尼克松说。

"停止轰炸的文件，将真正害死约翰逊。"海德曼说，那样的话，就将揭露约翰逊策划了停止轰炸时机，从而获得政治好处——而记录显示他并没有那么做。揭发约翰逊非法窃听了尼克松的飞机，这一点他也没做过。

基辛格至少清楚其中的一点。他当时也在场，在两人间周旋，向尼克松通报进展，即使参加巴黎和谈的谈判官已经向尼克松汇报了情况。他不认为这是为了大选——事实上，他从来没听说过任何关于为了获得最大政治好处而选择停止轰炸时机的讨论。他说："据我所知，他们的谈话中，从来就没说过我们一定要把停止轰炸时间拖到 10 月底这样的话。"

尼克松也知道这一点，但关于停止轰炸决定的那份文件的重要性并不能使尼克松给约翰逊施压；他担心，如果他破坏和谈的事情败露，文件可能会对他不利。

事情变得复杂起来。尼克松还在想办法让约翰逊和他一起谴责泄露事件，好让整个事情由两党合作解决。"不管怎样，约翰逊为什么不像你想的那样召开新闻发布会呢？"

海德曼说："因为他足够聪明，如果他召开新闻发布会……这件事看起来就像是拿林登·约翰逊的信誉和全世界做斗争了。"

海德曼是对的，约翰逊在拖延。每天的绝密文件就像对他的重击一般。约翰逊被指控在1964年起草扩大战争的计划时还承诺不扩大战争；被指控派美国士兵上战场，不是为了阻止共产主义或解放南越，而是根据国防部长助理的一份备忘录，为了"让美国避免一场丢脸的战败"；还被指控，在早就得知军事无用时，还在追求使用致命的轰炸。他或许想通过谴责泄露事件保护总统职位——但他自己的总统也会冒很大的风险。他需要想出捍卫总统职位的方法。

半个月后，尼克松打电话给他的助手科尔森，下令其评估使约翰逊发表一份声明的可能性。尼克松说："这相当重要。约翰逊必须出面，因为还有许多其他事情。"科尔森报告说，约翰逊的多位下属在催促他召开新闻发布会，防止他的沉默会被人误解。但是现在，罗斯托在建议约翰逊什么都不要说，因为针对《纽约时报》的法律案件很快就会开庭。

"不，不，不，那只是个借口，"尼克松说，"罗斯托只是不让他卷进来，并把责任全推到我们身上，仅此而已。"当然，他们两人都明白的是，如果约翰逊一直待在自己的农场不露面，而身处白宫的尼克松则在法院起诉《纽约时报》，人们的注意力都将集中在白宫身上。如果约翰逊开口，至少会将人们的注意力转移到他自己身上。

这让尼克松加大了威胁的程度。尼克松说："他现在是个坏人。"主要民主党人汉弗莱和参议员埃德蒙·马斯基也在媒体上抨击约翰逊。"如果他不为自己辩护，他会在历史上名誉扫地，而且，上帝啊，我也不会捍卫他。"尼克松下令，让他们共同的朋友布赖斯·哈洛当晚打电话给约翰逊。

尼克松说："你这么对约翰逊说，他要么为自己辩护，否则我除了不计后果外，别无选择。就说这些话……我不想将战争怪罪到他身上……我想他没撒谎……但是，如果他不为自己辩护，我除了拒绝为他辩护外，也没有其他办法，我也不想那么做。"

"你现在就让布赖斯动身，立即去办这件事。"

当哈洛打电话给约翰逊时，约翰逊恰好在发怒。他在读得克萨斯州的那些严厉抨击他的报纸，并把报纸扔得满地都是。哈洛提醒科尔森说，他"正怒火冲天呢"。约翰逊说，他在公开场合说的任何话，都会被急于对他"再次执行死刑"的《纽约时报》用来抨击他。

尼克松的下一个电话打给了基辛格，敦促他直接联系罗斯托。尼克松说："约翰逊应该召开新闻发布会。"如果罗斯托不愿意，就给他同样的威胁："除非他召开新闻发布会，否则我不准备为他辩护。就用这样冷淡的语气。他们必须知道，我不会为他辩护的。我为什么要那么做？"

基辛格还在怀疑约翰逊是否会赞同那么做："约翰逊和媒体肯定会大吵一场。"

"是的，那样我们就解脱了，你明白我的意思吗？"尼克松回答说。

"嗯，那会让我们摆脱眼前的问题。但那也会让整个问题回到'约翰逊是否有罪'这个问题上。"基辛格表示同意。

"那要比讨论我是否有罪好多了，亨利，这就是我的想法。"

现在，尼克松已经派科尔森和基辛格一同出马让约翰逊露面。两位助理进行了协商，基辛格对科尔森说，他们不打算直接打电话给约翰逊。他会联系罗斯托，而哈洛和科尔森应该停止对约翰逊的纠缠。

科尔森怀疑，基辛格这么做是想通过让约翰逊卷入其中来拍尼克松的马屁。他对基辛格说："总统想要我这么做。"尼克松那个时候已经上床睡觉了，于是科尔森提议两人停止争吵。

科尔森对基辛格说："我会和你达成协议的。如果你向我承诺今晚打电话给总统，我就承诺今晚也不会联系林登·约翰逊。"基辛格同意了。但科尔森不信任他。几分钟后，科尔森问白宫电话接线员那晚是否有人打电话给尼克松。"基辛格博士三四分钟前打了电话。现在他们正通话呢。"接线员回答。

最后，谁施加压力已经不重要了：约翰逊不打算帮忙。海德曼第二天在他的日记里写道："今晚晚些时候得知约翰逊完全崩溃了，现在处于一种完全混乱的状态，感觉他失去了整个国家……感觉他们所有人都出动了，要毁灭他。因此他绝不会参与其中。"

两周后的 6 月 30 日，最高法院以 6：3 的投票支持《纽约时报》的发表。尼克松召集海德曼、基辛格和米切尔一起商议下一步怎么行动。他仍想得到约翰逊的"停止轰炸文件"。

"我要弄到布鲁金斯文件，我想让他们闯进去把文件拿出来。你们懂吗？"尼克松说。

"懂。但必须有人去做这件事。"海德曼回答。

那一刻，好像尼克松记得，然后又忘了，那间办公室里说的一切都被录了音。

"不要在这里讨论这件事。你去和亨特讨论。"尼克松说。

E.霍华德·亨特，每当有"脏活儿"要干时，总是他上场。他在 20 世纪 50 年代帮中央情报局推翻了多个政府，在 1961 年参与了"猪湾事件"，并曾在 1964 年为约翰逊监视戈德华特选战。海德曼说，中央情报局局长理查德·赫尔姆斯这么描述他："无情、安静、谨慎……他是只老虎……他在中央情报局花了 20 年时间专门推翻政府。"

"我要私闯进去！该死的，你们闯进去，抢了文件，带过来……闯进去给我把文件弄来。"尼克松重复道。

对于自己脑子中的那个想法，尼克松需要组建一支特殊的团队。这并不像是与对手进行了公平的比赛，或者遵守了法定诉讼程序。"我真的需要像休斯敦那样的狗崽子，他将全身心投入，并且谨慎地将事情办完。"尼克松在 7 月 1 日早上的会议中说。他将亲自指导他："我知道游戏规则，我们将开始游戏了。"

因为，这看起来并不会成为一场公平的斗争。

"以上帝的名义，你们认为《纽约时报》担心所有诉讼细节吗？那些人正在进行扼杀……我们要对付一个敌人、一场阴谋战斗。他们不择手段。我们也要不——择——手——段，清楚了吗？他们昨晚闯进布鲁金斯学会了吗？"他一字一顿地说道。

"没有，他们没闯入。"海德曼承认。

"闯进去！我要你们闯进去！我要拿到布鲁金斯学会的保险箱。"尼克松捶着桌子说道。

他说，总之，反击才是公平竞争，这不像是尼克松发明的政治黑暗艺术。他对海德曼争辩说："多年来，民主党人一直在对我们做这样的事情，他们就从来没被抓住。"罗斯福秘密录音、约翰逊暗中监视戈德华特。"记住，所有聪明人都忍不住让自己凌驾在法律之上。那就是我这辈子所知道的规则。任何聪明人，尤其是他们——看看他们是哪个学校的。如果他们来自任何东部学校或者伯克利，那他们可能就是那帮坏家伙。"

助手们后来对参议院调查员说，接下来几天，科尔森认真讨论了一项计划，用燃烧弹攻击布鲁金斯学会，然后派白宫人员带着消防员去抢保险柜并在一片混乱中逃离现场。那个计划未被实施。但其他的计划被实施了；这是因为五角大楼泄露了尼克松成立了自己的特别调查组，绰号"水管工"的秘密警察部队，用来执行联邦调查局不会执行的行动。1971 年 9 月，在他们的精心安排下，他们闯进了埃尔斯伯格的精神病医生的办公室。最终，唐纳德·塞格雷蒂的"暗中破坏"团队也加入了他们，希望骚扰尼克松在 1972 年连任大选中的潜在对手；当然，水门入侵最终被披露了，正如米切尔所说，为了避免长期的"恐惧"，这一事件必须进行掩盖。

一切都从尼克松和约翰逊开始，一次被破坏的和平进程，以及泄密——当然是国家的秘密，尤其是总统的秘密。

另一次大选——另一次结盟

如果约翰逊在那一刻不准备帮尼克松，后来发生的事将确保他会在未来搭把手。当五角大楼的文件更加激化了人们对战争的反感时，参议院通过了一项修正案，要求从越南强制撤回所有美军士兵并终止一切军事行动。海德曼向尼克松报告说，约翰逊的党派被一味求和的人占据，其中包括他的国防部长克拉克·克利福德。克利福德现在是一个直言不讳的反对者。约翰逊说，克利福德是个"愚蠢的混账东西"。

他对党内其他人大体感觉也是如此。"我将尽我一切所能在 1972

年打倒那些肮脏堕落的狗崽子。"

理查德·尼克松也是如此。他的连任前景并不确定；他在 1968 年未能赢得多数，而且共和党人在 1970 年中期选举中输掉了 12 个国会席位。但是，实现连任目标的一个关键是，找到能妥善调配约翰逊的方法。

尼克松认为，约翰逊是在 1972 年之前分裂民主党的一大有用武器。所有的问题都摆在那里——战争、外交政策、法治、民权。休伯特·汉弗莱在 1968 年约翰逊当总统时犹豫过是否要跟他分道扬镳。但当 1972 年大选临近时，他的继承人感觉不到这样的良心不安。越多的民主党人唾弃约翰逊，尼克松就越容易招揽约翰逊。当其他民主党人咒骂约翰逊时，两人能因共同的厌恶感而团结在一起，这点对尼克松来说特别有用。

尼克松在 1970 年夏天写信给约翰逊说："我十分厌恶肯尼·奥唐奈（肯尼迪的朋友）和切特·亨特利（NBC 主持人）之流对你的粗暴攻击。当然，作为政治人物，我们知道，当我们在任时，这很公平。但对一个已经卸任的人进行攻击，尤其他还是位美国前总统，我认为，这完全出格了。"他利用总统俱乐部授予豁免权，从而分裂敌人。

"你能确定的是，历史将比你的一些同辈人给予你更好的评价。"

当 1972 年选战临近时，约翰逊声称没兴趣卷入其中。他对 CBS 新闻制片人巴德·本杰明说："我能做的就是让我自己成为傻瓜。我没有公职，没有党内位置，也没有纲领，并且也没有任何军队。而这一切都比一位前总统更重要。"

但尼克松听说，约翰逊对南达科他州参议员乔治·麦戈文很可能成为民主党旗手这一事感到不再抱幻想了。这个人曾利用一切机会大肆谴责战争。约翰逊称麦戈文是"史上……最无能的政客。我不知道他们竟能让那么无能的人成为总统候选人"。

1972 年 7 月 10 日，民主党在迈阿密召开全国大会，提名麦戈文为总统候选人，在埃德蒙·马斯基、泰德·肯尼迪、消费提倡者拉尔夫纳德和几乎所有民主党元老拒绝他之后，他还能说服谁当他的副总统候选人呢？这对身在得克萨斯州的约翰逊来说是件让人沮丧的事。民主党的老家伙们没邀请他参加大会。事实上，民主党的杰出代表人物照片中，有罗斯福和肯尼迪，但没有约翰逊。

尼克松在民主党大会结束后到约翰逊的农场拜访他。他说，他总能收到那些想支持尼克松的沮丧的民主党人的来信。约翰逊对此感觉如何？

约翰逊也听说了。他告诉尼克松，自大会结束以来，他的农场已经接收到了"成千上万"的来电和来信，人们表达了他们对"麦戈文的彻底清醒"。约翰逊对尼克松说，反感甚至延伸到了约翰逊自己的家里，他的女儿女婿们站出来反对麦戈文。

约翰逊给他读了一封他打算寄给朋友们的信：鉴于他对他的政党长期以来的服务，他将不惜一切支持民主党人。但是，"我一直认为，个人在总统大选中所做的是关乎良心的，我不会干涉那个决定"。这基本是对那些想变节的民主党人的完全豁免。

"现在你怎么看这件事？"约翰逊问尼克松。

"我只能说，我很感激，总统先生。"

尼克松将这次拜访报告给了他最喜爱的另一位得克萨斯人约翰·康纳利，康纳利曾任尼克松的财政部长，后来辞职并发起了"民主党支持尼克松运动"。尼克松告诉康纳利，约翰逊实际上赞同他的大部分政策，全盘反对麦戈文的政策。尼克松总结说，真正的问题是，如果麦戈文去拜访约翰逊寻求他的支持，约翰逊会做些什么。一篇表示支持的声明或一幅照片都"可能对我们有害"。康纳利同意尼克松应再次让他们共同的朋友葛培理出面联系约翰逊，劝他对麦戈文越冷淡越好。

葛培理欣然接受了任务。他在那个周末乘飞机南下飞往约翰逊的农场，向海德曼汇报了他的访问，并带回了约翰逊对尼克松的建议："建议总统无视麦戈文。他说他应该全力以赴并深入群众，如参加球赛、走访工厂等。他认为麦戈文的人会被自己的人打败。他很反对麦戈文，还说总统不要开展太多选战，避开这一切，就像约翰逊当年对待戈德华特一样。"

葛培理报告，当他提到入侵水门大厦事件时——这件事在那个夏天早些时候已经有过报道——约翰逊只是笑了笑说："那不会对他有一点伤害的。"

接下来一周，约翰逊在农场招待了麦戈文和他的竞选伙伴萨金特·施赖弗。他明确表明他只是一位忠诚的民主党人，坚持不允许任何媒体报道或拍任何照片。当他们离开时，约翰逊给葛培理打了电话，后者将报告交给了海德曼。

约翰逊对麦戈文说，他对麦戈文的越南立场"非常愤怒"，他拒绝为他助选。海德曼在他 8 月 22 日的日记里写道："约翰逊还说明了总统为他做过的所有好事。还说，麦戈文的团队很业余，他应该对他一半的员工进行重组，应该站出来说美国是个多么美好的国家。约翰逊对葛培理明确表示，如果尼克松去看望他，他将很高兴见见他。"

水门事件

9 个月后的 1973 年 5 月 14 日，在尼克松取得压倒性总统连任胜利后，沃尔特·罗斯托写了一份绝密的"官方备忘录"，总结尼克松对陈香梅的了解情况，以及尼克松阵营在 1968 年大选前的活动——决定监视她，然后又对他们掌握的情况保持沉默。结尾时他写道："我倾向于相信，共和党在 1968 年的行动有两点和 1972 年的水门事件相关。"

首先，他说，1968 年竞选在最后阶段结果很接近，尼克松团队有理由相信他们对和谈的不光彩干涉减缓了汉弗莱的冲击，并让尼克松最终获胜。

其次，"他们侥幸成功了"。尽管有谣言，但整件事并没有被充分调查。因此，对于那些涉身其中的人而言，当 1972 年大选临近时，"他们之前的那种不适当、（甚至在法理上）可疑的行动经验并没有让他们感到警醒；他们记得大选结果可能会有多接近，记得逼到极点或超过极点的可能作用"。

换句话说，尼克松团队在 1968 年大选暗中行动的成功让他们敢于在 4 年后再干一次。

1972 年 6 月 17 日，对民主党位于水门大厦的全国总部的入侵是那样的愚蠢，那样的不必要，以至于要让华盛顿当局花很长时间才意识到这次事件是尼克松的白宫一手策划的。尼克松正在国家舞台上取得一次次胜利。他已经实现了和中国关系的历史性突破。他刚从莫斯科回来，实现了和平。而民主党人正在自我毁灭。

但针对入侵水门大厦的调查，起初由《华盛顿邮报》两位无畏的记者鲍勃·伍德沃德和卡尔·伯恩斯坦发起，最终由联邦调查局和参议院委员会调查，这确实是个威胁。1972 年 9 月 15 日，水门案大陪审团宣布起诉 5 名窃贼及其同谋 E. 霍华德·亨特和 G. 戈登·利迪，证明这是一场更大的阴谋，证明选战行贿基金存在，证明还有许多矛头直指白宫的证据似乎全部被忽视了。白宫顾问约翰·迪安被叫到椭圆形办公室，尼克松和海德曼也在那里，笑容洋溢，庆祝整个事件的破坏趋势已经得到管控。"水门事件"的检察官正是通过这次会议指出了尼克松在暗中参与了共谋。尼克松和约翰逊两人的秘密在后来发生的事情上再一次起了关键作用。"关于水门事件，如果有人问起，大家怎么说和怎么做，已经商量一致了吗？"那天上午尼克松问海德曼，并得到了肯定答复。那天下午，迪安对被用于调查入侵的团队感到很惊讶——"这次调查规模……真的要比肯尼迪遇刺案的调查规模还要大。"

他们再一次讨论了公开约翰逊在1968年对共和党的窃听事件。正如巴里·戈德华特曾宣称的，确认"大家都在窃听其他人"。但是，不管他们对约翰逊1968年的窃听事件了解到什么程度，尼克松仍然对约翰逊很恭敬，也很谨慎，不想揭发他。

尼克松说："当然，这么做的难点在于，这会影射到约翰逊。是他下的命令。如果不是因为这一点，我就这么做了。有什么方法可以让我们既能那么做，又不会影射到约翰逊吗？"或许他们可以说是民主党全国委员会干的？不，尼克松回忆说："尽管联邦调查局也会从事窃听活动。"

迪安想知道他们是否可以把这归罪于汉弗莱。"哦！不行。"尼克松说。

"他也在窃听汉弗莱！"海德曼说。所有人都笑了。

但是，会有报复的机会的，利用联邦调查局、司法部和国税局。尼克松说："我要那些想把我们搞垮的人的全部资料。他们自找的，他们会得到报应的……我们在这4年从没动用这种权力，你们知道的……但现在，事情要变一变了。"

一个月后，10月10日，《华盛顿邮报》头版头条宣布"联邦调查局发现尼克松的助手阴谋破坏民主党"。伍德沃德和伯恩斯坦详细描述了唐纳德·塞格雷蒂和那些卑鄙的骗子在初选中的勾当，他们伪造信件、破坏集会、雇用飞机飞过民主党大会，并且打着标语"选择麦戈文——和平将一团糟"，并且最恶劣的是，他们揭露得更彻底。《华盛顿邮报》称之为"一场监视和破坏的大战役"，代表了"尼克松连任竞选的基本策略"。

因此，尼克松再次采用了自由派的双重标准，而且民主党人一直在耍卑鄙手段和从事窃听活动，他们在自己的选战中乐此不疲。10月17日，尼克松、海德曼和约翰·康纳利在总统办公室的会议中说："埃德加·胡佛对米切尔说，我们的飞机在选战最后两个星期被窃听了。约翰逊窃听了飞机，是他下令窃听的。我想，汉弗莱的飞机也被窃听了……但是，他之所以说他进行了窃听，是因为他制订了自己的越南计划，而且他必须要知道我们会对越南问题说什么……约翰逊知道每一次对话。你们知道是哪儿被窃听了吗？是我的包间。因此，那两周我的所有对话，约翰逊都知道。"

实际上这不是真的，至少根据胡佛的副手德洛克在20年后为约翰逊总统图书馆提供的口述历史说明这不是真的。德洛克说，约翰逊确实要求一份关于尼克松阵营打给国务院或南越大使馆的所有电话的报告，"但总统没有让我在飞机上放窃听器"。他在他的回忆录中再次否认："对选战飞机进行窃听可以说是'不可能的任务'。"任何接近那架飞机的人都会被特工逮捕和盘问。你还不如在飞机上安装炸弹呢。然而，即便如此，也不意味着胡佛没引导尼克松认为他被窃听了。

一周多后，海德曼对尼克松说，他们已搞清楚，是联邦调查局的一位叫马克·费尔特的高级特工向伍德沃德和伯恩斯坦泄露了"水门事件"（此人的身份被称为"深喉"，伍德沃德一直到30年后才说明这个人的身份）。海德曼警告说："但你不能对付他，否则他会反咬一口。他知道联邦调查局所了解的一切信息。他拥有所有的信息。"

当尼克松的人在为"水门事件"未被识破而庆祝时，基辛格正在巴黎准备和北越的黎德寿交流和平提案。春季攻势没能实现决定性一击，而且尼克松的连任几乎是稳稳的，河内决定谈和。对基辛格而言，这意味着他将赢得全世界的荣誉、未来的影响力，还有来自总统的无价的感谢。但是，对尼克松而言，在大选前实现历史性的胜利使他充满矛盾。他想怪罪民主党人拖延了战争，希望以此获得自由派的支持：回顾当年 2 月，他说，反战的民主党人"可能会到大选后奖励敌人拖延了战争"。而实际上，拖延战争的人是他自己。

马克·吐温曾说，历史不会重演，但常常前后呼应。尼克松担心约翰逊会通过 10 月突袭为汉弗莱偷走 1968 年大选的胜利，更准确地说，他有些担心基辛格，如果能赢，会发生什么。"那个家伙！"他对科尔森说，他责骂基辛格"想让我因赢得大选而欠他人情"。

基辛格和北越的谈判最终取得了成功，他得以在大选日前一周宣称"和平唾手可得"。而他自己也不是总能猜透总统的心思，总统对他也并不是完全信任：尼克松担心，在大选前达成和平协议，不仅不能让他稳操胜券，还有可能对他不利。科尔森对西摩·赫什说："如果达成协议，我们最大的担心是，人们会说'感谢上帝，战争终于结束了。现在能继续为和平操点心了，我们将选一位民主党总统，因为民主党人在和平时期总能做得更多……'此外，我们不想像约翰逊在 1968 年停止轰炸一事上做的那样。"科尔森补充说："看起来很投机，可那样显得太露骨、太政治化了。10 月 15 日后，达成协议肯定于我们不利。"

黑格和海德曼持相同的观点。就像基辛格在 1968 年为两方面都提供服务一样，黑格现在向尼克松汇报基辛格的行动，他也将因这种忠诚而收到很大回报。

因此，尼克松拒绝给他的老盟友南越总统阮文绍施压，让他接受基辛格谈判中的条款。他想避免"过早"结束战争，他在保护自己的连任希望。他给了基辛格很大的阻力，避免他连任"联席总统"。20年后，在1992年新罕布什尔州初选前，他在接受记者访问时，几乎承认了这次特殊的背叛行为。乔治·赫伯特·沃克·布什在他的连任中看起来已经显得捉襟见肘。但尼克松建议，如果他将第一次海湾战争拖得时间更长一点，情况就会不一样了。"我们在1972年那么做时就取得了很大成功。"

11月3日，大选前4天，尼克松和约翰逊貌似达成了暂时的休战。海德曼告诉尼克松，他一直在和约翰逊的前新闻秘书乔治·克里斯琴联系，后者参加了康纳利的民主党支持尼克松组织。约翰逊让他的员工研究了1968年以来的所有文件。他确信，尼克松会在和谈方面否认所有的过错。约翰逊和克里斯琴回顾了1968年大选的戏剧性结局，当时尼克松指控他和他的竞选团队破坏和谈。海德曼对尼克松说："约翰逊说他决定在那时将这件事解释成有人在尼克松不知情的情况下做的蠢事。"但联邦调查局会认同这个说法吗？海德曼说："如果我们还这么说，这将成为一个陷阱。换句话说，联邦调查局会将这件事泄露出去。"

"不错。"尼克松说。

"约翰逊马上就明白了。"海德曼回答说。

"很好。"尼克松回答。

1973年1月2日，尼克松打电话给约翰逊，表面上是想和他谈即将结束的战争的事情，但实际上是他要处理一些与总统俱乐部相关的事情。哈里·杜鲁门在圣诞节后去世，享年88岁。他当时是美国第三大受人敬佩的人物，仅次于理查德·尼克松和葛培理。

尼克松宣布全国30天国丧，称杜鲁门是"我们历史上最有勇气的总统之一"和"一个有胆识的人"。杜鲁门亲自批准了精心策划的5天国葬。他曾说："这将是一场好看的演出。我只恨我不能亲眼看到这场演出。"但最终，按照杜鲁门夫人贝丝的要求，仪式的规模被降低：没有无人骑的马匹，没有鼓乐和弹药车运送遗体，只有从葬礼地到杜鲁门位于独立市的总统图书馆的车队。尼克松和他的夫人出席了葬礼，献上了红、白、蓝康乃馨花圈。尼克松对贝丝说，最简单的葬礼刚好适合他："他从不摆架子。"约翰逊和伯德夫人也从得克萨斯州赶来参加葬礼。约翰逊评价他是"20世纪的巨人"。

在华盛顿，还有另一场纪念仪式，那就是尼克松的那通电话要讨论的。尼克松说，他听说约翰逊将不会参加，想打电话确认这一点。

尼克松说："如果你不来，我也不想让这次仪式看起来像是我也不去似的。"此外，因为他们已经去参加了私人葬礼，"我想，如果我们再去一次，就好像我们是在这件事上做文章一样。你意下如何？我不想让任何人觉得我们在侮辱杜鲁门总统"。

约翰逊确认他将不前往华盛顿。他很清楚自己的身体状况，他的心绞痛每天都在加剧。他的家族成员去世时年纪都不算大。他对朋友们说："我可不想走艾森豪威尔的老路。当要死时，会死得很快。"他已经成了杆"老烟枪"。每天下午，他的心脏都会很疼，疼得让他无法呼吸。

尼克松恰好有约翰逊所需要的解药。他再次邀请约翰逊使用位于基比斯坎的比比·雷博佐的寓所。"因为比比是个很好的家伙，你知道的，他总能让人开心。他从不提及任何不愉快的话题。"

这个时候，尼克松越来越担心参议院就水门事件所展开的调查，公开听证会计划在春季时举行。

太不公平了。尼克松还在抱怨他比他的前任们少做了多少窃听。尼克松对约翰·迪安说："我们做得非常有限，我是说胡佛，天哪，我们本来可以一直利用他的……约翰逊在这种事情上就一直在利用他……将联邦调查局当成自己的私人巡逻队。"司法部长理查德·克兰丁斯特对尼克松说,将那件事抖出来,"将会有作用的……或许那会救我们一命"。

"约翰逊也那么做过,他们都那么做过。"这种辩护的诱惑实在让人难以抵制。多年来,那么多人曾有越界行为,尼克松和他的人也希望他们能避免毁灭。1973年1月8日,针对水门大厦的窃贼刑事审判开庭,迪安在参议院的调查上做了报告。他和科尔森成立了战略小组,想找出"国会那些家伙的弱点,看看我们能不能在听证会前结束国会的行动"。海德曼认为,如果政府有证据表明尼克松的选战飞机在1968年被窃听,他们就能"迫使国会同时调查1968年和1972年的窃听事件",而不只是1972年的选战。海德曼已经听说,《华盛顿明星报》或许了解情况,但他们有证据吗?因为尼克松唯一的证据是 J. 埃德加·胡佛曾对他讲过,但胡佛已经去世了。

但谁在乎呢?他们不会在法庭上做证的。关键是要让民主党人担心,如果他们追究水门事件,他们自己曾干过的肮脏勾当也会被公之于众。尼克松说:"你所要做的就是公开这件事。媒体会编出整个故事的,《华盛顿明星报》现在就会跟进。"

或者,尼克松说,或许他们能迫使胡佛的副手德洛克承认曾窃听了飞机。

海德曼建议,或者"我们能从约翰逊所做的其他窃听事件上下手,因为他对他的员工和其他很多人都做过窃听工作"。

埃利希曼说,他们面临的真正问题是公众的无知。"全国人民并不会理解窃听工作在过去多年里都做过。"

尼克松总结说:"好吧,我认为,我们还是得利用约翰逊的那些事情,如果米切尔没有真凭实据,我们就算了。我们暂时……还是听任自然吧。"

　　但是，正当他们讨论时，策略和机会开始转变了。或许这和改变公众舆论无关，或许暗地里这么做的话会更安全，也或许是暗中的威胁或君子协定。和在任何俱乐部中一样，动机越可疑，手段越狡诈：用曝光的手段威胁约翰逊和主要的民主党人，他们或许不会咄咄逼人进行调查。海德曼说："林登·约翰逊可以终结整个国会调查。"或者休伯特·汉弗莱也可以：他在1968年时地位仅次于约翰逊；想想吧，如果选战中的所有事情都被公开，这对他来说会是多么丑陋。他们能利用另一个明尼苏达人，阿彻·丹尼尔斯·米德兰兹公司的总裁德韦恩·安德烈亚斯。尼克松提议："安德烈亚斯得和汉弗莱谈谈，告诉他现在的形势。他到底想干什么，杀了约翰逊吗？"当然，汉弗莱将抵赖窃听一事，但"没人会信他。我想和汉弗莱谈谈，应该是个办法。你们认真跟进一下"。

　　1月11日，这一天，约翰逊的老朋友、北卡罗来纳州参议员萨姆·欧文正式同意领导参议院的调查。尼克松在纸上写下了"第2届任期的目标"。他分了三类，在"实务"一类，包括"俄罗斯战略性武器谈判、中国交流、中东问题，以及和拉丁美洲的贸易问题"。在政治方面，他希望为1974年找到更好的候选人。

　　而在个人一栏："恢复对总统职位的尊重；新理想主义——对国旗和国家的尊敬；同情——理解。"

　　那一天，尼克松命令海德曼调查。海德曼在他的日记里记录道："要调查那个在1968年窃听我们的家伙是否还在联邦调查局，联邦调查局代局长路易斯·帕特里克·格雷应该用测谎仪测试他，解决这件事，这样就能给我们提供我们所需要的证据了。"现在他完全理解勒索策略了。《华盛顿明星报》又开始报道此事。海德曼说："那会搅乱约翰逊，让我们能够回到约翰逊的那些事情上，你知道，我们必须停止这件事，因为这会回到其他事情上，我们控制不了——吓唬他。"

"我知道。"尼克松表示赞同。

"他或许会决定给自己的军队下令。"海德曼说，他指的是约翰逊在国会的盟友们，"如果他这么做，那就很有帮助了。"他们讨论了联系康纳利和克里斯琴，并警告约翰逊，一旦谁在窃听谁这件事被公开，没有谁能逃脱干系。克里斯琴应该"去告诉约翰逊，我们会盯着这事的"。尼克松说："我们会尽一切可能，但他（约翰逊）最好找到助手约瑟夫·卡里法诺和汉弗莱，还有任何他认识的人，告诉他们把这件事压下来……鲍勃，如果已经到了最后关头，我们毫无疑问会利用这件事。"

说这句话时，尼克松用了他指代最后阶段时最喜欢用的一个词。

但是，让他们感到失望的是，约翰逊不愿被人操纵。有位记者真的打电话给约翰逊，询问他做过的窃听工作。约翰逊则在家里打了电话给德洛克。

约翰逊警告说："如果他们想给我找麻烦，我就把那份电报从我的文件中拿出来，将它公之于众。"然后，德洛克又警告海德曼不要惹约翰逊。海德曼在一份手写的便条里记录道："林登·约翰逊很生气。而且……对他说，如果尼克松的人还要玩这一套，他也会这么玩下去。"他坚持认为约翰逊没有窃听尼克松；他只窃听了陈香梅，如果尼克松指责他窃听，他将公开他截获的华盛顿南越大使馆给西贡发去的电报，公开尼克松的选战对和谈进行了多大的干涉。还有，希腊军事独裁给尼克松选战的秘密捐赠，约翰逊对此曾只字未提，这也是总统俱乐部的规则。

由于约翰逊威胁要公开尼克松在 1968 年破坏约翰逊的和谈，尼克松和他的团队不得不做出了让步。

离总统就职日只有一周时间了。

约翰逊曾让他的演讲撰稿人起草了一份声明，在战争最终结束时表达纪念之情。但他没能活到那一天。尼克松在 1 月 20 日开始了第二届总统任期；那天晚些时候，他宣布放弃了"大社会计划"。约翰逊很早就预测到了这一天。多丽丝·卡恩斯·古德温回忆，他曾告诉她，他将"大社会计划"看成一名美丽的女子。"我想，她太美了，美国人会情不自禁地爱上她，而一旦他们爱上她，他们会永远守着她，让她成为美国生活中永恒的一部分……"

"但现在，尼克松来了，我所做的一切都毁了……我能看见他在早上醒来，摆着他那胜利的姿势，决定扼杀前任的计划。让我袖手旁观，看着别人扼杀我的'大社会计划'，这对我实在太可怕了……现在，她的骨头突出来了，显现出了皱纹。很快，她会变得很丑陋，美国人不愿意再看到她；他们会把她锁进壁橱里，将她藏起来，她会在那里死去。而当她死去时，我也会随她而死去。"

他说对了。1 月 22 日，约翰逊独自在卧室里午睡，心脏病突发。

第二天晚上，在三大电视新闻网同时播出的全国演讲中，尼克松宣布越战结束。

那晚，他给约翰逊夫人手写了一封信：

我真希望，林登能活着听到我今晚宣布越南和平协议。我知道他在坚定维护和平上所承受的辱骂——尤其是来自他自己政党的辱骂。既然我们已经达成了这样一份协议，我们应尽我们所能让它持续下去，这样他和其他所有为这项事业献出生命的勇士将不会白白牺牲。

第二天的内阁会议很晚才召开，尼克松很念旧的样子。他对他们说，当你到了 60 岁，你的日子就得按天来算了。他列出了所有总统去世时的年纪——很多位总统去世时不到 60 岁。"我们要让每一天都有意义。"

多年后，尼克松回忆他的盟友兼敌人。

"我想，约翰逊总统是因为心碎而死，我确实是这么想的。约翰逊，这个高大、强壮、智慧而又坚强的人，有时非常情绪化，以至于他有时会哭泣，因此他的批评者们不欣赏他。他直到最后还认为他能赢得他们的赞赏。但问题是，他不应是让那些人热爱他，而是应该做他能做的——让他们尊重他。最终，他失败了。他既没有获得爱，也没有获得尊重。"

在尼克松辞职那天，在他对白宫员工发表的最后的讲话中，尼克松谈到了他自己学到的一个教训。

"永远要记住：别人可能会恨你，但那些恨你的人不会战胜你，除非你也恨他们，那样的话你就毁了自己。"

尼克松和福特：

不惜一切
代价宽恕

理查德·尼克松和杰拉尔德·福特的关系持续了 45 年时间，从他们最初在众议院共事到 1994 年尼克松去世。他们最初是同僚，然后成了朋友，后来又成了盟友。他们是总统和副总统的关系。他们甚至一度拼车前往国会。1960 年和 1968 年，尼克松有两次想请福特当副总统。但他只在 1973 年将副总统一职真的提供给他。当时，他几乎别无选择。而且，实际上，在 1976 年的总统大选中，尼克松支持别人成为共和党的总统候选人。这真的很伤人。

当然，尼克松不可能指定"王位"继承人。1974 年，他辞去了总统一职。

作为一位未经选举的总统，福特很快——或许太快了——特赦了他的老朋友，这样他自己的总统任期就可以开始了。这个决定，既无私又爱国，让他获得了两年的总统任期。1976 年，当他寻求选民支持时，对尼克松特赦的影响依然巨大。

多年后，他试图为另一位面临国会纠缠的总统策划一场调查，从而让他避免弹劾。这一次，他想把事情做得更稳妥些。

14

我得卸去负担

美国历史上只有八人干满了两届副总统任期。其中一人曾说，副总统这份工作连桶热乎乎的尿都不值。当理查德·尼克松前两次考虑让杰拉尔德·福特当副总统时，这句话确实一点都没错。

但是，当 1973 年上演第三回合时，尼克松面临着数不清的麻烦。一位特别检察官忙于揭露尼克松的心腹的各种肮脏的政治手段，而尼克松有一支由律师组成的小分队，专门应对这位特别检察官的要求。每周似乎都会有新的曾经忠诚于白宫西翼的助手离开，转为政府的目击证人。与此同时，他的副总统面临着更大的危险。斯皮罗·阿格纽在做马里兰州官员时曾收受 10 万美元的贿赂，联邦检察官正在对他进行密集调查。白宫没有心思同时应付两场刑事辩护。此外，有个法子可以让阿格纽轻易脱身：检察官们暗示，如果副总统辞职，他可以以此换取更小规模的指控。

于是他辞了职。这是个准能赢的打赌，尼克松接下来也会辞职。这意味着，在 1973 年秋天，副总统职位的价值要比以往高得多。

但在那个阶段，这个职位不再只是尼克松才能授予。

朋友和盟友

1949 年的第一周，在议长萨姆·雷伯恩举行了新任议员的宣誓仪式后，一个身材单薄的留着黑头发的男人在众议院中走向杰拉尔德·福特。这个身材单薄的男人伸出了手，向对方表示祝贺。这个陌生人说道："我是理查德·尼克松，来自加利福尼亚州。我听说你在密歇根州大胜，想向你表示祝贺，并欢迎你加入众议院。"

理查德·尼克松或许并不是杰拉尔德·福特在华盛顿的第一个朋友，但很接近，而且原因显而易见。他们都生于 1913 年，岁数相差仅 6 个月，那一年拉链面世，还成立了美联储，建造了罗莎公园。他们都来自小城镇，都努力学习，进入了附近的大学，都曾在海军中服役，都上了法学院。尼克松在第二次世界大战后的 1946 年当选为众议员，福特在两年后也进了众议院。

如果说尼克松听说过福特，那么福特肯定也在尼克松击败阿尔杰·希斯后听说过尼克松。福特在他的首届任期中喜欢在众议院议员席中闲逛，认识其他议员并聊聊天。他特意在尼克松讲话时出席。福特非常惊讶于尼克松对细节的关注，以及他对辩论的悉心准备，还有他对那些在国内外政策上有影响的人物的理解。而尼克松对福特印象深刻的是他那笑口常开的形象、和同僚相处时的随和、坦率的中西部风格。福特从不矫揉造作。（福特在进入国会办公室的第一天就遇到了麻烦，因为他穿着工装服，看起来就像是来打扫卫生的。）福特说："我们两人都为制定国内的一些政策和争取美国在海外的影响力方面做出过长久的努力。事实上，在政治观念上，我们非常接近。我们明白论功行赏的意义，而不是靠特权晋升。"

两人年纪相仿，又同在国会中任职。他们拼车从北弗吉尼亚去国会山，经常互相走访，而帕特·尼克松和贝蒂·福特也成了朋友。尼克松有一个大计划：到 1950 年，他将进入参议院。下一年，当共和党在大急流城要求福特选一位大人物参加年度林肯日晚宴时，福特请尼克松帮忙。当然，尼克松同意参加在福特的家乡举行的那项活动。当晚，他还向当地的一小群人表达他对希斯的受争议的调查有些意见；有些问题是带有敌意的，但福特回忆，尼克松自始至终都很镇定。后来，福特带尼克松去他父母的房子住了一夜，他们那晚很晚才睡，一直在喝酒和讨论即将到来的 1952 年的选战。尼克松占了福特母亲的床。福特回忆："后来，母亲在床上挂了个标语：'副总统曾睡于此'。"

随着时间的流逝，福特意识到，不管他们在政策上的观点有多相似，他们的个性不一样。阳光的福特惊讶于尼克松的喜怒无常。他回忆，在一次聚会上，尼克松兴致勃勃地玩了杂耍，但在离开时却变得忧郁起来。"当我走出去时，我看到他在街边等车，嘴里还喃喃自语。他看起来很伤感和孤独。"福特认为，情绪波动需要原因。"前一分钟他还很开朗外向，下一分钟就在沉思，甚至很阴沉了。我的印象是，他的情绪让他费神。"

但福特直到晚年才与公众分享了这一发现。而在当年，福特是坚定的尼克松追随者。1952 年选战期间，当尼克松被发现持有国会行贿基金供个人使用时，福特为这位被提名人进行了辩护。福特自己也做过同样的事，而当很多共和党人建议尼克松退出竞选时，福特建议尼克松坚持下去。福特在电报中说："我百分之百支持你。战斗到最后一刻，就像你在指控阿尔杰·希斯时应对共产主义者的诋毁一样。所有的密歇根州众议员都和我观点一致。"

一种模式就此浮现：福特在 1956 年再次为尼克松辩护，当时由哈罗德·史塔生领头的一群共和党普通议员试图将副总统从选票上除名。这一次，福特组织了辩护，给州代表团施压，使其支持尼克松。福特的运作远离媒体，并且避免引起公开宣传。但是，当这件事结束时，尼克松知道了他该感谢谁：他在16天内给福特寄去4封信感谢他的帮助。尼克松写道："很难在一封信中充分表达我对你的信任与感激之情。"几天后，他又写了封信。尽管福特请求他不用感谢。尼克松写道："我知道你说了'不用回信'。但我想告诉你我对你所做的有多么感激。"

到1960年，很难说清楚他们的友谊什么时候结束而开始了战略性结盟——尼克松安排让福特成为1960年芝加哥全国大会的副总统候选人。尼克松还是老方法——他请《新闻周刊》撰稿人雷蒙德·莫利在他的专栏中赞颂福特对国会的非凡理解。莫利照做了。"请留心这位叫福特的人，"他写道，"一位保守人士，有着年轻人的活力和老年人的智慧。"

在福特的许可（或许还有一点鼓励）下，密歇根州共和党人认真考虑了这一想法。那年夏天，大约100位狂热的支持者在芝加哥中转机场迎接他的到来。密歇根大道的国会宾馆插满了福特的横幅，很多客人佩戴着蓝色和金色的福特纽扣。这种喧闹场景是那个年代的被提名人用来欢迎大州代表团及其名义上的领导的，在参加政党大会时，州长们通常是最受欢迎的总统候选人，某种程度上是为了让代表团团结一致，直到和被提名人达成协议。福特后来坚持说，他没把1960年副总统提名太当回事，更希望来自肯塔基州的一位叫思拉斯顿·莫顿的共和党参议员做那份工作。或许如此，但有证据表明，福特并没有将自己的"候选人"提名看成是尼克松惯用的障眼法。他征求了一位律师的建议，根据密歇根州的法律，他是否可以同时竞选副总统和国会议员。在他夫人的回忆录中有段旁白，福特些许希望尼克松在1960

年曾认真考虑提名他为副总统。在贝蒂·福特回忆 1973 年尼克松打算选福特做他的副总统的谣言时（那确实是谣言），她写道，鉴于之前所发生的，她那时没有理由将那些谣言当回事。"在 1960 年，我们一直等到凌晨 4 点。但（尼克松）最终选了亨利·卡博特·洛奇，从那时起，我们就对谣言无动于衷了。"

而对福特来说，他在 1960 年从尼克松身上和副总统职位上得到了不一样的教训。

在尼克松宣布副总统提名人的前一天，福特受尼克松助手的邀请参加紧急会议，讨论副总统人选。当福特说他更喜欢肯塔基州的莫顿时，那位助手说尼克松已经决定提名洛奇了。那样的话，去开会还有什么意义呢？福特不理解。他后来问："如果尼克松已经做了决定，他为什么还要假装征询我们的建议呢？游戏不应该这样玩……做了决定然后又假装选项未定——这就是尼克松的特点。我还会再次见证这一点的。"

然而，即使福特感到恼怒，他还是去黑石酒店参加了尼克松虚构的无聊会议。如果只是因为福特在这出心理剧中扮演了角色，那就够幸运了：自愿提出按兵不动。尼克松在那次会议上一度问福特："我不知道还有谁能比杰里（杰拉尔德的昵称）在内政外交上有和我更一致的观点，但如果我当选，我将需要他待在众议院。"

于是福特就留在了众议院。雪上加霜的是，尼克松请福特发表演讲，支持洛奇的提名。作为一位好战士，福特同意了。

1968 年，尼克松又让福特经历了相似的闹剧。当时尼克松再次被提名为总统候选人，并寻求政党元老们对竞选伙伴的"建议"。在一次会议上，这次的地点是在尼克松迈阿密海滩的酒店套房里，尼克松再次召集了共和党主要领导人讨论候选人名单。他再一次对福特说："我知道，杰里，以前你考虑过当副总统。今年你愿意干吗？"

很难想象这种以半公开方式提出的邀请是认真的。而福特呢，顺着游戏玩了下去。他说，尽管他很感激尼克松的"恭维"，但他更喜欢纽约市长约翰·林赛（这个选项就和福特自己一样，远非尼克松所想的）。但是，不管福特对自己当副总统有何想法，有几位候选人，他都不能接受。而当尼克松在会议后期提到马里兰州州长斯皮罗·阿格纽时，据当时在场的人描述，福特沙哑地表示反对。但他的反对并没能让尼克松打消念头。当第二天福特和贝蒂坐在枫丹白露酒店的泳池边时，他的一位助手对他说，尼克松真的选择了阿格纽，他再次惊呆了："我简直不敢相信。"福特认为，阿格纽"看起来很和蔼，但他缺乏全国性的经验或声誉。现在，只当了两年州长，他就要竞选副总统了，这真是难以置信"。

他的老朋友选了位二流选手当替身，这让福特感到受了伤害。但尼克松从阿格纽那里获得了他想要的东西：一个很乐意向尼克松的敌人捅刀子的人，这个角色对和蔼的福特来说绝对不合适。

第三次的魔力

尼克松最终选福特当他的副总统，不是在 1960 年或 1968 年，而是在 1973 年阿格纽以辞职进行讨价还价时。其实，真正选他的并不是尼克松。

福特和他的助手们在各自的回忆录中写道，当副总统是他最不愿意干的事。到 1973 年，福特其实想退出政坛。他已经在众议院待了25 年，交了很多朋友，并获得了丰厚的联邦养老金。但他错过了他的孩子们的成长过程。他那爱交际的夫人很孤独，借助酒精和药物寻求慰藉。看到尼克松 1972 年在 49 个州的选举中大获全胜而众议院却牢牢被民主党控制时，福特也知道，他永远不会成为议长了。1973 年夏天，福特请求多数派领袖蒂普·奥尼尔考虑国会涨工资，在他退休前提升他的养老金。福特知道，那样的话，他就能回到大急流城，开业当律师，正如他对奥尼尔所说，"一周上 3 天班，打 4 天高尔夫"。奥尼尔没有同意，"让我考虑考虑"。

当很清楚阿格纽不能留任时，福特知道他再次成为了二号人物的竞争者。福特和其他一些议员接到（尼克松的）任务，从国会议员中考虑谁应替代阿格纽；而那次非正式投票的赢家恰是福特自己。尼克松对他很了解，在很多问题上和总统完全一致，在国会也很受拥戴，对民主党也构不成威胁，还没有任何丑闻污点。

然而，尼克松却不赞成。他一直更喜欢约翰·康纳利。他认为，这位林登·约翰逊的门徒在加入尼克松政府后又加入了共和党，能在并不遥远的 1976 年大选中将民主党分裂成两派。而对于康纳利而言，他也确信自己能获得副总统一职；10 月 10 日，阿格纽辞职当天，康纳利已经入住华盛顿的五月花酒店，在悄悄地张罗自己的副总统团队了。

但尼克松没能预料到众议院议长卡尔·艾伯特的反应，这位身材矮小的俄克拉荷马州民主党人在 1946 年和尼克松一起进入国会，后来曾说理查德·尼克松是他见过的第一位共和党人。艾伯特和参议院多数派领袖麦克·曼斯菲尔德一起对尼克松说，只有福特能在水门危机中轻松赢得众人的支持。艾伯特不容置疑地说，其他竞争者——罗纳德·里根、纳尔逊·洛克菲勒，尤其是康纳利——他们将面临苛刻质询。由民主党控制的国会绝不会允许像康纳利那样的叛党者当副总统。他们也不想让 1976 年总统大选潜在的有力竞争者当副总统。这样，正如尼克松的回忆，"那就只剩下杰里·福特了"。

一位白宫官员告诉理查德·里夫斯："尼克松讨厌那个主意，但他不得不那么做。"

或许是因为别无选择，尼克松假装他还有选择，在戴维营待了两天思考这个问题。然后，他在 10 月 12 日早上乘直升机飞回白宫，通知他的员工他已做好了决定。他们加急准备了要在白宫东厅公布的晚间通告，那是周五晚上。根据尼克松的指令，办公厅主任黑格给康纳利带去了坏消息，之后才打电话给福特暗示好消息即将到来。

在互联网、手机和有线电视还没出现的年代，很难就尼克松那弥漫华盛顿的选择制造出不确定性。整个下午，新闻机构，包括《华盛顿邮报》，都在疯狂求证尼克松会选择相对不出名的弗吉尼亚州州长林伍德·霍尔顿的谣言。当福特一家在北弗吉尼亚州的家中准备吃烤牛排晚餐时，尼克松打来电话。他说："我有好消息要告诉你，但我想让贝蒂也听到这个消息。"福特一家人换了衣服赶到白宫，在那里，大约晚上 9 点，令人窒息的强弧光灯、疯狂的猜测，还有最奇怪的现场音乐混合在一起，吉尔伯特和沙利文的一幕上演。政界的所有人都受到了邀请。房间里一排排的椅子上坐满了人。电视开始直播这个拥挤的房间，电视主持人还不知道结果。当尼克松走进《向统帅致敬》节目时，房间里几乎没有人知道下一任美国副总统是谁。

然而，所有人都知道，不管是谁出任副总统，他都将很可能成为下一任总统。

尼克松缓缓揭示了他的人选。但先谈论了他的议程，国家需要"建立新的繁荣……没有战争也没有通货膨胀"。即使谈到手头的事务时，他的速度也很慢。他花了几分钟时间说明他的理由，以及未指明的被提名人的资格。当尼克松阐述理由时，人群中很多人不断更新着他们脑中的人员名单，想通过排除法第一个找到答案。

　　当尼克松在讲话中称赞提名人在众议院有 25 年的工作经验时，悬念最终揭晓了，沉默立即转变成口哨声、欢呼声和稀疏的掌声——"太棒了！太棒了！"一位议员在房间的后部喊道。《底特律新闻》的记者杰里·特霍斯特采访完福特后，在他的文章中写道，这时，"福特身边的人开始凑向他，拍着他的背，敲着他的肩膀"。他站起来和大家握手，接受坐在他身旁的众议院的两位领导人艾伯特和奥尼尔的祝贺。同时，人们推举——有记录显示是推挤——他从听众中走出来，走向总统和讲台。听众中的那些人几乎想从尼克松手中抢走决定权，就好像是自己做了决定一样。

　　但尼克松还在讲话，称赞仍未被指出姓名的福特，他还打断了发言让听众不要匆匆做出判断。他说："在众议院服务过 25 年的，这里有好几位。"就好像他想剥夺福特享受这一时刻的权利一样。又过了几分钟后，尼克松揭示了他的人选，整个房间立即爆发出持久而纯粹的欢呼声。"我很自豪地向大家宣布，我将向美国国会提交的美利坚合众国副总统的姓名，就是来自密歇根州的众议员杰拉尔德·福特。"

　　现场的麦克风记下了总统和他的新任二号人物的对白。尼克松对福特说："他们喜欢你。"后者回答道："我在那儿是有些朋友。"

　　这是出明显的政治戏剧，不仅仅暗示了后来会发生什么。当天花了大部分时间纠结于赎罪日战争的亨利·基辛格在白宫东厅事件后和尼克松进行了会谈。据他在回忆录中的记录，他的分析很敏锐："他很有礼貌，在意外提名福特后仍然很愉快，而（他认为）福特将是国会的短期资产。"尼克松认为，这个选择将延缓弹劾他的时间，因为国会不想冒风险让一个没什么经验的人负责外交事务。这恰恰表明尼克松很不了解他的敌人们。基辛格说："他没有意识到，（掌声）首先是对福特的称赞。他也不理解，他的命运不会再因为他的运作而改变。

事实上，尼克松的辛苦努力已经到了这样的地步。即使福特像他所认为的那样无足轻重，他任命副总统一事也将加快他的垮台，而不是如他期望的那样继续拖延。更何况，福特实际上显然不像他所想象的那样无足轻重。而且，对民主党而言，如果他的继任者看起来是他们所认为的在 1976 年总统大选中能击败的人，将尼克松赶下台就太有诱惑力了。"

8 个月后，尼克松辞职。

"自艾森豪威尔死后我还从未哭过"

杰拉尔德·福特在他当副总统的 8 个月中召开了 55 次新闻发布会，比尼克松在作为总统的 6 年里召开的新闻发布会总数都多。

因此，当福特在 1974 年 8 月中旬最终成为总统时，他试图召开新闻发布会，证明他已经将尼克松的阴影从白宫驱除。

福特在白宫东厅召开了新闻发布会，他站在完全开放的中央通道上，而不是在挂着厚厚的天鹅绒帘子的墙前。他没有化妆，从明显半开着的侧门走了进去，就好像是在揭示一个新的开始一样。他舒服地，几乎有点随意地站在小讲台前面。小讲台太小了，没有遮住福特的任何部位，几乎都没为总统印章留下任何空间。整个会议非常质朴、透明。为了防止有人错过重点，福特开始时讲了些关于白宫的轻松的新闻。为了召开这次新闻发布会，他说，总统不得不把他夫人和记者的第一次见面会安排到了下一周。他面无表情地说："到那时，我将不得不自己做早饭，自己做午饭，自己做晚饭了。"

在尼克松多年的沉闷、戒备，有时还沉重的表演后，记者们被这席话逗乐了。接下来的 29 分钟，他回答了 27 个问题。

不幸的是，有 10 个问题是关于尼克松和"水门事件"的。

美利坚合众国最宝贵的商品既不是诺克斯堡的金块，也不是弹道导弹的发射密码。而是总统的时间：时间只有那么多，怎么花那些时间决定了其他所有的事情。这就是当首次新闻发布会结束，他和助手们走回白宫西翼时感到气恼的原因。他在返回总统办公室时说："该死！从今往后的每次新闻发布会，不管事前定了什么基本原则，都会变成一次关于'我是否会特赦尼克松先生'的问答。"

第二天，当他审阅白宫东厅会议文稿时还有同样的感觉。尽管尼克松已经走了，但福特仍然感觉到，关于前总统的问题将会波及他自己的总统任期。一方面，来自中东部地区的坦率质朴的福特一家，他的俊秀的十几岁的孩子们，贝蒂·福特异乎寻常的直率，使发霉腐朽的白宫焕然一新。福特多年来第一次招待了妇女、黑人和劳工领袖。在回避了尼克松在白宫东厅举行的呆板的星期天礼拜仪式后，贝蒂·福特禁止了那种仪式。葛培理和劳伦斯·威尔克已经出局了。国宴后，在吉姆·克罗斯的《坏坏的勒罗伊·布朗》舞曲中，新总统夫妇一直跳到凌晨一点，这成了新闻。

但是，尽管尼克松走了，他的阴影还在。他在法庭上的命运，还在继续的国会调查，他的秘密文件的处置——更不要说福特白宫团队中还有几十位尼克松的助手了——这一切让新总统在几个月里都很分神。他后来写道："我得卸去负担。"

新闻发布会两天后，福特秘密命令他的白宫顾问菲尔·布肯负责特赦事务。布肯和他的助手们整个劳动节周末都在为这个决策找法律依据，尤其是福特能否在起诉或定罪前宣布特赦。当福特通知他的政治助手自己在考虑的事项时（他让他们发誓保守秘密），他们几乎哗然。但当他们恳求他重新考虑或至少再等几个月时，大家很明显地发现福特不想再等。他或许已经下了决心。被福特称为"政府的良心"的约翰·马什问他："时机合适吗？"福特反问道："还有什么合适的时机吗？"

尽管这在当时几乎令人不敢想象，但现在很容易看出福特面临的问题和历史上美国总统所面临的问题完全不一样。他是偶然性的总统，从未想要这份工作，也未经选举就获得了这份工作。或许更糟糕的是，即使他继承了这个头衔，这个工作还不是他的。他还要努力去获得这份工作，因为他是以非常特殊的方式获得这份工作的。福特不仅需要匆匆控制总统职位；如果想自己取得成功，他还要将他那影响巨大的前任永远赶下台。他需要让理查德·尼克松离开。

福特认为，刑事起诉和审判即便不花数年时间也要花上几个月才能得出结论，任何一种方式都会让他自始至终都扮演尴尬的配角。他担心，前总统无休止接受审判的壮观场面将影响他执行外交政策的能力。福特还担心尼克松，他的家人和朋友都在白宫四处散布关于这位前总统举止反常的消息，他极度消沉，有些人还担心尼克松会自杀。这一切因素都指向了同一个解决方案——充分完全的特赦，甚至在起诉和审判之前特赦。"我越快做出决定，这个问题就会越快消失。"他这样认为。

虽然特赦会造成巨大的政治代价，但福特最亲密的一些顾问担心特赦还会带来更严重的问题：对福特和他的前任之间是否存在勾结展开调查。只有福特的几位助手知道，福特在一个月前接手总统一职时，差点就接手了一项换取对尼克松进行特赦的协议。

那件事发生在 1974 年 8 月 1 日，尼克松辞职前 8 天，当时尼克松的办公厅主任亚历山大·黑格请求福特到白宫参加一次紧急会议。两人在那天上午早些时候已经见了一次面，福特的一位助手也在现场，但后来的会议在黑格的坚持下只有两人参加。黑格建议福特准备好在"短期内"接任总统。理由是：1972 年 6 月的一卷录音带被发现，暴露了尼克松企图掩盖"水门事件"的真相。

黑格警告说，尼克松不会轻易下台。尼克松究竟会以何种方式离任还不可预料。然后，他和福特讨论了很多可能性——尼克松可能会辞职；可能在参议院接受弹劾；也可能根据宪法第 25 条修正案暂时退位，或是在情况不妙时辞职，而最后一点非常有可能。黑格还说，尼克松能特赦他自己。

直到这时，8 月 1 日谈话的一切才显得不同寻常而且直截了当。

黑格又解释说，但也有可能，尼克松会以辞职换取特赦。

这招诱惑很是漂亮，总统的办公厅主任在暗示，尼克松或许会以辞职换取宣布对他进行特赦或随后安排对他进行特赦。总统一职被交易——用来换取特赦权。尼克松在和他忠诚的老朋友、过去总会为他辩护的福特进行交易。

如果说福特被震撼了——没有证据表明他被震撼——他其实也没有表现出来。事实上，福特什么也没说。多年后在回忆这件事时，福特说，他怀疑，尼克松可能会被赶下台——他太顽固、伤痕累累，经历了太多事情，不能很好地应对威胁了。他说："尼克松的古怪个性起了作用。他不是个会主动放弃的人。如果有人去对他说'你明天必须辞职'这样的话，那将不可避免地会让他坚定地留下来并斗争到最后。"

但黑格不是在提议赶尼克松下台；相反，黑格的办法是买断他，用总统职位换取一张"自由出狱的通行证"。（黑格在他的回忆录中称，他提出交易的暗示"很愚蠢"。他说，一系列选择都来自白宫顾问弗瑞德·布兹哈特，最后一个选择被"打印在一张单独的纸上，我不知道是什么原因"。）

不管如何，福特对黑格说，他得考虑一下，和夫人商量商量，并感谢将军的来访。在接下来的 24 个小时里，福特与助手及其顾问一起对和黑格谈话的内容进行了回顾。毫无例外，所有人都认为黑格是在提供一笔交易。鉴于福特模棱两可的回应，他现在应该叫黑格回来，在目击证人面前，在那个想法萌芽初期就扼杀它。福特在第二天晚些时候那么做了，在电话里重复说着他事前用手写出来的话，以防有任何误解。"我希望你理解，我不想对总统辞不辞职有任何建议。不管总统想做什么决定，都不要考虑我们昨天下午所谈论的事情了。"

黑格至少在一点上是完全正确的。尼克松在接下来的几天里不断变化着他辞职的方式，一会儿同意，一会儿又不想那么做。8 月 7 日下午 5 点左右，尼克松会见了来自国会的最高共和党领导代表团——亚利桑那州的巴里·戈德华特和约翰·罗兹，还有宾夕法尼亚州的休·斯科特。他们是来告诉尼克松，他在国会山的支持正在消失。戈德华特说："总统先生，这不是件令人愉快的事，但你要知道局势，局势很不好。"尼克松或许能否决参议院弹劾决议的部分条款，但即使是最暴躁的亚利桑那州人都在考虑支持对滥用总统权力的指控。尼克松说："我没有很多选择，不是吗？"此刻，他凝视天花板，试图找到那些或许能理解他的朋友。

"没关系，我不会哭的。自艾森豪威尔去世后我还从未哭过。我的家人都很好，我也会很好的。我只想感谢你们来告诉我。"尼克松说。

当三人准备离去时，尼克松真的成了孤家寡人了。他对访客们说："既然老哈里·杜鲁门都去世了，我身边不会有什么朋友了。"

"如果我能做，我就必须做"

鉴于福特和黑格的会见有很大风险，福特必须就特赦尼克松一事达成协议，而不仅仅只是前总统同意；福特的助手建议让尼克松真正悔罪。在司法研究中，布肯发现了一起 60 年前的旧案，在这起旧案中，总统特赦了有明显犯罪迹象的一个人。但这对福特的助手们而言还不够好。布肯对福特说，他想从尼克松那里得到一些明确的悔过或悔悟声明，以此安排特赦（同时获得尼克松的总统文件）。

尽管福特同意要求尼克松提供这样的一份声明是可接受的，但并不认为这是必要的。福特不想进行谈判从而耽搁特赦。他想快点采取行动。福特和布肯曾是大急流城的律师搭档，他们决定派华盛顿的刑事律师本顿·贝克尔前往加州，他认识尼克松的私人律师杰克·米勒。他的任务是争取换取总统文件，从尼克松那里赢得关于接受特赦的协议，并看看能否得到悔悟声明。福特在贝克尔离开总统办公室时说："你要非常坚定，告诉我你所看到的情况。"

福特绝不可能知道的是，留在华盛顿作为福特的临时办公厅主任的黑格，会让尼克松的一些助手待在圣克莱门特获悉新总统的想法。这意味着，当贝克尔乘空军飞机飞往西海岸时（尼克松的私人律师也在飞机上），尼克松和他的助手们在讨价还价中占尽了优势。他们已经从黑格那里知道，就算要给，他们也不必给白宫太多筹码来换取一个板上钉钉的缓刑。因此，当贝克尔到达目的地时，尼克松团队假装他们没兴趣进行讨论。尼克松的前新闻秘书罗纳德·齐格勒对贝克尔说："让我们首先讲明一件事。尼克松总统不会发表任何关于'水门事件'的声明，不管杰里·福特是否特赦他。"黑格后来否认在特赦尼克松一事中扮演了任何角色，并且声称没有就此与尼克松交谈。

尼克松自始至终都很强硬。贝克尔和齐格勒第二天还在就尼克松声明的措辞讨价还价，但未取得任何进展。如果齐格勒获得了黑格情报的帮助，贝克尔的时间就很有限了。福特想在24小时内宣布特赦。贝克尔能从尼克松的助手那里获得的只是一句低声的忏悔："任何话都表达不了我对'水门事件'为国家和总统职位造成伤害的后悔和痛苦。"然后，贝克尔按福特的要求亲自拜访了尼克松。那次会面让事情变得更诡异。尼克松送给了贝克尔一副总统袖扣，然后开始谈职业橄榄球新赛季开幕的事情。之后，贝克尔就飞回家了。道歉的事没有发生。

"我得摆脱他！"福特后来对一位助手说，"这给我的工作造成很大困扰，大家都在折磨那家伙，而我终于可以对人们说，'够了！特赦他吧'。而菲尔·布肯说：'有什么依据呢？'我说：'我不在乎。让他从这里离开。人们不停下来的话，我开展工作将受到很大限制。我受够了！'"

9月8日，星期天，福特穿过白宫对面的大街到教堂做礼拜，然后回到总统办公室发表全国讲话。尽管福特从来就不是伟大的演讲者，甚至都称不上优秀，他那天的话是对总统职位的孤独感的最有说服力的声明。"我无数次追问自己的内心，怎样处理我的前任理查德·尼克松和他的家人才是恰当的……他们是美国的悲剧，我们每个人都在其中扮演着角色。它会继续下去，或者必须有人将它终结。我断定只有我能那么做。如果我能做，我就必须做。"

福特解释说，尽管没有人能凌驾于法律之上，但国家需要搁置尼克松和"水门事件"。"我不敢奢望其他人的同情，也不敢遵从我作为律师的职业判断。作为总统，我最关心的是我所服务的全体美国人的最大利益。作为个人，我首先考虑的是遵从我的信念和我的良知……我的良知告诉我，我有责任，不仅要实现国内宁静，而且要用尽一切办法确保这份宁静。我真的认为，事情应就此结束，我不能依靠公众舆论告诉我什么是正确的。"

这是戏剧性的、孤注一掷的决定。正如他在那周早些时候在私人谈话中所说的那样，他想获得美国人的理解。

然后，在摄像机前，他签署了特赦公告。

在福特讲话结束 10 分钟后，尼克松的助手在圣克莱门特为新闻机构举行了电话会议。尼克松的最后声明由一位助手读出。虽然声明不像布肯所希望的那样，但这份声明还是要发表。尼克松说："我知道很多人认为，我在'水门事件'上的动机和行动是自私而违法的。我现在明白了，我的错误和误判造成了那种想法，并似乎支撑了它。这是我要承受的最大负担。我试图处理'水门事件'的方式是错误的，我将在我余生的每一天都承受这份负担。"

由总统俱乐部的一位成员全盘赦免另一位成员会让人生疑，这不可避免，但民众的反应太强烈。在国会山，自由派要求充分调查尼克松在离任前可能安排的任何换取特赦的秘密交易。民主党人虽然对黑格的秘密谈话毫不知情，但他们很了解尼克松和他的手段，认为整个辞职到特赦的事件是尼克松在数月前就安排好的——而福特也参与其中。

几个月来一直在调查尼克松的委员会开始向福特的律师们提出大量问题：他知道什么？他什么时候得知的？福特和尼克松在辞职前有什么安排？福特团队试图回避这些问题，这让事情变得更糟。当从 9 月进入 10 月时，福特开始看起来像是另一位阻碍议程的共和党总统了。那个只想当众议院议长的人知道如何快速了结一切。福特对助手们说："你们知道，我跟你们打赌，最好的办法就是去国会山，做证并把事情讲清楚。"

因此，一位在任总统将到国会证实他和一位前总统的关系。

10 月 17 日，福特出现在众议院司法委员会，所在的听证室和他一年前被提名为副总统时做证的听证室是同一间。福特注意到，他的出面"在整个总统和国会的历史上都没有先例"。用他自己的话说："我来这里不是来创造历史的，而是来汇报历史的。"

福特在议员们面前复述了他 8 月 2 日和黑格的谈话，以及他在一个月后决定彻底免除对尼克松检控的决定。"（特赦的）目的是转变我们国家的焦点。我想做的只是尽我所能将我们对一位下台总统的注意力转移到对一个崛起国家的紧急需求上……关于是否起诉、审判和惩罚一位已经注定要为他所担任过的职位受到漫长而深深谴责的前总统，如果我们作为一个民族在这个问题上严重分裂，不用说，我们将无法面对未来任何挑战。可以肯定的是，我们不是一个喜欢报复的民族。"

福特很鄙视一个观点，即认为他是靠交易才当上了总统。这个观点最大的推崇者是纽约州议员伊丽莎白·霍尔茨曼。福特说："绝没有任何交易！"但听证会带来了新的担忧：通过特赦尼克松，福特错失了从前总统那里获得悔罪声明的机会——这个机会永远不会再自动出现。对于这种看法，福特进行了反驳。他坚称，法院认为，特赦意味着含蓄的认罪。福特在暗示，只要接受特赦，尼克松就认罪了。"根据法律权威——我们已经非常仔细地核实过了——接受赦免确实表明，接受赦免的人实际上承认了罪行。"

这是律师的论点，这个论点掩饰了福特没能在 9 月从尼克松那里获得更明显的道歉这一事实。这一点让他直到临终时仍然感到很敏感。他没有迫使尼克松为特赦付出更大代价，也没要求他的老朋友承认自己的罪行。

多年后福特和鲍勃·伍德沃德在一次卸任总统后的谈话中说："事

情本可以做得更好。"但当伍德沃德追问时，福特拿出了他的钱包，然后从钱包的一个内袋里拿出了一张伍德沃德所形容的"折叠着的、卷了角的纸"。这位耶鲁大学法学院毕业生随身携带着《伯迪克诉美国案》的一部分，在这起 1915 年的最高法院案件中，被伍德罗·威尔逊特赦的新闻编辑拒绝在大陪审团诉讼中做证。福特的私人律师发现了那则案件，前总统那些年一直像带着祈祷卡片一样随身携带着那起案件的判决决定："法官们认为，特赦'意味着有罪，接受特赦意味着认罪'。"

福特对伍德沃德说，最后一句话"总能安慰我"。

重症护理

尽管尼克松给福特带去了很多麻烦，尽管他给这位新总统带去了很多风险，但福特还是没有抛弃他的老朋友。

福特在国会露面不到两周，也就是在 1974 年国会选举的 4 天前，于 10 月底踏上了行程达 1 万英里跨越 7 个州的访问，为共和党候选人助选，这些候选人大部分在西部和中西部。福特出发时，尼克松在加州长滩的一所医院移除腿上血块的手术刚结束。手术过程很快，但恢复有问题。尼克松陷入了休克，据记录，他差点死掉。

当时，是否探访尼克松成为不可避免的话题。当福特计划于 10 月 31 日在洛杉矶的世纪广场酒店举行人均 500 美元的筹款晚餐时，有人问他的助手，总统是否计划探望生病的前任，他就在南方 30 英里处。白宫新任新闻秘书罗纳德·内森建议取消探访，以免产生"人们对福特和尼克松关系的新的猜疑"。离选举已经很近了，而且此时距离福特史无前例的国会出面仅仅两周。在这个时段，任何对尼克松的探访都会再次带来质疑。但福特立即打消了内森的担忧。他说："如果同情与宽恕和政治不兼容，那么政治就出毛病了。"

福特亲自做了安排。到达洛杉矶后，他打电话给帕特·尼克松，问她一次探访会不会有助于她丈夫恢复。"啊，没有什么能比这更让他欢喜了。"她回答说。

即使在 11 月 1 日早上的日程安排中总是有个神秘的漏洞，这次探访还是被正式安排了，福特乘直升机从他在贝弗利山的酒店前往长滩。当记者们等在外面时，福特、内森和其他几位助手走了进去，乘电梯上了七楼。在那里，福特与帕特、朱莉和特里西娅·尼克松拥抱并问好，然后安慰了她们一会儿。

尼克松占据了整个重症监护病房，福特的团队只在那儿待了一会儿就发现有个明显的问题：尼克松的房间不知怎么从里面锁上了。已获特赦的总统在出了故障的门后卧床不起了，因此，几乎是被囚禁了。内森回忆："尼克松独自一人在房中，他病得太重不能下床开门。"大约 10 分钟后，一位维修人员出现了，他用钢锯锯断了门锁。

直到那时福特才得以进入房间，走到床边，向他的前任问好。尼克松平躺着。福特回忆说："他的鼻孔和嘴里还插着导管，他的胳膊、胸和腿通过线路与闪着橙色灯光的机器相连接，他脸色苍白，我想这是我见过的最接近死亡的人了。"虽说讲话不是没可能，但也相当艰难。两人简单谈论了选战，但尼克松一直昏昏欲睡。福特一度问他前晚休息得如何，尼克松回答道："没有一晚过得好。"福特意识到他最好赶紧结束探望，让尼克松休息。当他离开时，尼克松感谢他前来。"总统先生，这对我意义很大。我深表感谢。"

内森后来对记者们说，两位总统聊了 8 分钟，尽管真正交谈时间仅接近 4 分钟。（这种夸大让内森在他的回忆录中自嘲道："具有讽刺意味的是，我的第一个谎话是为了包庇尼克松。"）几分钟后，在和记者们谈话时，福特坚持认为，他们两人对很多外交问题有着相同的关切。福特解释说："很明显，他病得非常重，但我想他会好起来的。总统非常坚强。"事实上，福特在离开医院时认为，尼克松或许活不下去了。鉴于这种情况，他认为去了总比没去要好。福特后来回忆道："如果他去世了，而我错过了探望他的机会的话，我不会原谅我自己的。"

尼克松和福特被时间和机遇维系在一起，两人在总统任期结束后都活了很长时间。尼克松在 1974 年离任，之后又活了 20 年；福特在 1977 年初离开白宫，又活了将近 30 年。

福特在那 30 年中接受了很多采访，耐心、反复地解释他特赦尼克松是为了让国家把"水门事件"的噩梦抛诸脑后，并重新开始自己的总统任期。随着时间的流逝，大多数曾批判 1974 年那个决定的人都逐渐认为，福特做了件正确的事情，而且很无私。

最终，总统俱乐部认可了福特的决定——或许是为了认可对总统职位的权力必须不惜一切代价进行保护。2001 年，福特受到了另一个总统家庭的表彰——他获得了约翰·肯尼迪勇气奖。他的那个决定在自由派圈子中一直饱受争议。参议员泰德·肯尼迪在给这位 88 岁的前总统颁奖时说："和当时我们许多人不一样的是，福特总统认为国家必须前进，他认为如果继续公诉尼克松前总统，国家就不能前进。因此福特总统做了个勇敢的决定，这个决定据现在的历史学家们说，让他牺牲掉了自己的总统任期。"

这就好像是肯尼迪一家因为福特曾特赦尼克松而给福特颁布了特赦一般。

福特和里根：

家仇

将杰拉尔德·福特和罗纳德·里根之间的关系称为竞争关系，这就错了；他们的关系更像是家仇，是在 20 世纪 70 年代中期共和党温和派和保守派之间、现实主义和理想主义阵营外交政策间、共和党东部及中西部老基地和西部快速成长的新阵营之间爆发的斗争。但这场斗争也是个人之间的斗争——两人对对方的智慧都没有好评，两人都认为对方不能让自己理解。里根认为福特太过于满足和妥协，不能领导国家或代表国家的利益；福特认为里根是骗子和暴发户，不适合担当总统重任。里根认为，福特和他的由基辛格领导的尼克松余党将国际关系的缓和变成了"单行道"，帮苏联活了下来；福特认为，里根是迟到的机会主义者，是在好莱坞生涯终结后靠富有的石油大亨才步入了政坛。里根认为福特只是政党的可靠的临时演员，而并不是真正的明星。

他们绝不会彼此亲近，但总统俱乐部的诱惑几乎让他们团结在一起。1976 年，两人都非常想当总统，以至于两人从新罕布什尔州开始，一直斗到共和党全国大会召开前一晚。两人的斗争如此激烈，以至于他们都不能想象在共和党选票上联手，不管代表们想要的是什么。但是，4 年后，他们逐渐开始酝酿一种古怪而不妥当的分享权力的计划，期望确保两人都能得到他们一直追求的东西——里根成为总统，而福特获得高职。

15

这让我怒火中烧

早在 1976 年 1 月，杰拉尔德·福特就阐明了他首次总统大选计划的开展。

在初选中，福特很快就战胜了罗纳德·里根，他预测，他在大选中的竞争对手将是他的老朋友休伯特·汉弗莱。福特说："休伯特是位绅士，他和我都不会进行卑鄙的政治攻击……那种竞争将对全国有利。"

福特的话太天真了，这表明他在当了 16 个月总统之后，还只是个新手。他不但从未当选总统或副总统——甚至从来就没有参加过选举。现在，他得发动选战，去赢得数以千万计的选民的支持，而这些选民从未在选票上见过他的名字。福特 28 年的政坛生涯没有使他为大规模的选举做好准备，他的预测也很少会成真。多年后，他承认自己失算了。他在 1990 年说："我一直以来参加的是国会的一人选战，非常直接，耗费的金钱也有限，几乎是稳操胜券。那时，你只要努力，和大家见面，只要一对一地进行选战。突然，我的活动领域变了。我必须承认我当时不懂其中的巨大差异。"

1976 年，福特认为美国政治在某种程度上回归到了一个更平静的时期，好人能有好的论调，而选民也能够在两人之间做出明智的选择。这是个古怪的观点——也是个令人误解的观点。除了在总统竞选中的规模变化外，福特还面临着比他所想象的更为复杂的处境。很多人很容易认为，民主党在尼克松"水门事件"和越南战争后占上风，而且年满 18 周岁的选民可以参加投票。兵役已经结束，性和性别革命在全美盛行。加上文化的快速自由化，这一切肯定会变革国家政治。这在一些地方是事实。但基本上，长达 40 年的民主党时代已经结束——不是因为让国家重新站起来的变革。大规模的宗教复兴正在进行，福音派基督教徒成为领导力量。石油禁运、经济衰退、赤字上涨，曾经可靠的工业基础的崩溃让国家渐渐右倾。长期富有成效的两党合作渐渐结束，"水门事件"和战争将让美国政治变成流血运动。福特所想象的绅士时代已经消失了。

"老猫"回归

1976 年选战开始时，让杰拉尔德·福特发疯的不只是罗纳德·里根，还有理查德·尼克松。

这位在 18 个月前辞职、福特冒很大政治风险特赦的总统认为，1976 年 2 月是他从退隐中复出并高调出访中国的理想时间。

尼克松在几个月前曾通过中间人向福特许诺将所有国际访问推迟到 1976 年大选之后，但在 1975 年末，尼克松改变了主意。理由仍然不确定：尼克松或许认为福特在里根的压力下，正在拖延中美两国关系正常化的时间，而这是作为打开中国大门的开创者的尼克松所不能接受的。福特和基辛格几个月前去访问了中国，但他们在双边关系

中几乎没能取得什么成果。一位中国的外交官将尼克松的访问形容成
"对基辛格的痛打"。不管中国在想什么，华盛顿的政客们认为，他们
在尼克松突然要求的访问中发现了更恶毒的计划——在初选一开始就
破坏福特的选战，帮助尼克松的门徒约翰·康纳利，在 1976 年全国大
会上拯救分裂的共和党。更有可能的是，尼克松还是一贯地难搞和以
自我为中心，即使福特都认为尼克松的出访时机很不利。当他在面临
里根针对他在共产主义问题上是否变得软弱的质疑时，还有什么能比一
位名誉扫地的总统享受北京之旅的录像更糟糕的呢？

福特的助手们讨论了不让中国派来接尼克松的波音 707 飞机着陆，
甚至还讨论了扣留飞机以示强硬。最终，福特对于他赦免的人只有一
句话可说："尼克松总统将作为普通公民出访中国。"然后，暗地里，
福特气愤地说："如果他还要这么做，我们就打压他。"国家安全顾问
布伦特·斯考克罗夫特更直白地说："尼克松就是一个浑蛋。"

于是，在退隐了几个月之后，尼克松和他的夫人在新罕布什尔州
初选前 3 天出现在北京。

尼克松的访问无异于总统访问：由 15 名特工和 20 位记者随行；
他观看了中国最新的杂技表演，和毛泽东主席会谈了 40 分钟。《时代》
周刊编辑发表了关于这次访问的两页彩色照片，而当时这种生动的艺
术形式还是个新事物。戴维·布罗德写道："为了挽救他那混乱的一
生，没有什么，绝对没有什么他不想做的。"参议员巴里·戈德华特则
更直接，指责尼克松违背了 1799 年通过的禁止普通公民执行非授权的
外交政策的《罗根法案》。他说："如果他想帮这个国家，他不妨待在
那边别回来。"

福特除了忍受痛苦外，别无他法。即使在回国后，尼克松对白宫
也少有敬意。尼克松拒绝了福特派遣中央情报局副局长弗农·沃尔特

斯在圣克莱门特询问他出访情况的请求，坚持就这次出访写一份长达60 页的报告给白宫。福特读了那份报告，然后把它交给了斯考克罗夫特、时任中央情报局局长的乔治·布什和其他一些人，他们觉得这份报告"几乎没有任何价值"，然后未做任何评论就交还回去了。由于尼克松在海外重新露面，福特勉强度过了新罕布什尔州初选的灾难；在10 万张选票中，如果有 700 张选票改投里根，里根就会比在任总统率先赢得在全国第一个州的胜利。这是下一年的前兆。

党　争

福特从未成为里根计划的一部分，他至多算是个麻烦，充其量是个篡位者而已。里根的顾问林恩·诺夫齐格说："我们认为尼克松会完成两届任期，然后里根将竞选总统。然后呢，尼克松搞砸了，福特成了总统。那成了个问题，因为我们很多人通常会对里根竞选总统充满热情，但他们不希望任何人在初选中与在任的共和党人竞争总统之位。"

这是对总统俱乐部有讽刺意味的事，福特原谅了尼克松在两人 40年政治合作中的所有令人发指的个人伤害和侮辱，这主要是因为他们是老朋友。但由于福特和里根几乎不了解对方，两人之间稍有在政治中常见的怠慢或伤害，都会让他们更加疏远。当里根在 1974 年 8 月飞往华盛顿与一些保守派活跃分子会面时，福特很失望里根竟然没提及去白宫拜访他。里根多次前往加州而没有拜访他——或副总统纳尔逊·洛克菲勒，这让福特感到很受怠慢。而令福特这个长期的共和党人不能忍受的事实是，里根甚至指责他的领袖出现在共和党的募捐者之间。

同时，里根和他的顾问们认为，福特的白宫所采取的几乎所有行动都隐藏着对里根加州首府萨克拉门托行动的攻击。他们认为，福特选洛克菲勒为副总统是为了打击里根在党内的地位。他们声称，福特未遵守他不参加 1976 年大选的诺言，这欺骗了选民（尤其是里根）。更不用说报道这一承诺的《新闻周刊》在一发表那篇文章时就名誉扫地了。

让两大阵营的顾问们惊愕的是，福特几乎不能像其他人以前做的那样收买里根，让他退出 1976 年的大选。尼克松为了缓和与里根的关系，曾派他到国外出访。他对时任军事助手的斯考克罗夫特说："是时候安抚里根了。"尼克松派里根四次出访海外，并且为他提供了空军飞机和特工保护。里根在他还是州长时期会见了 18 位国家元首。而且，最好的是，华盛顿为一切"埋单"（里根也喜欢说他曾遍访欧洲首都，而兜里只揣着几美元）。

做那么点事就能对里根奏效，但福特似乎从没有掌握这样的安抚技巧。当福特提议让里根成为内阁成员时，他把事情给办糟了。他没有将里根安排到他所钟爱的外交领域，而是安排给他较沉闷的商务部长一职。然后，他不但没有拿起电话和里根闲聊并征求他的建议，之后再请他帮忙，他让他的办公厅主任、同样有希望获得更高职位的唐纳德·拉姆斯菲尔德给里根提供这个职位。毫不奇怪的是，里根拒绝了。卢·坎农报道说，里根觉得这件事"尤其侮辱人"。

是什么阻止了福特将正常的总统圣水洒在里根的路上呢？首先是嫉妒。到 1974 年，至少在保守派的圈子中，两人相较之下里根更出名，而且肯定也是更受欢迎的那位。他有福特所不具备的很多东西：演讲中很优雅，甚至很无畏；他知道如何让听众入迷。福特的民意调查者罗伯特·蒂特在内部备忘录中形容他是"保守派的偶像"。蒂特写道："当你思考在新罕布什尔州和佛罗里达州的共和党初选中选谁时，（里根）几乎是他们一致的选择。"

除了嫉妒，还有拒绝。福特的很多助手后来承认，他们没能完全掌握里根竞选团队的规模，当了解时为时已晚。他们太忙于自己的职责，以至于没注意到很多共和党人觉得福特不适合当总统。到 1976 年，只有大约 21% 的选民表明自己是共和党人，那个群体中还有越来越多的人比福特更保守。然而，福特不相信里根能颠覆共和党内部已处于危险境地的团结，并向在任总统发起挑战。福特后来说："这让我怒火中烧，我被里根分散了注意力，不得不花更多的时间团结代表们和筹款。"

如果 1976 年初选进展得快一点、脏一点，并且在一开始就产生明确的胜者，这一切就都不重要了。但是，情况刚好相反：福特和里根旗鼓相当的竞选一直持续了几个月，直到初选结束，到了夏天，一直到最终在堪萨斯城举行的全国大会。

两人在初选外交政策上都很优秀。里根与其说是在和福特竞争，不如说是在和尼克松－福特－基辛格的缓和性外交政策竞争。他们的政策认为美国及其对手不仅能和平共处，而且或许能实现一些共同目标。对尼克松和福特而言，局势缓和是遏制的延伸，是两党的共同方针，几十年来一直试图让莫斯科进退维谷。但对里根而言，缓和无异于投降，是给予共产主义政权道义上的合法性，而美国在此过程中没有获得任何回报。通过攻击缓和政策，里根扩大了共和党内的现实主义者和理想主义者之间的分歧：苏联能被控制还是被毁灭呢？

尽管福特赢得了早期的大部分初选，但里根后来在北卡罗来纳州、得克萨斯州和内布拉斯加州赢得了初选。里根靠声称福特接近于承认共产主义者控制的越南（尽管实际上福特并没有那么做）取得了进展，他要求福特放弃关于巴拿马运河新协议的谈判计划，因为该新协议可能让巴拿马运河的运营和控制权落到巴拿马人和他们的"自命不凡的独裁者"手中。在一期长达 30 分钟并帮他赢下北卡罗来纳州的付费广告中，里根评论巴拿马运河："我们建造了它，为它付出了代价，它是我们的，我们将继续持有它！"

北卡罗来纳州的失败深深地打击了福特，以至于有一些助手内部谈论要解雇基辛格，至少要让一些记者参加国家安全委员会会议，这样他们能看到福特在给他下命令。同时，也有站在里根一边的人，最显著的要数他的夫人，希望他退出大选，因为，尽管受到了里根的攻击，福特在代表票数上逐渐领先。福特在最后的加州初选中得到了斯图·斯宾塞广告的帮助，广告中说："当你在周二投票时，请记住：里根州长不能发起战争。里根总统可以。"但即便如此，也没能让福特赢下加利福尼亚州。

副总统里根

初选结束时，两人都没能锁定总统候选人提名。里根离所必需的 1 130 位代表还差 90 名，福特差 63 名。因此，里根的竞选经理约翰·西尔斯透露了几个聪明的计划，让竞争得以继续。

首先，西尔斯说服里根提名自由派宾夕法尼亚州参议员理查德·施韦克当他的竞选伙伴，希望宾夕法尼亚州一些支持福特的代表改变选择，转投当地最受欢迎的候选人。这没有奏效，但这一方案让西尔斯又有了几周时间继续认为里根还能获得提名。

为了让竞选继续，西尔斯又决定利用名为"16-C 法则"的政党制度，要求提名人在大选开始前指定他的副总统候选人。这一招很聪明：

里根已经提名施韦克为其副总统候选人，他将逼福特也提名他的副总统候选人。正如福特的代表计数人詹姆斯·贝克所说："西尔斯想让福特仓促行事。他认为，无论福特总统选择谁作为他的竞选伙伴，他都能夺走一些因而被疏远的福特的代表或者未决定的代表。"

这次斗争，尽管有点不可思议，但激起了一场耗资数百万美元的战斗，涉及大量的说客、高压影响、多位副总统候选人以及很多令人紧张的情节。福特的团队在肯帕体育馆开了一个特殊的天窗，在那里给摇摆不定的代表们提供美酒——然后，提供了总统人选组合（以及暗中的威胁和报答）。这场斗争直到全国大会第3天晚上才结束。福特根据那模糊的规则以极少的29票占上风。

福特的团队太忙于应对西尔斯的天才般的挑战，以至于到全国大会开始时还未选出副总统提名人。迫于右翼的压力，福特在1975年秋天通知洛克菲勒，他不会被选为副总统候选人（福特后来称这个决定是他一生中最懦弱的决定）。但他还没有决定选谁做自己的竞选伙伴——约翰·康纳利、霍华德·贝克，抑或威廉·西蒙、埃利奥特·理查森，所有能想到的名字，包括里根的名字，均一一出现在福特的清单上。

但是，如果里根想做副总统，他几乎没为增加自己的希望而做任何事，并且还在他一抵达堪萨斯城就浇灭了这些希望。在米勒巴赫酒店为主要支持者举办的午餐会上，里根听说，一些加利福尼亚人发起了一项名为"提名里根当副总统"的运动。里根拿出一支签名笔，草草写道："致我在加州代表团中的朋友：我已获悉你们很关心如果福特成为总统候选人，我是否愿意接受福特的副总统提名。我以为我已经讲得很清楚了，但很明显，我并没有说清楚。就此事，我明确答复如下：不管在什么情况下，我都不会接受副总统提名。这绝对是最终决定。"

里根将便条给了他的兄弟穆恩，让他将它传出去。穆恩问他：他们怎么知道这是你写的呢？于是里根拿回便条，在底部签上了自己的姓名。几十张复印件被寄给政党领袖和代表团的领导人，从而中止了人们的怀疑和议论。

里根不是将门关上了，而是将门猛地摔上了。

那晚，经过预先安排，福特到里根的酒店套房拜访了他。这次拜访是他们的助手数天前就安排好的。为了保持党内团结，两大阵营同意胜利者将到失败者的房间拜访，然后一起出席新闻发布会。里根的助手坚持一条基本原则：福特在任何情况下都不能请里根担任副总统一职。里根的人说，他们不想让福特因被里根拒绝而感到尴尬。但是他们没有说的是，他们不想让福特的人在后来说里根对政党团结不感兴趣。因此，拜访中没有提及副总统一事，也没有人想起这回事。福特说："州长，这场斗争很伟大，你表现得相当出色。我真希望我能有你的才能和出色的组织能力。"

两人合影后，福特遣散了媒体，然后私下和里根交谈。福特问道："罗纳德，你打算向我推荐谁当副总统呢？"用福特自己的话说，这是最后一次诱惑，最后一次让里根自愿接受副总统提名的机会。福特后来坚持认为，他将这个问题用那么开放式的方式问出来，"从而让我自己确定他不想出现在选票之上"。如果是这样，里根拒绝了诱惑。两人又讨论了很多候选人——威廉·拉克尔肯斯、理查森、贝克、康纳利。里根那天最赞成的是鲍勃·多尔。（而这一点也是计划好的：多尔曾在那天早些时候问过林·诺夫齐格，如果里根真的不想当副总统，那是否可以为他说些好话。）然后，邀请里根在秋天助选后，福特请求道："我希望你能帮帮我们。"然后，福特就离开了。里根在整个会议中都很压制自己，他说他想休息，赚些钱，但会在秋天参加选战。

这张理想的选票，并不会真的像理想中那样发挥其作用。

里根的很多助手和盟友在未来几年都坚持认为福特在米勒巴赫酒店套房中错过了让里根加入他的阵营、团结政党，并一起合作在 11 月击败吉米·卡特的巨大机会。他们认为，福特不应该按照预定的计划行事，他应该激起里根的爱国主义情绪，然后使其将个人的骄傲放在一边，服务于国家的利益。他们坚持认为，里根绝不会拒绝总统的。

福特和里根的密友詹姆斯·贝克在里根成为总统后追问他"如果当初接受了提名会怎样"，离开时他相信里根当初会同意的，即使这在后来会降低他成为总统的机会。贝克解释说："我（和里根总统）一对一谈过几次。我说：'如果福特总统请你当副总统，你接受了的话，你或许就永远不会成为总统了。'里根回答说：'我知道。但如果他提出来，我可能会义不容辞地接受。'"但这一切都要求福特想要里根加入自己的阵营。而很少有证据表明他真那么想。福特说："我的感情非常复杂，一方面，这会让我们的选战更强大；另一方面，我们刚进行了一场苦战，分歧是那么突出，我们会在公开和解那些分歧时面临很大麻烦。"

那只是轻描淡写而已。为两人都工作过的斯宾塞说："从根本上说，里根不想那么做，我知道，福特也不想那么做。我知道这一点。"

不管怎样，即使福特邀请里根当他的副总统，也没有理由认为大选结果会有何不同。里根可能会成为一个可怜的二号人物；工作人员们会吵个不停；尽管里根会在卡特占上风的南方州帮上福特的忙，但也会降低福特需要的赢下更温和的中西部州的机会。

但结果是，不管怎样，里根对此很失望。这是他在 8 年中第二次在全国大会中失去总统候选人提名的机会。在离开堪萨斯城之前，里根对他的助手们、加州代表团和密友们说了再见和感谢。《时代》周刊的迪安·费希尔那天下午对他在纽约的编辑们说：在一位开始哭泣的朋友面前，里根一度不得不离开房间控制自己的情绪。在他对加州代表团的演讲中，又轮到南希哭泣了。里根自己很难再开口说话。边上的一位助手说："他可真不是位好演员。"

貌似即席的演讲

但是，离开前还有最后一出戏要上演。在堪萨斯城的最后一幕将是个提醒，里根很少错过一些重大时刻——他认为自己有比纯粹的政治更大的使命。那是星期四的晚上，气球已就位，乐队已准备好，代表们在欢呼。当福特发表完他的接受提名演讲之后，他转身对大会主持人斯坦·安德森说："一切进展顺利。现在去找里根过来吧。"于是安德森匆匆下楼，一直跑到竞技场底层，穿过堆放着垃圾筒的过道，乘电梯到位于顶层阳台的天窗边。他找到了里根、南希和政治助手林恩·诺夫齐格，他们正在那里观看下面的活动。安德森说："里根州长，总统希望你和他一起到讲台上去。"

"绝不可能。"诺夫齐格回答说。

"哎，罗纳德，我想你也不应该去。"南希补充说。

安德森能看出来里根一家仍然感到很受伤。但现在，福特已明确提议里根跟他一道上台——竞技场上很多人在喊着他的名字："里根，里根。"电视台的记者们将镜头从天窗转移到讲台上，在等着一个人的到来。同时，安德森催促道："恕我直言，美利坚合众国总统出于政党的利益要求你和他一起出席。"安德森说，不管南希和诺夫齐格有何意见，里根并没有花多长时间准备迎接这一挑战。"我会去的。"里根说。然后，他挽着他夫人的手，和安德森一起回到大厅前面。

3人乘电梯下楼，和南希一起穿过地下室。南希还在恳求她的丈夫："罗纳德，你为什么要这么做？"但里根已经决定了，他从口袋里拿出一把梳子，确保自己的发型没有乱。

接下来发生的一幕可以被解释为：我差点赢了。我还会回来的。里根一家和福特一家，还有副总统提名人鲍勃·多尔一家都走到了台上，总统将麦克风转向他刚打败的对手，后者则说了当时所有人都认为是简短的即席发言。这些话看起来肯定是临时准备的。但里根的助手实际上已经提醒过他（福特的助手曾提醒过里根的助手），总统可能会请他发言。尽管他从未为这种时刻准备过讲话内容，但他认真地进行了考虑，至少和他的政策顾问马丁·安德森讨论过，如果福特要他上讲台，他要讲些什么。他上台时，脑子中早已有了演讲的提纲。

而那些话也肯定是任何现代的政治大会中最稀奇的演讲之一。

里根除了在演讲开始时简单感谢了福特之外，就再没有提及福特的名字，更不用说支持的话了。他因支持实施强硬的外交政策纲领而受到好评，他将纲领描述成"一面勇敢而有着显著色彩的旗帜，没有任何清淡的颜色"。这篇即兴演讲全文大约只有 1 000 个单词，核心是一个故事，讲述了他最近受邀请为 2076 年的美国人写一封信。当里根在考虑要对未来的那些人说的话时，他意识到，1976 年还有太多事情悬而未决，不能确定他们是否能读到那封信。

"他们回顾过去时会不会心怀感谢，并且说：'感谢上帝，那些人在 1976 年阻止了自由的沦丧，让我们在 100 年后还能自由生活，让我们的世界免遭核武器的破坏？'……这是我们的挑战。这是我们今晚在这个大厅里的原因，比我们曾做过的更好，我们必须停止和彼此的交谈，停止互相议论，走出去，和全世界进行交流，我们的人数或许比现在更少了，但我们给他们带去了他们在等待的信息。我们必须团结一致勇往直前，同时坚信一位伟大的将军几年前所说的：总统先生，胜利没有替身。"

这篇演讲很震撼和自命不凡——也有点奇怪。这对福特和他的团队，以及他们的对手都是个挑战。

里根在离开堪萨斯城时要比他来堪萨斯城之前更憎恨福特，他下定决心要在下一次卷土重来竞选总统。诺夫齐格后来说："他认为，杰拉尔德·福特从他那里窃取了提名。杰拉尔德·福特没有那么做。但我认为里根只是不能想象福特很公正地从他那儿获得了提名。因此，他决心再次参选。"

接下来几个月，里根代表福特访问了 20 个州。福特后来抱怨里根没有为选举尽力——这个评价并不是完全公平。但是，里根确实拒绝了福特阵营让他在得克萨斯州和密西西比州竞选的请求，在那两个地方，民主党总统候选人吉米·卡特要比福特强大得多。卢·坎农在他的自传里写道，里根和福特在秋天一起参加了加州的选战，然后里根又找了个理由不再和总统出席其他地方的选战——福特肯定不会忘了这个决定。斯宾塞后来说："说得好听点，里根没有全力帮忙。福特知道这一点。但这不是他失败的理由。但问题是，当你学习了尼克松的政治学说后，就相当于喝了毒药。你洗完自己的餐具，然后走出去屈尊为下一个人服务。那就是我成长的方式。里根绝没有那种理念。"

是什么理念动摇了里根呢？斯宾塞认为，里根总是和其他政客们听到不一样的论调——反共产主义的论调。里根出身于一个贫困的家庭，然后成了电台播音员，并在大萧条中期成为好莱坞演员，他对美国的爱总是透射着善与恶。他做演员工会领导的经历让他学习到，共产主义能毁灭他的一切珍贵的东西。当斯宾塞问里根为什么想当总统时，他的回答总是一样的：结束共产主义。"这是他真正深入思考过的东西，想想你能做的，你做不了的，你如何做。不管怎样……他坚持这些观点。"

在那年快结束时，福特渐渐认为，是里根——而不是吉米·卡特——让他在 1976 年大选中失败。里根在初选中让他分心，减少了他的时间、资源和代表人数，将斗争一直拖延到共和党全国大会第三天，后来又在秋天大选中不积极。在福特看来，里根阻止了他赢得他的第一次全国大选。福特说："他们一点儿都不在乎我会不会赢，因为他们已经在计划参加 1980 年大选了。"福特的抱怨一直伴随他多年。正如他在去世前几个月对卢·坎农所说："（里根的）本性就不是帮助别人。他相信取胜要靠自己。"

理想选票被扭转

20 世纪 70 年代末，总统俱乐部勉强维系。尽管福特和卡特在政权过渡时进行了紧密合作，但卡特一上任就想和他的前任撇清关系，和尼克松更要撇清关系。卡特在 1979 年 1 月请尼克松参加国宴，招待邓小平，此外还和夫人罗莎琳以及这位前总统一起在白宫住所为邓小平举办了小型的招待会。正如一位助手后来说的，卡特认识到，尼克松开启了和北京的邦交正常化过程，因此"应该邀请他"。但卡特拒绝让尼克松住在尼克松自己为约翰逊准备的特殊的拉菲特广场宾馆。

尼克松一直没有停止过修复自己的形象，他常常利用总统俱乐部来那么做。福特在 1976 年大选失败的挑战则更说明：首先得让自己合法当选。1978 年 6 月，福特的老朋友杰克·马什写了一份很长的备忘录，列出了福特要想赢得 1980 年总统提名的计划、时间轴和必须采取的多项步骤。备忘录认真审视了挑战，并没有低估难度。里根在竞选之初就备受欢迎，但其他有希望的人选，包括乔治·布什、约翰·康纳利和霍华德·贝克都在党内有自己的势力。长期作为福特民意调查员的罗伯特·蒂特担心，福特或许胜选概率不大。福特自己也心有疑虑："我得走出去筹集 400~500 美元来进行选战、打败里根，这让我作呕，即使我想我能做到。"

但当初选临近时，福特还是考虑了这个想法。1979 年 10 月，福特出现在华盛顿，这让所有人对他的计划都感到很疑惑。在和记者的一次早餐会上，其中有很多记者和他已相识多年，福特听起来就像是个腼腆的青少年。他戏谑道："如果我是作为候选人来到这里，我将不得不回答很多困难的问题。我来不是为了阐述自己的观点，吸引你们注意力的。我是来看一些好朋友和老相识的。这样度过一个上午不是件很愉快的事吗？"当记者们一再询问他的计划时，福特说他不会竞选，但明确表示，他很乐意接受提名。"我会就战略性武器谈判发言，还有其他问题。但那不意味着我会坐在一间烟雾缭绕的房间，面对大量的图表和专家，并和他们一起商议。如果有事要发生，它就会发生。我是个宿命论者……在政治上我绝不说'绝不'这个词。"

然后，福特感觉这些发言不足以阐明立场，他又接着说："我不是候选人，我不是。你们有点不相信。但另一方面，如果有其他情况发生，我得换个角度考虑这个问题。"

如果福特有策略，那也只是祈祷政党会在绝望中考虑他。当里根在 1980 年初期赢得初选时，共和党中一些更温和的人士私下表示怀疑里根是否有能力击败卡特，这就加剧了对福特回归的猜测。事实上，温和派中的一些人不担心里根赢不了；他们担心他赢。2 月 1 日，福特对《纽约时报》的亚当·克莱默说，里根赢不了，并提出如果他受到"邀请"，他将加入。

这个评论在福特阵营内部掀起了另一轮紧急计划。现在要开始选战已经为时太晚了——艾奥瓦州党团会议已经结束了（里根输给了乔治·赫伯特·沃克·布什）；距离新罕布什尔州会议也只有 3 周时间了。2 月 12 日，福特的长期助手道格·贝利和约翰·达德鲁夫为福特准备了一份很长的备忘录，列出了最后一分钟参选的有利和不利条件。备忘录的主调是不利的：一些初选的截止日期已经到了，筹款时间非常少，55 岁的布什看起来更有可能赢得那些不喜欢里根的温和派共和党人的支持。在离开椭圆形办公室 3 年后，那一天，福特最终（但私下里）将再次竞选总统的想法放弃了。几周过后，他在 3 月中旬的一个阳光灿烂的午后对记者们宣布，他不会成为候选人了。福特说："美国需要一位新总统，我会尽我全力支持我党的总统提名人。"当福特回到自己的住所时，他对贝蒂说："如果我是个爱喝酒的人，我会为自己喝一杯。"他后来称这个决定是他一生中最艰难的决定。

12 天后，民意调查员理查德·沃思林给里根发了一份备忘录，建议这位候选人下令他的竞选智囊比尔·凯西和福特"发展关系"。是时候拍前总统的马屁了。沃思林预测，没有什么能撼动福特，除非里根自己亲自上阵。但必须在 7 月全国大会前赢得福特支持。

在所有共和党人中，杰拉尔德·福特很可能比其他任何人都更能伤害或帮助我们。他很受选举团的尊敬，在共和党中更是如此。因为他认为，他自己的总统候选人资格……他全心全意对国家事业的积极支持将带来显著的政治影响。只有当杰拉尔德·福特和罗纳德·里根一起和睦地面对面坐下，决心解决在 1976 年大选中出现的短期或更长期的主要困难时，机会才会到来。

因此，1980 年 6 月 5 日，在里根以 80% 选票赢得加州初选两天后，他给身在幻象山庄的前总统打了长达 9 分钟的电话。他们很快消除了积怨，里根请福特在秋季帮他对付卡特，并且对福特说，他没有在1976 年全国大会后松懈，正如福特一直认为的那样。卢·坎农解释说，两人都倾向于原谅对方，实现共同目的，看起来都想修补过去。坎农写道："福特觉得自己不可思议地被他的这位宿敌吸引了，他们都有着中西部教养和天生的亲切感，福特也认为卡特是位糟糕的总统，想帮忙击败他。"

在幻象山庄和谈中，里根一度给福特提出了一个出乎意料的秘密提议。他建议福特当他的副总统候选人。福特拒绝了。

但里根的殷勤只是刚刚开始。有几大因素让福特参与其中。首先，里根不喜欢他的其他选项。夏季初，沃思林的民意调查显示，只有 3 人能帮助里根击败卡特：在初选中排名第二的布什、福特和霍华德·贝克。尽管贝克在几个月前就退出了，但布什的初选一直坚持到5 月末，这让里根圈子里的人非常不安，他们自 1968 年就在等着他们的老大赢得提名。其次，里根对布什的判断也有疑虑。琳恩·诺夫齐格后来说："他认为乔治·布什很无能，他还因霍华德·贝克在巴拿马运河一事上反对他而生气。"最后，福特是前总统，他的经验和资格对抚慰那些担心里根缺乏经验的选民将很有作用。当卡特在国内外事务上挣扎时，选民对里根作为总统的疑虑还存在；福特的支持将让人放心。还有，6 月大部分时间和 7 月初，到福特阵营去的使者和福特阵营本身的使者都向里根最高指挥部报告说，前总统不会考虑参与竞选。

然后，在 8 月底特律全国大会的第一个晚上，福特对卡特进行了猛烈攻击。"你们都听过卡特的托词，"福特说，听起来就像自己是总检察长，"通货膨胀无法控制。世界已经变了。我们不能保护我们在外国首都的外交官，不能在底特律的装配线上保护我们的工人。我们必须降低我们的期望。我们必须现实点。我们必须慎重地撤退。胡扯！"然后福特又说了一段煽情的话："老政治家们应该在局外安静地坐着并睿智地微笑，我从来没坐着，我也从来没花多少时间在局外。这个国家对我而言意味着太多，让我不能安乐地坐在长凳上。因此，当这次大会为里根州长组织团队时，请把我也算上。"

这席话赢得了如雷的掌声，让在酒店套房中观看的里根又开始揣测福特是否在考虑加入他的阵营。当6位党派领导人代表团在第二天上午到里根位于底特律复兴中心酒店的第69层套房中和他探讨多位副总统人选时，里根问道："选福特怎么样？"

里根的访客们很犹豫。特拉华州州长皮特·杜邦说："当然，杰拉尔德·福特会是最好的人选。"但是里根的访客中很少有人认为，福特会愿意接受提名。大多数人持怀疑态度。试一下是否是明智之举？前总统们是不愿屈尊当副总统的，即使福特或许被劝服那么做，整合两边的团队也会是一团糟。但在全国大会的气氛中，有时候并不存在什么逻辑。众议院少数派领袖鲍勃·米歇尔建议里根亲自邀请福特："应该采取一对一的方式，不涉及其他任何人，这样就不会犯什么错误了。你直接和他讲讲。他喜欢直率。"

福特就住在复兴中心酒店，在里根套房的楼上。他那天下午下楼再次和里根会谈。在65分钟的谈话中，里根再次——也更直接地——邀请福特和他一起参选。他在过去数周一直很关注福特，他说，这不是一时的冲动。然后，里根又提议福特或许可以再担任一份工作——当国防部长。在他们的会议记录中，福特的助手们说，福特的回答基本上是："我想这不行"，"我不想建议你这么做"。

这些模糊拒绝的评论对里根来说也不一定都是坏事。

1976年那一幕的讽刺性重演显而易见：1976年，里根在福特提出选他当副总统之前就表示了拒绝；1980年，里根明确对福特做出这个提议时，福特虽然不能直接说不，但给予了婉拒。在当过总统后再当副总统是难以想象的，除非你一开始就没被选为总统。

里根的说客们开始行动了。保罗·拉克索尔特认为里根和福特的政治联姻简直是"天作之合"，他打电话给福特当年的国务卿、现在的外交政策顾问亨利·基辛格，招募他做"媒人"。基辛格在周二傍晚和里根的助手比尔·凯西、埃德温·米斯及迈克·迪弗会面，同意向福特提出这个建议。午夜时，福特将自己的家人还有助手艾伦·格林斯潘、约翰·马什和基辛格集中到他的套房里讨论这个提议。之后，福特和基辛格又单独讨论了45分钟。在那次会谈中，基辛格建议福特认真考虑。有一位参加会议的人后来说，基辛格那晚一会儿劝诱福特同意，一会儿又提醒他防范风险。基辛格对福特说："国家需要你。"而福特回答："但是，亨利，这没用的。"两人直到凌晨两点才结束讨论。

星期三上午，福特既矛盾重重又雄心勃勃，既不能前进，也不能放手。罗伯特·蒂特那天上午出示了一份私人民意调查，显示福特将帮助里根在全国提升11个百分点，超过其他所有副总统候选人。在《今日秀》节目上，当被问及骄傲是否是阻碍他接受二号人物提名的一大障碍时，福特没有表现得比神话中的德尔斐强多少。鲍勃·米歇尔观察了共和党主席比尔·布罗克酒店套房的共和党早餐，他说："杰里在门上留下了一道缝。"几分钟后，在底特律运动俱乐部和《时代》周刊编辑们的早餐会上，福特说他前一天和里根召开了一次愉快的会议，他仍然觉得那个提议行不通。但他回避了他或他的助手是否已明确答复加入里根阵营这个问题。上午10点30分，福特对助手罗伯特·巴雷特、马什、基辛格和格林斯潘说他想中断谈判。但是后来，里根的竞选智囊凯西在11点15分打来电话请求会见福特的顾问们。

福特同意了。福特还是没有明确说出拒绝。在和《新闻周刊》编辑的午餐会上，他将他和里根的关系想象得和欧洲国家中"既有国家元首又有政府首脑"一样。

一场长达 11 个小时的马拉松式紧张谈判在中午开始。格林斯潘、基辛格和马什与里根阵营的同僚们凯西、埃德温·米斯、沃思林和迪弗坐到了一起。下午 3 点左右，里根的团队提出了一份有 10 点内容、双倍行距的长达一页半的谈判文件，提请福特担当办公厅主任，并负责国家安全委员会、预算办公室和总统经济顾问委员会，而里根保留最终的决定权。这不是份正式的提案，更像是对未来讨论的提纲。但不管怎样都是份不同寻常的提议：虽然不是让福特管理所有重要的办公室和机构，但实际上里根建议让福特管理白宫大部分重要的办公室和机构，还有控制所有呈交给总统的文件。福特和他的助手们清楚里根的助手是在提议怎样戏剧性地实现权力转移。他们甚至都不确定这是否符合宪法。福特团队也意识到他们的同僚们也不是很清楚，甚至一点都不了解白宫是怎样运转的。7 月 16 日星期四下午，福特感到很累，很有压力。离里根宣布他的副总统提名只有几个小时了。一整天，有很多州长和议员走过福特的套房，建议他接受提名。他在下午 5 点时说："或许可以试试，但我还是认为行不通。"

到晚餐时，剧情越来越扑朔迷离。一位新总统将和前总统分享所有的权力和影响力，这样做的话会很尴尬，甚至很危险。里根后来说，乱世需要不寻常手段，但这未免聪明过头了。外交政策方面的强硬派被里根和福特的合作吓了一跳，那将意味着基辛格的回归。亚利桑那州众议员约翰·罗兹在谈论联合总统制时说道："绝不能让它发生！如果这发生了，很多人会失去理智的。"罗兹相信，最终计划绝不会顺利开始，如果真的开始了，将让白宫四分五裂。他问道："让总统职位分权，这对国家会有好处吗？"后来，他对《时代》周刊的一位记者说："我真不敢相信我听到了什么。"

当里根和福特在那晚早些时候再次见面时，他们一起在里根的套房中待了15分钟。福特坚持要求里根提名基辛格当国务卿。福特感觉自己是在为告别私生活做巨大的让步，他请求里根也做出让步。"罗纳德，我在做出让步。现在，我也请你做出让步。"这是个让人惊奇的请求，因为里根在1976年初选时曾攻击过基辛格。这一次，轮到里根礼貌却坚定地拒绝了。"杰里，我知道基辛格的所有强项，毫无疑问，他应该担当要务。我会在很多地方用到他，但不是让他当国务卿。我在过去几年走遍了全国，基辛格的负担太多。我不能接受这一点。事实上，我的人也不会接受。"

接下来的3个小时，谈判崩溃了。但在此之前，福特和沃尔特·克朗凯特一起在CBS新闻中接受了尴尬的访谈，期间他宣传了某种权力分享的观点。当他在周三夜晚来到电视直播间重复这个想法时，他没有意识到这个联合参选的观点会被参加全国大会的代表和记者从新闻上看到。他的话在参会代表们中引起了一番风波——"混乱"或许是个更恰当的词汇，让大会的所有记者们立即开始满城调查确认。这场风波有个名称——"理想选票"。

但在里根的套房里，福特的媒体之行并未产生预想的效果。谈判还在进行，助手们都惊讶不已，福特已经让公众获得了最新消息。里根看着电视上的福特，几乎不能相信这是真的。多年后，在他的自传里，里根声称这是他的转折点。里根想道："慢着，他说的是要有两位总统啊。"里根和他的助手们突然感觉到压力很大，虽然他们自己才是提出权力分享这个想法的一方。同时，在楼上的房间里，助手们正在敲定细节。福特的助手们已经对里根那模糊的提案感到不耐烦了，里根的助手也厌倦了福特的要求。里根的一些较为强硬的助手开始有种不安的感觉，福特和他的那些野心更大的下属不一样，他并没有那种重回权力中心的兴趣。而且，福特一方谈判的主心骨基辛格在里根和福特套房来回走动时，他几乎是在重演他那著名的"中东穿梭外交"。

里根在 9 点 15 分时打电话给福特，说他们需要在那晚达成协议。到晚上 10 点时，协议内容还没有落实。福特的团队要求延期至星期四。米斯在和里根确认后拒绝了这一请求。疯狂的媒体还在挖掘关于"理想选票"的消息，并已达到高潮了。10 点的 CBS 新闻宣布，福特将成为里根的竞选伙伴。而且，CBS 补充说，两人将在当晚晚些时候一起走进会议大厅。其他电视台下令他们的现场记者确认这一报道。但事实上，整个方案已经被搁浅了。10 点 30 分，福特对他的夫人说他将停止这一切。他换了身商务装，30 分钟后走下了楼，亲自去告诉里根："这样做行不通。"卢·坎农报道，福特在简短而动情的会面中感谢并拥抱了里根，发誓在秋季帮里根助选。两人友善地告别，然后里根打了个电话给备受煎熬的布什，请他当副总统候选人。里根后来评论福特说："他是位绅士，我觉得我们现在是朋友了。"

几天后在回顾这次全国大会时，据《时代》周刊报道，整个策略"非常欠考虑"，"不适宜"，而且"很愚蠢"，让人们质疑"提名人的判断，以及他为赢得 11 月大选会做出什么过分的事情"。事实上，底特律那一幕只是里根总统任期的序言而已。

里根倾向于追求理想，但在最终的决策上并不能实现理想，这种本能成了他在白宫成功的关键因素。同时，他还展现了他倾向于在自己需要时让其他人借总统的名义执行任务——这差点儿让他的第二届总统任期泡汤。

后来多年内，两大阵营都否认他们曾讨论过联合总统制，或者轻描淡写地说两人都没有认真考虑过那个想法。双方都将责任归于对方。林恩·诺夫齐格后来指责说，福特的人"会很友好，让里根参加葬礼，而福特自己会派国务卿和国防部长出席。任何人想见总统必须经过他的同意"。

对福特来说，他让这听起来就像是他想成为"首位看门人"一样。"我坚决相信，实际上，我告诉我的人必须要写在文件上，作为副总统，我将也是办公厅主任。我不想做决定。但我想知道发生了什么情况，并提供建议。但是，总统必须是决策者……我想我本可以成为一个很好的办公厅主任的。那也是……我所希望做的。"

正如在 1968 年大选中所做的那样，里根将整件事描述得就好像是别人的主意一样。还有很多历史学家说整件事没有当时看起来那么复杂。斯宾塞后来说："两人还和以前一样关心对方，如果有 50 个人说他不得不那么做，里根就不会那么做了。他不会将福特放在选票上。"斯宾塞认为，福特的顾问只是在玩把戏。"他们在讨论分享权力。你拿这一亩地，我拿那两亩地，你再拿这亩地。这太荒唐了。"

而这事差点儿就发生了。

尼克松、福特和卡特：

三个人和一场葬礼

五年来，杰拉尔德·福特和吉米·卡特一直都很讨厌彼此，直到发现他们俩其实都更讨厌罗纳德·里根。

然后两人就成了朋友。

1981 年，在开罗参加完安瓦尔·萨达特的葬礼后，回国途中，他们发现，这一点让他们更团结，而不是更分裂了。在波音 707 飞机上一起待了 16 个小时后，福特和卡特搁置了他们之间那些琐碎的分歧，在几个小时的时间内决定成为伙伴和朋友。这种和解不需要任何中间人，就好像尼克松和肯尼迪之间一样；也不需要几个星期的幕后谈判，就好像胡佛和杜鲁门一样。他们自己做了决定，就在那架和"空军一号"总统座机一样的飞机的狭窄的前舱里做了决定。尽管一位是严格而执拗的工程师，另一位是随和的前运动员。他们有足够多的共同点——两人都是出乎意料地当了总统，两人都被选民从白宫赶下台，两人都至少能再活 20 年——两人都将他们的失败归罪于里根。

两人都对他们的信仰有信心——福特是圣公会教徒，而卡特是浸礼会教徒，而且两人都有宽仁的心，这点对他们和解很有帮助。还有一点肯定也很有帮助，两人都受到了尼克松的刺激，因为尼克松又回到舞台上了，并且表现得就好像他还是总司令一般。总统俱乐部是个竞争激烈的地方。卡特和福特都感觉到，他们或许需要彼此的帮助，才能赶得上尼克松对自我救赎的追求的步伐。福特和卡特会在总统俱乐部内成立一个属于他们两人的更强大而更有效的小型俱乐部，这个俱乐部将和里根还有后来的布什、克林顿在争夺历史地位方面斗上几个回合。

16

我们为什么不互称对方为理查德、吉米和杰里呢？

即便乘用飞机是"空军一号"总统座机的标准，这次出使对于他们的年纪来说也很辛苦。

空军看护兵给这架波音 707 飞机清洗、加油、加水，然后又检查了一遍。这架飞机曾将约翰·肯尼迪的遗体从达拉斯运回老家，并载过尼克松访问中国。这次旅途，飞机上有特殊配备：乘务长特里·山田特地准备了尼克松的最爱——唐迭戈雪茄，他还为福特准备了一份黄油碎冰冰激凌，而为卡特在窄小的厨房里准备了粗玉米粉、电煎锅、额外的鸡蛋、牛柳和蟹爪。

而且，为了以防万一，空军还在飞机上为 3 位总统准备了防弹衣。

3 位前总统将从华盛顿前往开罗，飞行 1.5 万英里，参加埃及总统安瓦尔·萨达特的葬礼。白宫的助手需要拿出所有看家本领才能让这次奇怪的旅程取得成功。

杰拉尔德·福特不是很喜欢吉米·卡特。卡特对理查德·尼克松也没有多大用处。而其他两位总统还不知道，尼克松在这次访问中还要执行自己的秘密任务。这 3 位前总统都和召集他们执行任务并让他们飞越半个世界的罗纳德·里根有着复杂的关系。1981 年 10 月所发生的事情预示着总统俱乐部的重生。而这件事发生在 3.5 万英尺的高空，在 25 位随行者的见证下。在蛰伏多年后，总统俱乐部即将醒来。

当伊斯兰激进分子在开罗阅兵式上暗杀了萨达特和另外 11 个人几个小时后，白宫官员认为，出于安全考虑，里根不能出席萨达特的葬礼。里根自己在 6 个月前险遭刺杀——这次刺杀比公众所知道的更危险，差点要了他的命。特工们也不同意让副总统乔治·布什代替里根前往。布什第二天说："我们埃及的朋友能够理解的。"但谁去参加葬礼呢？

国务卿亚历山大·黑格提出了一项让人出乎意料的方案：由他自己带领 3 位前总统去悼念那位曾为和平事业做出很多贡献的人。尼克松自愿同意出席；卡特起初并不愿意，对里根自己不出席葬礼感到不高兴。他的前助手打了几个电话建议他参加，他最终同意了，但唯一的条件是让他的夫人罗莎琳陪他一同出席。白宫助手们最终成功让福特参加这次任务，尽管他的家人很担心这次旅程。空军的飞机紧急出动，将 3 人接到了华盛顿。他们在同一天下午抵达安德鲁斯空军基地，抵达时间几乎只相差一分钟。

这次任务有着不寻常的可能性：赎罪的力量、爆炸的可能。每个人在离开华盛顿时都有点不高兴、失望或排斥。卡特从未回过白宫，尼克松也只是在卡特的邀请下回去过一次。现在，他们一起回来了，在世界舞台上的老地方待上几个小时。他们 3 人都参加了这次任务，这对他们而言甚至都有点难以理解：他们想知道，谁应该第一个登上海军陆战队的直升机进城呢？

卡特回忆，是尼克松建议让最近一任总统带头，因为他在这个代表团中资格最老。即使在这个关键的礼仪问题解决后，在这次短促的直升机飞行过程中气氛也还是很紧张。在从安德鲁斯空军基地飞往白宫的过程中，一贯好脾气的福特建议调节下气氛。他说："嗨，这次旅程中，我们为什么不互称对方为理查德、吉米和杰里呢？"另外两人迅速表示赞同。

白宫的老员工们感觉到这将是一个不同寻常的，甚至是史无前例的时刻。几百名白宫员工在白宫南草坪迎接这3位前总统，在他们按任期顺序逐一走下直升机时为他们鼓掌。掌声随着一位接一位总统走出来变得更加热烈。三人并排，如果算上罗莎琳，就是4位走过南草坪，在那里受到里根一家的欢迎。芭芭拉·布什从楼上窗户里看到她的丈夫抵达时，更惊奇地看到了4位总统站在一起。她回忆说："这让我感到太有趣了。我可不认为他们有多喜欢对方。罗莎琳也来了，我也不认为她和南希有多喜欢对方。"

大家被引进白宫，走进了蓝房，那里已经准备好了咖啡和沙发椅。布什一家也加入了。里根在他的日记里写道，这是4位总统第一次在白宫相聚。（而实际上，布什也在场，可以称得上是5位总统的聚会。）里根感谢了他的客人们替他出席活动，几人简要交流了他们对萨达特的印象。里根对他们说："要是在平常，我会祝你们愉快着陆，但你们都当过海军，因此我希望你们旅途愉快。"

然后，他们很快又到了外面。当黄昏渐渐到来时，南草坪上举行了一个象征团结的仪式。之后，3位前总统走向直升机。卡特让里根的助手有点气恼，他从他们精心布置的画面中走出去和记者们简单说了几句。他说："我很高兴前往，但这真是个悲伤的场合。"然后，仪式再次上演：卡特第一个登机，之后是福特，最后是尼克松。海军陆战队的直升机飞入夜空，在他们的故土上待的时间总计大约36分钟。

总统俱乐部或许会改革，但这不意味着它的成员愿意花时间互相谈心。当尼克松从直升机的窗口朝外望去时，7 年前 8 月的那个下午，当他辞职时也曾这样看过，他对他的同伴们说道："我有点喜欢下面的那所房子了，你们呢？"

第一段行程

这次特殊的空中使命，即便没有前总统们的参与也值得纪念。美国代表团由黑格带领，包括国防部长卡斯珀·温伯格、前国务卿亨利·基辛格、歌星史提夫·汪达、联合国代表珍妮·柯克帕特里克，还有一些议员，包括南卡罗来纳州参议员斯特罗姆·瑟蒙德、伊利诺伊州的查克·珀西和来自得克萨斯州的多数派领袖吉姆·赖特。代表团成员还包括陆军参谋长爱德华·C.迈耶、卡特前助手乔迪·鲍威尔和中东特使索尔·利诺维茨，还有一位来自南卡罗来纳州自由市的叫作山姆·布朗的 14 岁男孩，他是萨达特的笔友。加上尼克松、福特和卡特，代表团阵容强大到让人震惊。

"这次航班真的很不寻常。"黑格说。

历史包袱本身足以使任何普通飞机坠毁。很容易忘记的是，尼克松在 1974 年向基辛格提出辞职，而协议主要由黑格起草。福特在大约一个月后特赦了尼克松，这个决定在很多人看来是为了回报尼克松。卡特在两年后横空出世将福特赶下了台；而里根呢，他的照片现在还挂在机身内部，他在 1980 年将卡特赶下了台。

这趟航班上无处可藏，这架老化的波音 707 飞机很单薄，噪音很大，而且内部只有一条通道，私人房间也很少。黑格占了前面整洁的总统机舱，让尼克松和福特与基辛格和温伯格分享狭窄的四人间。不远处，卡特和他的夫人一起坐在双人座上。罗莎琳·卡特把一切都安排好了，在飞机前后走动向每个人问好，尤其是尼克松。她发现尼克松很有礼貌且出乎意料地健谈。尼克松在众人面前建议黑格让卡特夫人乘坐总统特等舱，里面有一张床。但黑格根据礼仪拒绝了。（这不是尼克松第一次捍卫罗莎琳：在卡特几个月前卸任后，他派助手求见尼克松寻求他对卸任后行动的建议。尼克松给卡特的使者提出了一条直截了当的建议："确保卡特夫人有她自己的办公室。"）

相反，福特和卡特似乎决意不和。他们的伤痕更深，他们的愤怒也更深。据福特的助手后来说，卡特在航程刚开始不久时微笑着对记者们说过："油和水，对彼此都没什么作用。"当乘务员请三人合影时，卡特看起来不乐意。他在同意面对摄像机微笑之前问道："要花多长时间？"后来，福特对代表团中的一位成员嘀咕："你知道，那只是为了表明，你不能用鸡屎做出鸡肉沙拉来。"

卡特后来说，他觉得尼克松很有吸引力，或许这是因为尼克松很努力让自己情绪放松。他穿着蓝色西装外套在飞机上僵硬地走动着，和人们打招呼。当机上的其他人赶上来拍照时，他就远离福特和卡特。尼克松诉说着自己的不幸："他们可不想和我拍照。"第一段航程上的三位记者之一、ABC 新闻记者巴里·邓斯莫尔说："尼克松很合群。他在过道上走来走去，真的想显得很和蔼。"但是尴尬还是存在：尼克松一度走到记者们所待的机舱后部，四下张望并说了些莫名其妙的话——"就这样了"，然后转身回到前部。

从旅程刚开始时，安全就是个问题。萨达特的遇刺很突然。行刺这一无耻行径被视频记录了下来。这一次，很少有人，即使是政府人士，能理解伊斯兰世界的震动程度了。参加这次旅程的《华盛顿邮报》的海恩斯·约翰逊回忆道："有种真正的恐惧，大家都很不安，你不知道会发生什么。"虽然每位总统都有防弹衣，但防弹衣数量不够分给同班飞机上其他重要客人。关于飞机将飞到接近锡德拉湾上空这件事，流传着几个病态的笑话。利比亚领导人穆阿迈尔·卡扎菲上校曾威胁将以自己的生命——不如说是他的空军飞行员的生命——来捍卫此海湾。

所有人都登机后，情况似乎缓和一些了。他们的外套传递了信息：卡特穿着一件淡棕色羊毛衫，福特穿着一件红色的外套，而尼克松，手里拿着一杯马提尼酒，穿了一件蓝色的外套。有点怀旧的是，他们现在都登上了一架曾经属于他们自己的飞机。或许这本身就是波音707飞机的象征和影响力：在"空军一号"中行走，即使是它那更旧、更狭窄、更嘈杂和拥挤的前身，也是种令人陶醉的体验；而当它满载，坐满了空军人员，还要去执行风险非常高的海外任务时，这样做就更令人陶醉了。海恩斯·约翰逊回忆："每次当你登上那架飞机，你都是在创造历史，大家都有这种感觉。你知道你现在书写历史。"

前总统们很快找到了聊天的话题：安瓦尔·萨达特对每个人意味着什么，每个人的总统任期，还有全球事务。三位都曾试过阻止这一天的到来：尼克松向萨达特出售了直升机；在福特时期，美国中央情报局给埃及特工提供了特殊的加密设备，这样他们就能秘密交流萨达特的行动；卡特甚至还派了架雷达飞机在开罗上空巡逻，以防止卡扎菲派战斗机去萨达特那里。卡特回忆，贝京、萨达特和卡特三人曾在1978年一起打电话给福特，告知他，他们已经达成了《戴维营协议》。卡特对随行的一小群记者说，当他得知萨达特去世时，简直不敢相信自己的耳朵。他说："那样糟糕的一天，我一生中只碰到过一次，那就是我自己的父亲去世的那天。"

基辛格说，萨达特"用他完美的心理学技能和四位美国总统打过交道。他将尼克松视为一位伟大的政治家；福特是友好的活化身；卡特则是位传教士，对世界太正派了。里根则是一位受欢迎的革命领袖，对大家很有吸引力，也赢得了所有人的信任"。然后，他们讨论了中东的局势，一致认为里根让参议院批准为沙特提供被称为"AWACS"的早期预警机这事做得很好。毕竟，是卡特在他任期的最后一年提出的这项军售计划，并在1980年与里根交接时督促里根落实这项提议。

但是，当事情看起来风平浪静时，尼克松又将船驶进了风暴。航班起飞几小时后，黑格从他的机舱里出来和基辛格讨论在华盛顿登机前刚刚收到的几封电报。黑格说，电报发自国务院的官员，他们寻求建议，因为尼克松在未来几天将在沙特阿拉伯的吉达市有一次私人晚餐。黑格对这一消息大吃一惊——因为国会就沙特军售的斗争还很激烈，并且在萨达特遇刺背景下该地区局面混乱。黑格让基辛格调查尼克松究竟想做什么。几乎在同一时间，白宫接线员打电话说，里根的助手迈克·迪弗打来电话，也在询问尼克松在吉达市的神秘晚餐一事——尼克松是不是在这次公开的任务中还有自己的秘密任务呢？

基辛格让尼克松解释这一切。休·赛迪报道说："尼克松这个曾经的阴谋家，他摆着手，声称他也不确定这件事。他收到邀请访问中东的几个国家。沙特人让不让他去还没确定呢。"尼克松再次玩起了老把戏，美国政府对他的下一步行动毫不知情。当飞机抵达靠近马德里的西班牙空军基地准备加油时，即使是基辛格也有疑问。当海恩斯·约翰逊问他，大家在飞机上相处如何时，基辛格就像是记者，又像外交官，在西班牙的飞机跑道上漫步。"他们都很好。福特还是福特，卡特还是卡特，而尼克松？尼克松在到处晃悠！"

当代表团那夜抵达开罗时，三位总统上了由华盛顿空运到开罗的防弹车，前往市中心的酒店下榻。负责此次访问先期准备工作的福特的助手罗伯特·巴雷特在每项活动前都跟三位前总统进行沟通。他后来回忆，在引导几位前总统从一个地方前往另一个地方时，一直叫着"总统先生"的情景是多么尴尬。他们礼节性地拜访了萨达特亲选的继任人胡斯尼·穆巴拉克，然后在萨达特的遗孀吉安位于吉萨的家中待了30分钟。他们访问了埃及议会，在那里会见了议长。他们甚至探望了常驻开罗的一些美方政府官员，每个人都进行了即席讲话。尼克松讲话时，他很清楚地意识到，这个悲伤的时刻已经吸引了来自全世界的人，既包括出名的人物，也有"臭名昭著的人"。

第二天，三位前总统穿上了防弹衣，这让他们看起来有点僵硬。他们一起出席了在城郊举行的葬礼。场面确实吓人和混乱。埃及当局还记得1970年几百万埃及人曾扰乱了加麦尔·阿卜杜勒·纳赛尔的葬礼，这一次，他们将受到更少人拥戴的萨达特的葬礼安排在远离城市人群的地方。前总统们在一个大的亭子中聚齐，然后和几十位其他国家的领导人一起步行了半英里才抵达萨达特最终安息的地方——墓地，和四天前他遇刺的阅兵台的方向刚好相反。约翰逊回忆："这就像是场《阿伊达》戏剧一样，有点歌剧的风格。"

而且还有点吓人。悼念者在武装整齐的埃及军队中步行了800码①距离。每个人都怀着同样的恐怖想法：几天前的刺杀会再次上演，伊斯兰激进派伪装成埃及军人从卡车上跳出来，谋杀了萨达特和他周围的很多人。邓斯莫尔回忆："我们在很长的队伍中前进，队伍非常长。我离基辛格很近，他和梅纳赫姆·贝京走在一起。我想，总统们就在我们前面。在前行过程中，有一些埃及士兵，他们的枪没有直接对准我们，但肯定做好了射击准备，他们堵住了我们的路。突然，每个人

---

① 1码约为0.914米。——编者注

都僵了，脸色吓得煞白，因为我们面前至少有十几名那样的士兵。想到前几天这里所发生的，我们都很害怕。这是我这辈子碰到过的最吓人的时刻了。"

最后，有人用阿拉伯语下达命令，士兵们离开了。这次经历让代表团的几乎所有人都相信，里根和布什没来参加葬礼真是做对了。福特尤其感到不安。约翰逊说："整件事太离奇了，刺杀未被核准执行。我们到了看台，能看到那里还有血迹。"附近还有一处临时墓地。还有一块匾上面写着："穆罕默德·安瓦尔·萨达特总统，战争与和平的英雄。他为和平而生，是自己原则的殉道者。"很明显，萨达特自己在3年前写了这个墓志铭。然后，21响礼炮响起来，但大多数要员在礼炮还未响完之前就钻进了自己的汽车。整件事有点儿虎头蛇尾。然而，这次访问才完成了一半。

尼克松去哪儿了？

那天上午，ABC的一位制片人叫醒了电视台的记者史蒂夫·贝尔，贝尔在开罗为《早安美国》节目报道萨达特的葬礼。这位制片人说，邓斯莫尔离开了代表团。贝尔是否愿意和前总统们在那天晚些时候一起飞回华盛顿？贝尔说，我和他们一起回华盛顿吧。返程的航班将具有历史意义。这在很大程度上要感谢贝尔。

当天上午晚些时候，当美国代表团抵达开罗机场准备回国时，埃及地勤人员为那架蓝、白、金色的波音707飞机安排了一部登机舷梯，只有一部。那听起来并不引人注意，但对于三位记者来说，这太神奇了：这意味着他们将有机会和总统、权贵，以及其他要员们从同一扇门登机回国，而不是从后门。那也意味着他们将有30秒时间，如果够幸运，或许有更多时间，在从飞机前部走到后部时和乘客进行交谈。

贝尔想要的就是这个。他爬上了舷梯，从驾驶室附近走进飞机，然后右拐向记者室走去。他几乎是立即就遇见了卡特，然后做了自我介绍（他曾做过卡特时期白宫的记者），贝尔说："总统先生，您是否考虑和其他几位总统一起接受联合访谈呢？"卡特回答："我不认为会这样。"贝尔回应说："可是总统先生，你们都拥有当总统的经历，我想，除了你们夫人外，你们彼此比谁都亲近。"卡特带着他标志性的笑容说："我会考虑一下的。"

贝尔和约翰逊，以及合众国际社的吉姆·安德森一回到飞机尾部就向罗伯特·巴雷特请求对前总统进行联合访谈。访谈将被公开——而且在飞机一着陆就发往所有新闻机构。巴雷特带着这个请求走到飞机前部。

但在往前走的时候，巴雷特遇到一位特工，他报告说尼克松将不搭乘这次航班。这消息让还没听说尼克松吉达市秘密任务的巴雷特吓了一跳。他很快征得了福特和卡特的同意，然后回到记者室。他说："我有好消息和坏消息告诉你们，好消息是总统们很高兴在回去的路上接受采访，坏消息是飞机上只有两位总统。"

大吃一惊的海恩斯·约翰逊说："那个该死的尼克松！他去哪儿了？"

巴雷特回答说："太让我吃惊了，我会找到他的。"

与此同时，在飞机前部，有件更重要的事发生了。对于卡特和福特来说，时间在倒退，他们4年的积怨在这次漫长而放松的回国航班中正慢慢消解。那是怎样发生的呢？一开始，他们又回到了曾经属于他们的神奇的飞机上。

黑格留在了埃及，而尼克松则去了沙特阿拉伯。多年后约翰逊回忆："尼克松不在场让一切有了很大变化，那个毫无生气而又有毒的人不在场，意味着返航更轻松了。"还有另一个因素。"我们活了下来。"他说，"脱下防弹衣后，我们行动更自由了，大家都在谈论这次复杂的葬礼。"如果你知道该问哪位乘务员，"空军一号"还会为你提供酒水，在开罗的活动结束后，大家都想喝一点鸡尾酒。

此外，死亡能改变人们的想法，卡特和福特意识到他们的怨恨和分歧是多么愚蠢。巴雷特回忆，在返航过程中，福特、卡特、基辛格和罗莎琳开了一堂所谓中东政治博士课程。谈话很生动，有时甚至还很热烈，当这些人讨论联合国对以色列的敌意时更是如此。当三位记者在飞机补完油后走到前部进行采访时，他们发现福特和卡特在同一张桌子上面对面坐着，两人都穿着衬衣。卡特打着领结，福特的衣领是开着的。没有摄像机，只有一个静态摄影师。约翰逊和安德森做记录，而贝尔则跪在飞机地板上在两位总统之间来回挪动磁带录音机，这样录音机就能在飞机引擎的噪声中记录下两人说的所有话。

记者们听到的是两党关于中东格局的异常坦诚的剖析。卡特说："让一位（热爱和平的）阿拉伯人站出来几乎是不可能的，因为他们自己脆弱的政府中还存在着暗杀和暴力的威胁。他们没有萨达特的稳定政局。约旦是个弱国，国王侯赛因是个软弱的领导……当然，沙特阿拉伯这个国家也很脆弱，人口很少，没有强大的军事力量和巨大的财富。因此，他们没有萨达特的勇气。"当福特或多或少指责温和的阿拉伯领导人的伪善和"像萨达特那样渴望和平"时，他也很直接："出于很多内部原因，他们不能公开说他们曾对我或卡特总统或其他人说过的话。"

他们互相给对方很多保护，总统俱乐部开始用一个声音说话了。卡特和福特说美国必须承认巴勒斯坦解放组织，从而推动中东和平进程。福特说，美国需要采取那一措施，然后预测其会带来和平；卡特描绘了一项可能的协议大纲——美国应该承认巴勒斯坦解放组织，同时巴勒斯坦解放组织应该承认以色列生存的权利。福特说："某种程度上，这一点必须实现。我不想选一个日期，但是很现实的是，他们必须要进行对话。"卡特更明确强调："如果不解决巴勒斯坦问题，以色列将绝不会获得永久的和平，因此我认为杰里在进行的谈判，是完全正确的。"两人的评论和美国官方政策大相径庭，所有在听的人都清楚这一点。

约翰逊报道说："前总统们坦率的评论让飞机上的一些外交官感到很担忧。"

但两人还只是在热身而已。尽管在一开始有点正式，但他们的谈话很快就变得更随意起来，大家都注意到两位前总统几乎在跟着彼此的话，互相称呼着对方的名字，在很多问题上互相称赞对方。这次谈话完全扭转了几天前那种冷淡而正式的谈话氛围。福特说："我相信，让卡特、尼克松和我自己同时执行任务，这是让前总统们重新为国效力的一种非常优秀的模式。"

两人的谈话持续了30多分钟，他们都向对方前倾着身体。有人问："最终思想是什么？"卡特回答："不说了，那已经很清楚了。"然后两人握了握手。

安德森、约翰逊和贝尔回到飞机后部，掐着自己。他们都知道，刚刚发生了一件让他们很吃惊的事情，而他们谁都不曾预计到会发生这一幕。约翰逊和安德森开始打印他们刚刚的记录。很快就完成了草稿，在飞机着陆之前，乔迪·鲍威尔又变回了他媒体工作者的本色，要求进行复印。几天后，两位前总统的谈话震惊了华盛顿当局。专栏作家玛丽·麦格罗里称飞机上的这次谈话是罕见的"离任后的坦率直白"。里根不得不和他的前任们说的话撇清关系。在华盛顿记者常规的审查中，华盛顿最年老的智者约瑟夫·艾尔索普严惩了当初报道这次采访的记者。

但是，会谈还在继续。两人谈论了卡特限制战略性武器谈判的军控工作是怎样建立在福特的符拉迪沃斯托克（原名海参崴）工作基础之上的。他们讨论了保卫巡航导弹的难度。他们都表示按时间顺序组织他们的总统文件是多么困难。在经过5年的不信任后，他们解除了对对方的武装。卡特后来说："我们发现，我们有很多共同点。"

不久之后，他们就不仅仅是嘴上谈合作了，他们开始努力实施合作。卡特同意参加福特图书馆的会议，福特自愿为卡特中心发起的一些项目担任联合主席。两人都对彼此情感上的改变有点吃惊。卡特说："我们在飞机上一起待了几个小时，在私人的包间里，只有我们两个人，讨论了我们之前的关系，还有我们的孩子现在在做的事情，以及贝蒂和罗莎琳的兴趣。有一件事尤其让我们感觉我们是一体的，那就是在建设我们的总统图书馆时，我们必须参加的繁重的筹款活动。"

即便是在那些亲身经历过两人在3.5万英尺高空冰释前嫌的人中，也没有人能想象他们的关系在将来会是多么和睦。在后来的30年中，福特和卡特合作进行了很多项目。他们在1983年共同为《读者文摘》写了一篇批判以色列的文章。他们一起在1993年推进北美自由贸易协定，在1996年联手反对在加州将毒品合法化的计划。他们的夫人甚至还时不时地进行合作。

或许，更值得注意的是，他们都同意，不管谁先去世，都会在对方的葬礼上致悼词。这份工作在2006年12月落到了卡特身上——在历史性的开罗之旅过去25年之后。

里根和尼克松：

放逐者回归

杰拉尔德·福特宽恕了理查德·尼克松，而罗纳德·里根则让尼克松又重新回到舞台上。这有点讽刺意味，因为尼克松对里根从未有过很高的评价，至少在他最初预计里根会当选总统时如此。"体面"但"肤浅"是他 1971 年和亨利·基辛格在总统办公室的一次谈话中用来形容里根的词汇，这次谈话中，尼克松一再担心里根可能会成为总统。尼克松自 1968 年的初选竞争时就开始留神里根了；到 1973 年，当取代尼克松的总统大选基本上可以预见时，尼克松再次认为里根要取代他的位置了，这有点儿让他不能接受。尼克松说："天哪，你能想象吗？你真的能想象他坐在这里的样子吗？"

但是 1980 年的大选，里根给了尼克松一个重新开始的机会，至少让他在总统俱乐部中获得了"缓刑"的特权，而俱乐部其他成员——卡特和福特——对他几乎没有用处。自 1974 年辞职以来，尼克松有充足的时间重新走入公众视野并在幕后操纵。尼克松将赢得里根的信任，给他提供私人建议，成为他秘密的解决问题者，一位帮助另一位总统的总统。这个角色既符合尼克松对保密的喜好，而且鉴于他败坏的名誉，也很容易让里根接受。当角色成形时，尼克松开始公开修复自己的名誉，写书、演讲、作为普通公民对外交问题侃侃而谈。在他的公共讲话中，尼克松总是很小心地支持里根，即使他并不认同里根；里根也给了尼克松回报，这是福特和卡特都不曾享有的，那就是里根经常咨询他的建议——最后接受他的意见。

17

我听候你的差遣

尼克松给里根的帮助甚至在里根入主白宫前就开始了。1980 年 9 月，尼克松给里根写了一封满满 3 页纸的信，提出了在选战最后几周如何对付卡特的具体建议。尼克松叮嘱里根回避和卡特的所有辩论，除非第三方候选人约翰·安德森也在其中。尼克松建议里根，让他这个经验丰富的演员假装缺少政治舞台经验，这样来降低人们对他辩论能力的期待。他建议里根任用帕特·布坎南"写些好的演讲词"，但还强烈建议他在重大活动前休息几天。尼克松说："你看起来的样子比你说的话更重要。保持镇定，激怒卡特。和他形成对比，一副大人物对小人物的样子。"

尼克松甚至建议里根在室内举办最后的选战聚会，这样更能保护他的嗓音。

一旦里根击败了卡特并打破了民主党复兴的希望，尼克松就从选战顾问转身变成了白宫非正式顾问了。一位加州前州长对白宫的陷阱和传统能了解多少呢？尼克松将成为里根的"入门手册"，通过帮助里根使自己恢复过去的一些权力。

11月17日，尼克松悄悄交给里根另一封更长的信，这封信是一份建设总统任期的蓝图，其中还有许多关于最高内阁职位的具体建议（甚至包括并不太重要的职位，比如总务署主管）。它包含了让白宫更好地运行的方法：尼克松建议里根在非正式顾问团中保持多样性。他建议里根应该确保他的国家安全委员会排除不切实际的自由派；他还建议里根不要让老白宫助手参加内阁会议，相反邀请一些有潜力的副手，为第二届任期做好准备。

但是，这封写得满满的长达11页的信，其主旨是悄悄地表达尼克松自己的诉求，希望里根能启用尼克松以前的心腹干将和情报官员亚历山大·黑格担任国务卿。这场选战就像两场戏：当时媒体暗示尼克松时期先后担任劳工部长和财政部长的乔治·舒尔茨最有可能成为国务卿，就在那天尼克松写了那封信。尼克松从来不喜欢舒尔茨；他们的敌意从1972年舒尔茨拒绝公开尼克松许多政敌的国税局记录时就开始了，但尼克松推荐黑格是出于另外一个原因：让前四星上将担任国家重要席位，能让他直接获得外国情报和美国国家决策。尼克松自然没对里根提到这点。相反，尼克松对当选总统大谈黑格会"消除欧洲人的疑虑，缓和苏联人。此外，凭借在白宫担任过基辛格副手的5年和在北约2年的工作经验，他已经获得了应对中国人、日本人、中东多个宗派、非洲人和拉丁美洲人的丰富经验。那些因认为他'软弱'而反对他的人要么是无知，要么就是愚蠢。其他认为他和'水门事件'有染的人只是不知道事实"。

然后，尼克松又写了最后一封信，尽管经证明这只是一个易许下但却不易实现的承诺。他写道："关于我个人的情况，正如你所知，我不谋求任何官方职位。然而，我欢迎有机会能就我的特殊经验为你提供建议。1968年大选后，我到沃尔特·里德医院探望艾森豪威尔总统时，他曾对我说：'我听候你的差遣。'我现在对你说同样的话。我相信，那就是将来我们的关系。"

在 5 天后里根亲手写的信里，他感谢了尼克松在两封信中的"良好"建议。"我听从了你关于选战最后几天的建议，尽管我没能在室内举行所有集会。但我确实听从了选战演讲经验，而民调也每天在上涨一到两个百分点。对你关于人事和内阁会议的建议，我不胜感激——我会那样做的。"

里根在几周后任命黑格为国务卿。

尼克松在接下来的 6 年里不断给里根写信和发电报，提供外交政策建议，告知他海外访问获得的情报，并时而进行政治预测。他还发送了很多鼓舞性的短信，往往是在大型演讲之后，而且还有欢迎里根海外访问归国的信。他提供了历史典故、个人回忆，以及数不清的建议，涉及一切，小到舞台技巧，大到地缘政治策略。尽管有些建议很好，但都没有尼克松所做的事实重要。尼克松自由地给里根很多建议，即使里根并不总会全盘接受（很多证据表明他还是接受了很多建议），尼克松第一次感觉到有人听进了他的话。

他不再是不受欢迎的人。1982 年中期选举前夕，尼克松写信鼓舞里根，叮嘱他在圣诞节前整修自己的政治团队。他建议道："在中期选举时整修团队不是软弱的标志。如果安排得当，它将提升你在国内外作为强大领导人的地位，说明你不能忍受低效率，更不要说不忠或不诚信了。这是出于我个人的经验。有人指责我对下属太过严厉……回顾过去，如果我能坚强点，或许就能避免最后困扰我的一些问题。"当里根在 1986 年"伊朗门"丑闻早期努力寻找自己的立足点时，尼克松给他提供了很多能快速采取的措施，"圣诞节后，你或许会考虑进行一些改变，从而在最后两年强化你的团队"。3 天后，尼克松又写了封信，这次扮演的是护士角色："你持续的健康是自由世界的最大资产。不管医生建议什么，统统照做，不要因为公共关系影响而拖延治疗，哪怕是一天。"

总统俱乐部变为武器

但是，如果说有一个话题主导了两人的通信，那就是如何处理美苏关系。尼克松在信中的口气就像他自己是一个紧张的教练，仍然希望自己能上场。大家会感觉到，尼克松会在他不太关心的所有事情上称赞里根，但在美苏关系上，尼克松对里根很坦率；这些信的语气不一样的，更不容置疑，和其他的信相比，几乎没有任何修饰。你几乎能听出尼克松尽全力不去说教。但是，在 1983 年 2 月的一封信结尾时，尼克松很小心地承认谁才是决策人。"和往常一样，这些想法不要被记录或记入历史，只作为你个人参考。不管你最终如何决定，我肯定将支持你。"

米哈伊尔·戈尔巴乔夫崛起为苏联共产党总书记，考验了这一承诺。戈尔巴乔夫开始采取行动，改革已经僵化的苏联体制。他最初的改革幅度很小，大部分是关于共产党如何选择领导人方面的。但是，当他在美苏关系中大举进行经济改革时，他开始将注意力集中到苏联最不可触犯的地方了：削减莫斯科的军费开支，尤其是战略性核武器数量。

多个月来，在要怎样对待戈尔巴乔夫的想法上，美国的苏联问题专家意见很不一致，他们对克里姆林宫的强硬派是否会支持他，或者他会不会继续当权，也存在不一致看法。如果西方相信戈尔巴乔夫，这在很多层面上将影响美国在世界上的地位、全世界自由的前景，以及美国自身的国防工业基地。尼克松这位年长的红色猎人从一开始就持怀疑态度。里根开始相信这位新任苏联领导人，尽管不能说很完美，但起码他真的不同于过去的领导人。但是，尼克松还是以纯粹的"冷战勇士"的眼光看待这个问题。尼克松在幕后行动，并且常常在公开场合损害戈尔巴乔夫的改革派形象，警告称："不管戈尔巴乔夫看起来有多吸引人和友好，他只不过是位典型的官僚。"尼克松在1985年9月《纽约时报》的专栏中写道："他注定是一位坚定的共产主义者，是一位强大而无情的领袖，支持将苏联的主导地位扩大到非共产主义世界的政策。"这篇专栏就发表在里根和戈尔巴乔夫在日内瓦首次会晤的两个月前。那年秋天，尼克松在《外交事务》杂志上发表了一篇长达11页的文章，阐述了他的担心。他认为，为了峰会而召开峰会，这是愚蠢的。尼克松写道："这是一场漫长的、看不到尽头的斗争。戈尔巴乔夫，现年才54岁，他根本不需要仓促行事。他能活得足够长，足够和5位美国总统打交道。"

尼克松几乎是在对里根说，总统俱乐部需要他坚定立场。

有很多证据表明里根听取了尼克松的建议。1985年末，在里根打算飞往日内瓦会见戈尔巴乔夫前，他在日记里写道："理查德在武器谈判上有很多好点子……他的建议是，我们要声明我们已经达成的协议，我们将就其他事项继续谈判，作为我们对期待结果的决心的标志，我们双方都从核武库中拿出100枚导弹，并将它们储存一定时间。如果我们不能达成削减协议，就再将它们放回去。"

里根和戈尔巴乔夫那年秋天的日内瓦初次会晤，除了必要的公告和合影外，几乎没有任何成效，但为他们一年后的第二次会议打下了基础。1986年春，尼克松决定自己去会见戈尔巴乔夫，决定对莫斯科进行一次为期6天的"私人实况调查"访问。在如何对待戈尔巴乔夫这个问题上，里根的一些助手几乎每天都在争论不休。他们对尼克松的出访持怀疑态度，发表了他们的反对意见。但里根倾向于同意让尼克松出访，部分原因是他认为尼克松会受到戈尔巴乔夫的接见。尼克松和里根在出发前通了 14 分钟电话，里根觉得，对戈尔巴乔夫听得越多，见得越多，结果就会越好。

尼克松于 1986 年 7 月 12 日抵达莫斯科。他再一次如鱼得水，周旋于白宫和克里姆林宫之间。正如他给里根做的预测那样，尼克松和最高苏维埃主席团主席安德烈·葛罗米柯进行了两个多小时的谈话，和苏联驻华盛顿长期特使阿纳托利·多勃雷宁进行了两个小时谈话，并且和戈尔巴乔夫本人进行了 1 小时 45 分钟谈话。一周后，尼克松给里根寄了一份关于这次访问的详细的备忘录，长达 26 页，包括从美食到战略等一系列意见。他写道："一旦计划访问莫斯科，准备好吃西红柿、黄瓜、鱼子酱和鲟鱼吧。他们还在用这些当早餐、午餐和晚餐。顺便提一句，戈尔巴乔夫或许不能改变苏联的外交政策，但他在国内进行了很大的变革。这是我六次莫斯科访问中第一次没尝到一滴伏特加酒！"

这份备忘录明确表示，尼克松在他的访问中扮演了几重角色——并且他还很享受自己的表演。他收集了情报，指出戈尔巴乔夫的圈子里谁在上升，谁在下降；他亲自向苏联领导人说明里根是怎样的一个人，然后，详细地向里根汇报克里姆林宫的人怎样看待美国总统。尼克松也扮演了倡议者的角色，敦促苏联人和里根一起削减武器，而不是等待一个更温和的继任人，他精明地解释说，温和派很难在美国参议院中通过协议。他在"冷战勇士"和慈爱的美国人这两个角色中切换自如。他回忆对苏联人说的话："我认识里根总统长达 30 年了。"他说，里根"是个有着强烈信念的人，但是，他也是个很讲理的人，如果能让他相信达成协议对我们有利，他会达成协议的。但是，我也强调说，他不需要因为自己的政治目的达成协议，因为即使没和苏联人达成任何协议，他在离任时也会很受人们拥戴"。

但是，尼克松又补充说："然而，我个人认为，（里根）在第二届任期的主要外交目标是缓和苏联和美国之间的紧张关系，就史上第一个削减核武器的协议进行谈判，在他离任后，给他的继任者一个新的、不那么对抗的，并且能持续很长时间的美苏关系。"

尼克松的此次行动可圈可点，这位前总统在两个国家间自由行动。很容易就能想象出尼克松是多么喜欢重新回到舞台上的感觉，在世界舞台上恩威并施。多勃雷宁咨询尼克松如何推进搁置的裁军谈判，尼克松提了几点建议，包括拿出 100 多枚导弹"由第三方保存"以建立双方的信心，直到达成最终协议。尼克松没对苏联人说他已经和里根商量了这个想法；相反，他在多个场合提醒他们，他只是作为普通公民访问，"绝不知道美国官方谈判员会有什么反应"。然后，苏联人请尼克松将这些观点写到纸上，以便进行翻译并呈送给戈尔巴乔夫。尼克松同意了。

这位前总统和戈尔巴乔夫开了 105 分钟的会议，他离开时对戈尔巴乔夫的印象要比他走进去时的更深；尽管他觉得戈尔巴乔夫"很有魅力"，但还是有点"粗鲁和庸俗"，比列昂尼德·勃列日涅夫要"更有技巧和更狡猾"，但比赫鲁晓夫要更"不负责任"。尼克松给里根写道："他是我所见过的苏联领导人中最和蔼的一位，但同时，毫无疑问，他也是最令人畏惧的，因为他的目标和他们的一样，为实现这些目标，他也更积极。"

当然，尼克松的这一观点错了——戈尔巴乔夫将会和他的前任们明显决裂。但有一件事上，尼克松是对的：总统俱乐部作为美国权力工具的价值。尼克松确保戈尔巴乔夫理解了那种权力。他提醒戈尔巴乔夫，若在 1988 年前达成裁军协议，将"确保里根支持他的继任者继续实施里根的提议"。他还警告："在里根任总统在任期间达不成协议的话，会有风险，因为里根总统很可能会强烈批评他的继任者的苏联提案。"换句话说，一位现在的前总统在警告戈尔巴乔夫将来的前总统可能持反对意见。尼克松忠告戈尔巴乔夫说，不要惹总统俱乐部。

出自尼克松的口中，这自然不会是无根据的威胁。在他给里根的备忘录中，尼克松说："我认为，我在谈话中所说的任何话对他的影响都比不上这句话。"

1986 年 10 月，里根飞往雷克雅未克后，尼克松和里根以及白宫的关系冷却了下来。里根还抱着幻想，向戈尔巴乔夫提议美苏废除所有的核武器。尼克松一直很担心里根的判断，觉得他的这个想法很让人担忧，甚至很鲁莽。尽管那个提议在冰岛被搁置了，里根还是决定在他执政的最后两年继续推进军控，哪怕一小步。他的主要目标是实现他的国务卿乔治·舒尔茨的提案，减少在欧洲的中程核力量。

对一些共和党人来说，里根在第二届任期中的裁军行动看起来让人费解：里根让自己成了反苏的战士，并且和尼克松及共和党中的缓和派分裂，因为他们对莫斯科太迁就。但是，几乎同样奇怪的是，尼克松在过去 25 年也从一位狂热的反共产主义人士转变为心平气和的裁军人士，他并不认同里根现在所采取的双边路线，而且向所有听得进他讲话的人抱怨里根的处理方式。

1987 年 4 月 28 日，尼克松被召集到白宫。他乘直升机抵达。国家安全顾问弗兰克·卡卢奇和办公厅主任霍华德·贝克在白宫南草坪迎接这位前总统，三人一起悄悄走进白宫，上楼走进住处。白宫提前做了仔细的准备工作，尼克松从白宫后门进入，并没有被蹲守在那里的几十位记者看到。

尼克松在到达白宫前的 72 个小时着实让白宫疯狂了。首先，4 月 26 日，星期天，尼克松和基辛格发表了一篇联合专栏文章，暗示里根被戈尔巴乔夫骗了，想建立一个共有却危险的无核世界。第二天上午的《纽约时报》上，尼克松前演讲撰稿人威廉·萨菲尔又尖刻地说："谁能想到，在缓和的局势结束十几年后，在里根支持者批评有'致命缺陷'的限制战略武器会谈协定的 10 年后，理查德·尼克松和亨利·基辛格两人再次一起警告人们，里根政府或许正在向苏联人服软……谁是对的：是卸任后的前缓和派转变而成的新强硬派，还是在任的前强硬派们转变而成的新缓和派？"（萨菲尔的结论：尼克松是对的。）

就在那天上午，为了防止有人没看到这两篇专栏，《时代》周刊发表了一次尼克松专访，前总统在访谈中再次试图让里根清醒点。他警告说："核武器不会被废除，人们也不会不制造核武器。"

尽管里根已经搁置了关于无核世界的梦想，只想在欧洲减少原子弹的数量。尼克松决定唱反调——这也不是他最后一次这么做。也许正因为如此，贝克和卡卢奇对会议达成目标的期待比较小：他们希望说服尼克松支持他们关于减少欧洲中程导弹数量的提议。如果尼克松不认同，他可否消停一会儿呢？

尼克松和贝克还有卡卢奇乘专用电梯一起上了二楼，然后在里根的书房中和他碰面。这个书房曾是林登·约翰逊和尼克松的卧室。这是尼克松自 13 年前辞职以来第二次访问白宫，他的初次访问是在私人住所。尼克松对这个地方的变化感到很惊讶，觉得装修要比他曾见过的奢华得多。

两人对这个住所和津贴的使用方式并不一样。尼克松喜欢将附近的林肯客厅当作吸烟室：他会走进去，在壁炉旁生火，然后启动空调。

里根在白宫的生活区设了一个举重房，每天在那里锻炼。尼克松将戴维营的山路铺好了，这样他的高尔夫球车能更快速地通过；里根则将其翻修了，废除了路，用来练习骑马。

但这个房间曾见证几次奇怪的总统俱乐部聚会：尼克松对里根说，他在1966年就曾坐在这个房间里，而约翰逊夫人和林登·约翰逊则睡在床上。里根想缓和紧张的气氛，叫了鸡尾酒，但尼克松拒绝了。热心的摄影师贝克给两人拍了照片。尼克松让卡卢奇做记录，并狐疑地说："我想，这个地方没被窃听吧！"后来，即便是尼克松自己也承认气氛很尴尬；南希·里根并不在场，尼克松还注意到舒尔茨也不在。"我不知道南希是否在这里，但如果她在，他没有提议让她过来打招呼。我想她很可能和舒尔茨一样不高兴。"

和往常的会议一样：尼克松发表了很长的开场白，从一开始他就承认知道里根的助手们认为他和基辛格在"破坏"中程核导弹协议。尼克松说，并非如此；他只是想帮助中程核导弹军控协议看起来更强大。实际上，尼克松觉得里根是在耍强硬手腕，缺乏对高风险谈判的耐心和灵活性，而他和基辛格在他们的黄金时期都做得比里根好。他还没准备好指望里根处理像中程核导弹协议那样重要的事情呢。

贝克又问尼克松，他是否有办法支持中程核导弹协议。

尼克松拒绝了。他说，他能为里根做的最大程度是不反对他和苏联人达成的协议。但要他支持？不可能。

尼克松后来对自己说："如果协议太不均衡，我将保持沉默，因为反对它，而没机会（让参议院）否决它，将是完全不负责任了。"

尼克松觉得有一点很有趣，里根并没有亲自请求尼克松支持他。"里根没有跟贝克一起加入这次对话，我不确定他是否知道贝克会提出这个建议。我很确定的是，舒尔茨在鼓动他这么做。不管怎样，我都不会同意的。"

会议快结束时，贝克再次提及请尼克松帮忙，尼克松再次表示拒绝。尼克松不再听任里根差遣。

会议持续了一个小时——对任何一位总统来说时间都够长了，而且，很明显的是，这段时间对里根而言实在是太漫长了。尼克松离开时还在担心总统所关注的焦点。他后来写道，总统看起来累了，"在一个小时会议快结束时尤其如此。他很难集中注意力，即使我把话说得很简明直接"。尼克松担心里根还会继续说要消除所有核武器，就好像那会在他有生之年实现似的。

两人以他们各自的方式兜了个圈又回到原地。在尼克松帮助一位初出茅庐的工会主席变成了出名的反共人士40年后，他现在担心里根对共产主义心软了。但是，尼克松是在完成一次自己的革命。再一次，一位被批评过快和敌人缓和的前总统发现自己也在抱怨继任人和敌人缓和得过快了。

这位老前辈再一次觉得他曾经的门徒不够格。尼克松在给自己的一份4 000字的关于这次白宫访问的备忘录中写道："我得后悔地承认，里根看起来比实际更老、更累，在私下里要比在公开场合更缺乏活力。绝不能让他和戈尔巴乔夫举行私人会议。"

这次会议终结了两人在美苏关系上的合作；他们在观点上相去甚远，不能再在幕后合作了。他们在里根任期最后一年的合作将仅限于政治——还有他们各自辛苦得到的教训。

艾森豪威尔、尼克松、里根和布什

1988 年 7 月 28 日，星期四

……和乔治·布什一起吃了午餐。我们探讨了可能的副总统候选人。我们两人都没有确定的人选……然后，讨论了布什选战广告，最后上楼等候理查德·尼克松来访。和以往一样，他总是有很好的选战建议。

摘自：《里根日记》

到现在为止，里根成了"跛脚鸭"总统，在国内只勉强受到人们欢迎，在他那"离任前要做的事情"清单上，他列出了一些事项。而他身边的人，既然他们无法延长里根总统任期，正忙于想法子如何在精神上继续里根的革命。由于在艾森豪威尔身边曾度过一段岁月，没有人能比理查德·尼克松更了解，如何走出一位受爱戴的副总统的阴影，同时又能保持现任总统的权力光环。

1988 年初夏的一天，里根的办公厅主任肯尼思·杜伯斯坦打电话到尼克松位于新泽西州的家中，问了他一个问题：现任总统在他最后几个月要做什么——或不做什么——才能帮他的副总统赢得总统大选？尼克松会有时间探讨这个问题吗？

这年冬天，尼克松一直很忙，刚完成他的新书，并和精挑细选出来的记者在新泽西的家中进行了私下访谈，最重要的是关注 1988 年选战。尼克松看着他的两位门徒乔治·赫伯特·沃克·布什和鲍勃·多尔角逐共和党总统候选人提名，心中有股复杂的感情，既骄傲，又好奇。尽管尼克松在几十年来曾推荐和提拔这两人，并给他们提供建议，但他更喜欢多尔。布什太过顺利而且出身太好，尼克松不是很喜欢，他担心布什不能顽强地应对民主党的挑战——更不用说苏联人的挑战了。相反，多尔是那种来自小城市的拳击手，尼克松感觉自己和他有些相像；事实上，多尔的最大弱点是，他有时候表现得过于顽强和不愿宽恕人，这一点非常像尼克松自己。

尽管尼克松在 1988 年到来前的几个月一直保持中立态度，但布什团队负责管理关系的助手则明确说明："尼克松悄悄支持多尔。"在那年冬天写给几位朋友的一份私人备忘录里，尼克松用"软弱"形容布什，同时称赞多尔"很坚强和有勇气"。布什在最初的艾奥瓦州党团会议输给多尔后，尼克松诊断这位副总统患上了"动力不足症"。但是，当布什在 2 月中旬赢下新罕布什尔州后，尼克松又说布什"真正做到了自己"。如果说尼克松在冬天时敬佩布什，他更敬佩的其实是胜出者。他那年春天对《时代》周刊说："必须挣扎、被攻击、被击倒并爬起来。复兴，美国人迷恋复兴。"

尼克松在为之赌博。他 4 月 10 日出现在《与媒体见面》的节目上，这也是他 8 年来首次上电视。他带观众们回顾了世界事务以及他自己备受争议的总统任期。他承认搞砸了"水门事件"，但只为没有早点轰炸越南而后悔。在广告休息期间，他开玩笑说自己习惯于在摄像机前出汗。（他说："我因为这点而出了名。"）他驳回了所有针对里根在"伊朗门"事件中用武器交易换回人质的批评，然后回顾了 1988 年选战中最令人难忘的表现。尼克松说："最好的政治是诗歌，而不是散文，杰西·杰克逊是诗人。马里奥·科莫是诗人，迈克尔·杜卡基斯也很擅长文字。"至于国家情绪，尼克松说他感觉到"繁荣中有一股不安分"。几天后，尼克松对一群报纸编辑说，布什将在 11 月击败杜卡基斯。"大选结果很接近，布什险胜，加州会决定最终结果。"他建议布什选多尔作为自己的竞选伙伴，但也补充说："布什可以选择任何人——没有谁会伤害他。"

4 月中旬，尼克松在海军天文台和副总统及其夫人芭芭拉，还有选战顾问李·阿特沃特及其夫人共进了晚餐。饭后，布什和尼克松单独交谈了一个小时。尼克松告诉布什，他的总统之路很明确，但绝不平坦。据朱尔斯·威特科弗和杰克·耶蒙德对那次会议的最终记录，尼克松建议布什强硬对待犯罪问题和苏联，让所有民主党对手失去平衡（布什都照做了）；竞选时和里根保持独立，但要等到 8 月的全国代表大会召开后再那么做（布什逐字听取了每条建议，即使当他的顾问们几乎要抓狂时也要如此）。此外，尼克松还警告，布什需要小心共和党右翼对他最终选择的竞选伙伴的反应——这是尼克松在 1960 年时辛苦获得的教训，当时他选了温和派马萨诸塞州参议员亨利·卡伯特·洛奇，他政党中的保守派狂怒。

最后，尼克松建议布什尽一切可能让里根重新回到选战。尼克松一直认为，他在 1960 年没有逼艾森豪威尔为他助选是一大错误。

布什全盘接受了，他很清楚事情自 1960 年以来已经发生了很大变化，尽管里根从未像艾森豪威尔那样广受欢迎，但他在共和党中仍然受到拥戴。

几个月后的 7 月，尼克松在华盛顿，打电话给白宫的杜伯斯坦。如果你来我的酒店，尼克松提议说——比起拉斐特广场的俱乐部会所，他更喜欢国务院的华盛顿环岛莫杜斯酒店——我们能探讨下 1988 年的选战。杜伯斯坦立即从白宫西翼乘车前往。

尼克松以历史教训开头。他谈到了 1960 年时分裂问题对他有多难，艾森豪威尔对他的帮助有多小。尼克松建议杜伯斯坦仔细考虑如何利用里根，但要找出让里根站出来支持布什的方法。大约过了一个小时，杜伯斯想到了一个主意，他告诉尼克松，如果尼克松能和他一起回白宫亲自向里根汇报将对其帮助更大。

尼克松回答："如果你觉得有用，我很乐意帮忙。"但尼克松又说："我比较喜欢说教。"没有哪位总统喜欢接受说教，尤其是和他们关系不好的前总统的说教——更不用说很长时间前就有分歧了。因此，尼克松提出了一些策略性的舞台管理经验。他对杜伯斯坦说，当我们坐下和里根交谈时，"你可以问我问题"。

那晚晚些时候，尼克松从白宫西翼的后门被带至白宫，然后上了一个小型电梯到住宅区。尼克松和杜伯斯坦在白宫西客厅和里根及其夫人南希碰面。

里根坐在扶手椅上，尼克松坐在附近的红白印花棉布沙发上，双手叠在膝盖上。南希·里根坐在尼克松的左侧，和尼克松坐在同一张沙发上，但保持着一定距离。这次访问绝不会很愉快，一年前的事已经让他们的友谊很紧张。在整个过程中，尼克松和里根之间几乎没有眼神交流。杜伯斯坦猜测，尼克松知道南希担心她丈夫和第37任总统的任何接触。还有一件事，《美国新闻与世界报道》在几个月前引述尼克松私下对朋友们说的话，里根只是靠"装傻充愣"才度过了"伊朗门"危机。

这次关于如何帮助布什的谈话还是持续了一个小时，在结束前，尼克松做了一个非常明确的预言：他对里根说，布什将在10月的最后一周打电话给你，他需要你在加州为他助选。尼克松预测，尤其是在南加州。

杜伯斯坦回忆，里根对其最后的预测眨了眨眼。这就是尼克松对政治和权力的迷恋：他没必要知道一位总统如何应对未来，他也需要为自己预测一下未来。

最后一次选战

接下来几个月，尼克松几乎每周都会和杜伯斯坦进行交流，了解最新传言的准确性，提供对国内外事件的竞选评论，用他在全国各地的渠道提供政治建议。尼克松建议里根攻击民主党人，从而让杜卡基斯失去平衡，尤其是在国家安全问题上要进行攻击。8 月中旬，共和党在新奥尔良市的全国大会结束后，尼克松立即给里根写了一封信，称赞他的演讲："你给了乔治一个很好的开局；大选会很激烈，但是如果他拿意识形态说事，将意味着里根革命会再有 4 年机会。"

10 月下旬，离大选只有一周多时间，布什阵营竞选经理詹姆斯·贝克致电杜伯斯坦："我们需要总统在最后一个周末去加州。那样能帮助我们竞选，我们就不用担心其他州了。"

杜伯斯坦无语了：尼克松的预言成真了。而且时间也刚刚好。在伊利诺伊州、密苏里州，还有最关键的加州，布什只比杜卡基斯稍稍领先。如果共和党团队能赢下加州及其 55 张选举团票，布什不必赢下其他结果比较接近的州就能赢下总统大选了。因此，贝克策划了这次长达 11 个小时的总统俱乐部的援助——正如尼克松所预测的那样。

贝克对杜伯斯坦说，布什阵营希望在选战的最后一周同时请里根和杰拉尔德·福特前往加州。来自总统俱乐部两位成员的攻击将拨动选民情绪，帮助共和党锁定大选胜利。

第二天，杜伯斯坦打电话给尼克松。"你现在是坐着吗？"他问道，然后说了贝克来电一事正如尼克松预测的那样，布什阵营打电话到白宫请求他到加州帮忙。然后杜伯斯坦补充说："感谢你前往。"

事情后来是这样的，1988 年选战最后一个周末，福特前往旧金山附近的康特拉科斯塔县，里根去了南部。他先去了长滩，在"玛丽女王"号附近的一个停车场向 4 000 人的集会演讲，里根曾在 40 年前乘"玛丽女王"号前往英格兰。白宫先头部队没少花一分钱：焰火、消防艇、11 架第二次世界大战时的 T-6 飞机列队飞过，还释放了成百上千只红、白、蓝气球。

然后里根又去了圣迭戈的市政中心，在那里他发表了最后一篇选战演说。他尽情地演讲道："现在，请原谅我，接下来几分钟，我的喉咙会不时哽咽，我的声音会沙哑。这对我来说是个特殊场合的特殊时刻，是的，还有特殊的听众。我的两次总统大选都是在圣迭戈结束的……当我在圣迭戈结束这一切时，我就感觉自己是在家里一样，我知道，我是和朋友们在一起的。"

里根谈到了他那勤劳而学非所用的父亲，一位售鞋商，在大萧条时期努力供养自己的家庭，却宁可睡在自己的汽车里，也不入住不允许犹太人入住的宾馆；他还深情地回忆了自己的母亲内尔，尽管自己生活拮据，却从不拒绝后门的乞丐。里根在好莱坞时还将他的母亲带到了加州，在那里，里根给他们安了一个家，他们真正拥有的第一个家。这个故事编得相当好，相当能渲染听众的情绪——听众们有节奏地喊着"再干4年"，还有"布什、布什、布什"的口号。他对听众们说，他是在进行最后一次选战，为了他的母亲与父亲。

"那么，现在我们要到这最后一次选战快要结束的时候了，我只希望内尔和杰克正从天堂关注着我们，点着头，说他们的孩子让他们感到很骄傲。我希望，有一天，你们的子孙会在将来某个时候提起，有位总统在一次漫长的旅程后曾来到城里，让他们的父辈和祖辈与他一起帮助美国走上新千年的航程，随后带来了百年的和平、繁荣、机会和希望。"

"现在，如果我还能最后一次请求你们：明天，当山川迎来黎明，你们会走出来，为里根投下一票吗？"

尼克松说对了。加州的选举结果太接近了，难以在选战的最后几天知道结果。刚投完票的选民的民意调查后来显示，那些在最后几天才决定选谁的人有四到五成选了杜卡基斯。但是在南加州，就选举专家后来分析，是里根在大选最后一晚的到来为共和党扭转了战局。第二天，当总票数结果出来时，布什以 51% 对 48% 赢下加州。布什站稳了里根和尼克松的阵地，获得了 30 万张选票。在某种意义上，他得感谢里根、福特和尼克松。

布什和尼克松：

好人难做

尼克松和乔治·赫伯特·沃克·布什之间的故事是关于忠诚和忠诚的局限性故事。两人相差 11 岁，但在出身上却相差甚远。尼克松出身贫困，很聪明，一直在西海岸奋斗；布什是康涅狄格州参议员的儿子，而这位参议员的父母来自中西部强大的工业家族。尼克松在夏季当房屋油漆工，为家禽脱毛，为狂欢节拉客；布什在夏令营工作。尼克松是让白宫陷入保守潮流的加州共和党人中两位中的一位；布什的政治根基和直觉显然更有东海岸特点且更温和，他整个生涯都在和自己不信任的右翼进行博弈。

但是，当两人在 20 世纪 60 年代相遇时，布什找到了一位将改变他人生的导师。这位年长者帮助布什从无名的政治人物成长为共和党队伍中的突出人物。尼克松也怀疑布什——怀疑他的政治敏感度和判断力，还有尼克松最重要的衡量标准，即他的韧性。布什敬佩尼克松的智慧还有他的大部分议程，但担心他的性格和他的权术，以及他身边的人。他对当总统的尼克松一直很忠诚，直到他辞职；之后也很忠诚于作为平民的尼克松。

当布什在 15 年后成为总统时，尼克松用一种特殊的方式回报那份忠诚。

18

我确信……他觉得我懦弱

在乔治·布什成为总统的很久之前，他就学会了什么时候要听理查德·尼克松的建议，什么时候忽视他的建议。

两人在 1964 年相识，当时尼克松飞往休斯敦帮助布什筹款竞选得克萨斯州参议员。这次竞选很艰难：20 世纪 60 年代初，得克萨斯州的共和党人并不多。肯尼迪在达拉斯遇刺一年后，林登·约翰逊和民主党几乎不担心巴里·戈德华特和共和党人。布什在约翰逊取得压倒性胜利的一周后对尼克松汇报说："我们被教训了，被狠狠地教训了。"布什并没有沉溺于失败：1966 年，他在休斯敦赢得了国会的席位。

而就在两年后，有点儿像奇迹一般，这位 44 岁的国会新人成了1968 年尼克松竞选伙伴候选人之一。怎么会这样？共和党主要领导人强有力的联盟曾向尼克松提起过这位年轻的新人：艾森豪威尔认识布什的父亲普雷斯科特，他 1967 年在葛底斯堡的农场中和尼克松聊天时建议尼克松考虑布什。葛培理也推荐布什，葛培理绝对信任布什，他曾为布什的父母主持不定期《圣经》研究工作将近 10 年之久。大通曼哈顿银行总裁乔治·钱皮恩是布什的人；纽约州前州长托马斯·杜威，他曾作为 1948 年共和党总统候选人与杜鲁门竞选过总统。就好像共和党温和派中的元老们密谋过要推选布什一般。

布什没有多少机会进入尼克松的迈阿密海滩的客厅——他还太嫩，不能成为尼克松的副总统。但这让他认为，他未来或许有机会。他后来感谢杜威帮助他"成功远射破门"，这句话指代 20 世纪 60 年代早期受过严格训练、擅长于戏剧性转败为胜的人。布什写信给杜威说："尽管我们的钱用光了，但这对我是个很大的提升。"

这是尼克松多次命令中的第一次。1970 年，尼克松要求布什放弃自己稳坐的众议院席位，再次竞选得克萨斯州参议员。这一次来自总统的直接鼓励让布什很兴奋，这对布什很有吸引力，因为他看到他那一代的其他人从众议院一路爬上去，进入参议院，甚至入主白宫。布什在这个问题上考虑了其他所有人的想法，甚至到得克萨斯州希尔县征求了另一位总统的意见。总统俱乐部的意见很一致：建议布什参选。林登·约翰逊给他的得克萨斯同乡建议道，众议院和参议院的区别，就是"鸡屎和鸡肉沙拉的区别"。40 多年后，当布什回忆那一刻时，他说："你永远都不必猜测林登在想什么。他有很多特点，但'神秘感'绝不是他的特点。"布什的父亲在参议院中待了 10 年，后来因为身体原因下台，他不同意布什参选，担心他的儿子会因尝试更大的目标而失去在众议院中稳定的席位。但最终，白宫所提供的帮助太美妙了，不容错过，因此布什同意按尼克松的要求去做。

但不是按照尼克松的方式——那很快就成了问题。在大选中，布什的对手并不是自由派的拉尔夫·亚伯勒，而是温和派的劳埃德·本特森，一个和亚伯勒截然不同的民主党人：他很富有，在里约格兰德谷很受欢迎，也足够保守，能吸引得克萨斯州的共和党人。他已 20 年未涉足政坛。尼克松的心腹挖出了一切关于本特森的丑闻，然后提供给休斯敦的布什，在广告和演讲中攻击本特森。此外，尼克松的秘密选战行贿基金还从 17 个不同的账户为布什提供了超过 10 万美元。但是，布什在阅读了反本特森的所有材料后就将其搁到一边去了。布什认为赢得比赛不应该用这样的方式。白宫甚至提出，如果布什不愿意那么做，白宫愿意派鲍勃·多尔和斯皮罗·阿格纽对付本特森。而布什却说，不，谢谢你的好意，我会按自己的方式来做。那年为布什工作的尼克松前演讲撰稿人理查德·惠伦说："乔治和劳埃德是绅士，他们将进行绅士般的竞选。但白宫里的人可算不上是绅士。"

布什输掉了 1970 年参议员竞选，获得的选票比他在 1964 年获得的还要少。他在选举当晚总结道："和卡斯特一样，他说有太多的印第安人了，而我想，是民主党人太多了。"尽管布什的家人不太愉快，但布什还是微笑着接受了一切，在第二天早上 5 点就列出了几百位他需要感谢的人的清单，然后逐个打电话表示感谢，一共用了 16 个小时。对于布什的表现，尼克松进行了奖励，为他提供了政府工作：先当联合国代表，然后任共和党主席。

尼克松非常欣赏布什：他很年轻，看起来代表了共和党从未见过的新一代南方共和党人。部分原因是艾森豪威尔曾提议 39 岁的布什成为尼克松的竞选伙伴，而尼克松在共和党圈子中也以培养还没有达到生涯巅峰的年轻人而出名。但尼克松在得克萨斯州已经有了自己最喜欢的人物约翰·康纳利。还有一个问题，尼克松和他的助手们发现布什太像个童子军，不适合他们的"不留活口"的政治风格。1971 年 4 月，当布什当联合国代表时，尼克松和基辛格都认为布什"太懦弱，不够老练"，不能处理那时尼克松与中国交往的问题。尼克松后来对鲍勃·海德曼说过，布什在"水门事件"中是在"杞人忧天"。

布什对尼克松的疑虑几乎与尼克松对他的疑虑一样大。尽管尼克松提供给布什的几个职位都不是很糟，但这几个职位都是从尼克松高度集中的白宫西翼分出来的吃力不讨好的工作。布什写给尼克松的信，既有表示在考虑是否接受任命，也有表示愿意接受新的岗位，但读起来都有点令人不快；你可以听到这位门徒在忍受着自己的怀疑对他说，接受这个工作不符我的本性，但无论如何我愿意为你接受它。如果说布什对尼克松和他的团队太好了，那他们对他则太过狡猾了。作为1973 年到 1974 年的共和党主席，布什看到尼克松为了拯救自己几乎毁灭了共和党。在 1973 年到 1974 年之间，布什作为共和党主席为了筹款行程 9.7 万英里；对于这点，白宫要求布什做一些事情，而他对他的夫人芭芭拉说："这样做是错误的。"他常常拒绝接受命令。

布什对政治没有像对政策那样的好感，当政治变得肮脏时他会进行抵制。他觉得"水门事件"很扭曲、可怕而尴尬。在公开场合，他忠诚于尼克松几乎直到最后阶段，捍卫他的荣誉，批评他的对手，坚持认为"水门事件"只是民主党虚构出来的。但私底下，他痛苦不堪——不仅仅是因为尼克松对政党和总统职位所做的，而且也因为他深深知道，尼克松对他有疑虑。

1974 年 7 月，在尼克松辞任总统前 3 周，布什给他的 4 个儿子写了一封很长的关于尼克松的过去和性格的信。这封信和当时已有的对尼克松心理分析的众多材料写得一样好。尼克松是位伟大的领导，布什对他的孩子们说，尼克松是个一流的智者，也是个三流的人。"他非常复杂。他可以很和善……我不能像私人朋友那样和他保持亲近，因为他总是和人保持距离。但我跟随他已有足够长的时间了，能看到他的一些幽默和感觉到他的友善。"然后布什继续写道："他有巨大的烦恼。他不能和人们走得很近。就好像他害怕和人们搅在一起。尊敬他的和想跟他交朋友的人跟他很亲近，但又很清楚的是，不要再靠近了！"

布什对他的儿子们说，尼克松很不尊重国会或他的政党，对常春藤联盟的蔑视毫无保留，部分原因是它有"左倾"倾向，也因为像布什所描述的那样，尼克松习惯于将常春藤联盟等同于"品着茶、饮着马提尼酒、打着高尔夫的特权和懦弱"。布什对尼克松的这种文化偏见很不满："这会蜇伤人，但并不流血，因为我知道，如果我说'总统先生，您是说我……'，他会说不是。但我必须承认，我深信，在他内心深处，他觉得我很懦弱，不够顽强，不愿意做那种不得不做的'需要胆量的工作'……他周围的人都不愿意质疑我们所有人都有的那种讨人嫌的本能——而他自己就有很多那种本能。"

这封信非常引人注目，因为收信人中有一位后来当了总统。在和他 28 岁的长子谈论尼克松对常春藤联盟的憎恨时，布什写道："感谢上帝，乔治，你不仅从耶鲁大学获得了最好的教育，而且你还有了一个根本的信念，美国南方和西部有很多好事在发生。"然后，在未来总统所给予另一位未来总统的或许可以说是最好的建议中，布什说："我以这条无偿的建议收尾。倾听你的良心。要敢于脱离乌合之众——只要你觉得那是错误的。不要将'懦弱'和看清其他人的观点混为一谈。"

布什写了那封信的第二天，最高法院以 8 比 0 投票表决，裁定尼克松必须交出 1972 年 6 月 23 日他下令联邦调查局掩盖"水门事件"的录音带。那些"真凭实据"一经公开，布什了解了其中的内容后，他不情愿地改变了自己的态度。8 月 7 日，布什给尼克松写了一封信，建议他为了国家利益辞职，称赞他已经取得了"巨大的成就"，并预期"孤军奋战的"尼克松会将布什的请求看成是"一种不忠的行为"。事实上，尼克松在他的回忆录中记录了布什在最后时期是如何和他分道扬镳的。

即使说布什放弃了总统，但他并没有抛弃尼克松这个人：他在 8 月 9 日访问了白宫，看望尼克松的家人和员工，还有总统本人，他们在最后那天上午都眼含着泪水，或"接近于崩溃边缘"。他在日记中写道："大家情不自禁会想到这整个家庭、整件事，以及他的成就，然后又会想到他的耻辱，都想知道这究竟是怎样的一个人——没有道德——在那些录音带中批判朋友，他所有的朋友。无端的谩骂。不在乎任何人，却做了那么多事。"

布什在一个月后拜访尼克松，既是为了征求他关于是否作为杰拉尔德·福特的第一特使前往中国的建议，也是为了探望他。这次拜访并不愉快。布什在他的日记中写道，尼克松"话很少，非常矜持……他很不热情"。尼克松拒绝了布什飞往圣克莱门特拜访他的提议。而当布什在和他谈论他将接受的新职位时，尼克松也没放在心上。"他对这件事一点都不热心，整个谈话非常简短。"

你是否需要用保密电话来谈那件事？

15 年后，布什还想求助于尼克松。只是这一次，他已经是总统了，而尼克松已经花了将近 15 年的时间来挽回他自己在历史上的地位。

布什非常擅长利用总统俱乐部。尼克松、福特、卡特和里根都还活着，而布什曾直接服务过 4 位前总统中的 3 位。1989 年 2 月和 3 月间，布什派国家安全顾问布伦特·斯考克罗夫特亲自拜访每位前总统。斯考克罗夫特问，既然布什已经是总统了，他们在定期汇报和其他后勤方面还需要什么。这是布什为了进行自保：他知道他的前任们能在所有问题上成为非常优秀的盟友；在做出重大决策前进行定期汇报，能让他们在接受记者们采访时保持支持他的论调。

　　作为回报，布什还为他们提供了总统俱乐部的福利：当要求必要而额外的安保时，提供特殊的政府空运。这些是标准的特权，和布什的前任们多年来所做的一样。但布什还提供了新的俱乐部福利。斯考克罗夫特提议在他们各自的办公室安装保密电话，这样布什就可以在晚上或白天联系到他们。在手机还没面世的时代，布什的助手们甚至都认为布什对电话有点狂热；他喜欢在身边带着电话，全天都在使用它，有时在晚餐桌上也是如此。为了防止被窃听，电话线路都经过了加密，这能让布什在危急关头打电话给他的前任们，咨询他们的意见，而不担心被监听。

　　接下来的 4 年里，布什给他的前任们提供了一系列信息，让他们能与时俱进。这些备忘录，作为总统俱乐部中的新闻通信，往往被盖上"秘密"或"机密"的印章，其内容说明了外交政策中的很多问题。布什会亲自写备忘录——所用的语言体现了他与众不同的风格——没有很多前总统在和他们的前任通信时的那种生硬的公文文风。比如，布什写过一份长 7 页纸、单倍行距的备忘录，阐述即将到来的 1992 年 12 月 11 日的海湾战争，文章就很明白易懂，很直接，而且不带党派色彩。

　　斯考克罗夫特走访了新泽西、普莱恩斯、比弗溪和宝马山花园，了解了所有前总统的习性，让他们知道他们可以随时打电话到白宫。这位已退休的空军将军对这个领域很熟悉，他曾服务过四位前总统中的两位，并作为年轻的上校在尼克松的白宫中任过职，负责处理林登·约翰逊看似没完没了的请求。然而，大多数前总统拒绝了布什的特殊电话线路安排。正如一位了解他们对话内容的官员所说，因为他们很重视自己的独立性，不想成为半官方机构中的一部分。只有福特接受了布什的电话线路安排，但后来也逐渐觉得这款比常规电话要大的台式手机很麻烦。斯考克罗夫特的任务是个秘密，但给总统俱乐部带去的信息很明确：布什希望获得他们的帮助和建议；如果他得不到帮助和建议，或许他至少能让他们保持沉默。

尼克松的情况则不一样。斯考克罗夫特回忆说："他常常打电话，这是他自我减压的方式。有时打电话是为了了解正在发生什么。有时是为了满足自尊。但总是很有帮助。他知道自己可以联系布什，但他并不总是打扰他。"尼克松清楚布什的优点和缺点，也不介意对别人说。他曾告诉记者，布什很沉着，不浮华——但不愿冒大风险。"他很聪明。他有实际经验。他不会攻击别人，但正因为他不攻击别人，他也不会窃听别人……他就像乔·蒙塔纳，坦率而高尚。"

尼克松对布什要比对里根更强硬，部分原因是里根比布什更重视尼克松的建议。这也是尼克松和布什关系棘手的根本原因：布什和里根不一样，他不寻求外交政策方面的建议。在尼克松和福特政府时期，他已经在联合国、中国和美国中央情报局任过职。他在海外有广泛的关系网，不需要尼克松在他耳边说如何治国和制订策略。尼克松有时感觉受到排挤，甚至受到他的前军事顾问斯考克罗夫特的排挤。曾在华盛顿担任过尼克松外交政策顾问的苏联移民迪米特里·西梅斯说："布什在应付尼克松时总是正确的，但尼克松并不觉得布什真的在听他的话。"

尤其在中国问题上，布什有他自己的看法，刚好和尼克松的看法一致。1989年6月4日后的第二天，尼克松早上8点打电话给布什，建议他不要对中国的局势反应过度。这里，1972年打开与中国关系大门的设计师建议他的继任者不要将时光逆转。"不要影响中美关系。"尼克松对布什说。布什将这段话记在了自己的日记里。"已经发生的事处理得很糟糕，十分可悲，但想想如何修补吧。"布什非常重视中美关系的大局，他会悄悄派斯考克罗夫特在那个月晚些时候到北京，确保双边关系没有被影响。几个星期后，当那些谈判的消息被泄露后，民主党嘲笑布什和斯考克罗夫特的对华政策。

几个月后，1989 年 11 月，布什和尼克松在白宫的楼上见面。布什正准备在马耳他和戈尔巴乔夫进行第一次面对面谈判；尼克松刚访问完中国回来。尼克松的那次访问对布什很有帮助。现在，在斯考克罗夫特和芭芭拉·布什都参加的白宫工作晚餐会上，尼克松建议布什派财政部长尼古拉斯·布雷迪或其他特使到北京推进中美关系。布什有个更聪明的想法：他会派一名特使前去北京，但要在和戈尔巴乔夫的马耳他会谈之后去。这名特使又是斯考克罗夫特。当布什在听尼克松讲话时，他知道他会在马耳他和戈尔巴乔夫达成一定协议；而在那次会谈后由斯考克罗夫特访问北京，如果华盛顿和苏联领导人的会谈很成功，访问将更有说服力。但布什很喜欢他从尼克松处听到的建议，同意两国需要继续推进关系。正如他在日记中写的："（尼克松）在中国时给中国人讲得很清楚，让他们对这个国家的现状有了现实性的了解。他认为最好派布雷迪前往中国。我不是很确定。我还是认为我们应该在我和戈尔巴乔夫会谈后再前往北京，并向北京清楚表明我们没有忽视他们的观点或立场。"

然而，如果说尼克松和布什在中国问题上观点基本一致，那么在苏联问题上就是另一回事了。处理美苏关系，至少对尼克松来说，是根本，是作为总统最重要的事务。在与莫斯科关系问题上，尼克松觉得自己必须要表明自己的意见，即使这意味着和总统产生分歧。总统俱乐部的一般性原则在此不适用。

因此，在 1991 年 4 月，尼克松宣布了脱离布什的"独立宣言"。这缘于一件小事：一个月前，尼克松访问了欧洲，了解米哈伊尔·戈尔巴乔夫在经济和政治改革上的进展，途经立陶宛、格鲁吉亚和乌克兰，然后花了两天时间在莫斯科和很多政治人物会谈，包括戈尔巴乔夫和俄罗斯议会主席鲍里斯·叶利钦。尼克松离开时，他确信戈尔巴乔夫在改革上正在倒退。然而，他被莫斯科前市长和最高苏维埃成员叶利钦所吸引。在访问结束时，尼克松在莫斯科向3位精挑细选的美国记者说："我要说的是，戈尔巴乔夫代表了华尔街，而叶利钦则代表了缅因街；戈尔巴乔夫是乔治城的会客厅，而叶利钦是纽瓦克市的工厂大门。"

尼克松的真正想法更可怕：他对他的朋友们说，戈尔巴乔夫的时间不长了，美国必须开始寻找其他苏联领导人。在和苏联领导人进行了一个小时的会谈后，尼克松回到他在莫斯科的酒店房间说："苏联真的完了，戈尔巴乔夫还不理解，还以为时间能停止，就好像他能找到一个战胜历史规律的秘方一样。但这个可怜的浑蛋已经成为过去了。苏联已无药可救了。是时候让布什明白这一点了。"

但是，当尼克松在几天后回到美国时，他发现白宫很少有人在戈尔巴乔夫的政治生命问题上持有相同的疑虑——或真正在乎他的想法。原因显而易见。就在5个星期前，布什和他的外交政策团队刚完成一项历时9个月的外交和军事行动，将萨达姆·侯赛因的伊拉克军队赶出科威特。布什在国内的支持率达到了90%，部分原因是他组织了几十个国家反对萨达姆，然后在5天后，发动、打赢并停止了地面战争。这是美国总统的杰作，并赢得了莫斯科的默许，如果算不上直接帮助的话。布什、斯考克罗夫特和国务卿詹姆斯·贝克熟练掌握了他们的所谓新世界秩序，他们不是真的需要一位仍然想着为"水门事件"救赎自己的老"冷战勇士"多管闲事。

此外，布什和贝克花了一年的时间对戈尔巴乔夫进行考察，确定他有自己的能力。在马耳他会议上，他们给苏联领导人提出了史无前例的诱惑，让他继续推进经济和政治改革。尽管布什团队中也有人对戈尔巴乔夫的政治生命有疑虑，但布什不会抛弃他。对布什而言，尼克松是在杞人忧天。

尼克松不喜欢被忽视。因此他在给迪米特里·西梅斯的一封信中列出了自己的计划，希望得到应有的关注。迪米特里·西梅斯是他在外交事务上的非正式顾问，已成为尼克松在华盛顿的核心成员。

"鉴于政府对我们所了解的情况明显缺乏兴趣，我们要想让当局理解这一与华盛顿不同的观点，唯一的途径就是向公众公开。我希望你不要试图让白宫的人来干扰我的访问。我认为，他们的脑子已经满了，不愿意接受任何与布什和贝克不一致的观点，他们认为戈尔巴乔夫就是最好的选择，只希望我们和苏联进行有建设性的讨论并达成协议。

"在这种情况下，我想和白宫保持距离。这能让我更自由地在我认为合适的时候批判政府的政策。我希望不要冒被白宫晚宴指派的风险，因为，比起实际的晚宴，我更喜欢实际的对话！既然这一切在此刻不现实，我决定采取完全不同的策略表达我的观点，并在其他论坛的辩论中影响外交政策。"

这是戏剧性的分道扬镳，即便对尼克松也是如此。如果他曾承诺过听候里根"差遣"，那么他现在则在组织反抗政府。接下来一年，尼克松发起了攻势，重建美国对莫斯科的政策，在媒体中招募了很多外交政策权威人士和门徒（和几年前相比，这些人的数量变得越来越少），目的就是要反对他自己的政党中在任总统的政策。尼克松会在布什面临初选挑战时这么做。而挑战来自一位好斗的保守派，他对保守派的感情是出了名的，而他的主要支持者就是尼克松。那个人就是帕特·布坎南。

尼克松迈出了第一步，在《时代》周刊上发表了一篇文章，讲述了他的观点，认为戈尔巴乔夫已经无法挽救。尼克松在纸上草草地给西梅斯写了几张便条，后者起草了文章："你们或许不赞同我的观点，但除了查尔斯·克劳萨默偶尔的几篇文章外，我觉得《时代》周刊大部分的文章都很有学问、很优雅、符合潮流，并且几乎都不影响事件的进程。我希望我们的文章有一种完全不同的风格。我要写有力的散文，而非优雅的诗歌。《时代》周刊的文章通常是为那些标榜为知识分子的人写的，但我希望我们的文章更易懂，并能吸引沉默的多数人。"

这篇两页长的文章的最终版刊登在《时代》周刊 4 月第 3 周那一期上，读起来就好像是戈尔巴乔夫的死刑执行令一样。"戈尔巴乔夫似乎不能意识到指挥系统和自由市场之间没有中途休息室。他无法剪断哺育了他一生的马克思列宁主义哲学的脐带。"然后，尼克松认真地为布什建议了新的途径。"我不是在说美国应该干涉苏联内政，和叶利钦一起反对戈尔巴乔夫。美国必须继续和另一个负责核大国外交政策的人打交道。今天这个人恰好是戈尔巴乔夫，而在眼下也没有谁能替换他。但与此同时，我们也应该继续加强和俄罗斯还有其他共和国改革派各个阶层之间的联系。戈尔巴乔夫不会喜欢我们这么做。但我们必须记住，比起我们对他的需要，他更需要我们。"

正如尼克松曾逼里根对莫斯科更强硬一样，他现在逼布什立足于更长远的视角，看到苏联不再存在的那一天。他对 1991 年苏联毁灭的关注就好比他 1987 年对苏联的打压一样，当时他认为里根在军控协议上对苏联太过慷慨了，拒绝公开支持里根总统。现在，尼克松拒绝秘密配合。他已准备好在公开场合搞破坏。

不管那些策略中透射着怎样的智慧，尼克松的直觉经证明是正确的。6 月，叶利钦成为俄罗斯第一位民主选举的领导人，而俄罗斯是戈尔巴乔夫领导的苏联的最大邦国。然后，8月，右翼军官试图在戈尔巴乔夫在克里米亚度假时推翻他。布什在起初24个小时内的反应很不确定，他称这次军事政变"不符合宪法"，并指出"政变可能会失败"。但他也对政变者伸出了橄榄枝。戈尔巴乔夫看起来肯定是完了：在克里米亚，克格勃官员包围了他的别墅；他们切断了他的电话线，包括他和国防部的直接联系。政变者在附近的机场堆满了农用拖拉机，以防戈尔巴乔夫试图飞回莫斯科恢复指挥。这看起来就像是场典型的政变。

然而，莫斯科发生的情况并不一样：第二天上午，叶利钦和大约200名拿着枪、手榴弹和铁锹的俄罗斯军队聚在俄罗斯议会前。那天中午时分，叶利钦爬上了武装卡车的顶部谴责军事政变，号召进行大罢工，要求恢复戈尔巴乔夫的苏联最高领导人地位。由于只有几百位支持者，面临着受到军事攻击的风险，叶利钦发电报给华盛顿请求布什的支持。布什转变了方针，要求政变者停止活动。在接下来的24个小时中，克里姆林宫外的人群激增到超过15万人。俄罗斯空军拒绝支援这位军事领导人。坦克部队中有些人已经聚集到议会周围，拒绝向抗议者开火。在72个小时内，军事政变逐渐流产。一天后，政变失败。戈尔巴乔夫在被囚禁4天后回到莫斯科，但叶利钦已经成为莫斯科的负责人。布什现在意识到戈尔巴乔夫时代结束了。在很多方面，苏联时代也结束了——正如尼克松所预测的那样。

秘密备忘录

到1991年秋，美国面临着经济衰退，尼克松私底下对布什缺乏强有力的领导感到震惊。他给他的研究助手莫妮卡·克劳利的每日评论揭示了他渴望回到政治舞台，担心布什"掌控不了"，不能发起经济改革。但是，除了这些具体的担心外，尼克松很生气的是，在政治选战即将到来、全世界都在松懈时，竟然没有人关注他。

不久之后，就有人关注他了：1991年，尼克松前演讲撰稿人帕特·布坎南决定挑战布什，竞争共和党总统候选人资格。他的竞选带有孤立主义者和贸易保护主义者色彩，在社会问题上非常保守——尼克松一直以来就反对这些立场。事实上，尼克松在初次了解了布坎南的选战时，非常吃惊。12月5日，布坎南打电话给尼克松，告知了他的计划。两人进行了讨论，尽管布坎南不能回忆起尼克松是否对他进行了劝阻，但尼克松后来对克劳利说，这或许会影响布什采取行动。尼克松几个星期后说，布坎南或许会在新罕布什尔州从布什那里抢走40%的选票——实际结果表明这次预测又对了。

随着1992年选战的临近，尼克松正竭尽全力修复自己的形象，不管会给布什造成什么损害。12月，他在《华尔街日报》上发表了一篇专栏文章要求白宫对处于民族内战边缘的前南斯拉夫态度更强硬。他还准备了另一篇专栏文章，批评华盛顿和河内关系缓和的趋势。几乎就像是尼克松想和布什对抗：葛培理在1月末的一个晚上代表布什给尼克松打了个安抚性的电话，尼克松后来抱怨布什竟然没有亲自打电话。"布什让葛培理和芭芭拉联系我，他们感谢我'为布什所做的一切'。那是个笑话。这是这么长时间来他第一次打电话给我，而且是让葛培理代表他打电话。"克劳利回忆了尼克松的看法："如果布什重视尼克松，他将获得有价值的建议和一位有重要作用的盟友。如果布什无视尼克松，他将面对一个麻烦的敌人。"

确实会是个麻烦的敌人。几周来，尼克松和西梅斯一直在策划一次高调的关于未来美国外交政策的会议。会议同时将为尼克松中心揭幕，一个总部设在华盛顿的关于内政外交的智库，支持尼克松的复兴表演。尼克松和西梅斯希望会议由两党共同参加，并涉及广泛的领域；他们花了数个月时间选择演讲人和讨论的主题。他们希望扩大会议的规模：会议将呈现只有一个超级大国的世界中美国外交的未来。这也将是总统俱乐部的一大事件：尼克松将在第一天午餐时发言，布什将被邀请到那晚的正式晚宴上讲话。至于日期，尼克松和西梅斯选了1992年3月11日和12日，在"超级星期二"的初选结束两天后举行。初选将选出民主党和共和党的提名人。随着初选基本结束，尼克松希望为秋季选战设定议程。

尼克松知道，在总统选战中期邀请布什为所谓"尼克松中心"揭幕，这在政治上有点不合适。这将为尼克松减速，却不会让他停下。他对如何更好地邀请布什感到很苦恼：他想给总统一个出席的机会（并加强尼克松自己的地位），但同时也提供了拒绝这个选项的机会（防止政治侵害）。于是，他们联系了一些次要的人物邀请布什，起初给白宫助手们写了请求信。当那些努力没有带来任何回应时，朱莉·尼克松·艾森豪威尔亲自给布什写了邀请信。

但后来，尼克松在收到布什的回信之前所做的事，使这次会议计划看起来更具慈善性。

1992年2月末，尼克松将他对美俄政策总方向的担心浓缩进了一份1 800字的备忘录中。他选用了一个显眼的标题——"如何输掉冷战"——不仅将它呈送给了总统，还给全国几十位专栏作家和外交政策思想家各寄了一份。尼克松没有让他的记者们对备忘录保密；相反，他希望他们议论它、探讨它，甚至把它传播出去。

尼克松没有将备忘录一事告诉任何人——甚至都没有告诉西梅斯，后者正忙于努力让总统参加尼克松中心的晚宴。但尼克松很清楚他在做什么，他正在成为"炸弹制造者"。他在新泽西的家中用非常普通的棕色信封将备忘录寄了出去。每份副本都含有一张便条，还有一句打印出来的简单的说明："我在文件中就1992年选战中应首要关注的事项发表了看法。"

备忘录的主旨是，布什需要给俄罗斯提供数百万美元的外交援助，以阻止苏联复活，或陷入更糟糕的混乱之中。备忘录含蓄地批判了布什太过谨慎。他的语言既尖锐又有预警性："鉴于其中的风险，西方必须竭尽全力帮助叶利钦总统成功……风险很高，而我们就好像是在玩一场无关紧要的游戏一般。"

尼克松违背了总统俱乐部的一个规则——在提供建议时，要尽量私下里提建议，从而使摩擦最小化。他提出自己的私人建议是为了引起公开争论，并以总统的利益为代价提升自己的形象。即使是寄信方式都是有意而为之：正如马文·卡尔布后来报道的，"备忘录分成两批从新泽西寄出，一批的日期是1992年2月25日，另一批的日期是一周后的1992年3月3日"。在博客和电子邮件还没出现的时代，秘密备忘录在华盛顿引起了连锁反应。威廉·萨菲尔说，收到备忘录的50多人是自1972年尼克松列出"敌人"清单后华盛顿最有声望的阴谋集团的一部分。记者丹尼尔·肖尔通过为《纽约时报》写了篇专栏文章引起了众人的注意。《纽约时报》专栏作家、尼克松前演讲撰稿人威廉·萨菲尔称这份秘密备忘录是"草率行事"；克劳利称之为对被无视的"报复"，这与几个月前尼克松命令西梅斯与白宫断绝关系的事实并不相符。

不管怎样，这份备忘录按计划出现在了报纸头版上——就在"尼克松中心"的会议在华盛顿开幕的前一天，而布什还被列为主旨演讲人。这当然是出色的政治手段，正如尼克松计划的那样，为所有听众都提供了故事和谈资：一位共和党总统和他的一位门徒开战了；两位外交政策大师通过公平而肮脏的手段开战了；更不要说一位绰号为"狡猾的尼克松"的人发动了反击，反击一位童年时因愿意和朋友分享糖果而被称为"你一半，我一半"的人。《纽约时报》的托马斯·弗里德曼在第二天发表的分析文章无异于揭人伤疤："尼克松拯救俄罗斯的备忘录：布什被刺痛了。"

并不是所有人都觉得尼克松精心安排的大规模援助俄罗斯的提议很明智。美国在 1992 年第一季度正缓慢地走出经济衰退，两党在扩大对外援助上都没有太多兴趣。美国在 1992 年已经通过商业和债券方式为俄罗斯提供了超过 10 亿美元的援助，而且很多人并不认为俄罗斯能接纳更多援助。五角大楼前官员莱斯利·盖尔布在《纽约时报》的文章中指出了尼克松逻辑上的缺陷。盖尔布写道："俄罗斯胜败与我们无关，如果民主在那里失败，应该只能怪苏联人自己。"

这种观点在白宫内部广受欢迎。布什从斯考克罗夫特那里拿到了一份尼克松的备忘录，并且在"空军一号"上给备忘录的作者进行了答复。他写道："我肯定赞同本文的主要原则，即我们和民主俄罗斯有很大利害关系。"然后布什又坚定地驳斥了尼克松关于对即将瓦解的苏联给予更多西方援助的主张的范围和可行性。布什还打电话和尼克松讨论了备忘录的内容。

他第二天对记者们解释说，他和尼克松的分歧并没有那么大。他说："我并不认为这份备忘录是批评，因为我和他交谈过。我会追本溯源……你们知道，他在这个问题上有很好的想法，我们也进行了很好的沟通。"第二天上午，布什的话听起来更慎重了。他在一次例行新闻发布会上说道："我们的钱并不多，我们已经花了很多钱了。因此，为了做更多符合国家利益的事情——我没有空白支票来做那些事情。"

布什和往常一样有礼貌。斯考克罗夫特后来说，布什对尼克松阵营厚颜无耻的自我炒作本质感到很"吃惊"。斯考克罗夫特回忆说："我们已经在东拼西凑援助了，而尼克松还在逼我们——狠狠地逼迫我们——要求更多援助。"

演 讲

当布什在公开场合温和地批判尼克松的备忘录时，尼克松一直期待的会议"美国在新兴世界中的角色"在华盛顿当时最豪华的酒店开始了。四季酒店的宴会厅中坐满了外交政策方面的重量级人物：前国务卿们、老前辈们、联合国大使们，还有在过去 50 年曾为尼克松服务的大量人物。这次政策会议堪称重聚。五角大楼前主人詹姆斯·施莱辛格在介绍尼克松时说："我们的演讲人，是经历过让大多数人致命的风暴的人。"

然后，尼克松起身发言。在接下来的 35 分钟，尼克松滔滔不绝，脱稿演讲，双手在身前挥舞，警告说两党正在掀起"新孤立主义"。他接着说，除非美国援助俄罗斯，否则苏联将兴起新型的独裁，迫使美国花比冷战结束前更多的钱用于国防。他呼吁美国立即为俄罗斯提供 200 亿美元的援助。在他结束时，全场起立为他鼓掌。尼克松的老部下们认为，这位老人背下了他的讲话稿。

尼克松确实成功重新开启了演讲辩论。那个下午，布什的白宫官员们在国会山听证会上为他们所谓极少的对俄援助进行辩护；国家安全委员会的一位官员爱德华·休伊特对参会者说，西方在过去两年已经为俄罗斯提供了大约 400 亿美元的援助，没有人能解释这笔援助的去向。因此，没有道理提供更多援助。尼克松在午餐会上的讲话结束后，记者问他为什么"攻击"布什。尼克松否认了这种提法。他说，他只是在试着"将注意力集中到我所认为的我们这个时代主要的外交政策问题上而已"。

那天晚上，轮到布什上场了。晚宴上，在刚上完三文鱼后，尼克松介绍了第 41 位总统——"毫无疑问……是未来美国和自由世界最有资格的领导人"。但布什的演讲很无力。演讲的部分内容是反对帕特·布坎南一直在提倡的孤立主义。部分内容是回顾布什的外交成就。但大部分内容是对尼克松的冷淡歌颂，以及他多年来为布什所做的贡献。演讲几乎没有丝毫新观点，也没有提及加大对俄罗斯的援助。相反，布什仅仅说他重视尼克松的建议。布什说："我收到了建议。我也很感激……我们为赢得冷战投了很多钱。我们为赢得和平必须进行必要的投资。如果我们失败，那会给我们的安全带来新的大问题。"

谁失去了尼克松？

这一切之后，尼克松有理由宣布获胜并返回新泽西了。但 4 天后，3 月 16 日，他又给布什写了一份备忘录，这一次直接寄给了总统。备忘录中，他建议布什不要只关注布坎南，还要关注比尔·克林顿，后者有可能赢得民主党提名，而尼克松已经关注他很长时间了。尼克松不屈不挠地再次呼吁新一轮对俄援助。

一天后，布什赢得了密歇根州和伊利诺伊州初选，有效地终结了布坎南不切实际但很有破坏性的选战。尽管布坎南从未赢得哪次竞选，但他吸引了各地四分之一到三分之一的选票。他的选战结束了，但让政治观察家们印象深刻的是，现任总统或许可以被战胜。布坎南致电尼克松寻求建议。他开玩笑地说自己在和布什的竞争中连尝败绩："我全盘皆输了。"

"布坎南，你是我所认识的唯一有幽默感的极端分子，到我这儿来看看我吧。"尼克松回答说。尼克松悄悄将布坎南的拜访告知了他的媒体朋友——然后打电话给白宫办公厅主任塞缪尔·斯金纳。

那足以让布什在第二天给他回电了。布什还在担心尼克松是会逼布坎南退出大选，还是会怂恿他坚持更长时间。根据他那天和克劳利的谈话，尼克松向布什许诺，他会给他的老演讲撰稿人"施压"，让布坎南尽快退出大选。

3 月 21 日，布坎南和夫人飞到新泽西和尼克松会谈了 75 分钟。布坎南回忆说，这次会议很友好。但尼克松并没有让他退出大选——至少没有直接那么说。相反，谈话进行了大约一半时，尼克松请克劳利前来，并问她是否认为布坎南应退出选举。

尼克松对克劳利说："把你对我讲的跟他说一说。"那时只有 23 岁的克劳利对布坎南说，她认为如果他结束自己的选战会是很好的主意。"我有种感觉，"布坎南冷淡地说，"她是在传递老家伙的信息。"

两人后来在记者面前简短露面，其间布坎南没有做出任何退出大选的承诺，尼克松勉强称赞了他："在政治中，只有一件事比做错了更糟，那就是反应迟钝。帕特·布坎南的反应绝不迟钝。"

布坎南离开了，尼克松立即致电白宫的斯金纳。尼克松说："我试过让布坎南退出大选。"克劳利就在一旁听着。但他其实并没有那么做。

两周后，尼克松对布什在俄罗斯政策上的调整感到有点满意了，后者在 4 月 1 日宣布为俄罗斯提供 240 亿美元的援助。布什声称，他花了数月时间才将援助准备好，但没有人真的相信。他们相信，那份对俄援助——多少、多快和以何种方式——已成为总统选战中的一大问题，事关哪位候选人能应对一个不确定的未来，哪位候选人不能。

尼克松对此负有责任。

事实上，在布什宣布新的援助的同一天上午同一个小时，克林顿宣布了他自己的数百亿美元对俄援助计划。

克林顿说："现在，受到国会中民主党人的刺激和理查德·尼克松的指责，并意识到我自 12 月以来一直在选战中提及这个问题，总统最终，就在我们聚会的此刻，提出了援助计划……我真的希望我对他的国内政策也能有这么大的影响力。"

布什只比比尔·克林顿提前了整整 21 分钟。他不会再次击败他了。

布什和卡特：

使者不听指示

詹姆斯·厄尔·卡特（即吉米·卡特）一直是总统俱乐部的问题。大多数总统在白宫卸任后很少在公开场合露面，卡特却在接下来的 30 多年时间内更深层地参与了世界事务，让自己成为全球行动人物，并最终获得诺贝尔和平奖。卡特会第一个告诉你，其他总统在离任后都很少那么专注于拯救世界。

但是他海外的功绩和国内的政治救赎并未让他成为一个易于合作的人。固执、极度独立，有时还异常敏感，卡特习惯在错误的时间说错误的话。当他谦虚时，或许能指望他努力提升自我。甚至当他自告奋勇地为他的继任者执行秘密任务时，他有时也会迷失方向，或者不能抵制住在电视广播上大事渲染自己所取得成果的诱惑。虽然卡特在总统俱乐部中创下了纪录，曾在 1980—2000 年协助杰拉尔德·福特处理了一系列国家问题，但有时候，即便是福特也认为卡特做得太过了，并且与他的搭档保持了一定距离。

所有的总统都将自己和前任以及后来者们进行比较，但卡特这么做的时候却很没规矩。他在 2010 年宣称："我觉得，我作为前总统的角色要胜于其他总统。"他的俱乐部伙伴们则没有公开他们对这些话的反应。

但是，卡特也给俱乐部带来了一份伟大的礼物：某种让所有其他成员都抱怨的礼物。当没有什么东西能让俱乐部团结在一起时，俱乐部成员往往会因为很讨厌卡特那家伙这个共识而团结在一起。每个俱乐部都需要有败类，在尼克松去世后，卡特完全扮演起了这个角色。尼克松有明显的阴暗面，而卡特则是有紧迫感、自以为是而不耐烦的完美主义者，总是让俱乐部的其他成员困扰于一个永恒的看似无解的问题中：值得为吉米·卡特费心吗？

19

我当前总统的工作比做总统时还出色

在佐治亚州萨姆特县之外，卡特从来就不是个了不起的融入者。他当初来到华盛顿时自称是外来户，他和他的顾问团队从来不认为他们需要迎合他的新家乡的主教。他让首都之外的选民关掉恒温调节器，穿上毛衣，当他们想喝一杯时，放弃由税收支持的三杯马提尼酒午餐。卡特一直秉持正义；他是皈依的基督教徒，曾在周末成人学校教过书。他的节制恰恰和总统俱乐部的习惯相反，他甚至用甜茶和柠檬汽水代替了白宫活动中的酒会。他解雇了白宫司机，并且许诺国宴上 10% 的宾客将是"普通"公民。他拍卖了总统游艇"红杉号"，而自胡佛以来，几乎所有总统都曾在这艘游艇上宴请政治盟友和对手。他在最初 3 年坚持自己做自己的办公厅主任，然后还在总统大选辩论中称他年仅 12 岁的女儿才是优先事项上的权威。

他看起来似乎注定只能担任一届总统。卡特生不逢时，在上任时，国家的工业竞争力正逐渐落后于亚洲。他那专家式政治管理方式让他对多年来支撑华盛顿运转的热情赞扬和互相吹捧很不耐烦。他的财政部长最初还认为卡特在会议上的默不作声是在思考问题，但后来才渐渐相信，这是卡特不能理解摆在他面前的问题的表现。

他在戴维营和以色列总理梅纳赫姆·贝京以及埃及领导人安瓦尔·萨达特的关系取得了惊人的突破。但是，在其他时候，他似乎对权力感到不舒服，不确定该怎样使用权力。1980 年解救人质任务开始前夕，他问他的将军们能否通过麻醉枪让德黑兰美国大使馆外的学生卫队稳定下来，而不用子弹。（答案是，不能。）3 年前，他开展了一场激动人心的选战，凭借对公众情绪的准确解读震惊了所有民主党元老，但 3 年后，当大选再次来临时，他却遭到了自己党内的背叛。即使他最终的让步演讲也只是个笨拙的修补：1980 年大选日那天，他早早就承认输给了里根，很多民主党人责怪卡特没有计算西海岸的选票，在那里投票还没结束。

卡特在 1981 年回到普莱恩斯，因战败而痛苦沮丧，时年 56 岁的他，不知道接下来要做什么。作为自卡尔文·柯立芝总统以来最年轻的前总统，他还没准备好退休去做演讲。他回忆："当我走出白宫，我预计自己还能再活 25 年，因此我得知道如何利用这时间。"于是，他开始写回忆录，重做木工活，建造自己的图书馆，然后在 50 多岁时探索出一个全新的职位：国际问题全职解决者。卡特让这项事业成了自己的全职工作，出访了几十个国家谈判和平协议（尽管其他前总统都试过解决问题），开农场和建医疗中心，规划和监督选举。卡特把其组建的卡特中心发展成一个拥有 1.5 亿美元资产的机构，它成了卡特实现抱负的工具。他将卡特中心想象成戴维营的某种私营部门。他说："我想提供一个场所，在那里全世界的冲突都能得到解决。"

当卡特中心在拉丁美洲、非洲和中东推进和平进程时，它有时有点像是影子政府。卡特让自己成了世界上诚信选举方面的意见领袖，筹集到成百上千万美元，雇用了几十位专家，启动了几十个项目致力于促进卫生和健康饮食，以及海外的经济权利。他将自己的名声、形象（还有他的手）都用在了"仁人家园"这个总部只离他童年时期家乡几英里远的房屋建造公司上。他致力于应对非洲盘尾丝虫病和麦地那龙线虫病；他帮助释放了古巴的政治犯和苏联的不同政见者；他为泰国和越南的边界争端寻求解决方案，并且一直主张巴勒斯坦权利。不仅如此，卡特在一些地区的影响力甚至超过他任总统时的。卡特在2005 年承认："我不能否认，我当前总统的工作比做总统时还出色。"

因此，虽然卡特在 1981 年离开了白宫，但他的总统生涯从未真正结束。就好像他在卸任后花了一辈子时间完成了他在任时未能完成的任务。如果你在卡特忙于定义前总统的那些年中碰巧是美国总统，你或许会有和他相同的想法。

贝克空缺

卡特在里根第一届任期的大部分时间里都很少管闲事。他和里根的关系绝不会变得亲密，他们的关系一度变得冰冷。卡特一度非常厌烦里根在公共场合坚称卡特让美国国防变得薄弱，以至于他打电话给里根要求他住嘴。1985 年末，里根给卡特寄了一封关于中东和谈的信，貌似感谢，实则是拒绝。里根写道："请原谅我的随意，但既然我们都是某个独家俱乐部的成员，我认为，或许我们能不拘于礼仪。"这封信接着感谢了卡特对中东地区的兴趣，礼貌地拒绝了前总统自愿作为斡旋双方的外交官的好意。

在里根的第二届任期中，卡特开始走向世界舞台，和外国领导人，不管是友好的还是有敌意的，都重新建立了联系。卡特重回舞台，在美国外交官不常去的地方四处访问，这让里根团队的所有人都感到不快。在访问中，他特别重视和美国经常与之唱反调或有时暗中削弱美国的国家领导人之间的交流，比如 1983 年访问了叙利亚的巴沙尔·阿萨德；1986 年访问了尼加拉瓜的丹尼尔·奥尔特加·萨韦德拉。这些对话主要是商业性的，但卡特把他们看成是个人的政府部门，经常提及宗教和信仰以寻求和这些暴君的共同立场。保守派抱怨前总统访问的方式，认为这向这些恶棍传达了合法性。但是，卡特并没有在这些方面权衡利弊，相反，他相信，他的访问是重新谈判或者是让对方做出让步的机会——或在将来做出让步的机会。曾为卡特工作并在后来写了本关于卡特总统任期的书的彼得·伯恩说："卡特知道领导人将利用他们的会议来加强自己的地位，知道他会受到美国的传统人士的批评，那些人认为不应该和敌人谈判。"在整个里根时代，卡特都被一个将他踢出局的政府给边缘化了。

因此，1988 年 12 月，当里根政府向布什政府过渡时，布什的国务卿提名人詹姆斯·贝克在大选后顺路到普莱恩斯的拜访让卡特感到有点意外。卡特很快感觉到，他被华盛顿排斥的身份正在转变，布什和贝克脑中有一些具体的计划：特别是，他们希望对拉丁美洲实行温和的政策，因为拉丁美洲在里根时代已经变得政治分极化了。多年来，党派一直在争论美国在该地区扮演的角色。贝克认为，国会中的两党能在美国对拉丁美洲民主选举的合理推动下团结起来，疏远在政治上不受欢迎的靠军事政变上台的右翼军阀，也避免卷入反对左派政权的颠覆活动。和不理睬卡特的里根不同，布什和贝克希望他能成为盟友。

卡特很快被任命执行任务。他的任务地点：巴拿马城。在里根执政的最后一年，联邦大陪审团起诉巴拿马铁腕人物曼纽尔·诺列加贩毒。里根——以及后来的布什——渐渐加强了美军在运河区的势力，同时加强了经济制裁，希望将诺列加推翻下台。这些行动并没能让这位脸上长痘的将军让步；上任几个月后，布什悄悄授权支持诺列加的对手——并等待时机。

机会在 1989 年 5 月到来了，当时卡特和福特自愿带领一组国际官员监督和观察巴拿马选举。这个代表团的两党合作性质让布什团队有借口在发现大选舞弊时采取行动。布什、贝克和布什的国家安全委员会顾问斯考克罗夫特认为诺列加不能赢得大选，会通过舞弊手段窃取胜利果实。事实也如此。

卡特在 5 月 5 日飞往巴拿马城，很快就和诺列加碰了面。尽管选举在 5 月 7 日无风无险地开始了，而投票一结束，大批暴徒冲向了投票站，偷选票，并且用他们自己的假的选票结果替换掉官方结果。不久后，诺列加的军队开始扫荡持不同意见者，在巴拿马城棒打反对派候选人，并且杀害了他们的一些支持者。卡特那晚漫步在黑暗的乡下（电被切断了），走访投票站，当时一份独立的计票显示吉列尔莫·恩达拉领导的反对党获胜。当诺列加偷选票这件事已经很明确时，卡特打电话到诺列加的总部，但被告知将军太忙没时间和他通话。

卡特愤怒了，选举结果被窃取了，诺列加在回避他，更生气的是，他竟然用暴力在大街上巩固选举结果。卡特在一家投票中心停了下来，那里正在篡改投票结果。卡特用他那蹩脚的西班牙语抗议道："你们是老实人还是贼？"然后他开始曝光舞弊行为。卡特试图召开新闻发布会，但遇到了配着刺刀的巴拿马国防部队，他们将前总统和他的助手们困在巴拿马城中心的会议中心里。卡特在那里简单地召开了一次 45 分钟的新闻发布会。他说："我希望全世界都公开反对，反对一位将选举结果从他的人民那里偷走的独裁者。"当会议结束时，诺列加的一位情报官员悄悄警告卡特的一位助手，他需要尽快将他的团队及著名的领导人带出城外。当卡特的代表团在几小时后离去时，诺列加的武装部队进入了巴拿马城。

这怎么看都是勇敢的行为。对于大多数美国人和全世界大部分人来说，判决结果很清楚，卡特已经进行了宣判：诺列加是位暴君，他的选举是一出闹剧。在卸任总统后，卡特第一次因为在紧张而危险的时刻做出坚定的决策而受到了全世界的赞扬。（而人们也注意到，福特没有去监督另一场选举，而去参加了一次高尔夫慈善锦标赛。）布什政府对卡特的工作非常满意，现在它有了一位著名的民主党前总统跟他们一起称诺列加为"暴君"了。几个月后，布什入侵巴拿马，并将诺列加赶下台。

第二站是尼加拉瓜。1989 年初，桑地诺民族解放阵线领导人丹尼尔·奥尔特加·萨韦德拉，以及尼加拉瓜的在野党领导人邀请卡特和卡特中心监督他们即将到来的全国大选。马克思主义者桑地诺已经在 20 世纪 70 年代末的军事政变中获得了政权，然后在里根时代抵制美国支持的反对派颠覆他们的政权。现在，在 1989 年晚秋，奥尔特加认为他已受到了人们的足够拥戴，可以尝试实施民主了。这是一次巨大的赌博。因此，卡特再一次集结了 50 名观察员组成了代表团，在大选开始前到这个国家访问了 3 次，然后在幕后开展工作，赢取奥尔特加的信任，不管奥尔特加是赢还是输。国会向卡特中心拨款 50 万美元，卡特中心观察员召开了研讨会，商议如何进行选举，甚至搞了场小规模的模拟选举。卡特（和许多独立民意调查者）预计奥尔特加会获胜，部分原因是他的政党控制了国家的媒体。卡特大胆地这样预测。

近 10 年来，美国一直试图用武力推翻奥尔特加，但并不成功。华盛顿已准备好采取不同方式。国会通过并经布什签署了一项花费 900 万美元实施选举的计划。布什还和国会的民主党人达成协议继续提供食品和住房援助，只要能开展真正自由的选举。尽管这不是一致意见，华盛顿略微超过半数的人准备好在奥尔特加获胜后承认他的地位。

在 1990 年 2 月选举即将到来的几周，卡特一直在向布什、贝克和斯考克罗夫特通报当地的进展。卡特还花时间让国会成员为奥尔特加胜选做好准备。他认为，在经历诺列加的选举舞弊后，如果奥尔特加成功获得一场公平公正的选举的胜利，国会应义不容辞地尊重选举结果。然后，他飞回尼加拉瓜首都马那瓜监督即将到来的选举。

但是选举并未如预期那样进行。卡特的观察员分成了十几个小组，分布在尼加拉瓜全国各地，在大选日只报告了细微的选举问题。但是，夜晚时，联合国官员的初步计票显示，奥莱塔·查莫罗和她的全国反对派联盟即将把奥尔特加赶下台。而且她的优势很明显——大概达 15 个百分点。如果这种情况持续下去，可能会造成让奥尔特加和卡特始料未及的结果。第二个问题也很明显：奥尔特加会遵守大选结果吗？

卡特没有冒任何风险。他和美国前司法部长、观察员埃利奥特·理查森一起，迅速安排了和奥尔特加的会议，确保奥尔特加理解初步计票意味着什么。卡特是唯一有资格在这一点上对奥尔特加直言不讳的人：卡特政府在桑地诺于 1979 年初次上台时就承认了其政府（这让卡特在国内付出了一些政治代价），而且卡特在离任后还访问过奥尔特加。他是奥尔特加在美国拥有的相对而言最真实的朋友。卡特和理查森在午夜后到达奥尔特加的政党总部，他们发现执政党的领导人即使算不上很震惊，也已经很绝望。在卡特促其接受不可避免的结果时，奥尔特加拒绝了。然后，卡特明确说道："奥尔特加，我曾赢过大选，也曾输过大选。我能从自己的经验中告诉你，失败并不是世界末日。"（这让同时也在场的罗莎琳·卡特开口道："我认为这是世界末日。"）但卡特又说："你作为总统的最大成就将是你领导了一场和平的权力过渡。"

一个巴掌拍不响，于是，卡特又拜访了全国反对派联盟的查莫罗，向新总统明确说，任何沾沾自喜的获胜演讲都不会有助于有序过渡。然后，在早上 4 点左右，卡特打电话给华盛顿的贝克，请求他在那天晚些时候给政府官员发布一则"禁止抨击奥尔特加"的命令。卡特这位老渔夫在试着用一根 5 磅重的渔线钓一条 10 磅重的大鱼。他知道要打电话给谁，要说些什么，并且自己有资格这么说。

卡特在马那瓜的时间是总统俱乐部最美好的时刻之一。当数不清的安全和人事问题还要在那周解决时，卡特帮助安排了其中很多事情，就在那时，奥尔特加接受了卡特的建议。查莫罗于 4 月 15 日宣誓就职。当一切结束时，贝克和布什都高度赞扬了卡特在权力和平过渡上的作用，不仅在当时赞扬了卡特，而且在他们的回忆录里也是如此。自离任以来，卡特首次获得了智者的声誉。到 1990 年初，美国 ABC 电视网和《华尔街日报》民意测验显示，卡特在美国的受欢迎程度基本和罗纳德·里根一致。

贝克后来说："卡特真的很好打交道，他只是想派上用场。他从不抱怨。但是，如果你不明确他的任务并且和他一起执行，那么他就会阻碍你了。"

接下来发生的事确实如此。

当卡特不听指示

布什总统任期内最棘手的任务是将萨达姆·侯赛因从科威特驱逐出去。美国拥有世界上最强大的军事力量；但地区的稳定和世界石油供应的安全性需要的不仅仅是单方面的反应，如果萨达姆拒绝撤军，布什就计划组建他史无前例的联盟，准备支持入侵行动。

但卡特的看法不同。1990 年后期，卡特秘密并多次游说联合国安理会和其他外国领导人，让他们投票反对布什总统提出的授权使用武力将萨达姆从科威特赶出去的决议。他拖延甚至破坏了 1991 年的海湾战争，这件事鲜为人知，直到几年后才被披露，这也是总统俱乐部历史上最奇怪的章节之一，部分原因是卡特在 1989 年和 1990 年竭力和布什的白宫发展工作关系，而他从未和里根有过这种关系。布什让卡特重新上台，让他执行一些任务。然后卡特转过身就将这一切抛至一旁。

卡特在伊拉克问题上的行为超出了限度。布什的几位前顾问后来说，他的表现几乎就是叛国。

情节很引人注目，因为一直以来，对波斯湾区域石油国家的攻击将被看成对美国的攻击，这并不是布什宣布的。发出这个宣言的总统是卡特。他在 1980 年国会演讲上说："外部势力企图控制波斯湾的任何行动都将被视为侵犯美利坚合众国的切身利益，这种攻击将被通过任何必要的手段击退，包括武力手段。"这在当时甚至还有个名称：卡特主义。

在 1990 年 8 月萨达姆入侵科威特后，乔治·布什决定让卡特主义成真。入侵发生几天后，他接受记者采访时说："这不能容忍！"这番话甚至让布什自己的高级顾问惊讶。很快，布什让五角大楼官员评估驱逐伊拉克军队所需要的美军数量；当将军报告说是 50 万人时——他们认为这个数量太高了——布什沉着地说："那好，行动吧。"将军们吸了一口凉气。与此同时，布什、贝克和斯考克罗夫特着手为萨达姆设定了一系列最后期限和时间表——否则就用武力将其赶出科威特。

在华盛顿，并不是每个人都意识到布什有多认真。但是卡特知道，而且他还起了反作用。他认为，伊拉克入侵科威特将为以色列和埃及的新一轮中东和谈带来新的机会——除非美国反应过激。但更重要的是，卡特总体上反对使用武力解决问题。那就是卡特中心的宗旨，也是他认为的自己卸任后的使命。卡特在报纸专栏上呼吁进行谈判，担心美国的入侵行动将会很残忍，并且颠覆美国（以及他自己）多年来在中东地区的努力。这些专栏文章很古怪：它们回避了是否要通过武力将萨达姆赶出科威特这个中心问题——卡特似乎不这么认为，但他不会清楚说出来，而是呼吁，在枪响之后，进行谈判避免战争，然后实现和平。

但清楚的是，卡特完全误解了布什的战争目的；他认为布什不会满足于仅仅将萨达姆赶出科威特，而会一路追击到伊拉克。他10月中旬在《时代》周刊上说道："毫无疑问，在萨达姆没有再次挑衅的前提下攻击伊拉克，将会减少美国在中东地区获得的支持。"或许如此，但布什并没有计划侵略伊拉克；32国联合部队只是为了将萨达姆驱逐出伊拉克，而且也正是这个有限的目的才让他得以获得广泛的支持。在任何情况下，卡特在那个时期的工作最突出的地方就是他用意善良。他甚至在亚特兰大召开了关于海湾危机和如何通过谈判避免战争的会议。整个10月，卡特都反对战争，但他的反对本身并未越线。

后来他还是越线了。11月中旬，在一封写给联合国安理会国家领导人的私人信件中，卡特号召和萨达姆·侯赛因进行谈判。然后，他悄悄将信发给了另外12名国家元首，希望他们给安理会另外的四大常任理事国施压，从而在军事行动开始前实现和谈。卡特敦促盟国退出美国领导的盟军，明确支持阿拉伯联盟通过谈判解决争端的努力。

卡特在信中写道："华盛顿和其他国家的近期声明越来越清楚地显示，耐心和坚持已被抛弃，它们在施加巨大的压力，要求批准用军事手段解决目前的海湾危机。历史已经表明，这种形势极难扭转。既然美国和其他国家会基于联合国安理会的批准进行武装干涉，在做这个极其重大的判断上，你自己的决定将是决定性因素。"

信的意思再清楚不过了：在即将到来的战争面前，一位前总统正在游说其他外国元首抵制现任美国总统。

卡特没有在实施自己的计划前警告布什，而是在信寄出去后的第二天给布什寄了一份副本，然后，正如卡特的传记作者道格拉斯·布林克利后来所说的那样，他让信看起来似乎是"直接也是唯一"写给布什的信，而事实上他早已将他的观点四下传播了。

相比之下，即使是尼克松卸任总统后做的最糟糕的事，也从没这么过分。尼克松或许在军备控制策略上和里根有异议，并且反对布什对戈尔巴乔夫的宽大处理，但他公开发表了声明，并且时刻和总统办公室保持电话联系。此外，尼克松的观点主要是关于对外援助的形式和规模，以及华盛顿在军控谈判中可能做的让步，且主要是学术上的差异。相比而言，卡特采取了实际行动：在美国已经组织并且在领导世界盟军的战争即将到来时进行了大规模游说。

从信的收件人来看，如果说卡特想把这个秘密保守很久，这点不太可能。加拿大总理布赖恩·穆罗尼打电话给五角大楼总指挥理查德·切尼并且逐字给他读了卡特的那封信。这让白宫非常震惊。布什愤怒了。斯考克罗夫特通过秘密渠道让卡特住手。几十年后，布什政府的高官还在抱怨卡特的行为无异于叛国，违犯了1799年《罗根法案》。该法案清楚写明，任何公民在没有获得美国政府授权的情况下引导美国外交政策的行为都是犯罪。斯考克罗夫特回忆时仍然有点感到非常震惊："他收到了我们的消息。"而后来布什在提及此事时说："我承认他有发表言论的权利，我坚决反对的是他给外国政府首脑写信，敦促他们抵制我们正在联合国做的事情。"如果卡特曾为他的行为道歉，那就没什么证据了。相反，当我们在多年后问他，如果一切重来，他是否还会那么做时，卡特迅速回答道："是的，我会的。因为我把寄给安理会其他成员的一模一样的信也寄给了布什，我只是表达了战争并不必要这个观点。因为，我获得的情报显示，伊拉克人愿意从其占领的领土撤军，然后赔款等，但那已是过去的事了。"

但卡特并没有在写信给安理会后就停手。1月，就在布什给萨达姆设定的不撤军就实施空袭的最后期限前几天，卡特给埃及的胡斯尼·穆巴拉克、沙特阿拉伯国王法赫德，以及叙利亚的巴沙尔·阿萨德（这3位都是布什的反萨达姆联盟的成员）写信，敦促他们"在阿拉伯领导人寻求用和平方式解决危机时，公开呼吁推迟使用武力"。这最后时刻的行动绝对不想被公之于众，这是围绕美国外交政策所进行的一个人的迂回进攻。事实上，在一条特别会引起不和的建议中，他通知他的同僚们说，美国选民或许在某种程度上支持他个人对和平的努力。"你们或许得放弃获得白宫的同意，但你们将发现法国、苏联和其他国家非常支持。还有，大多数美国人将支持这一举措。"和几个月前写的那封信不一样的是，这一次，没有任何证据表明卡特曾将此信通报给白宫。

卡特为什么要这么做？是什么让他用这样一种戏剧性而秘密的方式将事情揽在自己手中呢？那些和他相识很久的人说，有多种原因，甚至超出了他本身对暴力的厌恶；一种看法是，卡特认为中东是唯有他才能理解的一个地方；还有他根本不考虑别人想法的这个事实。或许整件事最值得注意的一点并不是这件事发生了，而是这件事在总统俱乐部中被雪藏了多年。尽管事实上他的信件被寄往世界其他地方和白宫，但有关卡特叛乱的消息直到3年后被《纽约时报》披露时才公开。他为了和平而在最后一刻向阿拉伯领导人发起请求，这件事直到布林克利披露时才最终为人所知。尽管布什政府认为卡特犯了一项不可饶恕的罪，但是，要公开卡特在外交过程中的怪异行为，这对政府也不利。而且，泄露关于卡特行动的消息，这本身也违反了俱乐部反对内讧的规矩。相反，布什的助手采取了更具惩罚性但秘密的行动：他们直接将卡特踢出了未来的所有外交行动。不再与其在海外热点地区或大选上进行合作，卡特在使用飞机和其他援助上的请求不会再收到美国国务院的任何答复。布什团队不能再相信卡特，他们放弃了这个盟友。

他得一直等到其他人成为总统。

六位总统：

总统俱乐部的
黄金时代

比尔·克林顿在很多方面都很幸运；而如果说他和前总统的关系，他无疑是中了大奖。

在他当选为总统时，他有五位前总统可以调遣：尼克松、福特、卡特、里根和布什。这也是 20 世纪总统俱乐部里所拥有的最多前总统数量。但并不是他们所有人都能彼此帮忙，不管他们是在任还是已卸任。然而，克林顿的魅力、前总统们的需求，还有冷战后新的全球挑战，这一切让克林顿几乎能够利用他们所有人——尤其是共和党人。

克林顿仔细研究了他们的个性和总统任期，希望更多地了解他们每一个人。当他在执政首年秋天邀请俱乐部全体成员到白宫共进早餐时，他让一位助手查了下上次曾有人这么做的时间（答复是，从来就没有过）。相应地，前总统们也想见见这个新人，对他非常好奇，迫切希望得到他的注意，也需要他支持那些让他们退休生活充满趣味的任务和项目。

在所有前总统中，他和那位与其有很多共同点的前总统不和。克林顿和另一位南方浸礼会政治传奇卡特一样都有一位有趣的母亲，一位意志坚强的夫人，并且他们都深深扎根在实用自由主义的沃土里。克林顿在初入政坛时是支持卡特的；但当他成为阿肯色州州长时，他觉得卡特已经背弃了他，因此在他自己竞选总统时并没有因为完全忽视卡特而感到后悔。正如他之前对布什的作用一样，卡特也将向克林顿证明一位前总统能有多大作用和多大脾气。

另一方面，共和党人是更有价值的资产。里根在克林顿的首届任期内很快就销声匿迹了，但在那之前，他还给这位年轻的总统上了一课。克林顿向福特求助如何逃离华盛顿，并在后来求助如何逃避参议院对他的审判。他对老布什很赞赏，并且在后来以他为榜样。最重要的是，克林顿发现尼克松是一位受欢迎的导师和对其有帮助的忏悔者。

尼克松去世时，克林顿将这一损失比作失去了自己的母亲。

20

那家伙知道游戏是怎么玩儿的

命运和现代医学让 1993 年 1 月 20 日成为总统俱乐部历史上的里程碑。有五位总统活着见证了第六位总统的就职仪式，这是自 1861 年林肯就职以来的首次。

五位前总统——尼克松、福特、卡特、里根和老布什——代表了白宫椭圆形办公室过去 24 年的历史。总统俱乐部成员数量的历史性增加主要是因为总统当选时很年轻，前总统大多一届任期，并且他们比 19 世纪和 20 世纪初的总统们活了更长时间。但是，作为"五重唱"，他们各有特色。除了里根，其他所有人都是在沮丧的氛围中离开白宫的：尼克松辞职，福特在两年后大选失败，卡特和老布什在一届任期满后未能连任。尼克松卸任后活了 20 年，福特的时间更长，是 25 年，而卡特很可能成为历史上寿命最长的前总统（他预计会超过赫伯特·胡佛，后者卸任后活了 31 年，在 1964 年去世）。第 37 任总统尼克松于 1946 年当选国会议员，同一年，第 42 任总统出生。

当克林顿上任时，他拥有总统俱乐部的支持。他的所有前任都许诺帮忙，其中几位还秘密地想被招募，有一位曾庄严宣誓不搞对立——只要克林顿自已能照规矩出牌。

总统俱乐部的黄金时代开始了。

两个月前，11 月 18 日，比尔·克林顿在 36 个小时的华盛顿访问中到白宫礼貌性拜访了老布什。

老布什很艰难地接受了自已在大选中的失败。直到大选日快到时，他的助手还对他说，选举结果很接近，他很可能险胜。他对自已说，选民绝不会无视他作为总统的经验，并选一位如此年轻，举止和性格那么不一样的新人。他们的预感都错了。

在大选失败当晚，老布什一直到午夜还未入睡，他在日记中写道："很受伤，很受伤，很受伤。我想这也是自尊心的原因……我在最后不想再见民意测验专家，我不想见时事评论员，不想看到所有那些认为我会失败的人。我绝对相信我们能证明他们错了，但结果是我错了，他们是对的，那真的很伤人……现在上床睡觉吧，准备好面对明天，坚强点、和蔼点、宽容点、聪明点，让人民知道你有多感激。不要报复，安慰那些我曾伤害过和让他们失望的人。祈祷吧，请求上帝的理解和赐予我力量。微笑收场，做正确的事情，完美收场。"

克林顿在两个星期后顺道来访。两位总统在椭圆形办公室坐了将近两个小时，就坐在壁炉边上的靠背椅上，谈的多半是外交事务。老布什回忆："南斯拉夫、科索沃、塞尔维亚和波斯尼亚，我告诉他，那几个国家很可能是最麻烦的地方。"老布什还对克林顿说，在他 4 年任期就要结束的时候，他还是能感觉到和上任第一天时一样的激动和惊奇的心情。但是他已经为卸任后的生活做好准备了。他已计划在休斯敦修一所新房子，然后更多地学习使用电脑。他选了一个自嘲账号作为他的电子邮件用户名，并且只对他最亲密的朋友们公开："自由世界的前领导人。"当克林顿准备离开时，老布什给了他祝福。"比尔，我想对你说些话。当我离开这里时，你就不会再从我这儿遇到任何麻烦了。选战已经结束，过程很艰难，但已经结束了。我不会给你的工作造成麻烦，我只是想让你知道这一点。"

老布什信守了自己的承诺。将来有一天，克林顿还了他这个人情。

第二天，1992年11月19日上午，《纽约时报》专栏登了一篇尼克松的文章。

文章写道："当选总统比尔·克林顿因为在其过渡期间积极处理很多重要问题而获得高度评价。但是，正如选战时一样，第二次世界大战后最重要的问题受到的关注很少。"鉴于离政权过渡还有两个星期，这篇文章的恭维色彩更浓重。

理查德·尼克松的这篇文章接着花了大量笔墨论述鲍里斯·叶利钦的政府遭遇了多严重的"道德危机"，并且有多需要西方援助。但尼克松写这篇文章的原因并不是美俄之间恶劣的关系，而是尼克松和克林顿之间的恶劣关系。

尼克松希望新总统能听到他的声音。尽管这篇《纽约时报》文章的语气很积极，但实际却是尼克松那标志性的好警察、坏警察理论的第二个阶段。大选后第二天的上午，尼克松就已经寄了一封亲笔信给克林顿，信中祝贺了克林顿取得胜利，称之为记忆中"最好的胜利之一"，并且鼓励克林顿"永不放弃"，扫除在他赢得大选时人们对他那阿肯色州背景的怀疑。尼克松向第42任总统承诺会帮忙而不会妨碍他。他甚至向克林顿的助理研究员莫妮卡·克劳利道歉，因为他曾雪上加霜。

尼克松说："那家伙自尊心太强，如果你想让他做点儿事，你得让他对过去释怀。"

但是，迎合胜选后第一个上午的这封秘密信件，并没有得到答复。

尼克松又沮丧又生气，决定采取进一步行动。他在 11 月中旬给《纽约时报》写了篇专栏文章，向克林顿表示自己的友好姿态，目的是说："如果你亲自回复我，如你愿意，我们能在公开场合谈一谈。"

尼克松想和新总统建立秘密联系渠道。不管通过什么方式，他想获得这样的渠道。

专栏文章发表 8 天后，克林顿的车队开到了洛杉矶世纪城摩天大楼，罗纳德·里根卸任后的办公室就在那里。克林顿和朋友们在城里待了几天，并给已是 81 岁高龄的里根传达了消息，他想前往和里根聊一聊。

会面很快就安排好了。两人年纪相差 35 岁，观点差异巨大，之间的鸿沟就好比赫伯特·胡佛和约翰·肯尼迪 40 年前见面时那样。里根之前在白宫见过克林顿，当时克林顿和他的夫人希拉里一起出席白宫州长招待会。但两人在洛杉矶一起度过的 70 分钟是具有历史性意义的。他们讨论了否决权的使用和如何削减开支。然后里根给克林顿提供了两条非常重要的建议。首先，他说，每个周末尽可能不要待在华盛顿，充分利用戴维营。里根对克林顿说，新鲜的空气和在 150 英亩场地上恣意漫步的机会，甚至是远离华盛顿的短促的时间，都会对身体和精神有好处。

其中一条建议是很有预见性的，而另一条则不然。里根坚持认为，克林顿需要学习如何敬礼。这位老人在选战中注意到，克林顿不知道如何行标准的军礼。里根建议，作为总司令，克林顿需要好好地、干脆利落地完成敬礼动作。

这点并非绝对如此。直到里根上任并将行军礼作为总统的特有动作，之前的美国总统都很少向士兵们行军礼。军人必须向总统敬礼，但总统却不必向军人敬礼。作为总统，里根非常关心回礼，他甚至事先还请教了海军陆战队司令，确保没有正式的理由说明他不能向那些像石像一样站在"海军一号"和"空军一号"边上的士兵回礼。将军对他说，至于敬礼，他想怎么做就怎么做，不要管传统或他的前任们是什么样的。因此，里根就开始这么做了。

里根知道如何敬礼，他之前曾担任过陆军装甲部队军官，并且还曾在电影中扮演过军官。他告诉克林顿，秘诀在节奏上。士兵们喜欢慢慢地抬手，就好像手上有蜂蜜要往下滴似的，然后干脆地摆手，就好像手上有什么让人不舒服的东西一样。克林顿从未服过役（在选战中还花了点时间解释他年轻时未服役的原因），所以非常愿意听取里根的指导意见。

于是，81岁的里根给46岁的克林顿做了次私人辅导。两人就那样站在里根位于洛杉矶比弗利山庄的34层的办公室，改进着他的敬礼动作。

当培训课结束时，里根奖励了克林顿一罐红、白、蓝软心豆粒糖，并且说这些糖得以让他避免成为抽烟的"瘾君子"。克林顿感谢了他，握了手后下楼回到自己的车上。后来，克林顿还特地花时间和他的助手们——有些曾在军队中服役过，也有些没有——一起练习敬礼动作。那罐豆粒糖一直在克林顿的办公室放了8年。

俱乐部出现裂痕

一个月后，1993年1月，尼克松已经用尽了一切吸引克林顿注意的办法。他写了封私人信件，发表了专栏文章，请他的前助手罗杰·斯通联系克林顿身边的人，让他们建议克林顿打电话给这位身在新泽西的老人。当这一切都不管用时，尼克松请克林顿的一位助手迪克·莫里斯打电话办这件事，但是还是没用。尼克松的老助手斯通还在坚持，他请民主党长时期的领袖托尼·科埃略在克林顿面前为尼克松说好话，暗示尼克松就要崩溃了。最终，斯通联系了白宫演讲稿撰稿人保罗·贝加拉。斯通说，尼克松在起草另一篇专栏文章，这篇文章是友好的还是充满敌意的，要取决于克林顿是否接尼克松的电话。贝加拉成功将一份关于尼克松绝望态度的备忘录呈到总统面前。消息传回来了：克林顿将亲自打电话。

尼克松已经 80 岁高龄了，但他的日程还是很忙。他本来计划好在 2 月初第九次出访俄罗斯，在出发之前他迫切希望获得克林顿的支持；这种事情将给他在海外增加更多机动性，当然，也保证会在访问结束回来后召开另一场听证会。外交政策顾问迪米特里·西梅斯打电话给克林顿的新任俄罗斯事务首席顾问斯特罗布·塔尔博特，问他：他们是否能在尼克松出访前见上一面。"当然可以。"塔尔博特回答。

塔尔博特和尼克松的关系可以追溯到几年前。作为 20 世纪 80 年代中期《时代》周刊的华盛顿分社主管以及后来的总编辑，塔尔博特在里根和布什时代采访过尼克松几次——采访主要是关于美苏关系或外交政策。他还是非正规记者团的一员——其中大部分还太年轻，所以并未报道过"水门事件"。他们时常收到邀请和尼克松共进非正式的晚餐。塔尔博特知道，尼克松私下里的热情和他公开地对美苏关系的沉迷只是煞费苦心在修复自己名誉的手段，是想冲淡人们对"水门事件"的记忆，并提醒人们记住他自己那广为称颂的在做总统时取得的外交成就。

因此，当他和国家安全委员会助手托比·加蒂最终于 1993 年 3 月 4 日出现在尼克松的酒店时，塔尔博特非常清楚会发生什么。塔尔博特在他的回忆录中写道："这次会面很尴尬，近乎怪异。开始时 5 分钟，尼克松的和蔼态度就很做作，恭维也很虚伪，玩笑也很牵强；然后紧接着就是 30 分钟的长篇大论，精心准备、精巧构思并且内容充实，就好像托比和我是观众席上的听众一般。观众席上坐满了听众，尼克松认为这些听众的敌意理所当然，但他确信自己能凭借经验、智慧——他最喜欢用的一个词——和冷静头脑来影响他们的观点。"

尼克松很直接。有时，他的语言很粗俗；他将"七国集团"称为"浑蛋"，因为它们在对俄援助上要诈；他一遍遍将叶利钦称为"叶斯钦"。塔尔博特对尼克松说，新政府支持他即将到来的出访，当他回来时希望从他那里获得更多的消息。

尼克松明确说他很想帮叶利钦，尽管俄罗斯是出了名的会"酒后说大话"。最后，尼克松敦促塔尔博特不要犯老布什和他的团队在总统俱乐部问题上所犯的同样错误。换句话说：要认真对待我。一个小时后，塔尔博特和加蒂感谢了尼克松的忠告后就离去了。那晚，塔尔博特向克林顿汇报了谈话的主旨，克林顿刚好到塔尔博特所住的卡佛特街家中用晚餐。在扩大向叶利钦援助方面，克林顿不需要任何劝说。克林顿说："他是在给已经皈依的人布道。事实上，他是在给布道者布道。"

尼克松 2 月 7 日前往俄罗斯。他在那里待了两个星期，甚至在莫斯科继续拉着"不要无视叶利钦"的警报。他对《纽约时报》驻莫斯科记者说，内政和外交是不可分割的。"将它们分开，它们就失效了，"他警告遥远的白宫说，不继续向俄罗斯提供援助的话，"你就将与和平红利说再见。"

尼克松 2 月 23 日回国，然后就一直在等电话。几天过去了，白宫还是一点儿消息都没有。他又将他的笔拿了出来，开始写另一篇《纽约时报》专栏文章。但是在他将文章寄出去之前，克林顿打电话过来了。白宫的一位接线员在 3 月 3 日打来电话，要尼克松等总统过来通话。5 分钟过去了。然后又过去了 8 分钟。那位接线员后来又打了次电话道歉说："找不到克林顿人在哪里。""我等他，"尼克松答复说，"他比我要忙多了。"10 点刚过，白宫又来电话了。这一次，克林顿终于说话了。

两人的谈话让尼克松喜出望外。他们那晚谈了 40 分钟，而政策只是个引子而已。他们讨论了俄罗斯和中国的经济，还有国内的国防开支。尼克松提交了一份关于他此次出访和他对叶利钦的评估报告（要点：叶利钦已受伤但仍可救治），而克林顿告诉尼克松他敬佩叶利钦的勇气。他们讨论了出席 4 月在温哥华举行的美俄峰会。克林顿想了解叶利钦："他会坚持下去吗？""是的。"尼克松向他保证说。

尼克松对谈话的内容印象深刻，但他对接下来发生的事情感到更吃惊。一位他从来还不曾见过的总统、反对党的领导人，一个年纪几乎只有他一半的人，看起来对他非常信任。尼克松觉得这就像是魔法一样，当两人坐在桌前时立即就达成了合作。而杰里·福特从没用过这种方式和他谈话，里根和布什也都没有。尼克松感觉到克林顿有和他交谈的需要。有些问题，其他人根本无法作答。克林顿问尼克松是如何做这份工作的？如何最好地安排每天的工作？克林顿将自己每天日程表中每小时的安排细细分解，讲给尼克松听——他是如何早起、晨跑、和女儿吃早餐，然后一直工作到夜里 11 点左右——希望尼克松能告诉他这种安排对总统来说是不是很典型。这种交流让尼克松感到很愉快；大约 40 年前，当他看着艾森豪威尔在任总统时，他也有相似的好奇心。在和克林顿通完电话后，尼克松回忆："他想知道他做得对不对。"第二天上午，当他谈到这次通话时，他还是印象深刻。"他很尊重人，不带任何令人厌恶的废话。"而更好的是，3 月 8 日，克林顿邀请他前往白宫。

至于那次会议，尼克松就像是学生准备自己的口试一样。他做了笔记，整理自己的论点以及证据，就像上次他和塔尔博特和加蒂会面一样。他对克劳利说，他知道他是多么想和克林顿进行交谈。

白宫也知道自己是多想进行这次交谈。白宫的助手们没有大肆渲染这次会面，但他们也没试着去隐瞒。克林顿的助手们带着尼克松从侧门进出，在日常新闻发布会上披露了这次会面和之前的电话内容。尼克松很清楚克林顿在想什么。他心想，一位年轻的、几乎没有任何外交经验的民主党总统认为，如果他能时常咨询一位在外交领域颇有建树的总统，那会对他有好处。但尼克松对此并不介意。他很高兴再次回到圈内。为了不让外界错过这样的进展，他向他的老朋友比尔·萨菲尔透露了那天深夜的电话。而萨菲尔在《纽约时报》写了篇专栏文章，那篇文章恰恰发表在会面当天 3 月 8 日上午的报纸上。

当他那天下午走下专用电梯并走进 2 楼的住宅里时，尼克松受到了克林顿和希拉里的欢迎。尼克松觉得希拉里让他有点紧张——她曾在 19 年前做过国会司法人员负责弹劾尼克松的准备工作。因此，那一天，尼克松表现得很积极。他提醒第一夫人，他是贵格会教徒，他自己的女儿们和切尔西一样，上的都是西德威尔友好学校。他知道希拉里最关心的一件事，于是他说："你知道，20 多年前，我就尝试完善我们的卫生医疗体制。这件事迟早要做。"

"我知道，如果你的提案成功了，我们的生活在今天就更舒适了。"希拉里回答。

当两位总统最终单独坐到一起喝无糖可乐时，大部分时间是尼克松在侃侃而谈。他告诉克林顿，他对俄罗斯的处理要比他对经济的管理更具有历史意义（一个虽不属实但却很新奇的论点）。他建议总统给国会施压，为俄罗斯提供更多援助，并且请美国最大的商业领导去游说议员支持援助。尼克松还让克林顿既讲战术又讲战略，他说有很多方式可以帮助叶利钦成功。如果美国提供更多的援助，比如说俄罗斯的天然气管道，那也将对叶利钦有帮助。

然后，尼克松建议克林顿在继续推进时想想过去。他说，林登·约翰逊和卡特因为外交政策上的失败失去了对他们总统职位的控制。如果克林顿不能面对这个挑战，他的总统任期或许也会彻底终结。这是一个不对等的比较；没有人知道，在 20 世纪 90 年代帮助俄罗斯实现现代化的挑战对克林顿来说就堪比越南或伊朗对约翰逊或卡特的挑战。但尼克松作为总统在华盛顿和莫斯科关系上取得了成就，他的成就更有利于他在暮年持续游说新的总统。

克林顿恭维尼克松，说他没试着去迎合他。至于尼克松的建议，克林顿最赞赏之处在于他的建议准备充分、非常实际，起码在这些建议中他看不出有任何尼克松个人对于自我救赎的隐含用意。克林顿能自己做好权衡。克林顿意识到，尼克松具有那种少有的能力，他能看穿主宰外交政策舆论的本质，并且能看得很长远。

克林顿对很多人说他发现尼克松的建议很有用，这种感激的消息很快就传回了新泽西。民主党的鲍勃·斯特劳斯告诉尼克松，克林顿说过和他的谈话是克林顿和所有前总统谈话中最好的一次。在公开场合，克林顿称赞尼克松——而且不仅仅是对俄罗斯政策方面。尼克松也给了他回报。几个星期后，在谈及对俄罗斯援助时，尼克松对《时代》周刊说："我们非常有同感，在这一点上的共识已经持续超过一年多时间了。我想克林顿打了次非常有勇气的电话，这真的是领袖的标志。"

但是，除了造势外，克林顿是真心感谢尼克松的帮助的。不久，他给尼克松寄了张他们会面时的签名快照，同时还有封信，请尼克松也签上名回寄一张给他。

尼克松照做了，给华盛顿寄回去一张照片，但照片上的题词却惹了笑话，他在照片上写了句感谢克林顿在"援助中国"上提供帮助这样的话。克林顿的助手回忆说："他们之间就像是互相吹捧的俱乐部一样。"几周后，白宫公布了一张克林顿和尼克松交谈的照片。

是的——你还能怎样评价这种关系呢？—— 一种尼克松访华一样的时刻：尽管尼克松所在共和党同时代的人像对待贱民一样对待他，但这位更年轻的民主党总统却像热爱自己失踪好久的叔叔一样拥戴他。克林顿在 3 月 24 日再次打电话给他的新朋友，而尼克松也再次对克林顿那么易于轻信别人的特点感到惊讶。这一次，两人更细致地交流了如何在温哥华和叶利钦打交道。克林顿正忙于准备他 4 月初在温哥华举行的峰会，想知道尼克松是否认为他应该提前也咨询一下亨利·基辛格。尼克松却要他和布伦特·斯考克罗夫特谈谈，但他给了克林顿一个窍门。"当你从那些比你经验丰富的人那里寻求建议时，先告诉他们你自己的计划——然后看他们的反应。不要咨询了建议后却不放在心上，"尼克松辅导说，"这样，你就不会伤害大家的感情了。"尼克松和克林顿的关系在尼克松准备于 4 月初出访中国时继续改善着。克林顿的国家安全顾问托尼·莱克打电话给尼克松，请他向中国领导人捎去几条信息。在阿拉斯加的加油站补油时，尼克松收看了温哥华的新闻，看看他的新门徒表现如何。

4 月下旬，尼克松回国后，克林顿再次给他打了电话，这一次他们讨论了巴尔干半岛地区不断恶化的局势。谈话结束时，克林顿对尼克松说，想和尼克松谈谈中国的事情。尼克松心想，克林顿的这种手法是为了让他觉得自己是不可或缺的——至少在未来比较久的时期内。"那家伙知道游戏是怎么玩的。"尼克松说。

总统俱乐部反击

在这一时期，莫妮卡·克劳利一直在尼克松身边。从她那些年的详细记录看出，尼克松对克林顿的感激绝不纯粹。不管尼克松对最终赢得克林顿在俄罗斯、中国和波斯尼亚问题上的注意力有多满意，他常常会因克林顿的人事选择和国内政策的侧重点而感到沮丧。在他看来，克林顿总统决定和他自己的夫人分享权力，这一点也让他感到很沮丧。他敬佩克林顿的脑子、勇气和自信，当然还有他的能量。

但是，据克劳利记载，尼克松不喜欢克林顿的马虎，以及对多边解决方案的依赖；而且尼克松不信任他的年轻。尼克松还发现克林顿不懂礼节：他在白宫会面时发现克林顿甚至都没问候他的夫人帕特，当时她患上了肺癌。

人的本性让你很容易会支持或反对那个做你曾经工作的人。但有时候，某种竞争元素看起来有点紧张。比如，在 4 月末从中国回国后，尼克松有几次提到他不喜欢克林顿给他的正面新闻报道——克林顿觉得这个评价很有趣，因为关于尼克松的报道从这一年开始都在变少。尼克松还抱怨说，深夜的喜剧演员们在他卸任后几十年还在取笑他——但看起来却肯定了克林顿。总统们即便做对了一些事情也从不会被称赞，而且很明显的是，尼克松将他的喜剧潜力看成自己和继任者们的比较标准。

6 月 22 日，帕特·尼克松去世，享年 81 岁。克林顿在那天晚些时候打了个慰问电话，但他和他的夫人都没有出席在加州举行的葬礼。相反，他发表了一份声明，并寄给了他的老朋友弗农·乔丹，后者将这位总统的慰问信捎给了另一位总统。克劳利记录，尼克松对在葬礼时克林顿的缺席"非常愤怒"。

但是，如果说克林顿分了神，部分原因是他有一个更紧急的俱乐部问题：有人想刺杀俱乐部的一位成员。

几周前，在 4 月 14 日，前总统乔治·布什和他的夫人芭芭拉，以及前国务卿詹姆斯·贝克、前财政部长尼古拉斯·布雷迪、前白官办公厅主任约翰·萨努努一起访问了科威特，出席盟军将伊拉克萨达姆军队赶出科威特两周年的庆祝活动。几周后，科威特当局通知他们的美国同人说，他们侦破了一起企图刺杀老布什的案件，并且缴获一辆在车门处装载了 180 磅炸药的丰田陆巡车，此外还有引爆器和计时器。他们逮捕了 14 名犯罪嫌疑人，指控他们预谋通过引爆汽车炸弹刺杀布什。美国官员派中央情报局和联邦调查局调查是谁在幕后操纵，尽管他们基本能猜出是谁。其中一名犯罪嫌疑人在 6 月 24 日，也就是在帕特去世两天后，向调查人员招供了。联邦调查局报告克林顿，他们有证据表明是萨达姆的情报部门所为。

第二个问题是怎么处理这件事。事件并不复杂：针对美国人的任何袭击都是不可接受的，对一位美国前总统的袭击更是忍无可忍，要求美方必须进行回应。但究竟作何回应？企图刺杀在位总统或许会让美国有充分理由开战；但刺杀的是一位前总统，要做什么样的回应呢？美国和伊拉克还处于半战争状态：美军空军和海军仍然在伊拉克大部分地区设禁飞区，并且摧毁伊拉克的防空雷达，从而保证空中安全。

但是，刺杀老布什可以说是自海湾战争以来，伊拉克所采取的针对美国主权的最大胆行动。美国需要给予更强烈的回应，而且其他因素或许也强化了克林顿进行回应的必要。缺乏经验、运气差，还有几乎就没停过的内部事后批评，这一切让克林顿的前 6 个月任期非常混乱。克林顿有一个出色的内阁，但白官员工的能力却比较差，他们都努力想赶上事情进展速度，符合人们期望，并且应付好不饶人的新闻媒体。6 月的民意测验中，克林顿的支持率骤降 20 个百分点。随后他重组了自己的班底，引进了尼克松、福特和里根的前助手大卫·格根从而稳住白宫西翼。《时代》周刊 7 月 7 日的封面总结了问题所在：不可思议的缩水总统。

克林顿在 6 月 24 日和顾问们开会，审核科威特的证据，以及商讨应对方案。

克林顿的顾问们总体上一致赞成用巡航导弹攻击实施这起预谋的政府相关部门。

克林顿和他的团队讨论了最佳袭击时机，以及如何向公众解释。国务卿沃伦·克里斯托弗提出了唯一重要的标准："不管是否打中目标，你都会被审判。"克林顿签署了命令，袭击将在 48 个小时后开展。

当两天后总统准备对全国发表演讲时，他打电话提醒了几位主要外国领导人，然后打电话给老布什。接下来是一次不同寻常的交流：电话这头是克林顿，一位曾在一年前打败了海湾战争中的"魔法师"现在却备受困扰的年轻总统。他打电话想解释为什么他不能对刺杀老布什的企图置之不理。即将发生的美军袭击将是克林顿作为总统以来首次使用武力，他不仅将自己的决定通知给他的前任，他也是在寻求前任的建议。

或许，克林顿是在以某种方式征求老布什的同意。正如克林顿的顾问乔治·斯特凡诺普洛斯的回忆，克林顿说："我们完成了我们的调查。中央情报局和联邦调查局工作做得很好。袭击针对的是你。我已下令用巡航导弹进行打击。"斯特凡诺普洛斯回忆，老布什看起来最担心的可能是会给巴格达造成附带损害。克林顿向他保证美国采取了所有预防措施。"我想他认为我们是在做正确的事情，他认为这个决定很艰难。"克林顿在对话结束时说。

克林顿派克里斯托弗去缅因州亲自向老布什汇报情况，部分原因是想和老布什达成协议。斯特凡诺普洛斯在他的回忆录中试着记录了老布什和克林顿在这一史无前例时刻的含蓄交易。"克林顿想要也需要老布什的批准，正如老布什也需要克林顿的保护一样——尽管他或许并不想要。老布什或许是这个国家唯一的（或许科林·鲍威尔也能算一个）能独立阻止这场攻击的人。要做的也只是老布什向媒体透露下消息或者是让布伦特·斯考克罗夫特给托尼·雷克打个电话。消息可能会显示老布什将公开批评克林顿采取无用的机会主义方法——用不可靠证据进行匆忙报复，这与其说是为了惩罚萨达姆·侯赛因，不如说是为了支撑起克林顿的政治前途。但那不是老布什的风格。对于这次因他而采取的军事打击，是什么让他与以往的决策不同，他没有说明。总统们，尤其是有绅士风度的总统，他们不会那样对待彼此。"

6月26日，美国海军发射了23枚"战斧"巡航导弹，其中9枚从红海上的驱逐舰上发射，而另外14枚是从波斯湾的巡洋舰上发射，打击伊拉克位于巴格达的情报部门总部。袭击只取得了部分成功：导弹摧毁了大楼的一部分，但3枚导弹错过了目标，打中了居民楼，8人死亡，炸伤12人。仲夏傍晚，周六，这则新闻在华盛顿传播出来；记者们在黄昏时挤满了会议室，等候总统宣布他上任后的第一次军事打击行动。克林顿说："自从美国独立战争以来，美国国家安全就建立在'我土不容践踏'的口号基础之上。"

9年后，另一位总统，小布什发动了另一场战争，推翻、俘获并最终处死了萨达姆·侯赛因——那个他曾称为"想害死我老爸的人"。

一次度假……和一次在外过夜

几周后，杰拉尔德·福特邀请克林顿和他的夫人及女儿去韦尔市度假。福特基本不了解克林顿。但他知道克林顿的女儿切尔西，一个正处于发育期的小芭蕾舞演员，想要加入芭蕾舞团，而那个夏天，这个芭蕾舞团恰好在韦尔市。于是他邀请切尔西和她父母同他共度周末。

福特安排这个第一家庭住在他位于山腰上房子的下部。两位总统在白天打高尔夫，每晚和他们的家人共进晚餐。不管时间有多短，在科罗拉多州的几天是克林顿上任7个月后休的第一个真正假期。福特很喜欢切尔西，也对希拉里很着迷。这位原先是共和党的民主党人和福特分享了她成长时期的故事。希拉里给福特看了一张照片，照片上她站在福特和前国会议员梅尔文·莱尔德中间，当时她还是国会的大学实习生。（原版的照片是希拉里的父亲最骄傲的财产，这张照片在他几个月前去世时还挂在他的卧室里。）当希拉里给福特一张副本照片时，她向福特道歉说照片"已经因折痕变形了"。

福特对这份礼物很感动，并将它送到了自己的总统图书馆。在第一晚观看完芭蕾舞的演出后，福特和希拉里在舞会后的招待会上共舞了一曲，当时乐队正奏着《纽约啊，纽约》这支曲子。

在两天的休息中，福特被克林顿的政治能力震惊了——说是"眩晕"应该更合适。他发现克林顿比他预期的和蔼可亲，更有说服力。他能看到克林顿在国内事务上要比外交政策上更自信，尽管他不确定克林顿真正信仰什么，如果他有信仰。福特后来说，新总统"上任了，并且吸引了所有人的支持，然后开始在他受到的压力下妥协自己的力量……这家伙能推销出过期的东西"。

但是，如果说福特敬佩克林顿的政治技能，他其实更惊异于克林顿在打高尔夫球中的表现。第 32 任总统一次次重新发球和推杆让第 38 任总统烦躁甚至不安。当地还有记者在附近围观克林顿、福特、杰克·尼克劳斯和安然公司总裁肯尼思·莱的四人对抗赛。克林顿穿着蓝色高尔夫球衣和米黄色宽松裤，戴着巴拿马帽，木杆发球，推杆不进，陷在沙土障碍中，还时而发泄自己的失望（"哎呀，你个笨蛋！"）。在第一天的高尔夫对抗赛后，"第一笨蛋"喊着："感觉太棒了，我们明天再打一场吧。"福特可不认为那是个好主意。

当被问及他的高尔夫四人赛是否带有明显的两党合作性质时，克林顿在他的车中说："这就是我想尝试并管理我接下来任期的方式。我可不想重复过去 6 个月的两极分化状态。"福特则更慎重地说："我们谈了一些事情，并且持有相似观点。"

其中的一件事是自由贸易。夏季末，克林顿邀请五位前总统到白宫和他一起为推进由老布什发起的却在国会遇阻的《北美自由贸易协定》。

但是和克林顿一起，事情永远不会那么简单，因此邀请函有两方面内容。克林顿请前总统们在第一天和他一起在白宫南草坪参加亚西尔·阿拉法特和伊扎克·拉宾之间的中东和平协议签署仪式，然后在白宫过夜，并在第二天一起推进《北美自由贸易协定》。

尼克松拒绝了，他还在为克林顿未出席他夫人帕特的葬礼而恼火。里根因老年痴呆限制了自己在公开场合露面的机会。老布什呢？克林顿赢得大选还不到一年，白宫官员也担心现在请老布什帮忙还为时尚早。对于克林顿而言，邀请一个他在 8 个月前击败的对手，要比肯尼迪邀请在两届任期后卸任的艾森豪威尔要难得多。因此，办公厅主任麦克·麦克拉蒂首先问了前国务卿詹姆斯·贝克的意见，确保邀请不会让前总统感到不舒服。贝克估计，老布什会面对挑战。当麦克拉蒂最终拨通布什的电话时，老布什爽快地同意了。有点出乎克林顿意料的是，老布什还同意在白宫过夜。卡特也同意在白宫过夜。福特请求不在白宫过夜，他下榻在城中的一家酒店。

第二天上午，当总统们一起用早餐时，克林顿对他的客人们说他们是在创造历史：这是四位总统唯一的一次在白宫一起用餐。直到有人提起罗斯·佩罗时谈话才正式开始。罗斯·佩罗在那个夏天异军突起，成了《北美自由贸易协定》的主要反对者。然后四位总统一个接一个批评那位来自得克萨斯州的工业家。总统俱乐部开始了一场比赛，看谁最讨厌佩罗：福特说他认为佩罗是个骗子，他搞到了政府合同，然后一转身就假装自己是自由企业的发言人。卡特称佩罗是政治煽动家，他回想起当年佩罗在 20 世纪 70 年代末解救伊朗人质事件中不顾风险煽风点火。克林顿后来坚持说他在那顿早餐期间一直保持相对较安静，但四人中，没有谁比老布什在嘲笑佩罗中更开心的了。老布什在得克萨斯州认识佩罗多年，然后在 1992 年和他这个独立候选人竞争过。后来，当有人问及克林顿，他是否是四人中对佩罗批评最大声的人时，克林顿说："这个奖应该要颁给其他几位。"

几个小时后，在白宫东厅的会议中，福特成了《北美自由贸易协定》的最大支持者。在回忆 20 世纪 40 年代自己对互惠自由贸易的投票时，福特说，消除"1930 年和 1931 年《斯姆特－霍利关税法》的糊涂事"需要两党的合作，现在也需要这样的合作，否则，他警告说："我们，美国的产品将不能向国外出口。"

尼克松在电视上收看了《北美自由贸易协定》会议，他鄙视这次会议只是总统的盛大表演。"我看到老布什在白宫过了一夜。他哪里出毛病了吗？我不明白为什么他们想回到那该死的地方。"但是，当以色列的拉宾打电话给尼克松，感谢他为中东和平做出的贡献时，这位前总统开始重新看待自己没参加那次聚会的损失了。他已错过了这次的机会。他将来也就只有一个机会了。

总统俱乐部的葬礼

秋季来临时，克林顿又需要尼克松帮忙了。他在 10 月致电尼克松谈论索马里问题，他的政府在那里遇到了难题，并且有 19 名美军士兵在联合国维和行动中丧生。尼克松叮嘱克林顿要将联合国当作工具，但不要受限于联合国那奇怪的行事方式和手段。同月，克林顿再次打来电话讨论海地问题，海地的拉乌尔·塞德拉斯将军腐败的军政府正将这个贫困的国家变成一个没有法律和充满血腥的国家。不管尼克松对克林顿未出席他夫人帕特的葬礼有多生气，这都已经过去了；尼克松再次成了克林顿的兼职顾问。

1993 年 12 月，两人再次看到俄罗斯议会选举带来了民族主义者和共产主义者的回归——正是尼克松在两年前警告过的。1993 年的透明度也随着俄罗斯的选举动摇起来，几周后，叶利钦的一些高级顾问辞职，俄罗斯官员越来越像他们的苏联前任们了。克林顿在 1 月前往莫斯科会见叶利钦前打电话给尼克松。

2 月，尼克松决定他再次出访莫斯科去看看俄罗斯的情况。尼克松的最后一次俄罗斯访问体现出到 1994 年初时他和克林顿协作的紧密程度。通过华盛顿的迪米特里·西梅斯，尼克松确保他为期 6 天的访问行程都获得了克林顿的批准。国家安全顾问尼古拉斯·伯恩斯在尼克松出访前几天特地去了一趟新泽西，向尼克松汇报情况。美国官员称尼克松的这次访问是私人考察访问。克林顿致电尼克松讨论他的行程安排。

出发前，尼克松在《纽约时报》上写了篇专栏文章，这篇文章他还不如锁在抽屉里不要发表。文章问叶利钦是否"失去了自己的权力"。然后，尼克松论证说，正如他在 1992 年对老布什说的，美国应该放弃叶利钦并和俄罗斯政坛的其他人建立联系。作为给总统的战略性建议，尼克松的观察是准确的。而在访问前对社会提前公开，这并不明智。

但是，和这次访问相比，这篇文章只能算是个小错误。抵达莫斯科不久，尼克松拥抱叶利钦的一位竞争对手的照片被记者拍到。俄罗斯电视台播放的这个镜头导致叶利钦突然取消自己和美国前总统的会谈并且减少了对尼克松的安保和车队数量。这是次轻率的过度反应——但是已经造成了损害：尼克松被极力排斥。

克林顿在美国声援尼克松，敦促叶利钦和尼克松坐下会谈，部分原因是他担心叶利钦的冷落会减少国会中共和党在对俄援助一事上的支持。参议院多数派领袖鲍勃·多尔也提出了相似的要求。在尼克松离开俄罗斯前，叶利钦稍微做了让步，允许他的助手和尼克松见面，但他自己却离开城里前去参加他岳母的葬礼了。

当尼克松回来时，他给克林顿写了一封长达 7 页的关于此次访问结果的信。克林顿仔细阅读了这封信，大赞这封信见解深刻，并且只和他的夫人还有副总统阿尔·戈尔一起分享。信的内容从未公之于众，克林顿在他的回忆录中简单提了一下："尼克松说，我已经赢得了他所拜访的领导人的尊重，不能让'水门丑闻'或其他任何国内问题'从俄罗斯的政治和经济自由这个外交政策重点上转移开'。"但是信的内容远不止这些：尼克松建议克林顿保持他和叶利钦的关系，但也和俄罗斯的其他民主党人接触。他警告克林顿远离民粹主义者，并重视那些对自由和改革有兴趣的人。他建议克林顿换掉他在乌克兰首都基辅的大使，并将未来美国的经济援助集中在乌克兰这个至关重要的国家。

他预测，苏联将来在内部会面临来自民族主义的更大压力。克林顿在几个星期后对泰勒·布兰奇说，这是他作为总统所收到的外交政策方面最睿智的文件。"这封信是篇杰作，是尼克松的最佳作品。"克林顿回忆说。

实际上，尼克松在克林顿卸任很久后还在为克林顿提供灵感。在2011年末的访谈中，克林顿还能回忆起尼克松那最后一封信的具体内容。"尼克松让我吃惊的是他真的很关心（俄罗斯），他的思维仍然很活跃，他的写作能力和他的思想完全一致，这点很明显……这封信写得很透彻，写得非常好，其中一些内容似乎就写在今天。"

"他是怎么知道的？"

"我每年都会读一读那封信。"克林顿说。

这封信也是尼克松的告别宣言。1994年4月18日下午快到6点时，尼克松在家中工作时突发中风。他的最后一本书《超越和平》（*Beyond Peace*）的样书在那天早上刚寄到他手中。他准备在几天后对一群共和党募捐人演讲。《时代》周刊准备在下一期中摘录这本书。尼克松被转往了纽约曼哈顿的康奈尔医学中心，第二天他在那里陷入昏迷。当时在纽约的葛培理在听到这则消息时通知了白宫，让克林顿接了电话。他问克林顿尼克松住在哪个医院，这样这位牧师能过去探望。克林顿说不知道，但他说他会查一下。几分钟后，克林顿回电话给葛培理告诉他具体情况。葛培理在几分钟后就到了尼克松的床边，和尼克松的女儿们一起祈祷。在白宫，克林顿也很担心尼克松的病情。他对格根说："我希望这次病没有影响他的头脑。"

葛培理认识克林顿近10年了，在1989年时和时任阿肯色州州长克林顿在一个共同好友的临终床前一起祈祷。在接下来的24个小时中，他一直在向克林顿通报尼克松恶化的病情。在一次电话中，当明确得知尼克松将不能再恢复时，克林顿问葛培理，尼克松的家人是否允许他参加在约巴林达举行的葬礼。葛培理认为可以，但他说他会和朱莉以及特里西娅确认清楚。几分钟中，葛培理给克林顿回电说可以。尼克松的女儿后来打电话给克林顿，非常正式地邀请他参加葬礼。到此时，克林顿和他的顾问们都在沉思尼克松一生的意义，包括他的成就和缺点。他认为，尼克松是一个杰出、不安、情绪上很复杂的人。"他是一位没有他夫人就不能生活的丈夫。"

4月22日晚上8点刚过，尼克松去世，消息在几个小时后公开。是谁公开了这则消息呢？那天晚上，在白宫玫瑰园，前总统新的最好的朋友在声明中公布了这条消息。《纽约时报》的约翰尼·阿普尔称克林顿的声明"不吝溢美之词"。克林顿称赞尼克松作为政治家重新定义了政治的灵活性。他补充说："在总统任上，感觉不到和那些已经去世的人的特别关系，这是不可能的。"在一份公告中，克林顿宣布下周二为国家哀悼日。他关闭了联邦政府，取消了邮政服务，并且下令美国国内和海外基地的国旗降半旗一个月。"我鼓励美国人那天在各地集结在一起追悼尼克松总统，希望上帝会继续庇佑我们的国家。"尼克松将最喜欢这一点。

克林顿给尼克松举办了国葬，但尼克松在死前明确说明他只想长眠于位于奥兰治县约巴林达的总统图书馆。克林顿派了"空军一号"后备队供尼克松家人使用。同时，白宫助手们争论起如何为一位姓名仍为民主党人取笑的前总统写份合适的悼词。克林顿想要把尼克松称为最后一位自由派共和党人，在里根带来一个更保守时代前的最后一位自由派共和党人。以格根为首的温和派想在一切都结束时给尼克松一生的救赎盖棺定论。乔治·斯特凡诺普洛斯担心，大规模的赦免将影响克林顿的根基，给克林顿带来无尽的麻烦。因此克林顿修改了悼词中关键的一句话——"根据尼克松生命中某个部分章节来评判他的日子终于结束了"——在斯特凡诺普洛斯的建议下，修改成："但愿那些不看尼克松总统的整个人生贡献而对他进行评判的日子结束吧。"

总统俱乐部的人数现在少了，但在报纸和杂志上依然能看到克林顿还有另外四名前总统，以及他们的夫人都坐在约巴林达葬礼的前排引人注目的一幕。同样让人难忘的是克林顿的发言。在称赞了尼克松在癌症研究和环境保护上取得的成就后，他说："过去一年，甚至在他生命的最后几个星期，他仍给予了我非常睿智的建议，尤其是关于俄罗斯的建议。这让我印象特别深刻。尽管这个人已经 80 多岁了，他的思维仍然令人难以置信地敏锐、有力而严密。作为公众人物，他认为，最大的原罪是在应对挑战时保持被动。他从未停止实践这一信条。"

不到一周，在想到他 1 月去世的母亲时，克林顿对 CNN 的拉里·金说，他也同样想念尼克松。"就在今天，我遇到了问题，我还和我的一位助手说：'我希望我能拿起电话打给理查德·尼克松，问问他的意见。'"

21

我将派卡特前往。
你认为这是合适的吗?

19 78 年,当比尔·克林顿成为美国最年轻的州长时,吉米·卡特总统给他写了封信,既是祝贺他,也是向他挑战:"你和我将通过合作共同服务于我们的人民,实现我们国家的目标。"

卡特于 1976 年就职总统,克林顿于 2000 年末卸任总统,在这段时间里,他们两人的关系一直令人担心。他们都来自南方,都是浸礼会成员,是 1964 年至 2008 年仅有的两位入主白宫的民主党总统。尽管有这些共同点,或许也正是因为这些共同点,两人的争吵从来没有停止过。每个人都在考验另一个人原谅对方的能力。

两人的关系有着很不错的开端。卡特发现克林顿是颗政治新星,1974 年帮助他首次竞选国会,然后在 1976 年总统大选时给他提供了一个职位。(克林顿为竞选阿肯色州司法部长拒绝了那份工作。)当克林顿成为州长后,卡特邀请克林顿前往白宫,还任命他的夫人希拉里为法律服务委员会的首位女主席。这一切让克林顿一家成了实实在在的卡特的人:尽管他有很多自由派朋友,克林顿从来就对特迪·肯尼迪剥夺卡特 1980 年民主党总统候选人的提议不感兴趣。与克林顿关系很近但在那场竞选中担任肯尼迪的最高政治助手的卡尔·瓦格纳回忆，克林顿不会脱离卡特的阵营。瓦格纳解释说："他对卡特很忠诚，不管出什么情况都是如此。"

那份忠诚很快就受到了考验。1980 年 5 月，卡特在阿肯色州西北的查菲堡关押了 1.8 万名古巴难民，大部分都是从墨西哥湾非法上岸的难民。当几百名古巴人冲破设施并开始在大街上要求"自由！自由"时，克林顿不得不派上州警和国民警卫队前往维持秩序。他打电话给卡特抱怨，却被告知要向白宫的一位中层官员汇报。

克林顿暂时获得了白宫不在查菲堡关押更多古巴人的承诺，但那个承诺很快就被打破了。8 月 1 日，大选前 3 个月，卡特下令把所有关押在佛罗里达、威斯康星和宾夕法尼亚这些更重要州的难民营的古巴人全部运往不太重要的阿肯色州。查菲堡的人口很快增长了两倍。这对克林顿来说是个政治灾难和对个人的背叛。克林顿对那位卡特政府中层联络人大叫道："你们在耍我吧，你怎么能这么对我？我为卡特尽心尽力。你们这些家伙让我倒霉。我已经为你们尽了全力了。这太可笑了。卡特的鬼话已经直接说明一切了！"卡特最终给克林顿打了电话，但那通电话也不愉快。

克林顿将怒火埋在了心里，但他和卡特的关系就疏远了。克林顿1980 年竞选的共和党对手弗兰克·怀特拍了部电视广告，记录了古巴难民的胡作非为，配有台词说："比尔·克林顿对吉米·卡特的关心要胜过他对阿肯色州的关心。"几个月内，克林顿和卡特就下台了。克林顿后来还将自己的失败部分归咎于卡特。

12 年后，两人之间的关系也没见好转。卡特对克林顿 1991 年和1992 年的候选人资格表现冷淡，而对克林顿而言，1993 年，和一位被看作是失败的只担任了一届总统的民主党总统联系在一起也对他自己不利。在小石城（克林顿组建其政府过渡团队的地方）他也未征求卡特的意见，而且卡特的出现也不受欢迎。

卡特给阿肯色州州长府打电话，他想和即将上任的这位总统讨论外交政策，但是他没收到任何人的回应。克林顿甚至要求卡特时期的副国务卿沃伦·克里斯托弗担任其国务卿，而条件是让他结束和卡特的常年关系。当卡特打电话给克里斯托弗祝贺他时，新任国务卿下令等些天再回电话。更糟的是，他让他的副手处理卡特的事情；而后者又让其副手去做。这些怠慢卡特并非看不出来。

卡特很快找到了表达他不满的方法。1993年1月初，在推销自己的新书时，卡特对《纽约时报》说，克林顿一家将他们的女儿切尔西送往西德威尔友谊私立学校而不是和卡特一样将小女儿埃米送往华盛顿特区的公立学校，他对此感到"很失望"。卡特还分享了他对克林顿做木工活技巧的看法，比尔和希拉里曾在去年夏天到佐治亚州和卡特一起修建了"仁人家园"房屋。"很明显他不是个有经验的木匠。"卡特回忆说。

这话没错，克林顿的木工技术的确不行。但这番话对一位想和新的总统建立联盟关系的前总统而言并没有丝毫帮助。一周后，在华盛顿克林顿的就职庆典上，卡特和他的夫人被明显地和新总统及他的内部圈子保持了距离——这种冷落，罗莎琳·卡特肯定察觉了。卡特明白，克林顿需要为自己作为12年来第一位民主党总统开路。但令他感到耻辱的是，克林顿的外交团队都是他当政时期的人，但他的电话却没人应。当他最后在3月和克里斯托弗坐在一起争论他才是唯一适合执行美国外交家不能执行的任务的人时，他从他老朋友那里收到的却是礼貌而坚决的拒绝。卡特回忆说："当老布什上任时，那是自我离开白宫后，和白宫有过的最好的关系。当克林顿总统上任时，那种关系就结束了。"

救星还是替身演员？

两人第一次合作的真正机会出现在 1994 年，当时朝鲜领导人金日成开始从老旧的苏联式的核反应堆中撤出钚燃料棒，却不允许国际检查员监督整个过程。朝鲜向反应堆补充燃料的决定往往是将钚从和平用途转移到军事用途的先兆，这给华盛顿如何做出回应造成了问题。

克林顿的外交政策顾问怀疑金日成很可能已经有足够的钚来制造核弹，担心如果他继续取出反应堆燃料，他将很快将自己的原子弹库扩充两到三倍。朝鲜问题让人感觉很熟悉：这是敌对行为，还是只是那种为了争取更多粮食而采取的手段？当用更严厉的经济制裁相威胁也没能阻止金日成时，克林顿让他的将军们研究一份可能涉及 40 万美军的入侵计划——而且要快点研究。

克林顿处境艰难：金日成警告，从经济制裁到部署更多美军，他将把每一步都看成是让他对韩国开战的挑衅——华盛顿没有人认为开战会让任何一方得以善终。一些美军官员真担心金日成会对韩国发动先发制人的袭击。4 月末和 5 月的几个星期，美国悄悄向韩国部署了更多的军队、攻击型直升机、爱国者导弹电池、零部件和弹药。这可不是演习。

克林顿在 1994 年初已经花了很多时间寻找能派往平壤查出金日成真正意图的最适合的侦察员。他敦促葛培理在 1 月前往朝鲜，并且写了封信让他带给金日成。当任务稍微出了差错时，克林顿开始考虑派参议员萨姆·纳恩和理查德·卢格前往。金日成一开始赞成这个想法，后来又拒绝了。克林顿想和金日成对话，但找不到开启对话的门路。

这就是克林顿在疏远卡特很多个月后最终向他求助的原因。卡特一直想讨好新任总统：1993 年 9 月，克林顿邀请所有前总统见证以色列伊扎克·拉宾和巴勒斯坦解放组织的亚西尔·阿拉法特签署《奥斯陆协议》，然后在第二天早上参加另外一项活动。

那天，卡特在白宫住了一晚。克林顿和卡特在那晚一直谈到很晚，卡特明说了他感到被克里斯托弗和国务院忽视，克林顿假装对此一无所知并且承诺以后会多向他求助。因此，当卡特在 1994 年 6 月 1 日打来电话表达他对平壤问题"嘴仗"的担心时，克林顿看到了合适人选。他派他的最高朝鲜谈判员罗伯特·L.加卢奇前往佐治亚州向前总统汇报以后可能采取的措施。

6 月 5 日，加卢奇在和卡特的 3 个小时会谈后确信，不管政府是否批准此次访问，卡特很可能前往朝鲜。卡特走时确信，克林顿政府没有办法控制朝鲜局势。必须有人去阻止战争发生。还有谁比第 39 任总统合适呢？

朝鲜人相信卡特：在他做总统时，他将驻朝鲜半岛美军削减了10%，还希望实现更大规模的撤军。从那时起，金日成就曾在 1991 年、1992 年和 1993 年 3 次邀请卡特访问平壤。而每一次，不管是布什政府还是克林顿政府，都拒绝了卡特前往访问的请求。

加卢奇拜访 5 天后，卡特通知副总统阿尔·戈尔，他想去朝鲜看看自己能做些什么。

戈尔和前总统仔细讨论了要如何向在任总统申请这次访问，他们反反复复讨论了多遍才达成一致。之后，戈尔打电话给正在去欧洲参加诺曼底登陆 50 周年庆典路上的克林顿，说卡特想去访问朝鲜。沃伦·克里斯托弗反对这个访问，他知道和卡特合作将有很大不确定性。但是戈尔喜欢这个想法，克林顿也喜欢，他在努力让金日成悬崖勒马。

克林顿认为，这不会有害，或许会起作用。他需要做一些事情；当他在欧洲着陆后，《时代》周刊编辑选了一张封面，画上是一个有威胁的金日成，而且背景是核爆炸。"金日成是在虚张声势还是真想开战？"几天后，戈尔打电话给卡特，批准了访问计划。

6月10日，卡特飞往华盛顿参加出访前的汇报会议。会议效果很糟。克林顿政府对向卡特求助很有争议，以至于国家安全顾问托尼·雷克、加卢奇和国家安全委员会助手丹·波内曼倾向于在国家机场会见前总统和他的夫人；那是他们能够接受的离宾夕法尼亚大道最近的地方。

雷克对卡特说，你将以普通公民身份前往朝鲜，并且没有任何代表美国谈判的权力。雷克补充说，你的任务不是去达成协议或者向朝鲜许诺，而只是辨别金日成的真实意图——是不是和平的意图？还有提醒朝鲜领导人，在危机过去之前，美国有权采取合理的防卫措施。波内曼注意到卡特"看起来对这些限制非常恼火。（他）很明确地认为，自己的角色远非华盛顿和平壤之间递信的"。

几个小时后的国务院汇报会议同样也很糟糕。一位助手在向卡特一家打招呼时竟错称他们为"总统先生和蒙代尔夫人"。会议开始时，助手们只给这两位佐治亚州来客上了百事可乐——这对任何曾在亚特兰大那个以可口可乐为荣的地方生活过一定时间的人来说都是种侮辱。随着对核武器、防止核武器扩散和朝鲜内部政治等话题的展开，前核工程师明确表示，他不是任何人的跟班。"你访问过朝鲜几次？"他问每位专家。每一次卡特这么问时，他得到的答案都是"从未访问过"。

卡特身上的矛盾很难被忽视：他将以普通公民的身份访问朝鲜，但人们却认为他此次出访带着非常关键的总统使命。同时，尽管他作为克林顿的官方或非官方的特使，他曾公开反对政府施压联合国实施对朝鲜的制裁，并且也因自己不遵守命令而有一定名声。当两天后卡特前往朝鲜时，连克林顿自己的一些助手都认为他们发射了一枚未制导的导弹。

先是突破，而后出错

卡特在去平壤的路上在韩国停了一站。道格拉斯·布林克利和唐·奥伯多佛在他们各自对卡特访问汉城的记录中都表示，卡特发现这座城市正处于战备状态。

美国大使馆正在制订计划从朝鲜半岛撤离 8 万多名美军。当地人疯抢大米、蜡烛、面条，大量储水，并且忙于建临时的防空洞。韩国股市在 48 小时内剧跌 25%，美国大使正在安排将自己的亲眷撤离。韩国总统金泳三会见了卡特，并也请他转交一封他自己写的信：一份给金日成的开启朝鲜半岛南北两方双边会谈的秘密价码。

因此，当卡特离开韩国首都北上时，他有多重使命：一个使命是为克林顿总统，另一个使命是为韩国总统金泳三。而卡特也有自己的目标：他相信，如果平壤同意让联合国核检查员监督他们从宁边取出核燃料棒并承诺不再填充，经济制裁就可以避免。他不打算只是去探探口风。他决心达成协议解除危机。

卡特代表团——由几位助手和一位国务院官员，还有一位 CNN 电视台记者组成——于 6 月 15 日穿过非军事区，爬上军用卡车，沿着一条基本被遗弃的四车道公路前往平壤。卡特的官方接待是可以想象得到的不可思议：朝鲜外交部长招待卡特一家晚餐，不仅有舞蹈表演，还有《侠骨柔情》和《哦，苏珊娜》演唱。卡特真诚的晚餐祝酒词包括敦促核检查员一事；朝鲜外交部长在自己的祝酒词中则充满敌意——非常有敌意，以至于卡特当晚上床睡觉时都担心他的使命可能会失败。

心里带着这种预期，卡特立即派助手在黎明前前往非军事区给克林顿捎去一封密信，敦促他，如果他的任务失败，立即启动和平壤的直接和正式的交流。卡特担心出现最糟糕的情况；局势如此严峻，只有克林顿亲自参加斡旋才能解除危机。但美国外交官们确信卡特反应过度，在非军事区中途拦截了卡特的通信员，没让信送到华盛顿。结果，关系也并没有达到破裂点。

第二天上午，金日成笑着接见了美国访客，并给了卡特一个大大的拥抱，两人很快进入正题。卡特对金日成说，他必须立即给联合国监督所有燃料棒的权力。金日成说，他很高兴将自己那老旧的（用很多钚制成的）石墨反应堆更换成美国提供的轻水反应堆；如果美国能提供，他将遵守不扩散核武器条约及其条款。

至于最重要的关于国际检查员能否返回的事情，金日成声称不知道他们被禁止，并且很快就宣布他们能返回。在很短的时间内，两人就即将达成协议了。午餐后，卡特和金日成的助手们挤成一团商讨细节；在这些会议中，金日成的助手不断尝试取消金日成的口头承诺，卡特不得不一次次挡回。

尽管卡特有命令在身，但他现在已经能实现一大突破了。他致电白宫，而那时克林顿和他的国家安全顾问正在罗斯福会议室开会，并且已经确认向联合国安理会提议对朝鲜实施更严厉的制裁，而且也在商讨向韩国再派一个美军陆军师的计划。加卢奇在另一个会议室接了电话，听到卡特从平壤报告说金日成已经同意让国际原子能机构的监督员返回朝鲜并且冻结他的核计划。卡特对加卢奇说，他一会儿将在CNN上宣布这条新闻。

加卢奇回到内阁会议室，报告了卡特的既成事实，以及他将宣布这条新闻的计划。整个会议室的人都惊呆了。雷克问加卢奇："你跟他说过不要在 CNN 上公布了吧，说了吗？"加卢奇回答说没有。克里斯托弗又说："你试了没？"加卢奇承认他没试。很难讲是什么让克林顿和他的助手们更为不安：是卡特达成了一项他们不能在报纸上读到的协议，还是他将向全世界宣布这条新闻？布林克利在他的会议记录中写道："自林登·约翰逊政府以来，在内阁会议室还从来没听到过这么多粗俗的咒骂声。"

所有人分散开来，观看第 39 任总统在 CNN 上宣布在朝鲜实现的"新的突破"。卡特说："我来这里的原因，是为了防止犯一个不可调和的错误。"卡特甚至还称赞金日成采取了"重要"且"积极"的措施，尽管朝鲜领导人所做的只不过是重新遵守他的政府承诺过遵守的条约。然后，卡特建议，剩下的事就是要克林顿批准新一轮的直接双边谈判。

这太离奇了：一位被派去查探事实的美国前总统现在正在国际电视上大谈他私下达成的协议。卡特不仅没有谨慎扮演克林顿的特使角色，而且在公开场合谈一项他自己达成的协议，并且对全世界讲克林顿接下来要做什么。白宫官员聚集在白宫西翼的电视机旁，再也不想控制他们的情绪了。一位官员说："问题是，朝鲜现在有一位美国前总统在当他们的发言人。"一位内阁成员则更毫不掩饰地称卡特是"叛国者"。

但眼下的问题是如何准确地回应。白宫不相信金日成将遵守他对卡特的诺言，他不会拿制裁的威胁做交易。克林顿的助手们制订了两部分方案。首先，他们发表了一份简短的声明，只是给予卡特那明显的突破以暂时性的肯定。克林顿在白宫新闻发布室里亲自发表了这份声明，并且回答了一两个问题。

幕后，与此同时，卡特被怒批。雷克打电话给身在平壤的卡特，用某位官员后来描述的"毫不掩饰的语言"告诉这位前总统，政府将不认同卡特的条款，除非朝鲜明确同意不用新的燃料棒更换旧的。而且，克林顿也不满意金日成的口头协议；雷克对卡特说，他想要一份书面协议。卡特在平壤太阳升起前坐在床边听取了雷克的要求。他对雷克说，那将是对金日成的公开侮辱。

平常很温和的雷克进行了反诘，他对他的老首长提高了嗓门，要求前总统听从现任总司令的指示。"这是次困难的交流。"雷克回忆说。

卡特没有忘记在一开始他就从未被授权进行谈判，他只是无视了对自己的指令。但既然他已经走进朝鲜问题，开始做交易，并且在电视上公开，他知道他不得不听从白宫主人的要求。他同意给金日成写信，说明新的条件。挂完电话，卡特抱怨说："那家伙过去只不过是我身边工作的一只小狗。"为了不冒任何风险，雷克将针对平壤的新条件寄了份副本给纽约市的联合国，只是为防止卡特再次不听命令。

那天晚些时候，和卡特在大同江上悠闲地巡视了 3 个小时后，金日成同意了美国提出的新的条件。总部在亚特兰大的 CNN 新闻记者拍摄了他们的航程。卡特和金日成都带着他们的夫人，这让事情更容易办些；在卡特夫人和金日成夫人的催促下，金日成同意采取措施帮助寻找在朝鲜战争中失踪的大约 3 000 名美军士兵的遗骸。但是，卡特接着用一种让人无法解释的举动，对 CNN 新闻人员宣称，多亏了他前一天的行动，美国不再催联合国制裁朝鲜了。

这明明不是事实——美国还在以制裁相威胁，从而迫使金日成遵守自己在核协议上的承诺。在华盛顿，人们对卡特最近的行为有了回应：白宫新闻发言人迪迪·迈尔斯谴责卡特的声明不准确。驻韩国大使詹姆斯·莱尼被下令第二天早上在非军事区会见卡特，带给他一条明确的信息：不要再讲任何关于制裁的事情。莱尼还有另外一条信息：

想都不要想从汉城回华盛顿。现在那里没有谁想看到你。事实上，白宫没有谁能在未来一两周内看到你。

但两条信息都没起效果。在离开汉城前，卡特打电话给戈尔并通知这位副总统，他想去华盛顿亲自向总统或他的助手们汇报。戈尔对此予以拒绝；卡特再次坚持要去华盛顿，又打了几个电话后——其中的一个电话副总统让雷克也在一旁听——卡特被允许在回国后前往访问华盛顿。卡特和戈尔讨论结束后，戈尔激动异常，以至于他的助手们后来说他的声音在美国大使的住处都能听到。

然而，尽管这次任务有附带损失，但很成功：卡特促成了金日成同意和韩国进行双边会谈，正如金泳三所提议的。他为朝鲜战争遗骸寻找工作扫清了障碍。更重要的是，他帮助解除了燃料棒危机。卡特期望自己的行动起码能获得一些感谢。但卡特似乎总是让人难以对其表达谢意。在离开汉城前，卡特又扇了白宫一耳光，说制裁将是"对他们那所谓伟大领袖的个人侮辱"。

当卡特于6月19日抵达华盛顿时，克林顿的助手希望消除所有的嫌隙。但很快就清楚的是，卡特对在国内讲和不感兴趣。前总统走进了雷克的办公室，坐到沙发上，继续读他写好的报告——逐字在读——就好像他在给一屋子学生上课似的。当卡特宣布只将自己此次出访的最终报告在克林顿、戈尔和克里斯托弗，以及他所谓的"我邮寄清单上的支持者们"当中传阅时，和解的希望再次变小。

这一切表明，卡特是位难以捉摸的搭档。当一切结束时，克林顿很周到，他告诉他的助手们说："我依靠总统俱乐部达成了协议。即使他们欺诈，前总统仍然是总统权力的有用的工具。尽管他们在国内引起了很多争议，俱乐部的成员对某些外国领导人还是有着特别的影响力的。"

"瞧，我就知道我会因为允许卡特去那里而受到一些人的批评。但我也知道，我们需要给朝鲜……一些台阶下，免得丢脸。我想，如果他们能对自己说，那么做是因为美国前总统到他们国家去了，他们才会那么做。"克林顿说。

克林顿将铭记这条教训。

海地任务

仅仅 3 个月后，克林顿就又指望上卡特了。这次的任务风险更大。卡特在 6 月的秘密使命只是去一个爱惹麻烦的国家，接触这个国家的领导。

9 月，他更为公开地去海地访问是要在战争快来临时前去推翻流氓的领导。

1994 年中期，海地的军方领导拉乌尔·塞德拉斯一直在发动针对支持前总统让 - 贝特朗·阿里斯蒂德的恐怖行动。拉乌尔·塞德拉斯在 1992 年伙同其他军官将阿里斯蒂德总统赶下了台。大约有 3 000 名海地人在塞德拉斯的统治下丧生，很多是被他的打手们砍死的，被弃尸在大街上。在阿里斯蒂德曾经最有势力的城市里，当塞德拉斯的安全部队用新的专制逮捕政策将人关进海地监狱时，妇女和女孩子们通常被强奸或殴打。

美国在 1994 年入侵海地，这件事离现在还不是很遥远，却很容易被人遗忘。克林顿在 1993 年和 1994 年大部分的时间里尝试采取不同的非军事手段驱逐塞德拉斯的将军们。如果说制裁有效果，那效果也只表现在海地军队和它统治阶层的盟友从因制裁导致的物品短缺上变得更加富有了。

克林顿最终于 1994 年 7 月下旬在联合国安理会通过一致决议，授权使用武力恢复民主——这也是联合国的第一次，人们预期，美国入侵的威胁将强迫海地军队让步。但很可能的是，全球制裁不能将塞德拉斯赶下台，而到仲夏时分，入侵计划已经在五角大楼制订。对付不足 7 000 人的海地军队，人们普遍认为美军面对的只不过是象征性的抵抗而已。

但是向海地派遣军队的主意很不受欢迎。公众对克林顿在首届任期中处理外交政策的信心本来就不高，而且入侵西半球最穷困的国家让大多数美国人不理解。阿肯色州参议员戴尔·邦珀斯警告克林顿，入侵可能会被参议院否决。而针对塞德拉斯的好的替代方案也不容易找到；前参谋长联席会议主席科林·鲍威尔警告克林顿，在野的海地领导人让－贝特朗·阿里斯蒂德靠不住，不值得让美国人为其丧生。克林顿解释说："没有谁是为他丧生，没有任何人。"这有点宿命论的色彩。他对泰勒·布兰奇说："我会做完这件事的，不要为此担心，我总能找到其他事情来谋生。"

他的辩护和他在公共场合谈论海地时并没有多大不同。9 月 15 日，克林顿发表了一篇总统办公室的演讲，解释他入侵的合理性。"我已经让步了。我已经尝试过制裁和其他一切手段。我们有联合国在，美国并不是独行者。"

当他结束演讲时，他没有表明他正在努力给和平最后一个机会。几个月来，卡特一直在敦促克林顿让他前往海地去和塞德拉斯谈判让他退位。克林顿认为这值得一试：卡特认识塞德拉斯和阿里斯蒂德多年，并且在过去 10 年中访问过海地 10 次。毕竟，是塞德拉斯在 1991 年 2 月帮助阿里斯蒂德上位，然后在 8 个月后将他赶下了台。卡特认为，如果能事先说服塞德拉斯退位，那么海军陆战队就能和平地开进海地。卡特自愿在入侵前飞往海地劝说塞德拉斯。

卡特的回归让克林顿的助手们感到很纠结。戈尔和克里斯托弗回想起那个夏天在朝鲜所发生的事情，他们断然地大声反对。或许卡特已经想到了这一出，他自己提出了一条针对他的问题的解决方案：他打电话给佐治亚州的萨姆·纳恩和鲍威尔，他们两人都不赞同入侵。卡特问他们是否也有兴趣一同前往海地。两人都回答是，如果总统同意，他们也想去。据卡特回忆，克林顿"不会让我去，除非我能让萨姆·纳恩和科林·鲍威尔一同前往"。

然后，克林顿给每个人都打了电话，指出了这次任务的目标，并且正式邀请他们一起执行这个任务。目的就是：告诉塞德拉斯，美国海军陆战队已经出发，看他是否愿意退位以换取权力的和平交接。

塞德拉斯退位的具体条款取决于这三人组——部分原因是所有人都知道他们需要一定的灵活性来圆满完成任务。但令人担忧的是他们究竟会有多灵活。克林顿担心卡特可能会达成一项远远超过他事先授权的协议。鉴于卡特在朝鲜问题上的表现，克林顿的高级顾问乔治·斯特凡诺普洛斯回忆说："我们当时不能再容许有任何自由主义。"克林顿自己也花了一天时间让自己相信自己的决定。他对斯特凡诺普洛斯说："我将派卡特前往。你认为这是合适的，是吗？"

最终，克林顿再次决定相信自己的直觉，部分原因是他的替代方案要糟得多——在这个问题中，替代方案也就是发动入侵行动。正如他向鲍威尔解释的："吉米·卡特有时是张万能牌。我在朝鲜问题上在他身上冒了险，但结果也没有那么糟。"

克林顿在卡特、鲍威尔和纳恩出发前给了他们一个秘密武器："我告诉他们要随时对海地人民说他们不同意我的政策，因为他们（海地人）更可能相信我打算入侵。"卡特、鲍威尔和纳恩在一小组助手的陪同下于 9 月 17 日中午抵达海地首都太子港，然后立即前往海地军事总部见塞德拉斯。美国人感觉到他们几乎是走进了陷阱之中：破败的建筑被塞德拉斯的几千非正规军包围着，他们在一起喊着口号和挥舞着大砍刀。楼上，在一个角落里的房间，卡特镇静地向将军和他的副官们说明美军即将发动大规模入侵，敦促海地人放下他们的武器并交出权力。

纳恩回忆，国会完全支持总统，而鲍威尔则扮黑脸，说明美军将如何用两艘航母、两个步兵师、武装直升机、大炮和成千上万的美军对付塞德拉斯，并且还有十几个其他国家的援助。鲍威尔的武力展示让塞德拉斯开玩笑地说："我们一直是西半球最弱的一个国家，这件事后，我们将成为最强大的国家。"

那样做缓解了紧张气氛，却对扫清达成协议的障碍没有任何帮助。塞德拉斯对他的客人们说他不会改变态度。于是，美国的几位客人休息了一下，和当地的商界领袖共进了晚餐，然后在那天晚上稍晚时再次开会。那次会议在晚上 11 点开始，一直持续到凌晨 1 点多，但仍然未取得多大进展。然而，卡特赢得了塞德拉斯的邀请，在第二天早上前往他家里见他的家人。

目前为止，4 艘美国海军军舰已经准备起航，载着 1.6 万名士兵和海军陆战队队员。美国军队将在周一午夜时起航。这一切意味着这三人只有不到 24 小时的时间来达成协议了。但如果他们三人想要在袭击开始时离开这个国家，那么这三人就只剩 18 个小时了。

克林顿周日一早就到了五角大楼，在那里评估入侵计划，并和现场指挥官通了电话。与此同时，在海地，卡特、纳恩和鲍威尔在黎明时前往塞德拉斯的家见他的夫人和其他家人。塞德拉斯夫人看起来和她丈夫一样固执。她对美国人说："我们宁可堂堂正正死在美国的子弹下，也不要因叛国而死在海地的子弹下。"这是很明显的虚张声势，鲍威尔并没有放在心上。他说："我夫人和我都很理解你作为将军夫人的忠诚。但我想对你说，当结果早已定了时，舍生忘死根本没有任何尊严。"

但这使形势有所改变。周日中午时，塞德拉斯提议，新政府一成立他就立即退位。当卡特通过传真将消息传到华盛顿后，克林顿拒绝了这项提议，认为它太含糊不清，坚持让塞德拉斯在10月15日前离任。塞德拉斯抵制这个时间，而克林顿则敦促卡特和他的团队快速离开这个岛。

任务已经没有任何后退余地，而且已经比最后期限超出了几小时。入侵行动12个小时后就要展开，一些先头部队预计6个小时内就会抵达。华盛顿的神经开始焦躁起来；比入侵一个穷困的邻国要更糟糕的是，他们有三位德高望重的政治人物有可能要死在战火中。军官们让三角洲特种部队待命，如果有麻烦，立即下令拯救这个三人组。指挥美军海上行动的休·谢尔顿将军那个下午一遍又一遍地打电话给白宫，催促克林顿立即召回卡特等人。

下午4点左右，入侵就要开始了，塞德拉斯的最高副官提醒塞德拉斯，催促他离开大楼。（海地的将军们，不管他们军队的条件如何，很明显在北卡罗来纳州布拉格的教皇空军基地附近有一些眼线，一些外国情报员——这点给曾当过伞兵的鲍威尔留下了印象。他说："对一个穷国来说，这已经不错了。"）克林顿再次打电话催促三个人立即撤离，但卡特肯求再多给点时间。克林顿有点怀疑，但也愿意延长最后期限直到最后一分钟，或许只是一个小时以后。

卡特后来所做的事在他的《卡特中心和平调解手册》中只字未提。

他走到塞德拉斯身旁，几乎是在咆哮了："你必须立即接受这项协议，否则你的孩子们将死在战争中！你的国家将被战火焚毁！"

这是种让人惊讶的策略转变，鲍威尔回忆，当他看到这一幕时，他自己都被震惊了。然而，这一招似乎起作用了。塞德拉斯已经接近于有条件投降，但需要一些挽回脸面的政治策略来做交换。于是卡特孤注一掷，提议带塞德拉斯前去见将军们几个月前提名的有名无实的81岁高龄的总统埃米尔·若纳桑。尽管美国不承认若纳桑是合法领导人，但海地的将军们和卡特认为，如果若纳桑能被说服下令塞德拉斯退位，塞德拉斯可能会同意。代表团匆匆乘两辆车离开了军事总部：纳恩和卡特乘一辆，塞德拉斯和鲍威尔乘另一辆。当他们快速穿过太子港的街道时，几个手榴弹已经在他们的车后面爆炸起来了。

当他们抵达若纳桑的办公室时，卡特已经写好了一页纸的提议，让执政府于10月15日前下台，并允许美军和平进入这个国家。若纳桑问将军们是否能抵挡住美军。塞德拉斯说抵挡不了。两位低一级的部长反对投降，并且威胁辞职。若纳桑回答："我们的部长已经够多了，我选择和平。"当协议被翻译成法语时，卡特用一部未安装反监听装置的电话打给克林顿，鉴于局势的紧急，确保若纳桑是可以接受的能达成最终协议的领导人。

克林顿同意了，很快若纳桑签署了协议。当鲍威尔提醒海地人，这份协议意味着不能向美军开火时，塞德拉斯同意了。"我将听从我的总统的命令。"卡特打电话到白宫告知最新进展，得到的消息是美国伞兵在只距离海地30分钟的路程时被克林顿下令返程。

争取和平的战争

当三人组在那天深夜前往机场返回华盛顿时，这次不能说卡特表现不佳。面对极不均等的机会和紧急的时间，他行动迅速，并且在关键时刻，很有创造性地在遵守白宫大部分指示的前提下达成了协议。他在谈判中有时也有动摇，但最终他和克林顿都能将结果称为一场胜利。而且，到目前为止，他一直没有在公众场合露面。

然后，不可避免地，卡特又有点表演过火了。回国后，三个人于凌晨 3 点 30 分在华盛顿着陆，然后分开去睡了几个小时的觉。这三人应该在早上和克林顿碰面共进早餐，然后举行一个四人的新闻发布会，干净漂亮地发布那条协议。然而，卡特却擅自在早上 7 点上了 CNN 电视新闻，讲述之前 72 个小时发生的事情，并且借机批评白宫认为塞德拉斯逃往其他国家的观点，同时称赞塞德拉斯愿意下台。

这一切都发生在他向总统汇报之前，而他此次任务代表的正是总统。

当卡特回到白宫，他发现克林顿大发雷霆，批评卡特再次在向"老板"汇报之前就对媒体进行了通报。但是，卡特并没有就自己的错误道歉，反而进行了反击，他大声批评克林顿在谈判团队还在海地的时候就发动了入侵行动。这让克林顿更恼火，因为卡特知道，正是入侵的威胁让谈判官有了筹码。这样的对话只能演变成咆哮比赛。

萨姆·纳恩缓和了局面，然后四人在白宫东厅合影和回答提问。卡特再一次为克林顿省去了很多麻烦，一位总统帮助了另一位总统。但他又在结束时没有遵守规则，正如当初在朝鲜问题上一样。

从很多方面来看，克林顿与卡特的关系是关于是否给予第二次机会的考验，是对一个年轻人能原谅老人多少次的考验，是对老人是否认为他的保护对象是一个比他更好的政治家的长达 25 年的考验。1999 年 8 月，当克林顿在白宫的时间渐近尾声时，他飞往亚特兰大给卡特和他的夫人罗莎琳颁发总统自由勋章。该奖章是国家最高的公民奖，但这个奖章正常是在白宫东厅举行的授奖仪式上颁发的。

一到亚特兰大，克林顿就长篇大论卡特在全世界所做的慈善工作。

克林顿说："还有其他总统在离任后也致力于公益服务。"他谈到了塔夫脱和杰斐逊，表明他做了很多功课。"而称吉米·卡特为史上最伟大的前总统。"他对罗莎琳的发言也同样很亲切。卡特对获得这份荣誉很感动，他感谢了克林顿，但还有个注脚。卡特说："你还有几个月才能加入我们这个小型的前总统俱乐部。现在，想象下，总统先生，你将能打高尔夫了，而且不会有任何电视、摄像的干扰，专心地击球。那难道不是很棒吗？但我认为，我得提醒你，退休后也会有些不如人意的地方。我知道，高尔夫球友给前总统的进击机会可没有他们给总统的机会那么多了。"

2000 年，总统俱乐部几乎已明确了一条内部章程：即使你帮了卡特一把，你也永远不知道他将如何回报。但他的回报很可能会让你感觉不妙。

22

比尔，我想你得承认你撒了谎

1998 年初出了条震撼却并不完全令人惊讶的新闻：比尔·克林顿可能和 21 岁的女实习生有性丑闻，这让震惊的总统俱乐部陷入沉默之中。

里根那时候没有公开露面或发表声明。老布什也没有任何理由做出评论：他的大儿子正在得克萨斯州进行连任竞选并计划竞选总统。总统俱乐部中两位关系最紧密的成员福特和卡特在那年春天的私下谈话中一致同意不在公共场合谈论克林顿的问题。众议院的弹劾调查是确定了的，参议院很可能将进行审讯。他们认为，如果他们在沉默之后发表声明，他们的影响力将更有价值。

但是，到了 8 月，克林顿向大陪审团承认——然后在全国电视上承认他确实和莫妮卡·莱温斯基有不正当的关系。9 月下旬，一位埃默里大学的学生请卡特评价华盛顿的乱状。卡特说，15 年来，他在埃默里大学大一学生的指导会议上从没有回避任何一个问题。假设因这件事破例的话，时机也不错，但卡特很明显并不这样认为。他大胆而确定地预测，克林顿将被弹劾，但不会在参议院定罪。总统俱乐部的沉默就此被打破。

庄严的时刻

几天后，福特在他的老朋友历史学家理查德·诺顿·史密斯的协调下为《纽约时报》的专栏写了份稿子。他认为克林顿还没有就自己的行为向公众解释清楚，也没有为自己所做的事感到足够的羞耻。史密斯说："福特认为克林顿需要表示出更多悔悟，他认为克林顿需要让全国民众知道他真的理解他让国家经历了什么。"

但福特还有其他担忧。他奋斗了 25 年，才成为下院政党领袖。这位众议院元老害怕，众议院共和党人现在情绪高涨，如果只凭直觉就利用肮脏的性丑闻弹劾总统，那也可能损害他自己。

福特感觉到，公众或许会惩罚他们多管闲事。史密斯怀疑，福特还有第三项议程。史密斯说，福特认为，出生在有教养的年代，公众纠缠于克林顿的性生活是一回事，而政府也纠缠于此则是另外一回事。福特深信悔悟的力量，以及它对国家的有益影响。史密斯说，在 25 年前特赦理查德·尼克松时，福特试图让尼克松认罪来作为特赦的交换条件。尽管尼克松做了些简单的评论，但他从未真正站出来道歉。不管怎样，福特特赦了尼克松，却花了他余生的一部分时间来为此事解释。这次或许是福特证明他自己的一个机会。

然而，福特在《纽约时报》专栏中的建议不同寻常。他建议众议院司法委员会继续调查，但建议两院用议会工具来解决危机。福特认为，克林顿应该在国会两院联席会议上主动认罪，"不是为赢得人民代表的喝彩，而是要受到两党成员的严词谴责。我强调一点：应该是谴责，而不是总统的反驳……总统该为他的行为、为他拖延或阻碍事件调查负全部责任……让这个过程庄严、诚实，最重要的是要干净彻底。结果，我相信，将是在这污秽的一年中迎来第一个庄严的时刻"。

那是最重要的使命：总统俱乐部的成员倾向于保护总统职位而不是保护总统个人，而且被整件事玷污的总统椭圆形办公室需要一次洗礼。不管他们对克林顿的私人行为有多么吃惊，前总统们清楚，将他置于参议院审判将带来深远而无形的代价。总统权力的一部分来自这个职位的庄严性，他们不想看到它因某种肮脏的个人行为而遭到破坏。

但福特的提议看起来有点离奇。让众议院共和党领导层，让一个由纽特·金里奇领导的基本由男性组成的，并对克林顿越来越反感的领导层陷入长达一年的调查，这个想法有点让人难以想象。即使是在1986年伊朗事件后，民主党人虽然同意不弹劾罗纳德·里根，但他们都倾向于继续数月以来的调查。"我85岁了，没有任何个人或政治议程，也没有兴趣拯救比尔·克林顿。但是，我非常愿意拯救我所热爱的这个国家免遭骚乱或不稳定的危害。"

专栏文章发表后，保守派狂怒。共和党人立即摒弃福特的观点。福特的助手们听说，多数党督导汤姆·迪莱对福特干涉即将到来的审判感到非常恼火。然而，如果共和党人讨厌福特的想法，克林顿倒可以进行私密的随访。

10月某个时候，资深民主党内部人士罗伯特·斯特劳斯打电话给福特问了个问题。根据白宫的指示，斯特劳斯问福特是否会考虑在即将到来的众议院司法委员会弹劾听证会上代表克林顿做证。事实上，斯特劳斯对福特说，白宫希望福特是众议院听证会上唯一代表克林顿的证人。

即使是出自像斯特劳斯这样的一位老朋友口中，这也是件让人惊讶的事情：来自不同政党的前总统会为在任总统拿起武器开火吗？福特回忆："我对鲍勃说，没办法了，我是说，你能想象我这么一位众议院共和党人会在共和党的众议院为比尔·克林顿做证吗？"但福特并没有完全排除帮助克林顿的可能性。私下里，福特对斯特劳斯说，当危机开始时，他能起到更大的作用。福特说，如果共和党人迫使这件事到参议院进行审判，他会打电话阻止共和党人。但做品德信誉见证人？那要求就有点太过分了。

11月3日，中期选举验证了福特的一大预言。尽管选民让共和党人在参议院拥有10个席位的优势保持不变，却出人意料地让民主党在众议院多获得了5个席位。这导致共和党内部开始反对议长纽特·金里奇，他曾预测获得6～30个席位。3天后，金里奇宣布辞去议长一职。

12月11日，众议院司法委员会根据党纲投票弹劾总统。到现在为止，美国大多数人还有点谴责弹劾和审判，但是众议院专家组要不惜一切代价那么做。那个下午克林顿出现在白宫玫瑰园中，试图再次迎接可能的责难。

"如果他们裁定我语言和行为上的错误要受到他们的谴责和责备，我愿意接受。"一周后，议会投票全体批准四项弹劾中的两项。克林顿有可能成为历史上第二位被弹劾的总统。

呼叫俱乐部

那就是白宫真正要开始依靠前总统的时候了。阿尔·戈尔当时负责管理白宫西翼和普莱恩斯的动荡关系，他发了牢骚。卡特打电话给福特建议在《纽约时报》再写一篇专栏。卡特提议，让我们再次对两党的责难进行反击，福特这么做了。到这个时候为止，这两人已经在国内外事务上进行了将近20年的成功合作。他们在几天内交换了草稿，前前后后总共有 6 个版本，直到他们都满意为止。

评论发表在 12 月 21 日的报纸上，就在众议院弹劾投票两天后。在文章中，福特和卡特要求进行"独特的"惩罚，甚至比福特最初的提议还要不合传统。"我们个人赞成参议院两党责难的决议。根据这样一份方案，克林顿总统将不得不接受问责，并且承认他的罪行以及他所带来的真正伤害。国会决议应该保证总统接受这些调查结果，包括公开承认他没有说出真相，并保证结果不能被用作证据，出现在总统将来可能会面临的刑事诉讼上。"

前总统们一边关心着历史，一边关心着国家；他们再一次担心总统职位将有风险。"幸运的是，参议院程序，通过其灵活性和自由性，提供了结束这一全国性折磨的方式，那就是支持法治而不永久损害总统职位。"专栏文章的标题为"治愈我们国家的时机"，和福特 20 年前在白宫的回忆录的标题相呼应。

福特和卡特让一切听起来似乎很简单，但他们的提议充满矛盾：这两位总统想象中的豁免权究竟是如何被赋予的？协议的条款如何让总统的律师们满意？还有，要怎么劝说那些几乎想生食克林顿肉的保守的共和党人放他一马？总统俱乐部最后的努力既不及时也没有涉及具体事务。不管福特和卡特希望传递怎样的常识，要求审判的情绪仍在高涨。

但白宫继续寻找其他可能的途径。在第二篇专栏发表后，白宫顾问查尔斯·拉夫直接打电话给福特。拉夫当时负责总统的国防团队，他问福特他还能做些什么给予克林顿帮助。福特回答，只有当克林顿承认做伪证，这是四项指控之一，他才能继续起作用。拉夫告诉福特，克林顿不会同意。福特对拉夫说，他提供不了其他帮助了。这里有个典故：由于在 1974 年未能让尼克松明确认罪，福特不愿意在 1998 年看到相似的事情发生。

圣诞节过了 5 天后，12 月 30 日，克林顿拿起电话打给福特。于是，自福特宽恕尼克松后，总统俱乐部最不寻常的讨价还价开始了，只是这一次没有中间人参与其中。克林顿对福特说，他没有做伪证，但福特不相信这一点，尽管谈话的语气很平缓且有点商业味道，福特很坚决："比尔，我想你得承认你撒了谎。如果你那么做，我想会对你有帮助，而且我也帮你。如果你承认做了伪证，我将为你做更多事情。"但克林顿还是矢口否认。

1998 年 1 月，克林顿就性骚扰案出庭，他仍然坚称他没有撒谎，也不会为避免参议院审判而改口。福特回忆克林顿说的话："我不会那么做的，我不能那么做。"

福特提醒克林顿，国会会给他豁免权，只要他坦白。但克林顿说，他怀疑疯狂的共和党国会是否会给他提供这样的盾牌。福特回答说："比尔，我在那儿待了 25 年，我得出的结论是，他们能做他们想做的任何事。"福特提醒克林顿说："总统豁免权还有可能。"但克林顿并不为所动。两位总统陷入了僵局。其中一方已经尽了全力帮助另一方。

或者说是几乎尽了全力。福特说，即将到来的参议院审判对国家来说将很漫长和不愉快。克林顿回答说："你是否可以打电话给参议院多数派领袖特伦特·洛特，向他说明扩大审判的负面影响？"福特同意了。当他打电话给洛特时，他提醒后者，克林顿不想达成协议，然后缩短了审判过程。

在克林顿看来，在那些日子里，"杀伤力杀不死他只会让他更强大"。到目前为止，对福特来说，克林顿或许不是真正在找出路，他不再害怕和共和党斗争，而且，在某种程度上，他还比较喜欢这么做。鉴于中期选举刚刚结束，而共和党在国会的席位不增反降，对克林顿而言不会变得更糟糕吧？为什么不直接战斗到底？当福特想再次谈谴责或责难的时候，对他而言很明显的是，克林顿已经认定政治在为他服务。

再献一束花

克林顿没有在他的回忆录《我的生活》中提起他和福特的秘密谈判。福特也只在《纽约每日新闻》记者托马斯·德弗兰克2007年出版的书《福特传：等我死后再公开》中谈起了这些事，而他要求必须要等他死后才能发表。

第二年，克林顿看到福特在白宫200周年宴会上抢了风头，当时白宫东厅坐满了总统俱乐部成员。福特为取悦众人，给大家讲了些他的尴尬的事情，尤其是在海军陆战队乐队奏起《夫人是个流浪汉》时，他和伊丽莎白女王跳舞的事情。克林顿后来谈起福特时说："我真希望当我在87岁时还能保持那么好的体形，当然，我不认为我能活到87岁。"

福特一直活到93岁，是自赫伯特·胡佛之后活得时间最长的总统。福特选了其他总统——卡特和老布什在他的葬礼上致辞。但克林顿也有他自己的方式瞻仰他。福特去世几个月后，2007年6月，克林顿乘飞机到大急流城，在当地经济俱乐部的年度晚宴上讲话。那晚讲话前，他去了城里的福特博物馆，还带了一束鲜花，他问他是否能单独前往前总统的陵墓。杰拉尔德·福特基金会的主席马蒂·艾伦陪克林顿到了墓地，墓地位于格兰河沿岸的一座由石头堆砌的半圆形花园内。墓上方的墙壁上刻着几个字："生为上帝、祖国和爱"。克林顿走进墓地大门，不带随从，不带记者，只带一束鲜花，奉献在福特墓碑的脚下。待的时间比预期还要长。艾伦后来回忆，他后来现身时，明显很动容。离开时，克林顿说，简朴的陵墓"正是福特总统的写照"。

然后两人在黄昏时在大急流城散步。城里热闹的商业活动让克林顿很惊讶，还有路边那数不尽的工地和塔式起重机。他对艾伦说，福特的家乡让他想起了小石城。

小布什和克林顿：

无赖和叛逆者

比尔·克林顿和小布什都出生在 1946 年夏天，仅相隔 44 天，他们是所有美国总统中出生日期最为相近的两位总统。他们两人将成为婴儿潮一代政治的两极。一位是典型的皈依者，亦步亦趋地追寻着他那伟大父亲的脚步：耶鲁大学、参军，然后到西得克萨斯从事石油生意。另一位，至少在表面看来，是美国的笨小孩，生于阿肯色州一户神秘的家庭，经历过 20 世纪 60 年代的混乱，逃避了兵役，在民主党政治选战中错过了去法学院工作的机会。但这种对比是广角镜头下的对比。近观克林顿，他是建制派理念的梦想伴侣：军乐队乐手，全国青少会的州选代表，乔治敦奖学金和罗兹奖学金的获得者，参议院里认真的本科见习生。谈及 22 岁时的推迟兵役，他的理由是为了保持其"政治生存能力"。克林顿在破纪录的 32 岁年纪当选州长，小布什却直到 40 岁才有所作为，一直受困于特权和叛逆的旋涡：他的祖父是参议员，父亲是前总统。比起克林顿，小布什更像是叛逆者：十几岁时，小布什溜出肯纳邦克港的家园去抽烟喝酒，克林顿则溜出他温泉城的家园给葛培理送津贴。

他们中有一个人从未见过自己的父亲，另一个人却不能摆脱他父亲的阴影。而他们都做了 8 年总统，都曾让他们的国家分裂、两极化并时而狂怒；两人都经历过针对他们的行动不可调和的批评。一位因性丑闻而被弹劾，另一位则因为制造战争而备受指责。两人都因自己没能阻止 2001 年 9 月 11 日的恐怖袭击而被指责。而且两人在困苦中离开华盛顿时都已历经磨难、筋疲力尽而且不愿向国人道歉；总统俱乐部将成为他们的养老院。在他们离任后，他们的使命感都受到人们欢迎，而他们的和平感则更受人们欢迎。

23

他永远不会原谅我击败了他的父亲

1997 年 11 月，总统俱乐部聚会。总统或他们的亲属，共九位，齐聚一堂，欢庆大学城的老布什图书馆开馆。老布什感谢了每一位的光临——戴维·艾森豪威尔、卡罗琳·肯尼迪、伯德·约翰逊夫人、朱莉·尼克松、南希·里根，还有福特、卡特和克林顿三位总统。他们都来到了得克萨斯州农工大学校园，参加了满怀谢意的老布什所谓"独特的前总统俱乐部"的聚会。

当然，席上还有一位未来的总统。当得克萨斯州长走到麦克风前向众人致以欢迎时，他称颂他的父亲"带着完好的正直秉性离任"。这席话被众人看作是对一个将他父亲赶下台的人的挖苦。从那天起，克林顿和小布什的关系被不断发酵。

克林顿在 18 个月后再次见到小布什，但他并不喜欢那番景象。他们在 1999 年 2 月华盛顿州长会议上相遇，而就在 10 天前，参议院投票撤销对克林顿与莫妮卡·莱温斯基丑闻的所有指控。这仅仅是对这出奇异事件的官方结论；事件的余波影响了未来数月甚至数年的政治。在那个时候，小布什正处于职业生涯上升期：他刚刚赢得了得克萨斯州州长连任，并且很快会宣布自己将竞选总统；他在全国奔走募集资金、检验主题，并承诺将在国家对一位民主党人的尴尬体验结束后恢复共和党领导。布什家族将卷土重来，而老布什的儿子则让一切听起来像是拯救和复仇。

因此，那个 2 月，当小布什出现在白宫时，斗争上演了：克林顿在他的讲话中刻意称赞了小布什的父亲和他新当选佛罗里达州州长的兄弟杰布·布什，但对小布什只字未提。或许是因为克林顿和杰布相处和睦，但他肯定发现了台下的小布什。克林顿后来回忆，小布什看上去很像他的母亲芭芭拉：外表看起来很和蔼优雅，但骨子里很尖刻和不饶人。他认为他们的敌意是个人间的，不涉及意识形态。

克林顿后来说："当然，他永远不会原谅我击败了他的父亲，那几乎和他的政治信念一样深。"多年后，克林顿回忆那次在白宫跟时任州长的小布什和杰布·布什斗气的不寻常经历。"杰布是个比小布什更优秀的演员。杰布会参加州长会议，并且很用心，而且问问题时也很尊重人，"相比而言，他补充说，"乔治不喜欢在我执政时待在白宫。现在，在对我击败他父亲一事上，我不认为杰布会比小布什更高兴。"他说，那个大儿子不想假装优雅。

当克林顿的助手注意到小布什那晚在白宫似乎感到特别不舒服时，克林顿辩称："瞧，那家伙现在老实了。他应该怎么做，像我一样吗？我击败了他的父亲；他爱他父亲。这并不让我不安，这可是身体接触类比赛项目啊。"

阴 影

小布什想惩罚赶他父亲下台的克林顿和民主党，但这个想法驱动了他个人野心的哪部分呢，这一点无法衡量。正如小布什在他的回忆录中所说，如果他一直以来都想当总统，在他年轻时，他会做很多不一样的事情。他早在1964年就参加过选战；他在1978年竞选国会议员但以失败告终；10年后，他在达拉斯经营棒球专营店并计划竞选得州州长。小布什对总统一职的兴趣，部分是因为他想打破一种概率：在他父亲当选总统后，小布什授权一位老朋友做了份报告，比较之前所有的40任总统的子孙的生活。结果，他收到了一份让他沮丧的44页的报告：很多人不能工作，年纪轻轻即去世，并且有人与毒瘾和抑郁抗争。尽管有一位后来成了总统，但没有任何人当选州长。当小布什了解了这一点时，他叹了口气。他的回忆录只匆匆提了下他想做总统的原因——减税、改革教育和福利——但事实是，他对竞争有种天生的触觉。他在2000年时说："我喜欢竞选，我对比赛有一种天生的感觉。"

1992年，看到他父亲在大选中失败，也是激发他参与竞争的原因的一部分。这个经历被他称为"一生中最糟糕的一年"。但是，如果说小布什竞选总统部分原因是替他父亲的战败复仇，那么克林顿的性丑闻肯定对小布什的候选人资格有帮助。小布什从未在选战中提过克林顿玩弄女性，但是，他在每一站中都承诺将"恢复白宫的荣誉和尊严"，所有人都知道他想说什么。

小布什的好朋友们曾报道说，小布什私下里对克林顿的行为感到很震惊，不仅因为他所做的事情，而且还因为他做那事的地方。对布什而言，性丑闻就说明了克林顿缺乏自律。当小布什看到克林顿的一份史诗般的国情咨文演讲中列满了来年要做的事情时，布什不耐烦地说："好的领导能确定优先事项——而不只是列列清单。"

那一切或许都解释了，为什么在2000年初，共和党选战全面展开时，"克林顿"这个标签实在让人厌恶，以至于共和党人甚至用它来互相攻击以获得优势。小布什的顾问卡尔·罗夫说，当卑鄙手段导致约翰·麦凯恩在南卡罗来纳州初选中指责小布什"和克林顿一样歪曲事实"时，小布什的顾问将这番话称为可恶的、难以想象的、不公平的"共和党人士能给予彼此的最丑陋的侮辱"。因此，小布什回击道："当约翰·麦凯恩将我和比尔·克林顿相比，说我不值得信任时，那就过分了。你可以和我不和，但不要质疑我的正直。"

克林顿认为，小布什仅凭自己的名字和金钱，就能轻松获得总统候选人提名。当他看到小布什击败麦凯恩时，他勉强开始尊重这个来自得克萨斯州的政治对手。但是，当小布什与戈尔对决的可能性出现时，他开始担心了。他认为小布什是在进行一场精明的、基本没有实质内容的宣战，他的"富于同情心的保守派"的口号听起来新鲜且很吸引人，但同时也模糊得足以避免批评。

克林顿在 2011 年访谈中对我们说："我仔细研究了他，他第一次提起'富于同情心的保守派'这个理念时，我拿起电话打给戈尔的人。我说：'小布什是唯一能击败你的人。不要去想报纸头条里的东西，那是说给摇摆不定的选民的，我们会用更小的政府和更大幅的削减税收带给你和克林顿时期一样的经济繁荣，你会反对吗？'我说，'这是个天才的口号'。"

克林顿很纠结：一方面，他不看好建立在个人情感上的选战，他实际上认为选民应该选择他们愿意与之一起喝啤酒的候选人。另一方面，不管他怎么看小布什的政策立场，即使克林顿自己都认为小布什很有魅力。5 月在纽约参加红衣主教约翰·奥康纳的葬礼时，克林顿和其他四个一起出席的人与小布什讲和了。他后来和一位朋友说："我不是很尊重这个家伙，但你又不得不喜欢他。"

尽管很多美国人认为小布什将重现善良温和的老布什时代，克林顿认为，小布什将比他父亲更难缠。而小布什在仲夏时选择理查德·切尼作为他的竞选伙伴，也证实了这一点。克林顿害怕小布什破坏他的成就——不是像北美自由贸易区和福利改革这种中间派的成就，而肯定是 1993 年的增税，那个成就曾让国家走上预算均衡的道路，还有他的一些反犯罪行动。克林顿想要戈尔在选战招募他为战友，但这位副总统却与他保持了一臂之遥。

不管怎样，克林顿还是想帮忙：他溜进一次民主党私人募资集会，拙劣模仿了小布什的演出，用得克萨斯州的鼻音暗示他有多么担心。"嗯，我该有多糟糕啊？我是州长。我老爸是总统。我还有支棒球队，得克萨斯的人都喜欢我。"

那是对克林顿的感想的真实写照，但对于一个总统而言，这么说就有点草率了。小布什巧妙地回击了这个模仿，他向白宫发出警告：克林顿最好聪明地做做旁观者吧。10 月，当被问及克林顿的不忠行为时，小布什回答："我不是在和克林顿竞选。那件事……我们大多数人宁可忘掉。我不认为谈论他能带来多少政治利益。事实上，我认为大多数美国人都想往前看，而那也是我想做的。"但是，小布什又说："如果他认为他救不了自己，不能从中自拔，而且在选战中与我作对，那重阴影就又会回来了。"

那重阴影指的当然是莱温斯基事件。戈尔认为这件事会减少他获得的选票，让他不可能像老布什依靠里根那样请求克林顿的帮助。克林顿怀疑这种逻辑的严谨性，他对一些朋友们说："美国没有谁会认为戈尔会和莫妮卡·莱温斯基有一腿的。"

当选票计票结束后，没有谁明显胜出。戈尔比小布什多获得了 50 万张选民选票，但小布什已经在佛罗里达州领先了几百张选票，这意味着，如果计票结束，他将赢得总统职位。佛罗里达的重新计票——以及关于是否进行一次重新计票的法律斗争——持续了 5 周，直到最高法院以 5 比 4 的投票支持小布什在 12 月中旬赢得大选胜利。

4 天后，小布什乘飞机去华盛顿，在海军天文台和戈尔谈了 25 分钟，然后在白宫会见了克林顿。大选已结束，而克林顿的夫人希拉里则成功当选参议员，克林顿自己的未来也已完全开放，克林顿直到那时才当得起和蔼的主人。这是一次尤其不同寻常的权力移交；小布什与其说是搬进白宫，不如说是搬回来。克林顿非常清楚小布什在他父亲做总统时已经在白宫度过不知多少个夜晚和周末，于是他开玩笑地说他的客人早就知道电灯的开关在哪儿了。

现在他们的关系开始转变了；他们这一次只从简单问好开始，先在总统办公室谈了一会，然后到住处吃了一个半小时的午餐。他们谈论了权力过渡，最后一刻的司法任命、自由贸易（这点上他们意见一致）和经济（这点上他们意见有分歧）。克林顿请求小布什保护他所钟爱的"美国志愿队"国家服务计划，就好像小布什的父亲 8 年前曾请克林顿保留"光点计划"一样。对话很快就转移到个人话题上：小布什问克林顿，他是否介意在选战中提到"阴影"那件事；小布什解释说，他那么做是为了让戈尔失去平衡。克林顿回答，肯定奏效了，因为戈尔几乎不要我帮忙。

离开前，小布什提出了一个出人意料的请求。他回想起 1988 年亚特兰大民主党大会上克林顿的蹩脚演讲，克林顿还曾因此被嘘和质问。小布什说："恕我直言，你过去可没今天这么会演讲。你现在真的很擅长演讲。"小布什问克林顿是如何变得那么擅长发表全国讲话的。

新总统在求教成为优秀演说家的窍门。

这个问题特别惊人，竟然出自一个刚刚当选而且看起来从不缺乏信心的人的口中。但是，总而言之，有底气和参加全国选战并不同于领导一个国家克服未来的一切困难。总统俱乐部会在这方面帮上忙吗？

克林顿不得不回味这一刻，就好比里根曾回味 8 年前教克林顿如何敬礼一样。于是，在任总统开始为新总统开个小灶："时机，"克林顿回答，"奥秘全在时机、节奏和字句的措辞上，让演讲就像一个好的布道或讲座一样展开"。但克林顿喜欢他所看到的，他对朋友们说："小布什真的用上了。低估他真是个错误。"

随着就职日的临近，很明显克林顿真的不想离开，或者可能是因为他经受住了所有的打击。他只有 54 岁，除了西奥多·罗斯福，他比任何有过两届任期的总统都要年轻。这次离开让他很受伤，这不仅仅是因为他不情愿放弃巨大的权力。他亲自认真研究起第 22 条宪法修正案，总结道，除了将其解读为终身禁止超过两届总统任期外，没法再对其做解释。他解释说，或许，如果他当选副总统，然后在总统突然死亡的情况下，他可能会再回到总统职位上。但是他也意识到，这个想法在大多数人看来都有点吓人。他在任期的最后几个星期里说："我爱这份工作，我想，我对总统工作正越来越得心应手。如果可以，我将立刻再次竞选。"

但克林顿的奇特而狡猾的离任方式只能让人们记起他们为什么要让他离开。即将卸任的总统在他最后的任期中颁布了 175 个特赦令，包括特赦有 51 项逃税、欺诈和勒索指控的马克·里奇。当克林顿签署里奇的特赦令时，他几乎无视所有高级助手的忠告，而让事情更糟的是，一些在幕后卖力帮里奇的人还送了总价值将近 20 万美元的离别礼物给克林顿和他的夫人。数周后，里奇事件发酵。里奇的前妻丹尼丝被发现是刚刚落成的克林顿总统图书馆的资金捐赠人，捐赠额达 45 万美元。往最好了说，克林顿的特赦只是判断失误；往最坏了说，特赦看起来就像是交换条件。吉米·卡特称这个安排"很不光彩"。离任的商务部长比尔·戴利则称其"恐怖、具有毁灭性和相当让人震惊"。

特赦令及其带来的国会听证会确保了克林顿的幽灵将在他离开后还在华盛顿游荡。2月初，《时代》周刊在其封面上刊登了一张身着运动衫和网球鞋的克林顿的小照片，标题写着"令人难以置信的畏缩的前总统"。第二周，克林顿在《纽约时报》上写了篇专栏，试图解释"他做了什么和那么做的原因"。他的前助手们解释说，如果有用，克林顿将很高兴给所有人打电话并亲自向他们说明。

这些噪音让小布什的总统蜜月很惬意。有位助手说："克林顿正为我们制造诚信和正直的案例呢。我们什么都不需要做。"事实上，他们做了很多。小布什的白宫用尽一切办法向众人宣告新的团队已来临，和旧的一切都不一样了，不管选举结果是怎样的，现在不要怀疑谁是总统。他们声称，离开的克林顿助手们肆意破坏了白宫，将电脑键盘上的"W"字母抠掉并且盗窃政府财产。

同时，小布什的助手们在就职游行结束前冻结了所有新的条例，撤销了他们能找到的尽可能多的行政命令，并且一次次宣布前总统已经离开白宫了，他住在纽约的查巴克，克林顿在那里买了所新房子。

对比还在扑面而来：克林顿会整夜做事后批评，而小布什不会。克林顿会迟到，而小布什会准时提前5分钟到。克林顿往往是白宫会议上最"见多识广"的人，小布什则喜欢向助手们求教。如果前者在9点到达总统办公室并工作到半夜，后者则是典型的8小时工作制人，早上7点15分到办公室，吃晚饭时离开，如果没有特别安排，10点就睡觉了。小布什在3月对《时代》周刊说："我不喜欢长达数小时坐在会议室里，人们会告诉你，我直截了当。"

如果说小布什决心展示谁现在是白宫的主人，那么克林顿也同样尊重总统俱乐部的继位规则。比如，2001年初，克林顿请求国家安全顾问康多莉扎·赖斯许可他在中国香港发表演讲。于是他打电话给赖斯。他熟识赖斯，因为他的女儿切尔西上斯坦福大学时，赖斯曾担任教务长。

"我说：'赖斯，我需要做一次演讲，他们将付我一笔钱，而你们这些人几乎让我破产了。我曾是美国总统，而且还有个问题，江泽民也会去那儿，飞机也还在岛上。我去那里一定会见他。他是我的朋友，我不会侮辱他或对他粗鲁或做任何事情。所以你得告诉我要做什么。如果你不想让我去，我就不去了。如果你想要我去，我会送信，我也将确保他知道这是小布什总统的来信，不是我的。一次只能有一个总统，不管我是否认同这一点。'"

"赖斯给我回了电话，说：'我们想要你去。'于是我说：'我应该做些什么？'……我想要让他们充分相信我绝不侵害国家利益。他需要知道我不会在背后给他捅刀子的。"

不久后，这个承诺就被检验了。

谁错过了本·拉登

2001年的"9·11"事件让所有人团结了起来——包括总统俱乐部的所有成员。在国家的灾难面前，这是一次必然的召唤。这次令人惊骇的袭击效率相当高，19名恐怖分子、4架飞机和一个上午的时间永远改变了这个日子的意义。这是自美国内战以来在美国本土上最血腥的一天，当这一天结束时，很明显的是，这位上任仅8个月、表现只可谓中等的、尚未经过检验的总统面临着和整个国家历史上都不一样的敌人的战争。

不仅仅是国家受到了袭击，总统的职位也受到了袭击。当"消息可靠的威胁"迫使工作人员从白宫、国务院和司法部，以及所有联邦办公大楼撤离时，小布什正在佛罗里达州视察。五角大楼的西翼已经着火了。当特工们在白宫对面的拉斐特公园巡逻时，他们都亮出了自己的自动式武器。安全情报让副总统理查德·切尼赶紧通报还在"空军一号"飞机上的小布什，安全部门相信，白宫和小布什的飞机都是袭击的目标。

在小布什的空中办公室里，助手们听到小布什在打电话。他说："那就是我们的代价，伙计们，我们会好好处理的。我们将查出是谁发动了这次袭击。他们不会喜欢我这个总统的。"

3天后，福特、卡特、老布什和克林顿都飞往华盛顿参加在国家大教堂举行的庄严而感人的纪念仪式。小布什总统引用了富兰克林·罗斯福的关于"国家团结的温暖勇气"那句话来鼓舞和团结美国人。演讲后，全世界都看到了小布什的父亲，时年77岁的老布什走到前面紧紧地握住了他儿子的手。

但是，一旦美国对阿富汗的入侵演变成让人不满意的占领时，不管总统俱乐部中存在着怎样的团结，这种团结都在政治"替罪羊"的压力下瓦解。

2002年仲夏，人们广泛争议，究竟是小布什还是克林顿总统最该为允许本·拉登的基地组织发展壮大到足以袭击美国负责。这条质询最终成为两党委员会的焦点，并且可能为两位总统打上永久的印记。两个阵营都意识到，避免受责备的最好的方式，就是互相指责。前总统克林顿时期的国家安全官员在2002年中对记者说，他们已经很清楚地一再警告小布什、切尼、国家安全委员会顾问康多莉扎·赖斯和小布什的其他助手，警告他们在政权交接时要当心基地组织的危险。克林顿的最高反恐顾问理查德·克拉克在小布什上任后曾给小布什的团队提供了猛烈打击基地领导人的计划，尽管克拉克在小布什的国家安全委员会就职了一段时间，但他的计划却无人问津。

克林顿政党中的人声称，小布什团队感兴趣的是如何阻止朝鲜和伊朗的核扩散问题，以及和俄罗斯修订导弹防御协定，这种兴趣要胜过对找到身在阿富汗的富有的沙特闹事者的兴趣。这是严重的指控——不仅是因为如果所说属实，将导致重大疏忽，而且因为它将随着 2004 年总统大选的临近成为威胁民主党的有用武器。

作为回应，共和党也尽可能针锋相对。在副总统切尼的领导下，白宫扼杀了"9·11"事件两党调查委员会对袭击的根本原因的调查，私下警告称，如果调查继续下去，克林顿和他的政党都将受到伤害。小布什的其他盟友指控说，克林顿在 20 世纪 90 年代多次错过杀死本·拉登的机会，这或许是因为他不想这么做，或许是因为他因莱温斯基丑闻分了心。他们争辩说，如果任何人在权力交接时睡着了，那肯定是前者而不是后者。

这个论点也有其道理：尽管克林顿在 1998 年 8 月，也就是克林顿性丑闻缠身的那段最难受的日子，对本·拉登的训练营进行过空袭，其他的针对基地组织的军事行动已经计划好，就等克林顿下令，但这个行动计划却一直没被激活。当克林顿的情报官员能够肯定本·拉登的行踪时，他的法律顾问们不愿授权进行这样的暗杀行动。

中央情报局长乔治·特尼特说："克林顿总统提供给我们的关于本·拉登的信息中，几乎所有的计划都是要活捉本·拉登。本·拉登在接下来的战斗中能够抵抗，也可能会被杀死。但是，白宫几乎总是倾向于要活捉他。"

当"9·11"事件调查小组在 2004 年公布调查结果时，调查小组因调查结果很详细、有条理和公平受到了人们的称赞。但调查小组勉强为两位总统都留了一手。这份长达 567 页的报告是份奇怪的、不追究过失的文件，看上去认为两位总司令都没有做错：对克林顿在 2001 年前错过杀死本·拉登机会的指控被撤销；报告指出，他尝试了很多打击基地组织的战略战术。同时，小布什也被免除了对上任后没能采取行动的直接批评，报告指出，他的一些助手也怀疑目标人物是否够明智。在存在明确的证据表明两位总统在反恐战争上表现不佳时，这份报告则是用中性的语言做了详细说明，以致读者们会因不知道错过了多少机会而原谅所有人。如果要进行投票，总统俱乐部肯定支持这种叙事技巧。

那么，2000 年 12 月，在和小布什就职前的谈话中，克林顿到底对小布什讲了哪些关于本·拉登的话呢？两位总统对此的回忆并不一样。克林顿回忆自己曾在小布什上任前警告过小布什。克林顿声称曾对小布什这么说："我想，你会发现你目前最大的威胁是本·拉登和基地组织，我总统任上的一大遗憾是我没能为你抓住他，我试着这样做过。"但小布什的回忆并不一样。他对"9·11"调查小组说，那天两人谈到恐怖主义时，他想不起来克林顿曾提过什么基地组织。

自艾森豪威尔对肯尼迪做过那次汇报后，这回在即将离任和上任的两位总统之间的最重要的谈话中，克林顿和小布什甚至不认同他们说过什么话。

2004 年 7 月，调查小组的最终报告将他们不一样的回忆公之于众。那个时候，小布什和克林顿已慢慢交上了朋友。他们关系回暖的第一个标志出现在 2004 年春天的晚些时候，那时小布什和克林顿在 15 天的时间内见了三次。那两人，还有小布什的父亲，在纪念日国家广场新的第二次世界大战纪念碑的献辞仪式上并肩坐在一起；克林顿的长篇回忆录刚刚出版，小布什对他的前任开玩笑说，他将读这本书的前一半，而他的父亲则将读后一半。

接下来的那周，罗纳德·里根去世，享年93岁；几位总统在国家大教堂中再次坐在一起出席里根的葬礼。3天后，小布什欢迎克林顿一家重返白宫为他们的官方肖像画揭幕。小布什相当详细地称赞了克林顿，还特别强调其"对公共政策的深入了解，对穷困人民的同情和美国人喜欢在总统身上看到的那种高瞻远瞩的精神"。小布什的夫人也称赞了克林顿的夫人。克林顿说："小布什的话很温暖而慷慨……让我感觉自己像是步入了历史。"

4天后，在查巴克家里的一次长谈中，克林顿对小布什的同情几乎要赶上他对小布什的批评了。他担心，小布什浪费了罕有的机会，没能在多年的党派分裂后重建国家团结。他想知道，小布什对反恐的全神贯注是否会损害他的总统职位，并导致做出像侵略伊拉克那样轻率的决定。他说："我认为，'9·11'后，我们需要一点传教士般的热情，但在沉迷中执行权力总有风险。有信念和沉迷其中是两码事。而且，我也得与之进行斗争。我过去也几乎沉迷于本·拉登，历史将证实这一点。你也知道，我一再捍卫小布什总统反对伊拉克左翼人士，尽管我对此并不认同。我认为，他至少应该等到联合国调查结束。"

但克林顿还是不情愿赞赏小布什借助"9·11"事件在2002年创立国土安全部，以及发动伊拉克战争时使民主党中立的高效率，以及这些政治手段有多高明。克林顿说："我一直认为小布什是个优秀的政治家，我从不认为他蠢。无知和蠢是两回事。我从不那么看待他，从来没有，一分钟都没有。我从来就不这么想。"

2007年，当克林顿的夫人希拉里即将参与2008年民主党总统候选人竞选时，克林顿对小布什解释说，他或许不得不时不时地攻击他。

"我说：'你知道希拉里还在政治圈里，正因如此，有时候我有必要不赞同你。但我将非常恭敬地那么做。'"

随着小布什在白宫的日子越来越少，他也越来越多地求助克林顿，时间往往是在周末。助手们说，两人会在电话里交谈，讨论秋季选战的是非曲直。而用某位顾问的话说，他们的说话方式就像是用速记代码一样，讨论了选举团和全国民意调查以及政治消息。小布什的助手们经常去小石城拜访他们的前辈，学习计划、选址和建造总统图书馆的窍门。

在他们都退休时，小布什和克林顿也会及时找到一些能达成一致意见的地方，然后两人结对配合。克林顿在大选前打电话给小布什，欢迎他退休，并向小布什承诺，政治生涯结束后，生活还会很精彩。他们在 11 月又谈了一次，时间就在当选总统奥巴马去白宫拜访小布什的前一天。小布什对克林顿说："我记得你当时对我有多慷慨。我希望我能（对我的继任者）一样慷慨，就好像你对我那样。"

当小布什和劳拉在就职仪式结束后乘飞机返回得克萨斯州时，他的朋友和即将离开的助手们放映了一部令人出乎意料的、时长 20 分钟的视频，这个视频讲述了比尔·克林顿在总统任期结束后的生活。

老布什和小布什：

父与子

当这位年轻人加入总统俱乐部时，那位年长者认识他已经有 54 年的时间了——自年轻人出生以来。他们已经有了绰号：老布什和小布什。现在他们能用数字指代自己了，并把数字缝在了棒球帽上：41 和 43。

但大多数时间里，很明显也是最根本的，他们是父子。在总统俱乐部能给总统带来的所有好处里，没有哪样能比拥有一位随叫随到的，并且比你所有的顾问都更清楚总统工作的，还知道你的强项和弱点的人要更好了，更不要说知道你的孩子们的生日了。想象一下，拥有一位随时快速拨号就能联系到的，并且还曾担任过总统的人，而且他除了帮助你成功外没有任何其他议程，这将是多么好的资源。

一切就绪，从 2001 年开始，总统俱乐部迎来了它最为美妙的时刻。

然而，两个人讲述了一个关于局限关系的故事。这样开始是出于政治原因，那样结束是出于政策原因。正如他们所解释的，两人对彼此的作用不仅是作为两任总统，而且几乎完全是作为家人；小布什不是一位寻求建议的总统，而是一个寻求理解的儿子。

这种关系本应比任何俱乐部都要紧密，但家庭比政治要复杂得多。

24

我对你的爱无法用言语表达

小布什在入主白宫时的负担要远远超过他的父亲。他的父亲就是其中一个负担。他要如何衡量呢？

在自由派圈子中，经常被拿来讨论的是，小布什总统任期的一切几乎都可以解释成一种疯狂的效仿父亲的行动：小布什是如此希望获得他父亲的肯定，以至于他在人生前期一直努力让自己和父亲一样。

但是，当那样做并不能很奏效时，他把人生的另一部分用来挑战父亲，熟记总统任期中的教训，在外交上雄心勃勃地制定了自己的强有力的外交政策——这结果只是让国家陷入灾难性的不必要的战争，并最终导致经济灾难。这一切的发生，可能都只是因为曾经他有一位冷漠而分神的父亲，并且父亲对自己那一直不能达到家庭期望的儿子很失望。

如果不是儿子偶尔承认，很容易去否定这个观点。小布什在2010年说："我知道有很多人说，我在和他竞争，说我想让父亲相形见绌，等等。瞧，我认为人们将很惊讶地发现，这种关系是建立在爱的基础上的，并不像有些人想象的那样复杂。我钦佩他。他也从未让我失望。

他一直是位伟大的父亲，总是给予我无条件的爱。因此，当我开始竞选总统时，我在很大程度上受到了激励——我想去竞选。我有我的议程。你知道，我有一个团队。事情的真相是，最终的动力因素是我对父亲的钦佩和我想知道我是否具备他所具有的政坛所需要的品质。"

但是，如果说这对父子之间的关系定义了儿子的总统任期，这种观点是落后的。是小布什的总统任期定义了他们的父子关系。

两个男人，两种愿景

在布什家族中，小布什总是有很重要的地位。他是家中的长子，五个孩子中最具个性的一个。"还有点另类。"他的姑妈南希·埃利斯说。他在十几岁时就抽烟，在肯纳邦克港的海边道路上用高尔夫球重击汽车，30 岁时还因醉驾被逮捕。因为他比家族中第二个孩子要大 7 岁，所以他是大家庭中的孩子王，他那帮玩伴中的老大，受到所有人的仰视。一位表兄弟回忆，他胸襟宽广，但总是有点令人不快。父母会转着眼球说，"上帝啊，你怎么这样啊"，但其中也有欣赏的眼神。

但是，和大多数年轻人一样，他也会不规矩。他的批评者们会讲述这样的事实，即他在弄坏了家里的汽车后还和他的父亲打架；多年后，那次遭遇听起来像是老生常谈。"有一个关于我的丑陋的故事。一天晚上我很晚才开车回家，撞倒了邻居的垃圾箱，然后嫁祸给我爸爸。当有人想象那场景时，他们认为两位总统在做某种心理较量吧。事实上，我是个嗜酒的小孩，而他则是让人可以理解的恼火的父亲。"

不同的是，作为家中的长子，并且（大多时候）享用他父亲的名声，这意味着小布什面对着他的弟弟妹妹们所没有的挑战。他比弟弟妹妹们都更看重父母——以及他们的期望。一位表弟说："其他人几乎都觉得，'那是小布什要做的工作'，我们不要进行比较。我们只是过自己的生活而已。"部分原因是小布什受过其他人没受过的伤。1953年他的妹妹罗宾死于白血病，他是所有兄弟姐妹中唯一在 7 岁时经历了这件事的人。那种童年时的创伤让这位家中的长子更知道活在当下，寻找一切乐子——也让他和他那直性子的母亲更加亲近。他将自己视为保护家中其他人的长兄，这意味着他有时会成为家中的小丑。

小布什的弟弟马文回忆："一半时间里，他比我们所有人都要不懂事。"如果说小布什和他的母亲相像，那么他非常尊敬他的父亲，这意味着当他被训诫时，即使是父亲很轻微地说对他"失望"，都会让他崩溃。在一次夏季工作中，他旷工了一个星期；当他父亲把他叫到休斯敦的办公室狠狠训斥他时，这位年轻的小伙子觉得这次经历简直是毁灭性的。他的弟弟妹妹看到长兄在这时候崩溃了。据马文说，小布什"可能会觉得他自己犯了世界上最大的罪"。

小布什在早期遵循了他父亲走过的路：先上安多佛的私立学校，再上耶鲁，再参军当飞行员，再复员回来从哈佛商学院毕业。但同样的路子，效果却不同：小布什来自西得克萨斯而不是格林威治，他与安多佛和耶鲁的文化格格不入；他在坎布里奇公然穿着牛仔靴和短夹克，或许在 20 世纪 40 年代和 50 年代，这对他的父辈来说在纽黑文是受欢迎的，然而到了 60 年代和 70 年代，他的牛仔风格在东部是吃不开的。从哈佛商学院毕业后，他在二叠纪盆地的油田谋生，他父亲曾在那里取得成功并赚得数百万美元。32 岁时，小布什竞选国会议员，并赢得初选，后来败给了一位资深民主党人，这位民主党人称小布什是受过东部教育的投机取巧者，只是在利用他父亲的名声。他和一位来自米德兰的叫作劳拉·韦尔奇的图书管理员结婚，并在 1981 年生下双胞胎女儿，同时在这里等待时机。

但石油生意惨淡起来，他的钻探事业也不景气，而他酗酒的问题直到他妻子坚决反对时才解决。他一清醒时，就想方设法摆脱他父亲的阴影，他也正是通过步入政坛才找到这个方法。1986 年，他把家搬到了华盛顿的联排别墅，在那里开始为他父亲的 1988 年总统大选服务。小布什并不是很喜欢华盛顿，但是在第 14 街选战总部，每个人都称他为小布什，他也不需要自我介绍了。

小布什将自己塑造成家族执行者，并且负责吸引快速增长的难以捉摸的福音派选民的投票，记住中西部所有宗教领袖的姓名，有时一天内要做 7 次演讲，并且第一次感觉到自己可能真的擅长家族事务。8 月，在新奥尔良市区超级穹顶体育场，小布什用麦克风宣布了得克萨斯州代表团的投票，让他的父亲走上了事业巅峰。

他们这一对组合比任何人预期的都好。他的父亲有条理、考虑周到并且有时行动迟缓，而儿子则直觉敏锐、冲动并且相当没有耐心。如果老爸给所有新人均等的机会，那么儿子则认为所有陌生人是有罪的，直到他们能证明自己是无辜的。即将上任的新总统很容易原谅人，他的儿子则可能永远心存怨恨。

小布什在 1989 年说："我倾向于快速评判人，我不知道这会有多准确，但重要的是我的想法。"老布什感到很高兴的是，他自己创建了一个虚拟的排名委员会来评判他的助手们高尔夫球或网球打得多好，甚至评判他们在重要会议上睡得多香，一切都为了让事情办得轻松愉快些。相反，小布什在父亲 1988 年当选时真的成立了一个叫作"沉默委员会"的秘密委员会，用来确保自己的支持者们能在政府中找到工作。当选战结束时，小布什感到他已经一扫对自己能力的怀疑，并赢得了父亲的欣赏。他后来有点尴尬地说："选战中，他和我建立了新一层的友谊，我知道有时候他尊重我的意见。这一点我能看出来。"

那种成功让小布什得以自由地走自己的路。他的父亲上任后，小布什就把家搬回了得克萨斯州，并且招募了一帮投资者购买得克萨斯州的一支棒球队。小布什在为他第一次真正的商业上的成功和政坛竞选打基础。至少这一次，他没有仓促行事。

1989年初的一个早上，《达拉斯晨报》发现他在自己的办公室中忙着和他父亲对话，他父亲当时从东京打来电话。他有点生气地说："爸爸，我决定做一次演讲。一切都好。你从日本回来后给我打电话吧。"他筹集了数百万美元，做了笔大交易，并成为总经理——在每一场主场比赛中都到阿灵顿体育场去，有时手里还拿着球棒。他说："我想让大家看到我和他们坐一样的座位，吃一样的爆米花，在同一个小便池撒尿。"他的兄弟马文说："相比而言，棒球运动让他有了让自己成为乔治·沃克·布什而不是小布什的真正机会。"

儿子一直远离父亲的白宫，除了偶尔的家庭聚会，一直都待在棒球场。他通过电话和父亲保持联系，并且有一些老朋友在白宫处理主要问题，他们让他能够快速了解办公室政治。当他的父亲在1991年中期让他叫约翰·苏努努辞去白宫办公厅主任一职时，小布什的建议并没有让总统的最高助手改变态度。在老布什的白宫里，儿子还是被称为"小布什"。

小布什在1991年末吹嘘说，民主党绝不可能在1992年总统大选中击败他的父亲，然而，他自己却没有参加连任选战。当比尔·克林顿在那场角逐中胜出时，两父子都感到很震惊，尽管儿子没有父亲那么惊讶。但是，小布什却在1994年击败了得克萨斯州州长安·理查兹，并且为自己竞选总统做好了准备。

4年后，他公开宣布竞选总统，募集到史上最多的竞选资金，竞选时就像他的父亲不存在似的。老布什在任期的前两年在国内取得了牢固的两党合作的成就：新的清洁空气措施、针对美国残疾人的历史性的民权法案，以及大幅削减赤字方案。但每个成就都受到党内右翼的反感。这意味着小布什需要在经济和社会问题上采取更强硬的措施，同时还要向不确定的独立选民表明他不是个毫无希望的空想家。因此，他为自己戴上了"富于同情心的保守派"的面纱。他在选战中要求降低税收，要求教堂和其他信仰组织更多地参与政府事务，要求在公立学校实行更严格的教育标准。如果他的父亲在竞选时是作为罗纳德·里根更和蔼而温和的继承人，那儿子则把自己塑造成了里根。

儿子竞选策略的核心是认为老布什的政府是失败的，因为父亲并没有很好地管理好党内政治，结果没能赢得连任。小布什和他的最高战略顾问卡尔·罗夫决心不犯同样的错误。随着时间推移，老布什的许多成功政绩将会得到广泛认可。老布什取得了很多成功：他大大改革了国家的金融，并朝着更加均衡的预算发展；他成功应对了美国近40年来主要的敌人苏联的垮台；他减少了美军在海外的数量，用压倒性的军事力量在几周内迫使巴拿马的曼纽尔·诺列加下台，并且在几天内将萨达姆·侯赛因的军队从科威特赶回伊拉克。

他的衰退只持续了两个季度。

但是，在保守派圈子中，人们认为第41任总统老布什的任期，说得好些是失败，说得难听些是背叛了保守主义——主要是因为他提高了税收并输给了克林顿。因此，尽管曾经为老布什服务的同一批人在努力帮助小布什竞选总统，但从一开始就有些不言而喻的尴尬：老布什的历史不会对小布什有帮助。

但是，在竞选中，他也不能容忍直接指向父亲的批评。内布拉斯加州参议员查克·哈格尔在奥斯汀现身，亲自实施小布什的竞选措施。他对等候着的记者们宣称，小布什比他的父亲更坚韧、保守和守纪律。

尽管那正是罗夫希望向党内心存疑虑的人们传递的信息，但哈格尔的话却让小布什不安，因为这些话指责了他的父亲。小布什或许会批评他父亲的处事方式，但他不允许其他任何人那么做。

这种保护性的感情是双向的。到 2000 年，当小布什在他父亲获得总统候选人提名 8 年后自己也将获得提名时，老布什甚至都无法表达出他的自豪感。当父亲被请去拍摄共和党关于他儿子的官方录像时，他在摄像机前激动不已，拍摄也不得不暂停。

2001 年 1 月 21 日，年轻的小布什就任第 43 任美国总统，戴着他父亲 12 年前上任时戴过的袖扣。当他们在那天晚些时候在总统椭圆形办公室单独待在一起时，作为总统俱乐部会员的两人，"那一刻，没有谁还能说得出话来。新总统回忆说：我们两人都无法表达我们的感动之情"。

儿子成为圣灵

选战的大部分时间里，有一条不言自明的规则：父亲只可露面，但不能讲话。任何关于他们两人交流的报道都被否认。在小布什稳获提名后——突然需要独立和温和派选民给他一个机会——这条规则有了几次例外。

在费城共和党全国大会召开前，小布什接受《时代》周刊沃尔特·艾萨克森采访时说："我是我父亲的战士，在我向他征询建议时，他会给我建议。"比如如何选择副总统。小布什问他父亲："如果有人不同意，他们是认真的吗？"他们特别谈到了理查德·切尼的优点。老布什知道切尼的优点和缺点，认为他是个好的竞选伙伴。（事实上，小布什的副总统第二人选是参议员约翰·丹福思，在老布什 1988 年大选的选择清单上也排在很高的顺位。）

但是，"9·11"事件后，当小布什在成为自信的总司令上面临压力时，父亲没有帮忙，这也可以原谅，因为老布什已经完全在另一个领域工作。他说："乔治会时不时地问我事情，但我已退出那个圈子了。我不再了解形势。而且，我也不想和他的人持不同意见。"父亲知道，针对恐怖分子的战斗将比他做总统时发动的战斗要更难、更复杂。

"9·11"后，老布什敦促他的儿子接触美国国内的穆斯林，注意有多少美国领导人在第二次世界大战期间曾对拘留日本人的问题处理不当。他还对他的儿子说，"9·11"带来的团结将不会永远存在下去。但是，他还说，尽管如此，他的作用仅限于一些最基本的事情，"这些天我能做的就是从几百英里外的地方给他送去安慰"。

老布什对我们回忆说："至于做艰难的决定——我知道乔治能处理好，因此我并不怎么关心这一点。但是在'9·11'那天，我不禁在想乔治面临的处境。当第二架飞机撞上第二座大楼时，整个世界在那一分钟都改变了。乔治之前的几位总统，从没有谁遭遇过这种时刻。我们都没有遇到过。"

当小布什总统在 2002 年初决定入侵伊拉克，推翻萨达姆·侯赛因政权时，他和父亲产生了最大的分歧。老布什在 1991 年曾遇到过相同的问题，并且认为试图推翻萨达姆将是荒唐的军事行动，也将是外交的噩梦。他和布伦特·斯考克罗夫特在他们的回忆录中说过这件事。即便是小布什在那时也认为他父亲做了正确的决定。但小布什认为，现如今时代已经变了："9·11"让世界变得更危险，基地组织要么和萨达姆联合威胁区域安全，要么和他一起共谋制造核武器。

小布什在 2002 年的战争决策让"布什世界"分裂成两半。父亲的很多顾问对战争持怀疑态度，担心战争会耗费数十亿美元，并且让美军从反恐问题上分散注意力，导致国家陷入军事泥沼。儿子的团队——切尼、拉姆斯菲尔德、沃尔福威茨——则同心协力、过于自信，也不关心别人的异议。8月，詹姆斯·贝克在《纽约时报》上写了篇专栏要求大家持审慎态度（却没反对战争）。斯考克罗夫特在《华尔街日报》上写了篇评论，坚决反对采取军事行动。两篇文章被那些支持和反对小布什的人都看成是他父亲写给他的密信：如果我是你，我不会那么做。

让斯考克罗夫特的文章引人注目的并不是反对入侵，而是因为他是老布什团队中唯一站出来说出了大家私下想法的人。大多数共和党现实主义者反对入侵另一个国家，但其实他们也非常矛盾，斯考克罗夫特曾效力于尼克松，他非常清楚一味服从总司令的危险。斯考克罗夫特写道："我们需要非常仔细地研究这个问题，我们缺乏将萨达姆和恐怖主义组织联系在一起的证据，将其和'9·11'联系在一起的证据则更少。"

当这篇文章发表时，小布什总统愤怒了。尽管斯考克罗夫特从未宣誓对他效忠，但小布什认为，他违背了家族的忠诚法则。他回忆说："对于斯考克罗夫特将他的意见发表在报纸上而没和我商量这事，我感到很生气。我知道，如果外交途径失败，批评者们将利用斯考克罗夫特的这篇文章。"至于人们风传的专栏文章是父亲给儿子发的烟雾信号这个观点，小布什说："那太可笑了。在所有人当中，我父亲最了解其中的风险。如果他认为我在伊拉克问题上出了错，他绝对会直接告诉我的。"

当儿子向父亲抱怨时，老布什将斯考克罗夫特和其他人员归在了不同类别——并且给了他豁免权。他说："儿子，他是我们的朋友。"

事情就这样结束了。但父亲在想什么？一位支持战争的高级官员解释说，在入侵前一段时间，父亲回避了所有采访和演讲，确信他所有关于战争的言论都会造成影响。这位高官说，撇开小布什是他的儿子谈他是支持还是反对战争，没有实际意义，因为根本不能将父子二人分开。相反，父亲认为，他的儿子有很多比他更了解情况的顾问；但他只有一位父亲，愿意在别人怀疑他的时候无条件支持他。因此，即使父亲的态度有所保留，他已经决定了他将扮演的角色。这位官员说："对于第 41 任总统而言，我 100% 支持这个家伙，他们亲密无间。"

当老布什发言时，他严格遵守总统俱乐部的规则。老布什在 2002 年 9 月接受《时代》周刊采访时说："我希望美国总统能获得尽可能多的世界范围内的支持，但我想用总统希望的方式来这么做。如果他决定我们必须单独行动，我会一直支持他。"

那些和老布什交谈过的人说，比起政策，老布什更担心他儿子的负担。两人确实在 2002 年圣诞节在戴维营讨论过即将到来的战争，而那次交谈的核心是祝福，至少小布什在他的回忆录中是这么说的。小布什写道："大部分时间里，我在主要问题上不问我爸爸的建议，他和我都知道，我能获得比他能获得的更多更好的信息。"但是，他很清楚的是，父亲很不安。并不是因为决策在当时不受欢迎——2003 年 2 月的民意测验显示支持率达 63%——而是因为他不能无视批评者们。父亲很难忍受静坐不动。劳拉·布什让她的公公不要再看电视，小布什让父亲不要担心。但老布什还是担心不已。

老布什在 3 月初对《时代》周刊的休·赛迪说："作为父亲，我应该担心。"

很少有人能更理解那个决策面对的压力有多巨大。1989 年向巴拿马派兵的前一天晚上，老布什躺在床上，几乎不能动他的脖子和肩膀。他说："我非常紧张，因为我要为那些生命负责，即使我自己参加过战斗。战争决策不能最终由委员会或将军制定。只能由一个人制定——

那就是总统。"

当决策已定时，两人所讨论的正是这种负担——而不仅仅是决策本身的优点。2003 年 3 月 19 日，小布什签署开战文件，说："为了世界的和平和伊拉克人民的自由，我再次下令执行'伊拉克自由行动'，愿上帝保佑美国。"

然后，他离开战情室，走上一段楼梯，穿过总统办公室，到白宫南草坪上散步和祈祷。他的父亲在宣布海湾战争时也做了同样的事情。小布什回来后，坐在会议室里，给他的父亲写了一封信，他后来说，因为"有一个人，他知道我现在的感受"。

亲爱的爸爸：

尽管我在几个月前就已决定，如果需要的话，使用武力来解放伊拉克和消灭这个国家的大规模杀伤性武器，但这一决策却有点情绪化……我知道我必须采取正确的行动，祈祷更少的人会因此丧生。伊拉克将获得自由，世界将更加安全。那一刻的情绪现在已经过去了，我现在在等待正在开展的秘密行动的消息。我知道你有过这种经历。

小布什将这封信传真给了身在得克萨斯州的父亲；几个小时后，他的父亲回了信，并且引用了家族中最神圣的名字来为这位总统鼓劲。

我刚刚收悉你的来信，它触动了我的心。你正在做正确的事情。你刚刚做的决定是你迄今为止要做的最艰难的决定。但是，你在做决定时充满力量和怜悯。担心伊拉克或美国无辜的生命会因此丧失，这是对的。但你是在做你不得不做的事情。你面对的问题是自林肯以来所有总统所面对的问题中最棘手的，这或许对你有所帮助。你在背负重担时非常有勇气和慈悲……记住罗宾的话：我对你的爱无法用言语表达。

爱你的爸爸

父子之间

当事情变得越来越不顺利时，两人之间的家庭安慰就变得更重要了。

老布什整个上午都在电脑前浏览网络新闻、流言、批评，甚至是疯狂的阴谋论。

他有时会独自发起一场针对他儿子的批评者的战争。他常常一早就给某位不同意他儿子所说所为的专栏作家或专家写一封愤怒的信，但他有时回看几段话后就将批评信息完全删除或只是存到草稿箱中。但他有时也将信寄出去。

在圣公会教堂的牧师批评他侵略科威特整整 11 年后（老布什在那时没有作声），当教堂的新牧师反对他儿子干涉伊拉克时，他私下里写信反驳他。

小布什能够想象到他父亲焦虑的样子。"我会打电话给他，妈妈会接电话，（她）会说：'你爸爸……我不敢相信他在听这些乱七八糟的东西。乔治，你应该和你爸爸谈谈。'于是我开始安慰爸爸。我会说：'嗨，爸爸，我做得很好。我知道你感觉很难，但不要为我担心。'这样我们的角色就反转过来了。"老布什后来解释："看着自己的儿子被他的批评者们攻击，这比自己当总统被批评还难受。芭芭拉不再读报纸和看新闻，但我做不到。"

小布什早上第一件事往往是打电话给他的父母，而他们还在休斯敦市或缅因州的梦中，或者像他们多年来一样在喝着咖啡，分享着新闻。电话会响起来，他们会开着免提接听他们儿子的电话。他们曾被指控在操纵傀儡，而对此很敏感的老布什夫人让人们知道他们遵守了一些规则。她回忆道："规则就是，不管他告诉你什么，都不要对别人讲，不要主动提供建议，不要代他人向总统转交东西……礼物、建议、想法或工作机会。鉴于我们当时的身份，我们遵守这协议。我们知道界限应该在哪里。"

父子二人在同一个任务上携手：让母亲不要用她那著名的大嘴巴发泄。虽然前总统知道如何在公众中直言不讳，但是前第一夫人却不像他那么可靠。因此她的丈夫和儿子密谋应对她；他们各自做她的工作，确保她在附近有麦克风时不说话。

一位重要的顾问解释说："要想让她安静下来，这需要他们两人一起努力。"有时，她是有用的预警系统。在 2002 年小布什针对巴以冲突提出建立两个国家的解决方案时，他并没有提到巴勒斯坦解放组织领导亚西尔·阿拉法特。他的母亲有一天打电话问他："第一任犹太总统好吗？"小布什后来说，他"对他母亲的俏皮话一笑置之"。

但他猜测，如果他的演讲没给她留下深刻印象，那就也没给他父亲留下深刻印象。

当小布什在 2004 年总统大选中击败约翰·克里时，他终结了家族的一届总统任期的魔咒。小布什在第二天打电话给他父亲。"我能听得出他对我没有步他的老路有多高兴。"到那时，他的父亲对自己的失败总算能释怀了。

老布什在 2004 年 11 月下旬说："我不想留下什么遗赠，我把工作留给了历史学家们。如果我被批评，也可以。如果没有，那我就很满意了。"然后他开始批评那些认为他在暗中操纵或秘密指导决策的人——或者他儿子的自由派批评者，让他们统统闭嘴。他说："那些批评者没有，或者是不能理解一位想支持自己的儿子，为他鼓劲、为他辩护，在他失意时安慰他的父亲。我们能讨论问题，但并不很深入。他没问我：'我现在要做什么？'这是一位父亲对儿子的自豪感，这种自豪感超越或者回避了那些问题。你知道，像乔治想在我失败之后为我救赎这样疯狂的观点，非常荒谬。"

同样，也有一些更微妙的事情。老布什的外交政策一直在针对不稳定；老布什、贝克和斯考克罗夫特在各地，尤其是在中东，努力减缓变革的速度，建立起保护，并且通常远离公众视线，以应对不可知的未来。他们并没有在阻止坏事发生上得到赞誉，但他们一直没有偏离轨道。

但是在"9·11"后，小布什的团队认为旧秩序被他父亲那代人控制了，说"那没有用，我们需要新的秩序"。然后他们开始变革，首先在阿富汗，然后在伊拉克，最后在全球掀起"自由议程"。很可能的是，父亲在密切注视着这一切，希望他的儿子没做错，希望时代已经变了，希望秘密外交的年代已经结束，确实需要新的东西，同时担心新的战略可能是错的。而儿子则同时认为，他父亲那一代中没有谁能真正理解现在困扰美国的危险，他们的观点在他们的时代很伟大，但现在已经过时了；他认为美国的战略，不管在什么危险和不确定因素下，都应该快速去拥抱变革。

父子之间的两种世界观几乎无法调和，这意味着谈论它们已经没有意义了，于是他们退回到家庭中——一个更安全的地方，在那里大家都知道说什么。小布什说："人们可能不能想象的是，在一个家庭有两位总统，而且他们还是父子，他们坐在桌旁滔滔不绝地分析不同的问题、战略和战术，这会是什么样的景象。这要比其他情形简单而有意义得多。"

在所有家庭中，有些事情最好不要提起；在布什家庭中，一些不能谈论的话题有时包括他们家中有两位总统这个事实。

2005 年和 2006 年，当伊拉克针对美军士兵的路边炸弹袭击增多时，父亲努力让自己保持镇静。2006 年 11 月，他在阿布扎比演讲时，一位妇女向他提问。她说："我们不尊重你的儿子，我们不尊重他在全世界所做的事情。"当其他听众吹着口哨起哄表示同意时，父亲进行了反驳。"我的儿子不会后退的，"他回答，他的声音有点沙哑，"他不会只因为一些民意测验这么说，而另一些民意测验那么说，就改变自己的观点的。如果你打算急忙逃走，你就不能既做美国的总统，同时又做你自己。这会在伊拉克起作用的。我理解人们的不安。这很不容易。"

他继续说道："我对很多这样的事情都有看法，但我不能说出我的看法的原因是，如果我做了你让我做的事情，告诉你我给了我儿子什么建议，那会立即在全世界传播开去。如果它在传播过程中偏离了总统正在做的事情，或者他认为他应该做的事情，哪怕只有一点点，都会很可怕。这不仅仅会给他带去严重不安，也会让他的支持者们不安。"

在坦陈这点后，他请求大家原谅。他说："他在努力实现和平。当我告诉你在我心中最重要的是我的家庭时，你需要很大的勇气才能告诉一位父亲关于他的儿子的事情。"

卸任后的模型

当小布什的第二届任期结束时，父子两人不能同时露面的老禁忌就消除了。他们开始更多地在公开场合谈论对方；他们有时甚至用数字代替对方，这个信号表明他们不再需要假装另一个人不存在了。2008 年中期，在中国新建的大使馆开馆时，小布什说："由父亲介绍自己，这真是很荣幸。这注定将成为历史性的时刻，父子二人，两位总统，同时为大使馆揭幕。我猜这是第一次，尽管我必须承认我并没有充分研究亚当斯父子的日程安排。"亚当斯父子是另一对很少被提及的父子总统。"我父亲是位让人难以置信的总统。我想告诉大家，他不仅知道自己在做什么，而且知道能做什么和为什么这么做。他是位伟大的父亲。"

最后，要衡量一下八年中改变了什么，尽管不想称赞他父亲帮他赢得了总统大选，但他称赞他父亲教会他如何离任。他研究了里根和杜鲁门在卸任总统后的生活；在他任期最后一年去纽约的路上，他对助手们说，他不想和比尔·克林顿一样将时间花在联合国上。相反，他再一次学习他的父亲。他回到了得克萨斯州，开始讲述他父亲在1993 年离任后所讲的同样的故事。

"我仔细观察了他，看他如何继续自己的生活。他没有流连。他没有一丝要抓住总统职位不放的感觉。我从他那里学习到，当总统任期结束时，那就结束了……一旦你走下舞台，你就不在舞台上了。"

25

告诉 41 和 42，43 饿了

20^{06 年末，老布什在曼哈顿开完了几个会议准备回家，忽然}有人来报，他的私人飞机出了故障，需要维修。

虽然当时已 82 岁高龄，但老布什还是让自己每天都十分忙碌。突然在城里有了几个小时的闲暇，于是，他决定调转车头，前往哈勒姆区，去看望他的一位新的好朋友。"我想去看看比尔，你能通知他我们现在过去吗？"他对助手说。当老布什的车队往北前去第 125 街时，他的随身特工密电通知克林顿的特工，他的前任总统不约而至，前来问好。

克林顿那天并不在办公室；事实上，他那天甚至都不在纽约市。但这并没能让第 41 任总统败兴而归。老布什的车队在克林顿位于哈勒姆区主干道的一座联邦大楼前停了下来，老布什和他的随从下了车，径直上了 14 楼。尽管克林顿不在，老布什还是在克林顿的套房转了转，拍照签名，并和那里的工作人员聊了会儿天。当他来到克林顿的办公室时，他走了进去，坐了下来，跷起腿放在办公桌上，说："让我们打个电话给比尔吧！"

电话很快就接通了："喂，比尔，你在哈勒姆的办公室真的很不错啊！下属也不错！你现在在哪儿呢？"

多年来，总统俱乐部见证了其间的竞争、合作，甚至还有真正的友谊。但没有哪种关系像老布什和那个在 1992 年击败他的人之间的关系一样。这种关系让两人都很惊奇，让他们多年来的助手都很吃惊。老布什甚至不止一次暗示他或许能当没有父亲的克林顿的父亲——而年轻的克林顿对此也并无异议。如果这种亲密关系让人们惊讶，那么这种关系产生的缘由也会让人惊讶：恰恰是老布什的亲生儿子激发了这种关系。

营救任务

2004 年 12 月 26 日 0 点 56 分，印尼苏门答腊岛附近海面下 30 英里处发生了地震。尽管那个区域经常发生地震，但这种规模的地震实属罕见；里氏 9.0 级，这次地震是有记录以来最大等级的两到三次地震之一。两大地壳板块相撞，移动距离达 20 米或更大。地壳的突然隆起导致海水猛涨，掀起了一系列巨浪，有些巨浪甚至超过 20 米高，快速朝沿岸十几个国家涌去。当这些巨浪在几个小时后登陆时，印度尼西亚、斯里兰卡和泰国海岸的城镇——还有居民——瞬间被席卷而去。

海啸造成超过 16.5 万人死亡，成千上万人失踪，数百万人无家可归。太平间和医院诊所被尸体塞满，对饥荒和疾病的恐惧开始蔓延。惊魂未定的游客将拍摄到的恐怖影像传到了网上。数以百万计美元的援助从全世界捐来，其中美国政府捐了 3.5 亿美元。

在华盛顿，小布什和他的顾问们在寻找合适的方式协调和指导民间私人援助，因为私人援助早已超出各级政府的管理能力。小布什总统想到一个点子，让他的前两任总统参与其中。这两人都是在不同领域久经沙场的募资高手，而且两人都有世界顶尖的人脉关系。

老布什和克林顿多次被誉为美国政坛的绝配：一个大方得体并谨慎小心，另一个雄心壮志并直觉敏锐。克林顿的总统任期检验了是否可以像一次次开通宵闲谈会议那样管理国家。而老布什最喜欢问的问题之一——如果我们什么都不做，会怎样？——又定义了他总统任期间最精彩和糟糕的部分。他们在 1992 年总统大选中的激烈竞争已经给他们留下了伤疤。那时 46 岁的克林顿一次次提到老布什的年纪，说在位总统已经"老了"。老布什曾把克林顿叫作"笨蛋"，声称在对外交政策的了解程度上，就连他的狗都比克林顿要强得多。老布什认为他会最终获胜，但最终失败时，就必须接受失败的苦果。

但对于小布什而言，他有理由相信，10 年来，两人的伤疤已经愈合了。毕竟两人现在都已成为前总统。2004 年 11 月，在克林顿位于小石城的总统图书馆的开馆仪式上，老布什对克林顿满是溢美之词，这让在暴风雨中参加仪式的人群兴奋不已。"我必须要说，比尔·克林顿是现代世界最有天赋的美国政治人物。相信我，我得知这一点时走了很多弯路。他让这一点看起来太简单了，以至于我不得不因此恨他。"

图书馆内，两人结伴而行：在参观那座俯瞰着阿肯色河的现代图书馆时，老布什和克林顿谈得忘乎所以，远远落在大队参观的高官显要们的身后。第 41 任总统老布什看着窗外，问克林顿打算怎么布置他图书馆东部的大片空地。当得知克林顿还没有计划时，老布什建议将这片空地建成自己的墓地，并且快点做出决定，这样他就能监督对媒体和工作人员的安排。这种事情每位总统都得考虑——或者由另一位总统提醒来考虑：你的去世、葬礼、墓地都是公众关注的事情。

第 43 任总统小布什注意到，他的父亲和克林顿落在了人群后面，而他则急着吃完饭离开。于是他派了几个人去找他们。小布什对克林顿基金会的主席说："告诉 41 和 42，43 饿了。"

白宫办公厅主任安德鲁·卡德确信两人能很好地合作；他知道，克林顿迫切希望参与到行动中去。在小布什的首届任期间，卡德时常会打电话到纽约州参议员希拉里·克林顿华盛顿西北部的家中。很多时候是前总统接的电话。卡德经常发现自己会和第 42 任总统长聊，向他简要汇报情况，交换信息，甚至聊聊最近的小道消息。

卡德回忆："他会和我交谈，问我最近的情况，我们会交换些信息。"一次，卡德和克林顿谈了很长时间，当他们聊完挂了电话后，卡德又不得不再次拨通电话，因为他本来想找的人是希拉里。

海啸发生后，卡德分别给老布什和克林顿打了电话，并让他们在会议记录上签了字。多少天来，第 41 任和第 42 任总统会一直和第 43 任现任总统待在白宫西翼的办公室，等待命令：访问灾区，向当地政府征求关于私人援助的建议，然后回到美国忙于筹款。白宫派了一架空军波音 757 飞机和一小队国务院工作人员供他们调遣。

两人在 4 天的灾区访问中几乎是马不停蹄。每停一站，两人都会像贵宾一样受到欢迎，但在有些场合，人群更偏爱较年轻的克林顿。老布什后来说："如果你很自负，那就不要和克林顿总统一起去马尔代夫那些地方。跟他一起出行就像是和摇滚明星走在一起一样。"

一路上，他们再次发现，其实他们在成为竞争对手前就已经是盟友了：克林顿在老布什总统上任初期就支持他提出来的很多有争议的教育措施，而其他民主党人则拒绝支持；克林顿回忆，老布什曾在 20 世纪 80 年代初期在肯纳邦克港招待他的一家，当年仅 3 岁的切尔西说她要去洗手间时，老布什牵着小女孩的手带她去了最近的洗手间。在空中飞行时，两人都坚持要对方睡唯一的一张床。（结果是老布什睡在特等舱，克林顿和老布什的助手让·贝克尔打了通宵的牌。）

老布什后来说："你参加了选战，而选战中将不可避免充满敌意，但我和他之间的私人关系总是保持得很好。他说……他对我的感觉也是如此。因此，这对于我们并不奇怪，而在所有其他人看来都很奇怪。"

克林顿对朋友们说，老布什让他们的联盟起了作用，因为老家伙得牺牲自己的骄傲，拥护他的前对手。克林顿说："他应得到比我更高的声望。"但也应该铭记的是，卸任后的总统也有他们自己的难处，很难有什么能跟那种难处相比。为自然灾害筹款堪比过去让他们夜不能寐的事情。老布什说："你会觉得自己是在做一件比自己的政治生涯更重要的事情，或许比你自己都更重要。"

好朋友电影

一回到美国，两人就成了公众的焦点。总统俱乐部在过去 60 年中从未有人像他们那样在公共场合表现出彼此之间的感情。1 月，他们一起在橄榄球"超级碗"大赛向"粉丝"们问好；3 月，他们和格雷格·诺曼一起参加了一场高尔夫慈善锦标赛；第二天，克林顿前往纽约医院体检，从他的左肺移除疤痕组织和肺液，而几个小时后他的前任就通过电话向他问好。"你感觉怎么样？医生怎么说？疼吗？还能进行多少运动？你在用你的跑步机吗？"几周后，"老布什医生"和克林顿就在白宫的邀请下（还邀请了卡特，但他拒绝了）和第 43 任总统一起搭乘"空军一号"前往罗马参加教皇约翰·保罗二世的葬礼。老布什让克林顿不要担心，行程不会太紧，而且飞机上一直有医生随时待命。当克林顿对比他自己还心存担忧的"医生"说他在大手术后要马上去国外时，他解释道，缅因州的朋友说一切都不会有问题的。

克林顿在 6 月飞往缅因州过周末，准备和老布什钓钓鱼、打打高尔夫和划船时，特工们已经不再负责交通和中转了。老布什清楚地表示，他将亲自在缅因州波特兰市用他的游艇为克林顿接机。老布什想在早上把他那高级的快艇驶到海岸边，然后亲自带克林顿回去，以每小时 50 英里的速度赶回去准时吃午餐。

这真是个轻率的主意，幸好，那天缅因州的浓雾阻止了他。但到午餐时间时，布什提议走海路过去，并且说他和克林顿将沿着海岸开 20 分钟到当地一家海鲜店就餐，而特工们则在护航船上跟着。但克林顿还是有点晕船，要求换乘汽车。（到了餐馆，克林顿还是点了份炸蛤蚌，并且吃得很开心。）但老布什最终还是如愿了，他带着克林顿在下午能见度高时上船游玩。克林顿回忆："他开起快艇来就像是疯了一样，他让他的 3 台巨大的发动机加速运转起来，就这样，我们几乎在水面上飞了起来。我想重力几乎要了我的命。"这件事的一张合影就挂在老布什在休斯敦的私人办公室的墙上，老布什的家人一边瞧着一边乐。芭芭拉·布什开始将两人称为"一对老伙计"。

佛罗里达州长杰布·布什宣布，他将称克林顿为"老兄"。在那年春天的华盛顿烤架俱乐部晚宴上，第 43 任总统小布什开玩笑说，克林顿在 3 月手术后，"醒来时周边围满了他的亲人：希拉里、切尔西……还有我老爸"。

在丑陋的政治年代中团结在一起，这对老伙计着实让公众出乎意料。美国人很久以来都没见过不同党派的政客能协作做出成绩了——更不用说是两位总统了——并且还邀请国民和他们一起努力。两人知道，他们是在党派斗争中树立了另一种典范。克林顿说："我想让人们看到乔治和我在一起，并且说，'这就是我们国家应有的运转方式'。"

这种安排对他们两人以及他们的政治家庭来讲也有明显的好处。和老布什的友谊让克林顿在任上的最后几年非常受益。而对于老布什而言，政治利益也很明显——甚至对他的家人更有利：他的儿子，现任总统，是全国最有决定权的人，有这么一位民主党的精神领袖做伙伴，这让第42任总统在批评第43任时更温和。芭芭拉在2005年时说："他真的很好，不批评总统，在今天的报纸上，他没有批判总统。我对此非常感激。"

如果说公众高兴看到政敌成朋友，那么老布什和克林顿在一起也有很多时候并不受欢迎。老布什和克林顿各自的党派认为他们在公共场合的表现让他们心烦，就好像是和敌人同床共枕一般。克林顿对他的助手们说，他接到了无数民主党人打来的电话，问他："你到底想干什么，让他们利用你吗？"克林顿的一位更自由的前顾问直接和克林顿提起这件事，结果只听到电话那头的第42任总统咆哮道："这比政治要重要得多。"老布什也遭到了同样的对待。老布什的一位长期助手在2005年对《时代》周刊说，他和他的前上司通了电话，讨论了他们那个夏天的合作，但是发现老布什不愿意接受任何有关于此的批评。老布什对他的老部下说："不要跟我提这件事，克林顿非常恭敬，我们在做好事。"

但两人的关系也有局限性。克林顿有次承认，只要提起伊拉克战争问题，他几乎就需要"打狂犬疫苗"。老布什有时候会厌倦克林顿的唠叨。老布什的一位老助手说："他们是真正的好朋友，老布什真的很喜欢他——但他很快就会说这得慢慢来。克林顿为老布什说了太多好话了。"老布什这么解释："我们有很多共同点，我很珍惜。但我出局了，他还在玩。希望他坚持得更久一些。"

但是，到 2005 年年中，很清楚的是，他们都喜欢彼此。他们的会面大多会选择远离媒体，这样他们的关系就不会被公众议论。每人都曾去过另一人的图书馆筹款，然后会见主要捐助人。他们都在春天飞往小石城拍摄公益服务宣传片，然后在有线电视上播出。后来有一次，他们在克林顿总统图书馆 3 楼的一间仿制的只有实际总统椭圆形办公室一半大小的办公室谈话，一个坐在高背椅上，另一个放松地坐在另一只椅子上。一位访客曾说，当他从门口瞧进去时，"看到的好像是蜡像馆一样"。

共同阵地

2005 年 8 月 29 日，卡特里娜飓风以时速 125 英里袭击了新奥尔良市的东部。暴风雨留下了方圆大约 500 英里的废墟，从东得克萨斯的墨西哥湾沿岸一直到佛罗里达州的潘汉德尔。卡特里娜飓风成了美国历史上代价最高的一场自然灾害，并且是 75 年来最致命的一次。

这也让小布什措手不及。开始时这场灾难就像是大自然母亲的肆意袭击，但很快人们就清楚地意识到，是多年来的人祸导致了更大的损失。陆军工程兵团设计的防洪设施非常不充分且不周到，地方和州的应急计划简直一团糟；但是，白宫，尤其是小布什的好朋友，联邦紧急事务管理局的迈克尔·布朗，成了众矢之的。人们在数小时、数天内恐惧地看着灾难肆虐，而救援则迟迟无法帮助被困在新奥尔良的难民。

成千上万在暴风雨中的超级穹顶体育场里等待救援的人被困在那里，没有食物、卫生用品或医疗救助。医院里，护士们在发电机失灵和电池用尽后不得不手动帮垂死的病人使用呼吸机。随着气温的上升，整座城市像是被煮在混杂着化学品、尸体、石油、蛇和老鼠的污水中；许多人在没有帮助的情况下根本不能从他们被淹的家中逃走。众多非裔美国人站在屋顶焦急地等待救援。照片显示，美国政府已经失去了能力——和意愿——去拯救它自己的人民。

在那么多委员会和机关单位动员采取联合行动后，在紧急救援物资堆积如山后，整个新的应急机制却在灾难来袭后突然失灵不能动弹了，怎么会这样呢？在暴风雨过后多天，小布什总统来到灾区时，已经不仅仅是当地的地形发生了改变。55 个国家已经提供了援助——包括斯里兰卡。于是小布什再一次向他的父亲和"干兄弟"请求帮助。而老布什和克林顿也再一次响应了号召。

这两人对灾区都有着深厚的感情。克林顿在阿肯色州的温泉县和小石城长大，对这两个城镇来说，新奥尔良都是当地人向往的地方。老布什则住在海湾附近——他在 20 世纪 50 年代时靠海上石油钻探生意发了家，然后才成为政客。1988 年，老布什就是在现在已经一片狼藉的超级穹顶体育场里赢得了共和党的总统候选人提名的，那时他提倡建立一个"更温和的国家"。对老布什和克林顿来说，卡特里娜飓风摧毁了他们的共同阵地。

因此，他们再一次上路了，拍公益宣传片，接受采访，划分可能的捐助者的名单。他们分别做了自己的调查——一人负责新奥尔良市区和东部各地，另一人则负责西部。他们请州长们和市长们出谋划策，然后用电子邮件和电话交流他们的收获。他们没有像在海啸灾难中那样将筹得的赈灾款直接交给私人慈善机构，相反，他们组建了自己的非营利性联合基金会，让人们直接将支票寄到他们在休斯敦和纽约的办公室。这种方式立竿见影，因为全国几乎所有人都起码喜欢他们中的一个。

数以百万计的美元捐了过来：有的来自企业家和几十个国家的政府，有的来自卖柠檬水的小孩子和女童子军乐队。有些信封里的支票直接签给了他们两人；另一些本来是要寄给红十字会或儿童玩具计划的，结果直接寄给了老布什和克林顿，因为人们相信这两位前总统会把钱花在需要的地方。

高尔夫球手魏圣美捐了50万美元，并且得以在10月的一个周日上午在拉斯维加斯和克林顿打了场高尔夫。另一位不愿透露姓名的女士则希望见到老布什本人从而将支票亲自交到他手中。老布什特意安排了自己的行程，以便在波士顿的飞机跑道上和她见面，在那里，这位女士静静地递给了他一张50万美元的支票。即使是老布什这样的人都对此目瞪口呆。克林顿的助手杰伊·卡森说："人们就是想把钱给他们。"

筹款结束时，他们共计筹得1.3亿美元。两人不得不一起思考怎样最好地利用这些钱。两人都认为，私人集资最好是花在政府应急机制未能覆盖的地方。然而政府的应急制度实在是太糟糕了，以至于正如一位助手指出的，两人"几乎在各处都发现了问题"。

老布什想帮助小企业、教堂和宗教信仰组织来分配集资款；克林顿认可他的想法，但他想直接进行援助，尤其是给教育机构进行援助——老布什也认可他的想法。克林顿回忆说："我们进行了小型公共决策讨论，就好像我们还是政府人士似的。"

最终，数以百万计的筹款被捐往各种学校帮它们重新开课；还有一小部分钱被用来给渔民购买新船，他们在暴风雨中丧失了自己的船只。两人任命了一个由两个党派共同组成的托管局来分配在2006年收到的额外资金。克林顿说："我从未叫他放弃，而他也从未叫我放弃彼此之间的不同想法。但是，如果方式正确，你就会永远为那种更完美的合作努力。"

当捐款停止时，两人决定关闭他们的慈善机构，分摊剩下的现金，并由各自在需要的地方全权处理。克林顿说："他全权决定怎么花（他）那一部分钱，我则全权决定如何花我的那一部分，效果很好……如果我们能再次有那样的信任，在全世界……"

干兄弟

克林顿和老布什的合作为几年后克林顿和卸任并返回达拉斯的老布什的儿子小布什树立了榜样。但这也不是自动就会发生的：在2010年1月海地发生7.0级地震后，成千上万人死亡，并有数百万人变得无家可归。克林顿致电第41任总统老布什再次上路开展行动，联合出面，筹集资金，然后进行资金分配。但已85岁高龄的老布什实在动不了身了。他说，跟我儿子说吧，我太老了，该乔治上了。

"没有你，我可不行！"克林顿对老人说。但老布什还是坚持不去，要他致电白宫，做出自己的贡献，并提议巴拉克·奥巴马总统请他在达拉斯的前任和克林顿一起前往海地。很快，当父亲对儿子说出和克林顿一道行动的想法时，儿子只有一个请求：这是总统俱乐部的规定。奥巴马必须亲自邀请。

与此同时，克林顿向白宫提议了这个想法。不久后，奥巴马致电小布什和克林顿让他们一同前往。三人3天后在白宫碰了面。奥巴马看起来非常感激，而身为海地专家的克林顿则看起来神色凝重。小布什比另外两人更直接，"我知道很多人都在想捐毛毯或水"，他在新闻发布会上说，然后稍作停顿，"但请大家直接捐现金吧"。

几周后，两人各自乘飞机视察了震后的海地首都。小布什先抵达了太子港，走出飞机，准备开展行动。克林顿后到。当克林顿的飞机最终抵达时，小布什走到飞机旁，在跑道上等他，就好像自己是太子港的市长，在迎候外国政要一般。但克林顿在飞机上多待了几分钟，还不知道他的搭档已经在下面等着了。一位助手后来说，小布什向来以缺乏耐心出名，他能不爬上飞机瞧瞧到底为什么耽搁那么久，这就是他所能做的了。

但是在他们的海地合作中，每个人都找到了配合对方的方法：小布什让联合国海地特使克林顿带头组织赈灾工作，克林顿更大规模的团队承担了筹款分配的任务。克林顿让小布什的前助手组织整个慈善工作，这个举动让达拉斯人很欣赏。到 2011 年中期，两人共筹得超过 5 300 万美元。他们还互赠了生日和圣诞礼物：小布什给克林顿送了得克萨斯州特产，克林顿则喜欢送些书和音乐。

几位了解并服务过小布什和克林顿的政府官员说，他们两人在离任时都满受创伤——一人被弹劾，另一人则受伊拉克问题困扰——他们将不可避免地在彼此的私生活中找到一些出人意料的慰藉。这些官员说，任何其他人——甚至他们的夫人——都不能真正想象出他们所承受的痛苦；因此，谁还能更好地在你的余生了解那些伤痛呢？

帮助改善关系是另一个因素：小布什和克林顿实际上是总统俱乐部最早的两位商业伙伴。从 2009 年起，两人经常在全世界共同出席发布会，他们会回答一个小时左右的问题，然后各自获得 6 位数金额的回报。这些活动吸引了从多伦多到东京的大量听众，在那里人们愿意花几百美金去看一对全球知名人物坐在舒适的扶手椅上，侃侃而谈做总统是什么样子的。

克林顿对老布什的尊重，加上和老布什儿子的友谊，意味着他们很快就像是肯纳邦克港一家人一样了。他时常到那里过周末，并且在 2011 年 7 月照看 86 岁的芭芭拉·布什出席贝蒂·福特的葬礼，甚至在小布什的女儿詹娜成为《今日秀》的记者后帮她获得了独家新闻（对克林顿自己的采访）。老布什乐于看到他儿子和克林顿成为朋友并且有相同的思路。他说："他们都想做成事情，谁都不怕说出他们的想法。每个人都认为对方是朋友。"

克林顿对他的新兄弟很尊敬，而这种尊敬并未受到他党内所有人的待见。在采访中，他总是很小心，不去点名批评小布什。私下里，他说，希望他的朋友们眼光放长远些。他解释说："在我们的分歧上，在伊拉克问题的决策以及其他一切事务上，我说：'我告诉你们一件关于他的事，不管你认为对或错，他认为是对的话，他就那么做了。'我还说：'现在，看起来并不是很好，（但）谁知道100年后会是什么样呢？'"

2011年3月末，卡特、克林顿和小布什一起身着晚礼服到华盛顿肯尼迪中心看望总统俱乐部最老的一位。还差几个月就87岁的老布什，他渐渐不行了，患了帕金森病，腿脚不利索了，也很难保持平衡。在2009年跳伞庆祝自己的85岁生日后，他在2010年减少了自己在公共场合的露面机会，拒绝了大多数访问。

肯尼迪中心举办了活动，庆祝老布什对自愿兵役制的贡献，并为他的非营利机构"光点计划"筹集了3 000万美元。但这只是最后的一支华尔兹舞了。加思·布鲁克斯、里巴·麦肯泰尔、卡丽·安德伍德和梅维丝·斯特普尔斯献唱，两支合唱队和一个管弦乐队伴奏，全国各地的志愿者赶来见证他们的志愿者项目，三位美国总统（以及巴拉克·奥巴马，通过视频）称赞了老布什对国家的终身服务。卡特先发言，然后是小布什。但从一开始就很清楚的是，克林顿才是重点。

他在表演的上半场就一直在演练他的台词。当他最终发言时，他说出了总统俱乐部的一个秘密："大家知道，当一位总统即将离任时，大部分时间里，大部分人渴望他赶紧离开。但还有一些小仪式。其中一个就是即将离任的总统必须在白宫招待新上任的总统，微笑着，就好像他们热爱彼此一样，让美国人民认为是民主和平的，是值得尊敬的，权力的移交也将很顺利。"

"你或许很有兴趣知道老布什唯一请我做的事情就是保留'光点计划'。我一直很感谢他的请求，并且我照做了。因此，当我离任，小布什上任时，我唯一请他做的是保留'美国志愿队'……他也照做了。我对此很感激……当你要离开白宫时，他说，你希望留下一些高贵的东西。然后，小布什帮了我一生最大的忙。"克林顿接着说："他不止一次，而是有两次，请我和他父亲协作。我们一起做了 7 次访问之旅。这个我一直喜爱、尊敬并与之竞争的人……我真的热爱他……我一次次意识到，我们在那些无关紧要的事情上曾浪费多少精力……他在我眼中几乎就不犯错，即使他每 5 年都坚持跳伞，那让我自己看起来像是胆小鬼似的。"

说完话，克林顿低下头，看着老布什，伸出手臂，在几千人面前说道："我爱你！"

就像是正式的入族仪式一般，布什家人立即还礼，给了他最高的荣耀：一个家庭昵称。在肯尼迪中心的活动结束前，劳拉·布什让 27 位列席者一起拍全家福。卡特一家和克林顿静静地站在后排边上，看着这个大家庭在摄像师面前站好自己的位置。就在那时，尼尔·布什喊道："比尔，比尔，干兄弟！站这里来！"

于是他站了过去，在后排和一些孙辈站在一起。"耶！"几个月后回想起那一刻时克林顿乐了，"家族的害群之马，每家都得有一个"。

奥巴马和他的俱乐部：

经验学习曲线

总统俱乐部中有很多房间：有一间供秘密情报会议的战情室、一间管理咨询办公室、一间忏悔室，还有慈善机构附属办公室。但在21世纪的第二个10年，随着巴拉克·奥巴马入主白宫，家人休息室的空间也随之扩大。因为到2009年时，俱乐部已经开始有点像是一个庞大的现代混合家庭了，而老布什就是这个家庭的父亲。

家中的三兄弟，克林顿、小布什和奥巴马，他们有很多争吵。首先，小说家托妮·莫里森有句箴言：要让克林顿接受美国首位黑人总统这颗新星，实在不易，更不要说这个新人曾在总统提名战中战胜过他的夫人了。同时，小布什和奥巴马之间的关系也不完美，因为奥巴马在任上前两年大部分时间里将一切都归罪于他的前任总统。

但是，当奥巴马当选后，总统俱乐部都来鼓励他，告诉他俱乐部中的秘密合作，并让他知道俱乐部最古老的秘密。奥巴马在当选几天后从他的弟兄们那里听说总统俱乐部后表示："你知道，他们都难以置信地和蔼高尚。我想，他们都知道，这份工作有种固有的孤独感。你会获得建议和忠告。最终，是你来做决定，你已经能感觉到这个事实了。"

随着奥巴马在任上"弄脏"自己的手、达成协议、不符合人们期望，并且还要同时应付两场战争和国内经济衰退，奥巴马和总统俱乐部的关系也不断加深。小布什拒绝批评他，克林顿想方设法帮他。而俱乐部的主席老布什或许比其他任何成员都更清楚年轻的总统最需要什么。那和解决的问题或发布的信息无关。有时候，只要悄悄地顺道拜访白宫，跟他开开玩笑，就是这么简单。

26

我们希望你成功

在2008年民主党总统候选人选战的关键时候，巴拉克·奥巴马宣称，罗纳德·里根是位比克林顿更具改革能力的总统。克林顿当然要为自己辩护了，而且还有点反应过度了。这正符合奥巴马的需要：正中他的一个中心论点，那就是他才是新型的民主党人，更冷静、更清醒，比20世纪六七十年代成年的那代民主党人更少纠结于牢骚抱怨。

这是一招聪明而深思熟虑的俱乐部的内部攻击：奥巴马利用已过世的前总统让另一位总统反应过度，从而完美地服务了自己。但克林顿和奥巴马之间的仇恨实际是克林顿主义和奥巴马主义这两种不同的民主党派系之间的斗争。两人都希望获得一个荣誉：成为改变美国人对民主党人看法的领袖。每个人都认为自己能通过个性和论证，把自20世纪60年代中期以来倾向于保守派的选民拉回到中间，甚至更远。里根已经想出和不安宁的选民谈话并让他们离开的方法，每个人都认为他知道怎样让选民回家。奥巴马看到了克林顿的结局，看到了宏伟的进步愿景的萎缩和妥协的积累，看到了作为总统的伟大机会的丧失。

他们两人几乎不可能谈和，直到新总统亲身了解到前总统们的思想：许诺伟大的变革和实现变革完全是两码事。

变革推动者

当奥巴马宣布"我们就是你们一直在等待的人"时，他几乎否定了克林顿的变革主张。是的，他敬佩克林顿，因为克林顿曾试图"超越"里根时代的分裂政治，并在选民们对大政府心生疑虑时推动进步性政策。但克林顿没能圆满完成。

奥巴马在他的书《无畏的希望：重申美国梦》中说，他认为未能完成的一个原因就是克林顿本身。他认为第 42 任总统并不是让保守派选举团变成进步的多数派的完美工具。他注意到，克林顿在任阿肯色州州长时，拒绝在 1992 年选战中对脑死亡的死囚执行死刑，他是"多么冷血"。奥巴马嘲笑克林顿，他的决定就是为了吸引里根派民主党人，这种努力"既笨拙又明显"。奥巴马认为，那可能会带来暂时的成果，但绝不会是永久的变革。他同时也认为，克林顿的目标非常"适度"而"不激进"。奥巴马竞选阵营的一大观点认为，当冷战结束和信息时代允许美国大步前进时，克林顿浪费了机会，选择了小步前进，谋求肤浅的成就。在"希望"和"变革"的呼声中，奥巴马许诺他心中有更远大的抱负。

这是对克林顿总统任期的选择性解读：不错，克林顿的第二届任期中的一些措施，比如确保汽车中儿童座椅易于安装和为邻里监督组织提供手机等，让他受到攻击。但在克林顿时期，他还通过了《北美自由贸易协定》，实现了 30 年来首次真正的改革，实现了一个时代以来的首次预算平衡，并通过了十年来的首个犯罪法案。这些成就都来之不易，而且都很不受左翼人士欢迎。因此，如果奥巴马有牢骚，那就是因为克林顿没能完成足够大的自由派的事情，这有点像是指责他未能完成不可能的任务。

然而，到 2007 年，人们对克林顿所取得成就的记忆已经淡去了，这就更加帮了奥巴马对克林顿一家和克林顿主义进行批评：在奥巴马看来，他们已过盛年，不再适合解决国家在新世纪的问题。奥巴马认为，美国政治一直在根据越南战争那一代有着固定意识形态的人所写的剧本演进，但演进的时间已经够久了。他针对自己的明显优势说，我们需要更年轻的"能让我们所有美国人团结起来的"领袖。他写道："在克林顿和纽特·金里奇的各个交手回合中，在 2000 年和 2004 年的选举中，我有时感觉到，我就像是在观看婴儿潮一代的心理剧一样——一个根源于很久以前的几个大学校园的积怨和报复的故事——并且这个故事正在国家舞台上演。"

奥巴马在巡回政治演说中暗示，他和克林顿一家不同，能够像"后党争主义"领导那样竞选和执政。尽管克林顿一家和他们的支持者对这一想法表示不屑，但它却在布什时代后期十分受欢迎。正如 2007 年末奥巴马在得梅因所说："我不想在接下来一年或接下来 的 4 年中重复我们在 20 世纪 90 年代的斗争。"克林顿支持他妻子的努力却让奥巴马受益。不管是在幕后还是在台前，克林顿专注于对奥巴马的批评，称奥巴马会毒害美国政治。2007 年 12 月，克林顿在查理·罗斯主持的节目上说，选奥巴马就是"掷骰子"。在新罕布什尔州初选的那个夜里，克林顿说奥巴马对伊拉克战争的反对态度含糊不清。他在达特茅斯用他那嘶哑的声音说："让……我……休息一下。整件事情就是我曾见到的最大谎言。"奥巴马阵营收下了这些攻击并且将它们统统还给了攻击者。奥巴马的竞选经理大卫·普劳夫说："我们把克林顿的攻击放在前面和中间，证明选择变革的合理性。"

奥巴马阵营甚至欢迎这种攻击。1月14日接受《里诺宪期刊》采访时，奥巴马直面攻击克林顿阵营。奥巴马说："我想罗纳德·里根改变了美国的轨迹，以尼克松和克林顿不曾有过的方式。他让我们走上了非常不同的路，因为国家已为之做好了准备……他掌握了当今人们的主要诉求，那就是我们想要透明度，我们想要乐观主义，想要重获已经缺失了的冒险精神。"

然后，奥巴马做了决定性一击。他补充道："可以很公平地说，共和党在过去长达10到15年的时间里都是一个有理想的政党，他们想挑战传统观点。"

奥巴马非常清楚他是在做什么。对克林顿而言，被称为无创意就好像是有人说你的妈妈丑、你这个人是娘娘腔一样。克林顿的一位长期助手说："这打击了克林顿一直备感骄傲的东西。"克林顿是如此愤愤不平，以至于他将奥巴马的话夸大成更难听的东西。他对纽约的听众们说："里根总统是创新的引擎，成就更高，比我对美国的影响力更持久。"

这种夸张让奥巴马抓到把柄说克林顿又反应过度了。1月，在南卡罗来纳州默特尔海滩，奥巴马在与希拉里的辩论中让克林顿成为了争论的焦点："克林顿总统断定共和党人自1980年以来的经济政策更好。事实并非如此。"

然后就轮到奥巴马发泄私人情绪了。他在辩论中对希拉里说："我说的是，罗纳德·里根是位变革性的政治人物，因为他能够让民主党人不顾他们的经济利益投票从而推动变革的议程，这是我非常反对的。因为，当我还在大街上工作，并看到人们的工作机会流失到国外去时，你当时却是沃尔玛的董事会律师。"

希拉里回答说，她从未提及罗纳德·里根的姓名。

"你丈夫提了。"奥巴马说。

"哦，现在是我站在这里，不是他。"希拉里说。

"好吧，有时我真分不清我是在和谁竞争。"

奥巴马的机敏回答很有作用：他将希拉里和她的丈夫更紧地绑在了一起，而她丈夫在奥巴马看来，已经是古老的历史了。

2008 年的初选持续了好几个月，是 1976 年以来民主党和共和党持续最长时间的初选。到 6 月初希拉里最终停止选战时，她丈夫已经退居幕后了，两大阵营也都在谨慎地试探对方的反应。当前总统在丹佛再次露面支持奥巴马时，他穿着总统俱乐部的礼服。他说："我希望所有曾支持希拉里的人在 11 月投票支持巴拉克·奥巴马，原因是：除了卡特总统外，我有所有美国民主党人都不能了解的角度。感谢大家。"那个角度当然是知道做好总统工作需要承受什么。至于之前那不愉快的初选，他妙语点评说："那场选战是那样火热，甚至都把全球变暖问题给加剧了。"

当奥巴马请希拉里当他的国务卿时，她还在担心自己在选战中的"欠账"，不确定是否要离开参议院，害怕自己或许无法和当选总统相处融洽。她的丈夫也是一大因素：他几乎是以光速在全球奔走，不受控制，也无法控制。给他的基金会和图书馆捐赠的人有很多，这些人的信息也是保密的，但几乎可以肯定有很多外国名人和宗派。如果她成为美国的首席外交官，他们会给她造成困扰。她说她不适合当国务卿。但奥巴马并不担心。他回答道，我需要你。

克林顿听起来则心甘情愿："我会做他们需要我做的一切事情。"

结果，确实有很多事情需要他做。12 月 12 日，奥巴马的最高助手和克林顿签署了"谅解备忘录"，这份文件和总统与他的前任们的约定不一样。条款中，克林顿透露了一份给他的基金会捐赠过的超过 20

万人的秘密清单。他还同意在他夫人担任国务卿期间每年都公布他的捐赠者清单，将他的基金会与他的"克林顿全球倡议"慈善机构分开，放弃在国外举行"克林顿全球倡议"年度会议，不再接受海外捐赠或者在世界范围内请他们帮忙。克林顿还同意在未来参加演讲活动时先征得当局的同意。

克林顿的助手们私下注意到，备忘录的内容实际已超过了法律能要求的范围；他的助手抱怨备忘录太过分了。但是，也没有其他任何前总统曾看到他的夫人成为别人的内阁成员。对于和希拉里正在谈判的外国政府来说，让它们直接或间接地给支持她丈夫的机构捐助，不管是秘密还是公开，都不合适。但是，还有种观点认为，奥巴马的团队在妥协中的要求超过保护自己的需要。一些条款看起来就好像是蓄意提醒大家谁胜谁负似的。

优雅退出，让出舞台

在奥巴马的提议下，小布什在 2009 年 1 月举办了一次白宫总统俱乐部午餐会。

这次午餐会本身就是历史性事件，是自 1981 年萨达特去世后首次所有在世的总统聚齐在白宫（只是这一次有五位总统，而不是四位）。五位总统在邻近椭圆形办公室的一个私人小餐厅用餐。卡特回忆，午餐也有点简单，只有三明治。谈话的内容很少是关于政策方面的，只聊了在华盛顿安家的困难。卡特说："我们花了一小时讨论我们是如何应付白宫员工的、有什么样的起居习惯和怎么把我们的孩子送进华盛顿的学校……还有，保镖的保护是怎样打扰了我们的私人生活。我们想用一种简单的方式提醒当选总统，而不要让他觉得是在说教，只是让他听到我们在反复交换对经验的一些想法。"五位总统还简单探讨了国会和外交政策。

"我们希望你成功，"小布什对奥巴马说，"不管我们是民主党还是共和党，我们都很关心这个国家……我们所有曾担任过总统的人都懂得，总统一职超越个人利益。"几天后，在前往就职仪式的路上，小布什让奥巴马在任期里重点制定明确而不可改变的有关总统豁免权的政策，这曾在小布什和克林顿党争的最后岁月里折磨他们。小布什回忆："我给他提了一条建议，希望他早点宣布豁免权政策，并且坚持执行。"

当新总统组建他的白宫团队时，很难说出奥巴马和克林顿有区别。一方面，这看起来很像是克林顿复兴。奥巴马请克林顿时期的白宫办公厅主任约翰·波德斯塔组织政权过渡。他让克林顿的调解纷争专家拉姆·伊曼纽尔担任自己的白宫办公厅主任，还有克林顿的财政部长拉里·萨默斯担任白宫最高经济顾问，克林顿的环保局长卡罗尔·布劳纳担任能源和气候事务顾问。当然，还有他的国务卿是希拉里·克林顿。几乎在你看到的每一处，那些曾在白宫服务过十几年的人都回来了，有些人还担任着和之前一样的工作。

有了这么多克林顿时期的"元老"，白宫似乎已想尽办法提醒人们新总统已经就任了。在白宫西翼，这种敏感性显而易见：在奥巴马政府中，最快地否决一个观点的方法就是称之为"克林顿式的"想法。那些在奥巴马政府中任职的前克林顿政府官员——事实上有很多这样的官员——他们在这些时刻都得深吸一口气。

然而，"克林顿式"这个词在民主党的白宫被赋予了诋毁的意味，这个事实提醒了两人之间存在根本区别。克林顿热爱政治，他的本能直觉，那种争取选民支持的"饥饿感"让他在每个早晨醒来时，想到最多的是林登·约翰逊。奥巴马上任后似乎就很少有这种动力，那种在选战中帮了他大忙的本能有时看起来更少落实到行动上。不能说第44任总统是纯理性的，而第42任是纯感性的，但也差不了多少。

即使议程看起来非常烦琐且推动困难：奥巴马计划中的最优先选项是卫生医疗改革，这在某种程度上和复苏经济同样重要。在奥巴马看来，克林顿一家因拒绝和温和派妥协而错过了医改的大好时机。与1993年克林顿起草自己的立法不一样，奥巴马将细节交给了国会。奥巴马的高级顾问戴维·阿克塞尔罗德说："我们试过依靠国会制订议案，但议案并不怎么受欢迎。"

当奥巴马忙着区分自己和克林顿时，小布什则忙着将自己定位为前总统。小布什一家在北达拉斯靠近南卫理公会大学的卡尔德萨克安了一个舒适的家。朋友们说，他比多年前要友好和放松多了，没有任何负担，所有的担忧现在已经成为别人要操心的事了。小布什的一位老朋友对《华盛顿邮报》说："这种如释重负对每一个认识他的人来说都显而易见，这就是令他感到舒适的原因。"他开始写自己的回忆录，计划筹建自己的图书馆，筹集资金：在奥巴马任期的头100天里，小布什成功募得1亿美元。

小布什保持低调。他几乎没说关于奥巴马的任何事情。小布什在3月时说："他理应得到我的沉默，我不会花任何时间去批评他。圈子里有很多批评人士。我想，是时候让前总统退出舞台并让现任总统放手解决世界问题了。"在低迷的经济条件下，这招很聪明；和他的老伙伴比则显得更聪明。

和小布什一样，理查德·切尼也搬出了华盛顿，但前副总统住在仅几英里外的弗吉尼亚州麦克雷恩，在那里他炮轰新政府，批评新总统制定的所有外交决策。尽管这些攻击受到许多保守人士的欢迎，但小布什的很多拥护者都不认可。再一次，总统俱乐部的一员和与其相隔仅一步之遥的人产生了不同观点。小布什说："我爱我的国家，远胜我对政治的热爱。我认为，帮助在任的奥巴马总统很重要。"

朋友们坚持认为，小布什并没有受到一切揭秘真相的书籍或对他的 8 年任期的恶劣评价的影响。有位朋友说，他"很自信、很安详"，历史会比时下的媒体给予他一个更好的评价。在读了几本关于乔治·华盛顿的书后，小布什对一位助手说，如果连第一任总统都在被人们翻来覆去评价，他还要担心什么呢？

一位前顾问说："小布什对他的最终复兴非常看得开，他令人难以置信地不去批评奥巴马，不管他对奥巴马有什么样的看法。他从没拿自己和奥巴马进行对比。甚至当他被直接问及对奥巴马所为的看法时，他至多会说：'嗯，我可能跟他做法不一样。'但在大部分情况下，比如在金融改革领域，他有充分理由说'必须要采取些措施'。"

如果说奥巴马和小布什交流不多，那么跟小布什的父亲的交流就不一样了；他甚至一反常态地去讨好这位老人。他在 2008 年 5 月对《纽约时报》专栏作家大卫·布鲁克斯说："我非常理解老布什的外交政策。"从老布什方面讲，他敬佩时任参议员的奥巴马在卡特里娜飓风后出现在墨西哥湾并急于提供帮助而不对公共宣传感兴趣。老布什回忆："他在没做任何宣传的情况下来了。我很快就能看出他是那种真正关心其他人的人。"

2009 年初，白宫给肯纳邦克港开了一些友好的"后门"；奥巴马的助手邀请老布什到华盛顿参加他在 1989 年签署的《美国残疾人法案》20 周年庆祝活动；他们让老布什知道总统想在某个时候安排一次拜访，地点最好是在得克萨斯州。

事情经过是这样的：2009 年 10 月，奥巴马计划在得州农工大学校园的老布什政府和公共服务学院参加"光点计划"20 周年庆祝活动。

这是第 41 任总统老布什的家园；老布什一家在休斯敦和肯纳邦克港度过的时光里，他们最终总是会到大学城去。老布什和他的夫人已经计划在去世后葬在校园小溪旁的小树林里。老布什的大女儿罗宾已经改葬到那里，就在橡树覆盖的小陡坡上。

得州农工大学是闻名遐迩的传统校园，有令人自豪的军事习俗。当宣布奥巴马将过来时，并不是所有人都很高兴。老布什担心对总统招待不周，他给整个农业大学社区发了封公开信，请求他们给予热烈欢迎。那封信写道："你们好，我很荣幸，总统，我们的总统，将花时间来我们的大学城。"并且指出这将会让得州农工大学置于全世界的聚光灯下："我迫不及待想让奥巴马总统亲自体验这里人的那种开明而体面的欢迎方式。"老布什想让奥巴马的拜访在室外进行，但特勤局拒绝这样安排。

奥巴马将这次访问当成是对老布什的致敬。他说："老布什不只是一位'职业操守'非常棒的总统，他更是一位将这种操守融入其一生的公民……他本可以轻松地选择安逸的生活，相反，在有为国家服务的机会时，他一次次紧握住了机会。"

访问结束时，老布什担心他会延误总统的行程，于是催促奥巴马离开，但奥巴马让他的车队一直等到老布什和他一起坐上总统座驾前往并不是很远的机场。到得克萨斯州访问和两党派总统在一起的形象对奥巴马来说是很好的政治策略；在老布什家中，在那个总统俱乐部不只是个概念的地方，年轻人给老者的礼遇显得很重要。老布什也会还礼。几个月后，当老布什到华盛顿参加苜蓿草俱乐部的年度晚宴时，他在拉斐特广场的会所过了一夜。当奥巴马听说他在那里时，就邀请他一起喝咖啡。几分钟后，奥巴马和老布什就一起坐在白宫椭圆形办公室里聊天了。大部分时间里是老布什在讲。奥巴马在几天后寄给老布什的一幅照片里显示，两个人都穿着衬衫，当出名的"说书人"妙语连珠时，奥巴马在一旁笑着。

前任营救

当奥巴马和老布什和谈时，他和克林顿之间的关系也渐渐缓和了。一旦新总统上任，他就会发现，总统一职是他独立的舞台，所有曾帮助他快速崛起的策略、工具和人物的用途都很有限。随着时间的推移，最初曾让克林顿和奥巴马分裂的东西——不管是个性上的、政治上的，还是理念上的——现在都变得很难察觉了。

奥巴马或许会轻视克林顿的政治策略和时有的愤世嫉俗的策略。但当他发现自己也需要那么做时，他毫不犹豫地向这位大师求助。只要是秘密进行就可以。当白宫需要让 2009 年 6 月的宾夕法尼亚州参议员初选挑战者退出时，克林顿接到了这个任务。白宫办公厅主任拉姆·伊曼纽尔请克林顿询问民主党代表乔·瑟斯塔克这位克林顿前助手，看他是否愿意接受某种行政任命以换取他不挑战现任（由共和党人转变的民主党人）阿伦·斯佩克特。瑟斯塔克拒绝了白宫的提议——这个提议一直保密了好几个月，直到瑟斯塔克在针对斯佩克特的艰难初选中才披露出来，用来争取冷淡的宾夕法尼亚州民主党人的支持。

奥巴马甚至公开请克林顿帮忙，尽管他的请求也有条件。2009 年 5 月，朝鲜法院判处两位美国记者凌志美和李丽娜在中朝边境拍摄电视片段时犯有非法入境等罪行。6 月和 7 月间，阿尔·戈尔、希拉里·克林顿和吉米·卡特都自愿提出要去平壤谈判释放这两位记者。但朝鲜人想要一位特别人士，一位代表了美国外交关系黄金年代的人前往。

这倒不完全是为了获得尊重，朝鲜需要世界其他国家的关注。他们希望比尔·克林顿前往。

前总统决心前往。一方面，他在任上最后一年时就曾希望访问朝鲜；另一方面，当他和他的夫人及女儿谈论这件事时，他的女儿切尔西说："爸爸，你必须走一趟。要是被关在那边的人是我呢？"但正如他后来解释的："如果总统不想要我去，我就不能去。"国务院的一些官员担心克林顿的回归会对他夫人造成影响，因为希拉里在营救期间要去非洲访问。希拉里将扮演什么角色？怎样才能让克林顿和金正日做得不要太过火呢，就好像当初吉米·卡特在 1994 年为克林顿执行的相似的任务那样（但当时卡特面对的是金正日的父亲金日成）。与此同时，白宫里，国家安全委员会助手们并不太赞成让一位前总统代表现任总统前去和朝鲜谈判。并且最重要的是，白宫对向克林顿求助任何事情都感到不舒服，尤其是在几个月前辛辛苦苦和他对立的情况下。

但是，当助手向奥巴马汇报时，他并不认为有何不妥。正如参与谈话的一位官员所说："奥巴马就好像是在说：'你们是在跟我开玩笑吧？'如果他愿意去，我们当然要派他去。"

于是克林顿乘坐私人飞机以普通公民身份前往平壤，就好像多年前卡特曾为他做的那样。这次访问并不愉快，除了最终的结果；两位女记者被释放，当他们一起回国时，克林顿打电话给白宫分享这个好消息。《纽约时报》报道："前总统在他夫人作为国家首席外交官前往非洲访问时卷入了这场外交危机，强调了克林顿一家的独特而持久的作用，即便这是在奥巴马的年代。"

但那种作用也有局限性，在奥巴马政府看来，需要对此小心处理。在回国途中，白宫通知凌志美的姐姐凌志慧说，当克林顿的飞机在南卡罗来纳州着陆后，两位女士将从扶梯上走下来，而克林顿则留在机舱内不让众人看到。

ABC 新闻撰稿人凌志慧不敢相信她所听到的：奥巴马的白宫真的这么担心克林顿在这次成功的外交中的作用，以至于想把他从抵达国内的重聚画面中删除吗？很明显就是这样。她让白宫官员重新考虑。对方答复道："我很抱歉，凌志慧，我们坚持这个决定。"凌志慧再次坚持，但还是被拒绝了。那天晚上，她给一些更友好的国务院官员发了封措辞强硬的电子邮件。"作为媒体工作人员，如果我不再次提醒你们，让克林顿总统待在飞机里将招致你们不希望听到的猜测和议论，那么我就玩忽职守了。我非常确信，他不会说任何事情，但让他待在飞机上实在是太尴尬了。"凌志慧说得没错。最终白宫态度缓和了，克林顿被允许和其他人一起下飞机。但这却提醒人们，白宫真的不希望克林顿重返舞台。

几周后，克林顿在战情室和奥巴马私下谈了 40 分钟，提交他对金正日的第一手评估，后者已经有一段时间没公开露面了，而且美国分析人士认为他病了。与之相反，克林顿发现金正日仍在掌权，并没有看到他的儿子金正恩。

后来，奥巴马邀请克林顿到总统办公室继续谈。克林顿清楚卡特在 16 年前曾超出应有的限度，他很谨慎地在公开场合遵守总统俱乐部的规定：当在 CNN 节目中被问及他的这次任务时，他说他发现金正日"很机警，身体要比大多数人认为的还要健康，而且很明显在掌控全局……但除此以外，我认为我不应该再多说什么了，因为我已经不具备决策权了"。

到这时止，克林顿也有机会评估奥巴马的承受力了。几周后他对拉里·金说："我能看出他很受煎熬，但我认为他也在渐渐适应他的工作。就和我过去一样，就和几乎所有人都一样。没有人一开始就能做好当总统的准备的。"克林顿说，奥巴马很努力，也很聪明。"但你真的说不出，你知道，除非过了几年后，你才能知道他是怎么运作的……他想做正确的事情，而且他能同时做很多事情，这在复杂时刻尤其重要。"

奥巴马在 2008 年所想的重塑美国政治是不成熟的；经济开始复苏，然后又陷入了停滞；联邦开支的剧增让"茶党"又有话说了，他们不把汽车业、保险业和银行救助看成资本主义的生命线。到 2010 年仲夏，奥巴马的支持率在下降；很明显，民主党将失去众议院，而且也有可能失去参议院。

奥巴马的助手认为，中期选举就是步步为营：他们将提醒选民是小布什和共和党将经济拖下了水沟，然后要求获得更多的时间来收拾烂摊子。克林顿私下质疑了这一论点。在和奥巴马的高级官员的谈话中，克林顿认为让奥巴马吹嘘，大声地吹嘘他完成的业绩——卫生医疗改革、大规模经济刺激计划和新的金融制度，要比仅仅抨击共和党更明智。

克林顿在 9 月中旬说："民主党需要说：'这是我们所做的，这是已经发生的，这是我们即将要做的。'我想，他们唯一的机会就是让他们自己的选民不要再冷漠，并且通过说'我们需要做什么，谁更有可能做什么'来回应合法选民的愤怒。"但白宫不接受这一策略，部分原因是这看起来是在退步，并且这是为广泛不受欢迎的刺激计划辩护；白宫更想强调共和党的缺点，而不是民主党的优势。

然而，民主党在连任选举中发现克林顿的帮忙很有作用。10 月中旬的盖洛普调查显示，如果是克林顿而不是奥巴马代表候选人参加选战，除了特别独立的选民，所有选民，都很可能投票支持候选人。克林顿就像是饥饿的人渴望吃饭一样渴望回到游戏中。他在 100 多次活动中为 65 位候选人竞选，频频出现在《与媒体见面》《每日秀》，甚

至福克斯新闻中。他在丹佛吸引了 2 000 名听众，在圣何塞吸引了
5 000 名听众，在加州大学洛杉矶分校吸引了 6 000 名听众。

尽管奥巴马能吸引更多人，但克林顿更能直接面对"茶党"。他在
丹佛说："这些职位中的一部分，人们已经有 110 年没担任过了。"在
华盛顿州，他对听众们说："不要傻了，不要被耍了，不要闭门不出。"
克林顿去了西弗吉尼亚，在那里奥巴马的支持率仅为 29%。他提醒山
地选民说："以我的年纪，我知道，如果你在发怒时做了决定——这里
我说的不只是政治——你犯错的概率，将达到 80%。"

克林顿的长期支持者、宾夕法尼亚州州长埃德·伦德尔说："他一
直处于上升状态，从未下降。他在国内所有地方都很受欢迎。"

尽管克林顿在所有谈话中都十分小心，从来不批评奥巴马，但他
往往听起来像是救生员，努力在救溺水者。克林顿说："他们针对奥巴
马说的大多数话也针对我说过，因此我比大多数人都更同情他。当你
处在那个位置时，如果你是像他和我这样的政客，就很难相信真会有
人不让你做这份工作。"

但是，克林顿的公共演讲也没能阻止不可避免的事情发生。选民
在 2010 年中期选举中让几十位民主党众议员下了台。共和党在众议院
获得 63 席（以及多数派控制权），并且差点获得参议院的控制权；他
们获得了更多的州议员席位，比 1928 年以来的任何一次中期选举的都
多。在之后的新闻发布会上，奥巴马称中期选举是对他的"鞭打"。现
在，两位总统，不管个人间有多少分歧，都比以往有了更多的共同点。
两人都以高得票率当选，看上去都承诺实行政治上更温和的议程，都
比他们的支持者所预期的还要"左倾"，都在中期选举中被选民指责。

奥巴马需要总统俱乐部的某种魔力；于是，12 月 10 日，他想起
了他的一位前任，他邀请了罗纳德·里根的几位前助手到白宫谈话，

请他们详述里根这位"伟大的交流者"在其任上是如何处理这种不确定性和怀疑危机的。

他担心他的政策方向错误吗？他是否在向公众隐藏自己遇到过的麻烦？他是如何通过那些法案的？当关于里根的事情结束时，克林顿到了，于是问题就从性情转移到策略上了。奥巴马想知道克林顿对国会通过的 8 580 亿美元的减税方案的看法。

当他们坐到椭圆形办公室后，克林顿说这是他能获得的最好计划，并主动提出帮奥巴马向自由派民主党国会议员推荐。但奥巴马拒绝了，相反，他请克林顿走到白宫新闻发布室的摄像机前，在那里宣称支持那份协议。情况完全倒转了：仅仅几个月前，奥巴马的助手们还在努力限制克林顿的活动和公开露面，现在却需要他重返舞台来支持奥巴马和共和党人达成妥协，而之前奥巴马还批评克林顿在几年前要做这些妥协。

奥巴马在 2007 年和 2008 年可能并不喜欢克林顿和克林顿主义，但是两年后，就很难将其和奥巴马以及奥巴马主义进行区分了。或许这表明奥巴马已经越来越自信，不再需要限制克林顿；或许也反映了当一位总统渐渐了解这份工作的复杂性，以及实践的局限性时，他不可避免地要实践经验学习曲线。

"我有点生疏了。"克林顿说。

"没事的，"奥巴马回答，"就好像骑自行车一样。"

奥巴马说得确实没错。两人在下午 4 点 20 分走进了新闻发布室。"我刚和前总统，比尔·克林顿总统，开了一个非常棒的会议……我想，既然他曾给我们带来一生中所见到的最好的经济，请他分享一下他的想法会很有用。我将请他说一说。"

然后，前总统，就好像 10 年前那样，讲了半个小时。他解释说，奥巴马的税收法案是"我们为帮助多数美国人所达成的最好的两党合作协议"。在有人问他给了总统什么建议时,奥巴马打断了问话,他不得不离开去参加圣诞晚会了。他说:"我已经让第一夫人等了大概半个小时了,我得走了。"

克林顿看起来并不在意"独奏"。他笑着说:"我可不想让她抓狂,请抓紧时间去吧。"

克林顿又独自讲了 20 分钟。就好像时间旅行一样,过去 10 年被倒转回放。当有人问他是否更喜欢提供咨询而不是管理时,克林顿笑着说:"哦,我管理的时候很愉快。当飞出去的子弹不太可能打中我时,只要不是跳弹,我想我很高兴来到这里。"克林顿的表现让《每日秀》的乔恩·斯图尔特说:"巴拉克·奥巴马,我不是说你没有潜力,但你或许应该等到第二届任期再将克林顿带回新闻发布室。"

这不会是奥巴马最后一次请求总统俱乐部帮忙。2011 年夏天,当奥巴马为了通过预算计划、提高贷款额度和防止全球经济崩溃而进行艰苦卓绝的斗争时,他请了总统俱乐部所有人帮忙,不管是在世的、还是已经去世的。他是在努力通过一项两党在税收和开支上妥协的超级法案。在夏天最热的一天,他在马里兰州的听众面前说,美国问题的唯一解决方法,就是共同努力。从罗纳德·里根到比尔·克林顿,这是过去签署过重大赤字计划的每位民主党和共和党总统的共同立场。

然后他走得更远更高。他承认,妥协能被当作推广自己信念的工具。"我认为,公平地说,亚伯拉罕·林肯有信念,但他总是做出让步和妥协。"用自己的愿景和奖杯来装饰椭圆形办公室,这是总统的权力;奥巴马办公室的墙上挂着一幅《解放黑人奴隶宣言》。他对听众们说,如果你读一下那份文件,就会发现它其实解放不了任何人。"有各种各样的诡计和妥协,各州都明确表示它们可以留在联邦,但却要求保留它们的奴隶。"

　　"现在想一下，"他说，"'伟大的解放者'在《解放黑人奴隶宣言》中也做了妥协，因为他认为有必要那么做……从而保住联邦并赢得战争。""你知道吗？如果亚伯拉罕·林肯能将妥协当成管理的一部分，那么在处理预算问题时，我们肯定也能做一些妥协。"这是比尔·克林顿——或者总统俱乐部中的任何一位——都可能发表的演讲。

结 语

玛格丽特·杜鲁门讲过一则故事，她的父亲在离开白宫前邀请温斯顿·丘吉尔吃了顿便餐。国防部长罗伯特·洛维特也在场，还有国务卿迪安·艾奇逊、埃夫里尔·哈里曼大使、奥马尔·布拉德利将军——都是些聪明人。

丘吉尔可不是一位会浪费发言机会的人，于是他给即将卸任的总统出了个难题。他对杜鲁门说："总统先生，哪一天当你和我站在圣彼得堡面前，当他提出'我知道你们俩得为投放原子弹负责。你们可否为自己辩护'这个问题时，我希望你已经准备好该如何作答了。"

那本可能会是个很尴尬的时刻，但洛维特救了场。"首相先生，你确定会和总统先生一样受到那样的审问吗？"丘吉尔抿了口香槟，很自信地宣称伟大的造物主不会不举行听证会就谴责一个人，而陪审团将由他的同辈组成。这样，游戏就开始了。想象他们一起站在了天堂的门口。"肃静！肃静！"艾奇逊喊道，"根据温斯顿·斯宾塞·丘吉尔的想象，法警先生，你会选任陪审团吗？"

那个陪审团可能是由丘吉尔的同辈组成的，他们是历史上其他伟大人物，与丘吉尔、罗斯福和杜鲁门一样，面临过死亡威胁，做出过不可思议的抉择，并且让历史来评判他们的罪行、罪恶和不幸。

每位客人都把自己假想为陪审团的一员，想象成他们所喜爱的任何一位伟大的领袖。玛格丽特·杜鲁门回忆：布拉德利将军决定把自己当成亚历山大大帝；其他人把自己当成尤利乌斯·恺撒、亚里士多德……虽然丘吉尔反对伏尔泰（无神论者）或奥利弗·克伦威尔，理由是他不相信法治。当阿基森假想自己是乔治·华盛顿时，丘吉尔认为如果他放弃陪审团可能会更好；丘吉尔准备相信审判长——哈里·杜鲁门——他会宣判他无罪释放的。和所有人一样，杜鲁门肯定知道：如果一定要从不可接受和不能忍受这两种情况中选一种，那领袖们除了选择做领导别无他法。

在那次拜访中，丘吉尔向杜鲁门坦白说：他承认，在杜鲁门突然取代罗斯福时，他自己也很沮丧。丘吉尔首相说："我当时严重误判了你。从那时起，你对促进西方文明的贡献比其他任何人都大。"

如果总统俱乐部有印章，印章圈内应该是这三个词：合作、竞争和安慰。一方面，总统们有强烈的动机来帮助彼此取得成功，并在他们失败时互相安慰，不管这种动机是出于个人还是爱国。另一方面，与此同时，他们也在为历史的垂青而竞争。偶尔的颂扬或责备意义不大：他们的决策在长远未来起作用才更重要，因此他们寻求的救赎是一种更为持久的东西。他们是彼此的同伴，还有谁能评判他们呢？玛格丽特回忆，杜鲁门"对他的继任者意见强烈"，但是他不会把这些意见发表出来；他相信"任何人，即便是前任总统也得花更多的时间才能衡量白宫在任者的表现"。

因此他们着眼长远，更加宽容。就好像每一位总统都成了总统历史学家。他们阅读前任日记、了解传记、决定谁的画像应该挂在哪里，这样，那些在他们的年代里追随他们的人会更有共鸣。胡佛甚至写了一整本关于伍德罗·威尔逊的书。在深夜，尼克松会在白宫散步，看看画。他曾说："当你走进那些老房间，你肯定会感觉到或听到那些走在你前面的人的脚步声。"他们都已经离任，并且在历史上留下印记。

他想知道，他要如何和他们进行比较？他在给自己的便条上写道："总统们的标志：罗斯福的魅力、杜鲁门的大胆、艾森豪威尔的微笑和威望、肯尼迪的魅力、林登·约翰逊的活力。但是……理查德·尼克松的标志呢？"

比尔·克林顿的书房里有一面墙上放满了关于总统的书籍：杜鲁门、肯尼迪、罗斯福、林肯。他的助手乔治·斯特凡诺普洛斯回忆："有时候，就好像他的前任总统们是仅有的能理解他的人。"

或许并不奇怪的是，他们发现自己都被林肯所吸引，林肯虽出身寒门但达到了巅峰，面临过巨大考验并最终取得胜利。亚伯拉罕·林肯是总统伟大形象的原型。

艾森豪威尔对林肯推崇备至，他甚至在葛底斯堡买了农场，自己画了幅林肯的肖像，并将肖像画印刷了多份作为圣诞礼物送给白宫的工作人员。

1961 年，在和赫鲁晓夫那令人筋疲力尽的峰会结束后，肯尼迪乘飞机回家时，他的秘书发现了一张纸滑落到地板上，纸上是肯尼迪亲笔所写的一句林肯的话。"我知道有神——我看到暴风雨在来临。如果他那里有我的位置，我想我准备好了。"就好像林肯穿越了一个世纪对他进行了一番鼓舞士气的讲话一般。

对于尼克松来说，他最珍惜的一份财产是他祖母在他 13 岁时给他的一幅林肯的带相框的照片。在他总统任期中最为奇怪和最有启迪作用的一个晚上，1970 年 5 月 9 日那天晚上，在肯特州立大学枪击案发生后，尼克松和他的司机在凌晨 4 点 15 分离开白宫，而让所有的特工都害怕的是，他们开车去了林肯纪念堂并对一些在那里露宿的抗议者们讲话。他将纪念碑上的铭文写进了他的日记："在这个殿堂里，恰如在被林肯所解救的联邦所有人的心中，亚伯拉罕·林肯的记忆将永被铭记。"

克林顿阅读了大卫·赫伯特·唐纳德的《林肯传》。克林顿谈论林肯时说："我不知道，在今天，有心理健康病史的林肯是否能够当选总统。但我所了解到的是，当林肯成为总统而国家即将分崩离析之时，他是如此努力使其完整，他几乎是完全沉迷在工作、使命和痛苦之中，以至身上的担子反而轻了。"

小布什非常钦佩林肯的远见卓识，在他做总统时，他读了17本关于林肯的传记。小布什有一天在椭圆形办公室说："我在这儿就有他的画像，我坐在这儿一直在想，当手足相残、六亲不认的时候，做总统会是什么样子。他对需要做些什么来保持国家团结很清楚。"

巴拉克·奥巴马，首位非裔美国总统，期望"伟大的解放者"林肯能给他慰藉。即使林肯最受颂扬的行为本身也是妥协。

历史学家评价他们并给他们排名。但是，当他们把眼光放长远时，会发现总统们自己并不互相做比较；他们将自己的领导力和可能情况进行均衡。每一天，总统都知道，一旦他在财政政策上做出错误决定，就会多100万人失去工作，或者说误判敌情将导致数千人丧失性命。总统在危机处理中沉浮——侵略、萧条、大规模石油泄漏，但是预防、预见和阻止事情由糟糕变得更糟，这并不能带来荣耀。

我们知道每位总统当政时发生了什么，他们往往骄傲于在其当政期间什么都没有发生。他们绕着圈找到解决方案，翻来覆去考虑如果事情未按照计划进行可能带来的后果。最终从肩头卸去总统的重担的时刻，往往是他们记得最清楚的。

艾森豪威尔将军因赢得伟大的战争而受人尊敬。但艾森豪威尔总统最骄傲的是在任时没有打仗。他在退休后说："在我执政时期，美国没有一个士兵牺牲，没有一寸领土丢失。我们维护了和平。人们问这是如何发生的。上帝啊，我会告诉你，这不是碰巧发生的。"约翰逊在退休后回到了得克萨斯的牧场，拒绝谈论他可能犯过的错误。他对他的传记作者多丽丝·卡恩斯·古德温咆哮道："我不想让你把我带回到越战时期，5万美军士兵牺牲了。不管我们说什么都不能改变这个事实。你认为我本可能做另外的决定，这个想法真是相当愚蠢。因为一旦我做了不同的决定，我可能得为掀起第三次世界大战负责任。"

　　每位总统在这点上都有他们自己的版本。当福特向助手解释他原谅尼克松并结束国家漫长的痛苦之时，他的助手哑口无言。某位顾问回忆道："总统的逻辑是无懈可击的，但是我却感觉像看到某人在切腹自杀。"小布什有阿布格莱布监狱和水刑的污点，以及做出"艰难决定"的代价，但是在离任时却能说："在我的护卫下，我们没有第二次让袭击得逞。"每当他的助手告诉他应该承认自己的错误时，他就斥责他们，承认错误还为时尚早。他说："我真的相信，我所做的决定将会让世界更美好。不幸的是，如果你是在做大事，大部分时间里，你将看不到这些大事发生……我对此完全理解。如果你希望有大的变革，你就不应期望在短期内获得回报。"

　　这再次解释了总统俱乐部的会规：支持、沉默和团结。所有的总统都是平行世界里的行者，过去、现在和未来模糊不清，各自的悔悟不尽相同，在那里也不会出现完美的结果。他们是不会宣读审判结果的陪审员，因为他们知道，他们还没有收集到所有证据——而且他们还很仁慈。

致　谢

正如 E. B. 怀特所说，很少有人既是真正的朋友又是优秀的编辑。普丽西拉·佩因顿从一开始，甚至在我们还不知道如何着笔时，就对《隐秘权力》很激动。她忍受了我们奇怪的写书方式，但从不对我们的速度或方向有意见。她很精确、有激情、积极和忠诚。她是一个千载难逢的编辑，能和她合作，我们真的是非常幸运，几乎每天都是如此，并已持续了20多年。如果本书有任何的成功，那既是我们的成功，也是她的成功。

我们很幸运有约翰·休伊和里克·施腾格尔两位老板，他们知道，讲述历史的最好方法是通过大人物之口和长篇叙事手法。里克和约翰从本书构思之初就很支持，在我们有时看起来对1968年的兴趣比对2012年的更浓时，他们从不抱怨。

在《时代》周刊，我们受到了很多同事的支持和鼓舞，难以一一说出他们的名字。但我们必须感谢 D.W. 派因和朗·特威滕为封面提供的专业和艺术方面的建议，保罗·莫克利、基拉·波拉克和戴安娜·沃克为提供出访记录和照片提供的帮助，还有安杰拉·桑顿和苏珊·韦尔的研究支持工作。我们也很感谢梅利莎·奥古斯特、马西莫·卡拉布雷西、大卫·冯·德雷尔、迈克尔·格伦沃尔德、拉迪卡·琼斯、拉图·卡姆拉尼、金·凯莱赫、迈克尔·谢勒、马克·汤普森和阿里·泽伦柯。我们一直关注大批《时代》周刊记者多年来的工作，他们的备忘录和发给新一代编辑的详细记录提醒了我们，没有什么比伟大的报道和故事结合在一起更好了。

我们感谢那些多年来为我们提供建议、为我们出谋划策的朋友，他们是迈克尔·贝施洛斯、道格拉斯·布林克利、大卫·科尔曼、罗伯特·达莱克、多丽丝·卡恩斯·古德温、马文·卡尔布、詹姆斯·曼、乔恩·米查姆、里克·佩尔斯汀、理查德·里夫斯和理查德·诺顿·史密斯。鲍勃·伍德沃德不惜牺牲自己的宝贵时间给我们提供他收集的总统俱乐部档案资料。迈克·米奇、道格·班德和让·贝克尔在我们最需要的时候给我们提供了帮助。

在总统图书馆和基金会，约翰·赫布施、马克·厄普德格罗夫、罗曼·帕帕蒂克、斯基普·拉瑟福德和蒂姆·纳夫塔利也付出了大量时间和提供了很多帮助。肯尼迪总统图书馆的玛丽洛丝·格罗斯曼帮我们整理了照片。林登·约翰逊总统图书馆的芭芭拉·克莱因帮我们挖掘了尼克松和约翰逊的关系。玛丽·卢肯斯则钻进了安·阿伯的书海中帮助我们寻找答案。胡佛研究院的马丁和安纳莉丝·安德森一直在帮我们协调伙食问题。克里斯汀·朱利安给我们上了一堂关于引用的速成课。

研究助手玛雅·库里、贝利·巴克，里克·埃伯施塔特和索菲亚·扬帮我们纠正了很多错误。首席研究员梅维丝·巴阿仔细收集了信息，然后考据每一篇文章、书籍、照片和脚注。我们可以在本书的每一页上都看到她的奉献。

西蒙 & 舒斯特公司的迈克尔·什切尔班是我们沉着而睿智的帮手。资深制作编辑乔纳森·埃文斯，以及弗雷德·蔡斯和本·霍姆斯这两位出类拔萃的文字编辑用他们高超的技巧认真审阅和润色了手稿。

我们非常感谢威廉姆斯 & 康诺利公司的鲍勃·巴尼特有益的指导。我们很幸运他是我们的代理、顾问和朋友。

在写这本书的 4 年中，我们的家庭给了我们很大的宽容和理解。珍

致　谢

妮特·吉布斯和罗伯特·达菲为本书的写作打下了基础，他们的好奇心和对理想的追求给了我们信心。多少个夜晚和周末，那些最了解和最激励我们的人给了我们无限的空间和鼓励，他们是德姆特拉和韦茨、尼科、夏洛特、卢克、盖伦和杰克。怀着对他们的爱和感激，我们将本书献给他们。